KB195233

현대 한국 4인 장자 주해

# 장자중독

莊子重讀

## 제물론

이 권 · 유병래 · 정우진 · 박원재

궁리
KungRee

## 일러두기

1. 이 책의 순서는 편 해제, 원문, 원문번역, 문단요지, 문구해설로 되어 있다.

    1) 이 책에서 사용하는 『장자』 원문의 저본은 곽경번의 『장자집석(莊子集釋)』(중화서국, 2013)으로 한다. 단, 문단과 문구의 분절 및 표점은 『장자집석』을 그대로 따르지 않았다.

    2) 원문번역은 주석자들의 공동번역이다. 개별 주석자가 번역에 대해 이의가 있는 경우, 문구해설에서 자신의 입장을 밝혔다.

    3) 문단요지에서는 문단의 대의를 밝혔고, 문구해설에서는 문구의 의미와 관련된 자의(字義) 등을 설명했다.

    4) 주해에서 인용된 참고문헌의 서목(書目)은 책 말미에 참고문헌란을 두어 일괄 소개하였다. 주해에서 저자 인명만 거론된 경우 해당 주장이 담긴 주해서는 이 참고문헌란에 소개된 저자의 논저를 가리킨다.

2. 주석자의 견해는 다음과 같은 순으로 배열하였으며, 약어 표시는 아래와 같다.

    이: 이권, 유: 유병래, 정: 정우진, 박: 박원재

3. 인명표기: 신해혁명(1911)을 기준으로 삼아, 그 이후 태어난 사람은 현대 중국어 발음으로 표기했다.

# 서문

타이완(臺灣)에서 출간된 『장학리측(莊學蠡測)』이란 제목의 책이 있다. 장자철학에 대한 연구를 이보다 더 잘 표현한 구절은 없을 것이다. '리측'이란 표현은 『한서(漢書)』「동방삭전(東方朔傳)」에 나온다. 표주박으로 바다의 크기를 잰다는 뜻이다. 장자철학은 바다처럼 넓고 깊어서 『장자』에 대한 이해는 표주박으로 물을 떠서 바다를 재는 일이 되기 십상이다. 「제물론(齊物論)」에 대한 해석이 특히 그렇다. 「소요유(逍遙遊)」가 자유로운 삶을 제시했다면, 「제물론」은 자유가 가능한 이유를 밝힌 글이다. 『장자』 외·잡편에 등장하는 장자 후학의 글을 비롯해서 곽상 이후로 현대에 이르기까지 수많은 학자들이 「제물론」을 나름대로 정리했다. 그럼에도 불구하고 지금도 여전히 「제물론」에 대한 해석은 피리 대롱으로 하늘을 보고, 표주박으로 바다를 재는 데서 벗어나지 못한다.

우리는 경험 바깥으로 나갈 수 없다. 자신이 겪은 일을 말할 때만 진실하다. 「제물론」의 핵심은 내게 벌어진 사건만을 말할 수 있고 그래야 한다는 데 있다. 진실이나 진리는 사건, 특히 나의 사건에만 담긴다. 장자는 객관적인 사실을 밝히는 데에는 관심이 없다. 팩트(fact)가 중시되는 현대에서 장자가 보여주는 사유는 그 울림이 매우 크다. 사실이 아니라 사건을 다루는 사유는 어떤 모습일까?

장자는 일상의 중심에 있는 자아가 지닌 문제점을 통찰하고, 마음이 문제의 핵심임을 찾아낸다. 「제물론」에서 마음은 범인이면서 형사이다. 마음은 삶을 질곡으로 이끄는 장본인인 동시에 삶을 자유롭게 해주는 빛이다. 마음에 대한 장자의 해명은 양면성의 공존이라는 특징을 지닌다. 마음뿐만 아니라 도, 언어, 앎, 성인 등 주요 개념과 주제가 지닌 야누스적 특징은 「제물론」 전체에 걸쳐서 일관되게 나타난다. 장자 글쓰기의 특징이기도 하다. 장자의 글쓰기에는 언어에 대한 그의 통찰이 담겨 있다. 『장자』에서는 글쓰기 방식 자체가 철학적 주장이다. 표현이 곧 내용이라는 특징은 「제물론」에서 특히 도드라진다.

기실 언어는 잘못이 없다. 언어에게 무슨 잘못이 있겠는가. 잘못은 언어를 제대로 사용하지 못하는 우리에게 있다. 언어를 사용하면서 부여한 의미에 붙들리는 것이 잘못이다. 의미는 끊임없이 흐르며 변화하는 경험의 순간에 대한 표현일 뿐이다. 언어로 자아를 고정시키고 의미를 놓지 않으려고 하는 한 삶은 자유로울 수 없다. 장자는 우리가 갈등과 대립 속에서 지치고 결국 불행해지는 원인을, 자아와 마음을 고정시키는 데서 찾는다.

「제물론」을 번역하고 해설하면서 우리를 끝까지 괴롭혔던 것은 인시(因是)나 위시(爲是)의 '시(是)'였다. '시'는 「제물론」에 나오는 주요 개념과 명제들에 대한 이해와 직결된다. '시'는 해석하는 관점에 따라 「제물론」 전체에 대한 이해가 달라질 정도로 핵심적인 문제이다. '시'에 대한 이해와 관련해서 나에게는 특별한 사건이 있었다. 원고를 탈고하고 출판사로 넘긴 지 이틀이 지난 시점이었다. 잠자리에서 일어나면서 문득 깨달았다. '시'에 대한 이해가 잘못되었다! 왜 하필 잠에서 깨어나면서 잘못을 알게 되었는지는 모르겠다. 하지만 잘못되었다는 느낌은 너무나도 강렬했고, 그때부터 바로 잡아야 한다는 생각뿐이었다. 장자의 글쓰기가 지닌 야누스적 특징이 「제물론」을 관통하고 있고, 야누스적인 면을 통해 장자가 주장을 펼친다는 사실을 드러내고 싶었다.

우리는 「제물론」을 해설하면서 내용이 어렵다는 것을 실감했다. 원래 구상했던 원고 마감을 반년이나 늦출 수밖에 없었고, 마감을 세 차례나 연기할 때마다 해방감과 함께 안도했다. 마지막 연기를 결정했을 때에는 술자리를 가질 정도였다. 성실한 마음으로 최선을 다한 방증이라고 자위하고 싶다. 공동 집필자 가운데 나의 글이 가장 늦었다. 이 책이 예상보다 늦은 것은 전적으로 내 탓이다. 동료 집필자들이 끝까지 믿어주고 기다려준 덕분에 도중에 포기하지 않고 글을 마무리할 수 있었다. 학문은 배가 물길을 거슬러 올라가는 것과 같아서 나아가지 않으면 퇴보한다[學如逆水行, 不進則退]는 말이 있다. 「제물론」 해설을 준비하면서 각자 기존에 지녔던 이해에 안주하지 않고, 끊임없이 부족한 점을 확인하고 채워나갔다. 머리를 맞대고 적절한 번역을 찾는 과정에서도 서로 영향을 주고받았다. 우리가 탈고하는 순간까지 이해의 일관성을 확보하려고 노력할 수 있었던 것은 장자 이해의 최전선을 떠나지 않겠다는 의지가 있었기 때문이다.

깊은 신뢰 속에 말없이 원고를 기다려 준 궁리출판의 이갑수 대표님과 원고를 가다듬어 준 김현숙 편집주간님께 감사의 마음을 전한다. 빛이 강할수록 그림자도 짙은 법이다. 우리의 번역과 해설이 뚜렷하고 단정적일수록 그에 비례해서 오류와 오해도 함께 따라올 것이다. 강호제현의 질정을 바란다. 4인 4색으로 빚어낸 해설을 통해 제물(齊物)의 사유를 독자와 나눌 수 있기를 기대한다.

2024년 11월 덕원재에서
저자들을 대표하여 이 권 씀

# 차례

# 「제물론」해제

✿

## ·이권·

　「제물론(齊物論)」은 「소요유(逍遙遊)」와 함께 장자의 중심 사상을 담고 있다. 「소요유」에서 장자의 철학 정신을 제시했다면 「제물론」에서는 장자의 철학 정신을 논리적으로 밝혔다. 「제물론」에 대한 이해의 정도가 장자의 사유에 대한 이해를 좌우한다고 말할 수 있다. '제물론'이란 편명에서 방점은 '제'에 있다. '제'는 제일(齊一)이란 뜻으로, '제일'의 문제는 당시 학계의 중심 아젠다였다. 예컨대 혜시(惠施)의 역물십사(歷物十事), 공손룡(公孫龍)의 통변론(通變論) 등의 사유는 일(一)을 중심으로 개진되었으며, '제일'에 대한 장자적 표현이 '제'이다. '제일'에 대한 당시 학술계의 논의는 전국시대 말기의 대일통(大一統) 관념을 예비한 것이었다.

　중국 북송(北宋) 시대 이후에 '제물론'을 '물론'을 제일하는 논의로 읽는 독법이 등장했다. 송(宋)대의 왕안석(王安石), 명(明)대의 덕청(德淸)과 왕부지(王夫之), 청(淸)대의 엄복(嚴復) 등이 그들이다. 그러나 「제물론」의 구조와 내용에 비추어 보면 적절치 않다. '제물론'은 사물을 제일하는 연구로 읽는 것이 맞다. '론'은 이치를 정밀하게 연구한다는 뜻이다. 「제물론」의 구성 형식은 성곽에 비유하자면 외성과 내성의 이중 구조로 이루어져 있다. 상아(喪我)와 천뢰(天籟), 그리고 그림자의 그림자 이야기와 나비 꿈 이야기가 외성에 해당한다. '상아'는 물화(物化) 관념과 대응하고, '천뢰'는 그림자의 그림자 이야기의 메시지와 상응한다. 성심(成心) 개념에서 출발해서 시비 문제에 대해 그 원인과 해법, 경지와 근거를 제시하고 관련 주제를 부연 설명하는 내용이 내성에 해당한다. 내용으로 말하자면 '상아'를 통해 도달한 '물화'의 경지라야 사물과 '하나'가 되고, 하나의 경지라야 시비 논란을 잠재울 수 있다. '제물'이 되어야 '물론'도 제일할 수 있는 것이다.

「소요유」에서는 이상적인 인간의 모습을 무기(無己)·무공(無功)·무명(無名)으로 표현한다. 그런데 신인(神人)의 '무공'과 성인(聖人)의 '무명'에 대해서는 설명하면서도 지인(至人)의 '무기'에 대해서는 말하지 않는다. 「제물론」에서는 전체에 걸쳐서 '무기'를 다룬다. 「제물론」 첫머리에 등장하는 상아(喪我)가 바로 '무기'이다. '상아'는 「제물론」을 관통하는 핵심 주제이다. '상아'는 형(形)과 심(心), 즉 감각기관과 사유기관이 작용을 멈춘 상태로서, 허(虛)의 경지이다. 자연의 퉁소 소리[天籟]라는 관념을 통해 보면 '상아'는 자연(自然)이 발현되는 조건이자 방법이면서 경지이다. '천뢰'는 '자연'을 비유한 말이다.

장자는 사람들이 지식과 언어를 동원해서 날마다 마음으로 싸우는 현실에 주목한다. 논변하면서 싸우는 마음은 죽은 마음이다. 죽은 마음에 기초해서 형성된 자아는 남들과 부딪치고 갈등하면서 삶을 비참하게 만든다. 장자는 싸움의 기원을 마음에서 찾는다. 마음은 자아를 만들며, 자아는 옳고 그름을 따지는 출발점이다. 시비를 따지는 행위가 논변이고, 논변의 중심에는 말이 있다. 시비 논란은 자아가 도를 가리고, 논변이 말의 본래 기능을 방해하기 때문에 발생한다.

장자는 시비 논란의 해법으로 이명(以明)을 제시한다. 우리는 언제나 내 쪽에서 저쪽으로만 인식한다. 인식의 일방향성으로 말미암아 피차가 상대하는 인식구조가 성립한다. 그러나 '이명'에서는 피차·시비가 고정되어 대립하는 인식구조가 소멸한다. '이명'이란 도의 지도리[道樞]에서 끝없이 시비에 응대하는 경지이다. '도추'는 원의 중심처럼 시비가 나뉘지 않는 지점이다. '이명'은 시비의 문제를 자연[天]에 따라 대하는 것이니, 옳다고 하는 것에 맡기는 것[因是]이다.

장자는 시비가 고정되어 있지 않다는 점에서 '인시'를 말할 뿐만 아니라, 구체적인 언어 행위에 대한 분석으로부터 '인시'를 이끌어 낸다. 공손룡(公孫龍)은 사물에 대한 지칭[指]이 지칭되지도 표상되지도 않는다고 주장한다. 그가 제기한 '지'는 초월적이고 개념적인 것이다. 장자는 지칭 대상을 지칭 작용과 구분하는 공손룡과는 달리, 초월적이지도 않고 개념도 아닌 '일컬음[謂]'에 주목한다. 일컬어지는 대상[物]은 연(然)과 가(可)를 일컫는 행위로 성립한다. '위'에서 언어는 대상과 하나가 된다. 일컫는 데서 도가 통해서 '하나'가 되는 것이다.[道通爲一] 장자는 참된 언어의 가능성을 '위'에서 찾았다. '도통위일'할 줄 아는 사람은 시비가 상대하는 의식에서 벗어나서 언어의 일상적 쓰임에 맡길 수 있다. 이것이 인시(因是)이다. '인시'는 양행(兩行)으로 드러난다. 양행은 시비의 차원을 떠나지 않고 자연이 드러내는 균형에서 편안한 경지이다. '양행'은 시비양행(是非兩行)이 아니라 천인양행(天人兩行)을 말한다. 인간의 시비 논란 속에서 자연의 길을 실현하는 것이 '양행'이다.

'하나'인 의식이 분열된 극단적인 상황이 시비 논변이다. 시비 논란은 '하나'를 깨뜨리고 호오(好惡)를 완성한다. 그러나 시비를 분명하게 드러내서 얻을 수 있는 성과는 없다. 자기가 옳다고 하는 것[是]이 문제의 핵심임을 아는 성인은 자신의 시비를 쓰지 않고 일상의 쓰임에 맡긴다.[不用而寓諸庸] 이것이 '이명'의 구체적인 양상이다. 언어의 특성상 '하나'에 대한 언급은 '하나'를 깨뜨린다. 시비를 논란하는 상황에서 '하나'를 이루는 길은 상대가 옳다고 하는 것에 따르는 것[因是]뿐이다.

'이명'의 경지에서 '인시'할 수 있는 근거는 우리 내면에 있는 천부(天府)와 보광(葆光)이다. 언어 분석과 논변이 문제가 되는 까닭은 '옳다고 하기[是]' 때문이다. '시' 때문에 분별이 발생하고, 이로부터 분석과 논변은 한계를 지니게 된다. 그렇지만 우리에게는 언어에 의존하지 않는 논변과 말로 표상할 수 없는 도를 아는 능력이 있다. 그것이 '자연의 곳간[天府]'이다. '천부'에서 '보광'이 작용한다. '보광'

은 그 유래는 알 수 없지만 가득 차지 않고 고갈되지 않는 내면의 빛이다. '천부'에 담긴 '보광'이 바로 덕(德)이다.

「제물론」 후반부는 전반부에서 다뤘던 주제들에 대한 부연 설명이다. 먼저 하나[一]를 모두가 옳다고 하는 것[同是]으로 오해할까 봐서 앎을 부정하는 데서 출발한다. 앎에 대해 세 번이나 부정하는 근거는 바른 거처, 바른 맛, 바른 미모를 알 수 없다는 데 있다. 그런데도 시비 논변이 어지러운 까닭은 '나(자아)로부터 보는 인식 방식[自我觀之]' 때문이다. 분별 의식이 없는 지인(至人)은 외부에서 닥치는 사태에 영향받지 않는다. 죽고 사는 일도 영향을 주지 못하니, 이로움과 해로움은 말할 나위도 없다. 지인(至人)은 그 경지가 신묘하다고 해서 세상 바깥에 있는 인물이 아니다. 장자는 '지인'에 대한 묘사가 불러올 수 있는 오해를 불식시키기 위해 성인(聖人)의 경지를 설명한다. '성인'은 오랜 세월에 걸친 사물의 변화에 동참하면서도 한결같이 순수함을 성취한다. 그는 세상 속에서 신인(神人)의 능력을 발휘하는 존재이다.

삶과 죽음이 영향을 주지 못하는 '지인'의 경지에 비추어 보면, 삶과 죽음의 사태에 좋아하고 싫어하는 감정을 부가하는 것은 잘못된 태도이다. 삶을 좋아하고 죽음을 싫어하는 것[悅生惡死]은 분별 의식의 최대치이다. 장자는 '열생오사'의 태도를 비판함으로써 분별에서 벗어날 것을 주장한다. 분별 의식은 큰 꿈[大夢]을 꾸는 것이다. 큰 꿈에서 벗어나려면 물아상대(物我相對)의 의식 구조에서 벗어나야 한다. 이것이 큰 깨침[大覺]이다.

분별 의식에서는 시비가 뚜렷하다. 하지만 논변으로 시비를 가릴 수 없다. 논변의 승패가 시비를 결정하는 것도 아니고, 제3자도 논란이 되는 시비를 결정할 수 없다. 시비 문제를 해결할 수 없는 논변을 대신해서 제시된 해법이 '자연의 경계로 조화하고, 밑도 끝도 없는 말에 맡기는 것[和之以天倪, 因之以曼衍]'이다. '천예'로 조화한다는 것은 '옳지 않다고 하는 것을 옳다고 하고, 그렇지 않다고 하는 것을 그렇다고 하는 것[是不是, 然不然]'이다. '천예'로 조화하고 '만연'에 맡기는 것이 천수(天壽)를 누리는 길이다. 이것은 분별 의식 일체를 버리고 무(無)의 세계에서 소요하는 경지이다.

마지막으로 그림자의 그림자 이야기를 통해 사물 현상의 이유를 알 수 없음을 밝힌다. 앞에서 제기된 천뢰(天籟) 관념과 서로 호응하는 메시지이다. 제물(齊物)은 인과관계로 사물의 근거를 추적하는 것이 아님을 짐작할 수 있는 대목으로, 물화(物化) 개념을 예비한다. 장자는 나비 꿈 이야기를 통해 꿈과 현실을 구분할 수 없지만, 장주와 나비는 분명히 구분되는 것이 '물화'라고 설명한다. '물화'는 자기 의식이 대상과 하나가 되는 경지로서, 상아(喪我)의 결과이다. '물화'는 인시(因是), 이명(以明), 양행(兩行), 화지이시비(和之以是非), 화지이천예(和之以天倪) 등 「제물론」에서 제시되는 주요 개념과 명제들을 가능케 하는 관건 개념이다.

시비 문제에 대한 장자의 해법에 반복적으로 드러나는 구조에서 매우 흥미로운 사실을 발견할 수 있다. 시비 논란이 벌어지는 상황 속에서 벗어나지 않으면서 시비 문제를 해결한다는 점이다. 예컨대 '인시'의 '시'는 시비를 초월한 절대적인 옳음일 뿐만 아니라, 그름에 상대하는 옳음이다. '시'는 상대방의 옳음을 긍정하는 '시'이니 절대적 옳음이다. 동시에 '시'는 그름에 상대하는 옳음으로 표현되기 때문에 상대적 옳음이다. '이명'도 시비 너머에서 시비를 드러내는 것이 아니라, 시비의 쓰임에 맡기는 방식이다. '양행'은 천인양행(天人兩行)의 뜻이니, 시비로써 시비 논란의 상황을 해결하는 경지이다. 더욱 중요한 사실은 장자가 상대적 옳음[是]에 대해 부정적으로만 보지 않고, 긍정적으로 평가할 여지를 마련한다는 점이다. 사물의 그러함과 가함을 발생시키는 일컬음[謂]이 그것이다. '위'는 일상의 언어 행위이다. 장자는 '위'에서 언표 대상과 '하나'인 언어, 즉 참된 언어의 가능성을 읽어낸다. 일상 언어에서 '하나'가 가능하다면 '하나'는 경지일 뿐만 아니라 일상에서 이미 작동하고 있는, 의식 활동의 토대이기도 하다. 그렇다면 「제물론」에서 '하나', 즉 도(道)의 일상성을 읽어낼수 있다.

· 유병래 ·

『장자』는 그 의취의 중핵을 종잡기 어려운 책인데, 그중 「제물론」이 가장 난해하다고 선학(先學)들이 토로해왔다. 게다가 「소요유」와 더불어 장자철학의 골간을 이루는 게 「제물론」이라고 보는 것이 중론이다. 「제물론」은 도치된 관점과 왜곡된 삶의 행태를 전환할 인간의 가능성을 다측면에서 구도자적 자세로 성찰하는 글이다. 그 초월적 관점과 진실한 실천에 참여하려면, 장자가 인간 삶의 방식과 의미를 통찰하면서 다차원으로 시사하는 것의 다층적 의미를 '맥락적'으로 일관해야 한다.

본편(「제물론」)에 대한 주해(注解)들은 다양하다 못해 정면으로 대립하는 견해까지 보인다. 제 깜냥에 의한 자유로운 해석의 집적이 본편을 '텍스트'로 대하는 독자에겐 혼란을 일으키기도 한다. 본편의 해석사에 대한 제물론적 통관을 요구할 법하다. 이런 아이러니한 문제를 헤쳐나갈 방법의 한 측면은 외적으로 춘추전국이라는 시대·사회적 배경과 그 속에서의 지적 추향(趣向)의 지형도를 폭넓게 고려하는 것이다. 내적으로는 본편을 『장자』의 다른 여러 편과 직접·간접으로 연결하여 이해하는 일차원적 방식을 견지하는 것이다. 물론 이런 접근이 모든 난점을 일거에 해소해줄 것이라 기대하는 것은, 『장자』 물정을 모르는 안이함의 소치다. 『장자』 외·잡편 가운데서는 특히 「우언」·「추수」·「경상초」·「서무귀」·「칙양」·「천하」의 내용이 본편과 밀접한 관련성을 띤다. 본편의 내용을 깊이 이해하려면 「소요유」에서 결론으로 제시한 "지인무기(至人無己), 신인무공(神人無功), 성인무명(聖人無名)"을 대전제로 삼고, 「대종사」에서 제시하는 '도(道)'의 특성을 연결하여 이해할 필요가 있다. 「대종사」를 바탕으로 외편의 「천지」·「지북유」 및 잡편의 「칙양」 등의 글을 참조하는 것을 통해 '도-덕(신·기)-만물'의 관계를 통합적으로 이해할 필요도 있다. 『장자』에 따르면, 천지 만물은 모두 '일(一)'인 도(道)에 근원을 두고 존재하며 활동하는 것이다. 인간이 그 도를 체득할 때, 다양한 사물의 끊임없는 변화 및 인간 자신이 행하는 분분한 '분변(分辯)'까지도 하나인 것으로 관조하고 평등하게 대하는 경지로 들어선다. 도를 체득하여 도적(道的) 관점으로 사물에 응대하고 소통하며, 또한 도적 언어를 자유자재로 발성하는 속에서 근원적으로 조화하는 것이 진실한 삶이라고 말하는 것 같다.

본편은 '오상아(吾喪我)'라는 더없이 괴이하고도 절절한 화두로써 인간의 형체[形]와 마음[心]에 대해 근본적인 의문을 불러일으키는 것으로 시작된다. '오상아'는 '천뢰(天籟)'와 무슨 관계에 있는가? 천뢰는 '인뢰(人籟)'와 또 어떤 관계에 있는가? 다시 천뢰와 인뢰가 '대지(大知)'·'대언(大言)'/'소지(小知)'··'소언(小言)'과는 어떻게 연결되는가? 장자는 사람들이 자발적으로 이런 일련의 꼬리 잇기 물음에 대한 답을 찾는 과정을 수행하면, 스스로 대각(大覺)할 수 있으리라고 본 듯하다. 대각을 위한 관절적인 핵심 어구가 의외로 다양하다. '이명(以明)', '환중(環中)과 도추(道樞)', '도통위일(道通爲一)', '인시(因是)', '양행(兩行)', '천예(天倪)', '천균(天鈞)', '천부(天府)', '보광(葆光)', '회(懷)와 온(蘊)', '통(通)과 화(和)', '신(神)', '조지어천(照之於天)', '화지이시비(和之以是非)', '화지이천예(和之以天倪)', 인지이만연(因之以曼衍)', '사생무변어기(死生無變於己)', '궁년(窮年)', '응무궁(應無窮)' 등이 있다. 완전변태를 하는 누에가 자기 몸속에서 뽑아내는 면면한 생명의 실올과 같은 것들이다. 자기만을 위한 철옹성(틀)을 구축하는 재료들이 아니라, 구속적인 모든 인위적 장치를 밑바닥으로부터 풀어내고 녹여내는 메스(mes)요 용해제(溶解劑)들이다. 이들이 '도-천-신-물(형·심)-지-언'이라는 불가분의 관계로 연결된다. 그리고 이런 논의를 관통하는 게 '진재(眞宰)'의 존재 여부 및 그의 주재성 문제이다. 존재적 관점으로 전환하는 데에는 주재성과 관련한 인과성의 문제가 개재한다. 특히 마음과 형체 간에서, 몸을 지닌 물들 간에서 그렇다. 진재는 기준에 따라 실재이기도 하고 그냥 말뿐인 것으로 보이기도 하는데, 이에 대한 이해의 차이가 본 편 전체의 내용을 좌우하는 갈림길을 만들어왔다.

본편을 지식론이나 인식론적 측면으로만 독해하는 것은 피상적이다. 본편은 사변적 언어유희를 통한 상대적 관점의 만능성을 피력하는 글이 아닐뿐더러, 소위 '정신승리법'을 상상하는 것도 결코 아니다. 되레 사변적 관념에 의한 독단적 체계를 세우는 방술(方術)을 허물고, 실질의 삶을 스스로 살아갈 도술(道術)을 제시하고 있다. 밖으로 외물을 추구하고 분석하는 방식 또는 사변적 관념에 의한 정합적 구성이 아니라, 자신에게 본래 내재한 '도-천-신-심' 등을 체득하는 수양의 방식으로 접어드는 게 본연의 삶으로 향하는 길이다. 이는 현실의 삶을 논의의 시작과 귀결로 삼는 것을 존재적으로 전제한다. 장자는 현실 인간의 시비 다툼을 물리적 힘으로 말살하거나 획일적으로 통일(統一)하는 속에서 타인·타물을 상해하는 방식이 아니라, 그런 것들을 그대로 허용하면서 화해(和諧)할 수양의 방법을 암시한다. 그 핵심은 물들 간의 주종 관계를 고착화하는 작위적인 기계론적 인과성[有待]의 굴레를 걷어내어 본래 무대(無待)임을 체인하는 데에 있다. 장자가 본편을 통해 말하려는 것은, 삶과 죽음을 이분화하는 속견이 온갖 갈등의 시발이라는 점이다. 이로부터 인간의 욕망은 사적 명성[名]을 좇고 이익[利]을 추구하는 데서 분별지를 가동하며, 그로써 고착화된 성심(成心)이 갖가지 폐해를 일으키게 된다고 한다. 요컨대 사회 혼란의 직접적 요인은 사람들이 호생오사(好生惡死)하고 취리피해(就利避害)하는 욕망을 증폭하기 위해, '수단적 앎'을 한없이 추구하고 사적 이익과 명성에만 골몰하는

데 있다. 그 폐해들 가운데서도 당시의 통치 마인드와 관련한 시비
·가불가 등의 양분 관념과 분변, 이에 기반하는 귀천·존비·주종
관계의 관철이라는 폭력성이 가장 큰 문제였다. 이에 대한 장자의
대안이 '양행'이자 '화지이천예'이다. 양행은 '참만세일성순(參萬歲一
成純)', '사생일여(死生一如)', '진어무경(振於無竟)'으로 이어진다. 이
는 단기간의 가시적인 작은 성취를 위해 만세의 근심거리를 지어내
는 역리적인 술책이 아니라, 도적 장구함을 갖는 사회적 안정을 위
한 본안이다.

  인간이 개인이자 사회적 존재로 살아가는 데서 가장 적절한 행
위의 방식은 무엇인가? 지배와 종속, 빈천과 부귀, 대립과 갈등, 전
쟁과 상해를 극복할 방법은 무엇인가? 인간이 추구하는 이익과 명
예, 지식과 언변의 기능은 무엇인가? 이런 것들과 관련한 구체적인
논의에서, 장자는 주로 내적 심(心)·신(神)의 차원과 외적 지(知)·
언(言)의 문제 및 이들에서 야기되는 감정과 심리와 행태 문제를 집
중적으로 성찰한다. 이런 점을 망라하는 것이 '오상아'이다. '오'의
경지에서 만물만사를 관조해야, '도통위일'·'이명' 관점으로 행위
하는 게 가능해진다. 이는 자기 내적인 존재적 관점으로의 전환을
요구한다. 본편의 논의 축은 '도(道)'와 '앎[知]'과 '언변[言]'의 관계
로 압축된다. 이것이 상호 걸림 없고 제한 없이 이루어지는 게 평등
한 삶이다. 그런 삶을 보여주는 존재가 '지인(至人)'이고 '진정한 성
인(聖人)'이다. 이들의 삶에 본편의 지향점이 들어 있다.

  본편은 크게 두 부분으로 구성되어 있다. 전반부는 요(堯)와 순
(舜)의 대화로 된 단락의 "이황덕지진호일자호(而況德之進乎日者

푸!)"까지이고, 후반부는 이후의 네 단락이다. 후반부의 '설결과 왕예의 대화'와 '구작자와 장오자의 대화'에서는 지인과 진정한 성인의 삶이 욕망의 '상대성'에 휘둘리지 않는다는 점을 강조한다. 그리고 '망량문경'과 '호접지몽'에서는 잘못 구성해놓은 '인과성'을 걷어내는 것을 취지로 한다. 이미 결론을 낸 내용과 논의해온 방식에 대한 재검토를 총체적으로 간명히 수행하는 것이 마지막의 '호접지몽'이다. 이는 본편 전체의 이야기가 대지 · 진지(眞知) 차원의 대언으로 전개된 것이지, 소지 · 소언에 의한 사변적 사유나 논증 같은 게 아니라는 점을 재확인하는 것이다. 한마디로 '제물론' 자체에 대한 재성찰이다.

## · 정우진 ·

현대적 관점에서 보면 장자의 편제가 그다지 체계적이지 않지만, 「제물론」은 장자 33편을 대표한다고 평가받아왔다. 「제물론」으로 『장자』를 대체할 수는 없을 것이다. 그러나 다른 어떤 편보다 철학적으로 미묘하고 중요한 주제를 다루고 있음은 사실이다. 의식의 근원, 언어의 한계, 세계의 구성성이 「제물론」의 핵심 주제다.

먼저, 의식의 근원이라는 주제에 관한 이야기는 스승이 제자의 질문에 답하는 형태로 진행된다. 의식의 심연에 도달할 수 있는 방법인 명상을 먼저 말하고 퉁소와 땅의 퉁소를 비유적 장치로 가설한 후 의식의 근원에 관해 묻는다. 퉁소 소리는 각각의 구멍에 의해 고유한 특성을 지니게 된다. 바람은 부딪히고 통과하는 사물의 생김새 때문에 다양한 소리를 들려준다. 그러나 모든 소리의 근원은 하나의 바람이다. 마음에는 갖가지 의식이 현현한다. 마음의 생김새 즉, 마음의 성향과 상황의 특성 때문에 다양한 현상이 현현한다. 비유적 장치인 땅 퉁소의 바람에 상응하는 것은 기(氣)다. 장자의 기는 모든 의식과 세계의 근원이다.

둘째, 언어의 한계를 지적한다. 언어는 상반되는 이원항의 상호 의존적 관계로 구성된다. 물과 불, 하늘과 땅 같은 상반되는 이원항의 결합과 물, 땅, 음지를 하나의 범주로 묶는 계열화에 의해 언어가 직조된다. 따라서 언어를 통한 정의는 늘 상대를 상정하게 되고, 절대적인 시비의 기준을 도출할 수 없다. 이것이 장자가 비판하는 언어의 근본적 한계다. 장자는 언어의 사회문화적 편향이라는 측면도 비판한다. 언어는 단순한 전달의 수단이 아니고 사회문화적 편향을 전수하는 그릇이기도 하다. '오른쪽'이 '바른쪽'으로 번역되는 현상은 언어가 사회문화적 편향을 담고 있음을 보여주는 사례다. 그럼에도 불구하고 사람들은 상대적 언어의 질서 즉, 세계를 틀지우는 언어적 질서를 절대시하고, 심지어 그것을 덕이라고 표현하기도 한다. 예를 들어, 군주라는 이름에 의해 규정된 이는 언어에 의해 군주다움이라는 본질을 부여받고 그에 맞게 행동할 수 있는 능력이 덕으로 평가된다. 이것은 장자가 비판하는 유용성(有用性 즉, 효율성)의 전형적 사례다. 세계는 끝없이 변함에도 불구하고, 언어를 통해 진리를 추구하기 때문에, 끝없는 분란이 일어난다. 장자의 언어에는 습관이라고 할 수 있는 정서적 성향과 개인에게 고유한 신념체계도 들어 있다. 그런 습관이 고착되어 자동화되는 상태를 장자는 죽음에 비유한다. 근원의식이라고 할 수 있는 기 즉, 생명의 공명에 따르지 않고, 내화된 언어적 질서의 규정에 따르기 때문이다. 습관은 사회문화적 편향을 담고 있는 언어체계가 내화된 것으로, 소유와 성취 등의 구심력에 해당하는 자아라고 할 수 있다. 결국 장자의 언어에는 자아라는 구심력도 포함된다. 요컨대 장자는 언어가 상반되는 이원항의 상호의존적 질서로서 옳음에 대한 그름을 반드시 품고 있으므로 시비를 결정할 수 없다는 점, 언어에 들어 있는 사회문화적 편향은 상대적이라는 것, 언어를 체득하는 과정에 그런 상대성을 체화하고 절대시함으로써 자아를 공고히 한다는 점을 비판한다.

셋째, 호접지몽으로 대표되는 꿈의 사고실험을 통해 세계가 언어에 의해 구성됨을 말한다. 장자의 세계는 체험된 세계로서 의식화되지 않은 영역을 포함할지라도, 의식 밖의 실재라고 할 수는 없다. 장자가 세계의 실재를 부정했다고 할 수는 없으나, 장자를 실재론자라고 할 수도 없다. 요컨대 장자는 세계의 존재에 관해 추정할 수 있는 별다른 단서를 남기지 않았다. 장자는 우리의 체험에 세계가 필요하다고 말하는 데서 그치려 한 것으로 보인다. 이런 이유로 장자는 세계의 실재가 아닌 체험된 세계의 구성방식 혹은 체험된 세계를 구성하는 요소에 관해 묻는다. 장자는 체험이 언어에 의해 구성되어진다고 암시한다. 장자철학을 특징지우는 꿈 이야기는 바로 이 점 체험된 세계가 꿈처럼 구성된 것이며, 언어가 체험된 세계를 구성해냄을 설명하기 위한 사고실험으로 보인다. 그러나 장자는 꿈과 현실의 차이를 부정하지 않았다. 꿈은 비유일 뿐이고 진정한 의미에서의 환일 뿐이다. 꿈속에서 이상향을 찾는 것은 무의미하고, 따라서 꿈을 비판할 필요도 없다. 현실은 이상적 경지로 나아갈 수 있는 참된 체험의 세계다. 장자는 체험을 구성해냄으로써 사태와 존재를 규정하는 언어의 특성에 속박된 세계를 물화(物化)라고 비판한다. 물화를 피할 수 있는 언어사용, 사태의 변화에 따라 흘러가버리는 언어사용을 장자는 비판하지 않는다. '벽돌!'은 무슨 뜻일까? 의미는 상황에 따라 생성된다. 그런 의미에서 장자는 언어를 비판하면서도 사람이 언어적 존재임을 부정하지 않았다고 평가할 수 있다. 사태를 규정하는 언어의 특성에서 자유로울 수 있다면, 언어는 공명을 매개하는 주요한 수단이 될 수 있다.

물론 장자는 「제물론」에서 언어를 집요하게 비판한다. 그러나 그는 언어 회의주의자도 아니고, 상대주의자도 아니다. 근거 없는 절대성을 주장하지 않지만, 그의 손가락은 무엇인가를 가리킨다. 그것은 언어를 생동감 있게 만드는 언어에 생명을 부여하는 기다. 기가 만들어내는 공명하는 세계를 장자는 언어에 대한 비판을 통해 보여준다. 언어에 의해 생겨나는 규정성을 비판하면서 '경계 없는 곳에 머무르라'[寓諸無竟]고 할 때 장자가 말하는 경계 없는 곳이 바로 기의 공명이 만들어내는 제물의 세계다. 장자의 삼언 중 하나인 우언(寓言)의 '寓'도 '寓諸無竟'의 '寓'와 같다. 이곳의 말을 저곳으로 던지며 장자는 언어에 매인 차물(差物)의 세계가 우리가 지어낸 세계임을 깨닫게 하고, 더 나아가서 언어 너머에 무엇인가가 있음을 알려준다.

봄철 들풀이 핀 강둑을 거닐며 소요하는 장자에게, 사물의 경계는 없다. 그는 언어로 상징되는 마음이 아니라, 기로 환경과 소통하고 있다. 머리가 아닌 몸으로 세상을 만나는 경지가 도이고, 도의 경지에서 사물은 공평하다. 「소요유」에 이어 「제물론」이 나오는 까닭이다. 잠깐 시간을 내어 자연으로 들어가 보라. 켜켜이 위계가 쌓인 문화의 공간에서 자연으로 들어가 보라. 꽃의 이름에 구애되지 말고, 새소리를 구분하려 하지도 말고, 문화의 공간에서 생겨난 잡념에 끌리지도 말고, 사태를 직접 접촉해보라. 감각을 열고 밖에서 들어오는 모든 것에 개방되어 보라. 끝없이 장엄한 생명의 세계가 물밀 듯이 밀려오고, 세계의 부분이 된 나는 존재하지 않게 된다. 그런 사태를 일상으로 끌고 들어오려면 어떻게 해야 할까? 이 질문에 대한 답이 다음 장인 「양생주」에 있다.


## · 박원재 ·


「제물론」은 예로부터 「소요유」와 함께 장자철학을 대표하는 단편으로 꼽혀왔다. 「소요유」가 장자철학이 지향하는 이상적 삶의 모습을 담았다면 「제물론」은 그 이상을 추구해가는 데 장애는 무엇이며 그것을 극복했을 때 구현되는 삶은 어떤 모습인가를 치열한 논리와 성찰적인 우화를 씨줄과 날줄로 배치하여 풀어나간 단편이다.

'제물론(齊物論)'이라는 편명의 의미에 대해서는 전통적으로 세 가지 해석이 있다. 첫째는 '제물+론'으로 읽어서 '만물의 평등함[齊物]을 논하다'의 뜻으로 보는 것이다. 둘째는 '제+물론'으로 끊어서 물(物)에 대한 당시 제자백가의 담론들, 즉 '물론(物論)을 평준화시키다'는 뜻으로 새기는 것이다. 마지막 셋째는 '제+물+론'으로 읽는 방식으로, 앞의 두 관점이 종합되어 있다고 보는 것이다. 전체적인 논지와 「소요유」와의 연속성을 고려할 때, 이 편의 취지에 가장 부합하는 것은 이 중 세 번째 해석이되, 비중은 첫 번째보다는 두 번째에 놓여 있다고 보는 것이 합당하다.

「소요유」의 큰 줄기는 서두에서 대붕의 비상을 통해 이상적인 삶의 모습과 거기에 이르는 과정을 우화 형식으로 제시하고, 말미에서 그것을 구현하는 실천적 방법으로 '무용지용(無用之用)'이라는 화두를 던지는 것으로 짜여 있다. 이것을 염두에 둔다면 「제물론」의 일차적인 초점은 무용지용에 입각한 '소요'로서의 삶을 가로막는 장애에 대한 논의와 그것의 극복방법을 제시하는 데 맞추어져 있다고 보는 것이 적절하다. 「제물론」에서는 그 장애로 '성심(成心)'에 구속된 삶을 지목하고 그 대표적인 사례로 유가(儒家)와 묵가(墨家)를 든다. 어떤 특정한 세계관이나 가치에 뿌리를 두고 그 절대성을 강조하는 주의주장들은 실상 아무런 근거가 없음을 폭로하는 내용이 이편의 주를 이루고 있는 것은 이 때문이다. 처음과 마지막에 각각 등장하는 '상아(喪我)'와 '물화(物化)'는 쌍괄식으로 호응을 이루며, 자기원인적으로 운동변화하는 만물의 평등성과 이 이치를 체화하여 만물(타자)과 하나가 된 삶의 모습을 제시한다. 이 점에서 '만물의 평등성'은 그 자체로 이 편의 핵심 주제라기보다 그런 이치를 체화한 삶의 정당성을 지지해주는 논거 역할을 한다고 할 수 있다.

내용은 크게 세 부분으로 크게 구성된다. 서두에 등장하는 남곽자기(南郭子綦)와 안성자유(顏成子游)의 대화가 하나이고, 이후 '대지한한(大知閑閑)'부터 망량(罔兩)과 경(景)의 대화까지가 또 하나이며, 말미의 호접몽(胡蝶夢) 우화가 마지막 하나이다. 앞에서 말한 대로, 첫째 부분과 셋째 부분은 만물의 평등성과 그것을 체화한 삶의 모습을 쌍괄식으로 제시하는 역할을 하고, 둘째 부분은 이것의 타당성을 하나하나 논증하는 내용이다. 따라서 둘째 부분은 다양한 주제들이 중첩되어 있는데, 첫째와 셋째 부분까지 한데 묶어 이 편 전체를 단락 중심으로 갈래지으면 모두 아홉 단락으로 나눌 수 있다.

첫째 단락은 남곽자기(南郭子綦)와 안성자유(顏成子游)의 대화로 이루어진 부분이다.(원문1) 특정한 중심 없이 모든 것이 자기원인적으로 운동변화하는 세계를 '천뢰(天籟)'를 통해 묘사함으로써 만물의 평등성이라는 이 편의 부(副) 주제를 먼저 제시한다. 둘째 단락은 '대지한한(大知閑閑)' 문단부터 '오독차내하재(吾獨且奈何哉)'까지이다.(원문2~4) 인간 또한 현상적 자아의 이면에 그것의 중심이 되는 실체적 자아가 따로 존재한다는 어떠한 증거도 없음을 먼저 이야기하고, 그럼에도 자기중심적 사고와 행위가 발동되는 원인으로 '성심(성심)'을 지목한다. 셋째 단락은 '부언비취야(夫言非吹也)'에서 '차지위이명(此之謂以明)'까지이다.(원문5~9) 성심을 구성하는 핵심적인 요소로 언어와 그 언어로 구성되는 담론을 지목하고, 언어의 본성에 대한 치밀한 분석을 통해 유가와 묵가로 대표되는 제자백가 담론의 허구성을 폭로한 후, 그로부터 벗어나는 방법으로 '명(明)'을 제시한다. 실천적 측면에서 이 편의 메시지가 가장 압축되어 있는 단락이다. 넷째 단락은 '금차유언어차(今且有言於此)'에서 '무적언(無適焉), 인시이(因是已)'까지이다.(원문10) 「제물론」을 관통하는 논리인 상대주의적 관점에 대해 제기될 수 있는 비판을 상정하고, 이를 역비판하는 내용이다.

다섯째 단락은 '부도미시유봉(夫道未始有封)'에서 '이황덕지진호일자호(而況德之進乎日者乎)'까지이다.(원문11~12) 이 편의 주제를 다시 한 번 부연하고, 마지막에 요(堯)와 순(舜)을 등장시켜 당위 지향적 사유들을 패러디함으로써 만물의 평등성을 긍정하는 바람직한 정치의 가능성에 대해 화두를 던진다. 여섯째 단락은 '설결문호왕예왈(齧缺問乎王倪曰)'에서 '이황이해지단호(而況利害之端乎)'까지이다.(원문13~14) 설결과 왕예라는 가상 인물들의 대화를 통해 진정한 '성인(聖人)'이란 어떤 존재인지에 대해 이야기한다. 일곱째 단락은 '구작자문호장오자왈(瞿鵲子問乎長梧子曰)'에서 '시단모우지야(是旦暮遇之也)'까지이다.(원문15~17) 구작자와 장오자라는 가상 인물들의 대화를 통해 언어와 사회적 담론들에 의해 왜곡된 독단의 꿈에서 깨는 것이 진정한 '성인'이 되는 조건임을 역설한다. 여덟째 단락은 '기사아여약변의(旣使我與若辯矣)'에서 '오식소이불연(惡識所以不然)'까지이다.(원문18~20) 논쟁이란 당사자들의 성심에 뿌리를 두고 있으므로 결코 객관적인 승부가 불가능하다는 점과 승기를 잡기 위해 절대적 논점을 확보하려는 시도 또한 무한소급에 빠져 성공할 수 없다는 점 등을 이야기한다. 마지막 아홉째 단락은 호접몽(胡蝶夢) 우화이다.(원문21) 첫째 단락의 메시지와 호응을 이루면서, 성심에 구속된 자기중심적인 태도에서 벗어남으로써 만물과 아무런 간극 없이 소통하는 이상적인 삶의 경지를 제시한다.

──────────── 「제물론」 해제

제2편

제
물
론

## 자연의 통소 소리

南郭子綦隱机而坐, 仰天而噓, 苔焉似喪其耦. 顔成子游立侍乎前,
曰, "何居乎? 形固可使如槁木, 而心固可使如死灰乎? 今之隱机者,
非昔之隱机者也." 子綦曰, "偃, 不亦善乎? 而問之也! 今者吾喪
我, 汝知之乎? 汝聞人籟而未聞地籟, 汝聞地籟而未聞天籟夫!" 子
游曰, "敢問其方." 子綦曰, "夫大塊噫氣, 其名爲風. 是唯無作, 作
則萬竅怒呺. 而獨不聞之翏翏乎? 山林之畏佳, 大木百圍之竅穴, 似
鼻, 似口, 似耳, 似枅, 似圈, 似臼, 似洼者, 似污者. 激者, 謞者, 叱
者, 吸者, 叫者, 譹者, 宎者, 咬者. 前者唱于而隨者唱喁. 泠風則小
和, 飄風則大和, 厲風濟則衆竅爲虛. 而獨不見之調調之刁刁乎?"
子游曰, "地籟則衆竅是已, 人籟則比竹是已. 敢問天籟." 子綦曰,
"夫吹萬不同, 而使其自己也, 咸其自取, 怒者其誰邪!"

남곽자기가 안석에 기대앉아 하늘을 향해 숨을 내쉬었다. 늘어져 있는 모습이 그 짝을 잃은 것 같았다. 안성자유가 앞에서 모시고 서 있다가 말했다. "어찌 된 일입니까? 몸은 마른 나무와 같게 하고, 마음은 식은 재와 같게 할 수 있습니까? 지금 안석에 기대 있는 분은 이전에 안석에 기대어 있던 분이 아닙니다." 자기가 말했다. "언(偃)아! 너의 질문이 참으로 좋구나! 지금 나[吾]는 나[我]를 잃었다. 너는 그것을 아느냐? 너는 사람의 퉁소 소리는 들었으나 땅의 퉁소 소리는 아직 듣지 못했으며, 땅의 퉁소 소리는 들었을지라도 하늘의 퉁소 소리는 듣지 못했으리라!" 자유가 말했다. "감히 그 이치를 여쭙습니다!" 자기가 말했다. "땅이 기운을 토해내는 것을 바람이라고 한다. 바람은 일어나지 않으면 몰라도, 일어나면 온갖 구멍이 성난 듯이 울부짖는다. 너만 윙윙거리는 소리를 듣지 못했는가? 높고 크고 들쑥날쑥한 산림 속, 백 아름드리 큰 나무에 있는 구멍은 코 같고 입 같고 귀 같고 목 긴 병 같고 바리 같고 절구 같고 연못 같고 구덩이와 같아서, 급히 흐르는 물소리, 화살 나는 소리, 성난 소리, 숨을 들이쉬는 소리, 고함치는 소리, 부르짖는 소리, 굴속 소리, 슬피 탄식하는 소리가 난다. 앞에서 우하고 선창하면 뒤에서 우하고 따른다. 산들바람에는 작게 화답하고 세찬 바람에는 크게 화답한다. 사납던 바람이 그치면 뭇 구멍들이 잠잠해지니, 너만 하늘거리고 흔들거리는 것을 보지 못했는가?" 자유가 말했다. "땅의 퉁소는 온갖 구멍이며 사람의 퉁소는 대나무로 만든 것이겠군요. 감히 하늘의 퉁소에 대해 여쭙겠습니다." 자기가 말했다. "바람이 불면 천만 가지로 소리가 다르지만, 각기 자기에게서 말미암게 하는 것이다. 모두 스스로 취하는 것이니, 소리를 내게 하는 것은 누구인가?"

이
장자는 「제물론」의 첫머리를 '자아를 잃어버림(喪我)'의 문제로 시작한다. '상아'는 「제물론」을 관통하는 핵심적인 주제다. 아울러 「소요유」에서 설명하지 않은 '무기(无己)'의 문제를 다룰 것임을 시사한다. '상아'는 형(形)과 심(心), 즉 감각기관과 사유기관이 작용을 멈춘 상태, 즉 허(虛)를 말한다. '허'는 바람이 그쳤을 때 구멍들의 텅 빈 모습으로 비유된다. 장자는 '상아'를 설명하면서 천뢰(天籟) 개념을 제시한다. 천뢰는 지뢰(地籟)와 별개의 존재가 아니라 지뢰 현상의 근원이다. 지뢰는 바람이 불 때 구멍에서 나는 소리인데, 온갖 소리들은 구멍 스스로 취한 것이다. 만물의 갖가지 현상은 저절로 이루어진다는 말이다. 결국 천뢰는 '저절로 그러함[自然]'을 뜻한다. 천뢰의 비유는, '자연'이 발현될 수 있는 조건이 곧 '상아'임을 말하고 있다. 이 단락의 주제어는 '천뢰'이고, 주제문은 '소리를 내게 하는 것은 누구인가?[怒者其誰邪?]'이다.

유
「제물론」 전체의 주제와 구도를 문학적 표현 속에서 철학적 화두로 제시하는 단락이다. 독자로서는 선 굵은 의문을 제기하면서 앞으로의 논의 방향과 내용을 가늠할 필요가 있다. '오상아(吾喪我)' 자체의 의미와 더불어, '천뢰'와 '인뢰'가 어떤 관계에 있는가를 이해하는 것이 중요하다. 안성자유의 물음에서는 형체에 대한 '가사(可使 즉 부릴 수 있음)'

및 형체를 고목처럼 보이도록 하는 상태, 그리고 마음에 대한 '부릴 수 있음' 및 마음을 '삭은 재처럼 만드는 상태'가 어떻게 가능한지가 핵심이다. 이 의문에 대한 남곽자기의 대답에서는 '오상아'와 '취만부동(吹萬不同), 이사기자기(而使其自己)'하는 천뢰가 핵심이다. 안성자유는 내적인 그 무엇이 자기를 부리는 다른 차원이 더 있다는 점을 모른 채, '남곽자기가 그 자신의 형체와 마음을 멋대로 부릴 수 있는가'라고 사려하는 수준에 있다. 이는 외물에만 치대는 세속인보다는 한 차원 깊은 내적 방향의 사유라고 할 수 있으나, 아직 궁극의 차원을 깨닫지는 못한 것이다. 남곽자기가 한 대답에서의 '사기자기'하는 것은 내적인 '도(道) - 천(天) - 신(神) - 덕(德) · 기(氣)' 같은 것일 수밖에 없다. 그리고 다음 단락에서는 우선 마음과 감정과 행태에 관해 다양하게 묘사하지만, 이 첫째 단락의 문제의식이 인간의 앎[知]과 말[言 즉 인뢰]의 문제로 연결되고, 근원인 '도'에까지 연결되면서 본편 전체를 관통한다. 이와 더불어 일관되게 견지하는 다른 하나는, '물들이 본래 유대(有待 즉 有累)적 존재이냐, 무대(無待 즉 無累)적 존재이냐' 하는 문제이다.

정
　명상체험을 매개로, 의식의 근원을 묻기 위한 글이다. 마음의 다양한 현상과 그런 현상이 발생하는 근원에 관한 이야기로 넘어가기 위한 비유가 골간을 이룬다. 퉁소[人籟]와 땅의 퉁소[地籟] 사이에는 특별한 의미가 없고, 퉁소는 비유를 이끄는 외에 별 다른 역할을 하지 못한다. 핵심은 땅의 퉁소와 하늘 통소[天籟]다. 땅의 통소에서 불어오는 온갖 다양한 바람소리의 개별적 근원은 다양한 구멍이고, 궁극적 근원은 하나로서의 바람이다. 바람 소리가 다양한 구멍의 생김새에서 연유하듯 다양한 마음의 현상은 각자의 마음에서 연유한다. 본래 바람은 기(氣)개념의 원형이자 비유였으므로 이곳에서 땅의 통소를 인용한 것에는 배경이 있다. 즉, 바람이 다양한 바람 소리의 근원이듯 다양한 심리적 현상의 근원은 결국 기임을 설명하기 위해서다. 바람의 은유를 통해 기로 넘어가는 이 서술은 궁극적으로 기의 인지라고 할 수 있는 공명의 떨림에서 연원하는 다양한 심리적 현상에 관한 서술로 이어진다.

**박**
—

첫째 단락이다. 만물의 평등성이 주제이며, 마지막 단락인 '나비 꿈[胡蝶夢]' 우화와 호응 관계를 이룬다. 중심 구절은 "바람이 불면 천만 가지로 소리가 다르지만, 각기 자기에게서 말미암는 것이다. 모두 스스로 취하는 것이니, 소리를 내게 하는 것이 누구이겠는가![夫吹萬不同, 而使其自己也, 咸其自取, 怒者其誰邪!]"이다. 세계는 특정한 중심 없이 만물이 자기원인적으로 얽히는 '스스로 그러함[自然]'의 장(場)이라는 의미이다. 이 메시지는 이하에서 유가와 묵가로 대표되는 당시 제자백가 담론들의 무근거성을 비판하는 창(槍)으로 작동한다. 특정한 가치를 중심으로 위계적 구조를 구축하는 것이 모든 담론의 속성이기 때문이다.

1 　南郭子綦隱机而坐, 仰天而噓, 荅焉似喪其耦.

**이** 　남곽자기가 몸과 마음을 잃어버린 상태를 묘사하였다. 남
곽자기는 성현영에 따르면 초(楚)나라 소왕(昭王)의 배다
른 동생으로, 초나라 장왕(莊王) 때 사마(司馬) 벼슬을 했으
며, 자기(子綦)는 자(字)다. 육덕명의 『경전석문』에 따르면
남곽(南郭)에 살았기 때문에 호를 '남곽'이라고 하였다. '궤'
는 등받이가 있는 앉은뱅이 의자다. '허'는 숨을 천천히 내
쉬는 모습이다. '답언'은 『경전석문』에 따르면 몸이 풀어진
모습[解體]이다. 몸과 마음의 작용이 멈춘 상태를 말한다.
'상기우'의 '우'는 짝이다. '우'에 대해서는 여러 가지 해석
이 있다. 정신의 짝인 몸으로 보기도 하고, 「소요유」에서 언
급했던 '무기(无己)·무공(无功)·무명(无名)'의 '기·공·
명'이라고도 하고, 뒤에 나오는 오상아(吾喪我)의 '아'라고
도 하며, 서로 짝을 이루는 몸[身]과 마음 또는 자신과 사물
로 읽기도 한다. 장자 자신이 안성자유(顏成子游)의 입을 빌
어 설명한 내용("몸은 마른 나무와 같게 하고, 마음은 식은 재와
같게 할 수 있습니까?"[形固可使如槁木, 而心固可使如死灰乎?])
에 따르면 '우'는 우선 몸[形]과 마음[心]으로 읽어야 할 듯
하다. 그렇다면 '상기우'는 몸과 마음으로 이루어진 것에서
벗어난 경지를 말한다. '형'과 '심'이 구성하는 것이 바로 뒤

에 나오는 '나'[我]이니, '상기우'는 자아를 잃어버린[喪我] 상태를 말한다. 이 구절은 「제물론」의 첫 문장으로, 두 가지 역할을 하고 있다. 하나는 독자를 곧바로 '상아'라는 주제로 이끌며, 다른 하나는 '오상아'와 직결되는 문제, 곧 「소요유」에서 설명하지 않고 남겨 두었던 '무기(无己)'에 대한 논의를 열고 있다. 기실 「제물론」 전체가 '무기'에 대한 논설이다.

장자가 세속인의 표피적 견지를 대변하는 방식으로 남곽자기(南郭子綦)의 형체와 심리 상태를 묘사해놓은 것이다. 여기에는 안성자유의 견지와 장자 자신이 의도하는 심층적인 의미도 담겨 있다. 따라서 남곽자기의 모습을 세 차원으로 읽을 수 있다. 그리고 이들은 각각 인뢰(人籟), 지뢰(地籟), 천뢰(天籟)와 연결되는 것이다. 장자는 안성자유의 견지, 즉 지뢰를 매개로 하여 천뢰에 접근하도록 안내하고자 한다. '남곽자기'는 외곽 성의 남문 밖에 거처하는 자로서 '자기(子綦)'라는 자(字)를 사용하는 사람으로 연출되고 있다. '은궤이좌(隱机而坐)'는 안석에 뒤로 기대앉아 있는 모습을 형용한 말이다. '앙천이허(仰天而噓)'에서의 '허'는 뒤에서 말하는 '대괴희기(大塊噫氣)' 곧 거대한 대지의 거센 바람[厲風]과 반대되는 표현이다. 즉 남곽자기라는 사람이 자기의 신체 속으로부터 숨을 가늘게 천천히 내쉬는 한숨을 뜻한다. '답(嗒)'은 본래 소두(小豆), 즉 좀콩을 뜻한다.[1] 이런 원초적 의미를 바탕으로 하는 '답언(嗒焉 즉 嗒然)'은, 이미 말라버린 콩대에 왜소한 콩꼬투리가 달랑 매달려 땅바닥을 향해 축 늘어진 모습을 은유적으로 묘사한 표현이다. 무엇엔가 의지하면서도 넋이 나간 듯이 멍하여 생기가 전혀 없는 사람의 모습을 뜻한다. 그러나 장자가 남곽자기라는 인물상을 통해 은근히 의도하는 뜻으로 볼 때, 이는 호접지몽에서의 '거거연(蘧蘧然)'한 장자 자신의 모습과 약간의 엇박자로 연결되는 것이다. 또한 '자기를 잊어 자연의 경지에 든 사람'[2]이라는 것도 이에 어울린다. 아마도 장자 자신의 한때의 자화상일 것이다. '사상기우(似喪其耦)'에서의 '상'은 일차적으로 상을 당하였음[居喪]을 뜻하고, '우'는 부부로서의 짝을 뜻하는 배우자[配偶, 配匹]를 가리킨다. 세속인의 안목으로 보기에, 남곽자기의 모습은 배우자에게만 의지해 살아온 자가 늘그막에 갑작스레 상처하여 깊은 시름에 빠진 것과 같다는 말이다. 절대적으로 의지해온 짝을 잃은 자신에게 곧 닥쳐올 자기 죽음에 대한 가느다란 의식만이 남은 상심과 비애를 묘사한 것이다. 이처럼 완전히 기죽은 상태는 뒤에서 말하는 '형체가 날로 쇠잔해짐'에 따라 '죽음에 가까워진 마음'의 상태로 빠져드는 처참한 인간상을 암시한다. 다음 단락에서 세속인의 삶에 대해 "기형화(其形化), 기심여지연(其心與之然)"이라고 말하는 것에 비견되는 상태이다. 하지만 바로 뒤에서 제시되는 안성자유의 견지로 보면, '사상기우'란 한 사람에게 있어 자신의 내적인 그 무엇의 부림에 의해 마음과 형체가 도외시된 상태이다. 그러나 장자가 남곽자기를 통해 말하고자 하는 깊은 뜻은,「소요유」에서 말한 가아(假我)를 버려 궁극적으로 무기(無己)에 이른 지인(至人)의 경지일 것이다.

**정** — 호흡명상을 마친 후의 모습을 묘사한 글이다. 오랫동안 숨을 고르기 때문에 숨이 길어지고 길어진 숨은 아주 미세해져서 숨을 쉬지 않는 것처럼 느껴진다. 따라서 호흡명상을 멈춘 후에는 자연스레 크게 내쉬는 현상이 이어진다. 답언(嗒焉)도 호흡명상을 통해 이완된 모양을 묘사하는 단어다. 직후의 몸과 마음을 묘사하는 구절을 고려할 때, 우(耦)는 몸과 마음이 서로 분리된 것처럼 느껴졌다는 뜻이다. 명상체험은 꿈을 꾸는 것과 유사한 측면이 있다.[3] 각성시에는 몸과 마음이 하나인 듯하지만, 꿈을 꾸면서 꿈의 현상을 관찰하면 마치 혼이 몸을 떠나 다른 세상에 있는 듯하다. 이것은 혼이 몸을 떠난 것과 같으므로, 몸과 마음이 그 짝을 잃었다고 했다.

**박** — 특정한 색깔의 자의식, 즉 아래 단락에서 말하는 '성심(成心)'이 해체된 상태의 모습을 묘사한 것이다. 성심을 해체하는 데 필요한 조건 가운데 하나는 외재적 가치를 향해 치달리는 '마음'을 안으로 되돌리는 것이다. 따라서 이 구절은 호흡을 매개로 하는 당시의 수련법과 연관되는 측면이 있다.

　성현영에 따르면, '답언(嗒焉)'은 풀어져 있는 모습'["嗒焉, 解釋貌"]이다. '우(耦)'는 타자를 대상화하는 자기중심적 자아를 가리킨다. 아래에 나오는 '오상아(吾喪我)'의 '아(我)'가 여기에 해당한다.

현대적 용례로 '육체[身]'와 '정신[神]'을 대비시켜 정신이 육체를 잊은 것이라고 풀이하는 경우도 많으나, 바로 뒤에 나오는 "몸은 마른 나무와 같게 하고, 마음은 식은 재와 같게 한다[形固可使如槁木, 而心固可使如死灰]"는 말을 고려할 때 여기서 말하는 짝을 육체와 정신으로 보는 것은 설득력이 없다. 그보다는 성심에 근거하여 늘 타자와 마주서는 자기중심적 자아로부터 벗어난 상태에 대한 묘사로 보는 것이 더 낫다. 이 편 마지막 나비 꿈 우화에 나오는 '물화(物化)'의 경지가 곧 그것이다.

남곽자기(南郭子綦)에 대해서는, 『장자』에 등장하는 대부분의 인물이 그렇듯이, 가공의 인물로 보거나 역사적 인물로 보는 두 가지 입장이 있다. 성현영은 후자의 입장을 취한다. 이에 따르면, 남곽자기는 초(楚)나라 소왕(昭王)의 서자(庶子)로서 초나라 장왕(莊王) 때 사마(司馬) 벼슬을 지낸 인물이다. '남곽'은 호(號)이고 '자기'는 자(字)인데, '남곽'은 '남쪽 성곽'이라는 의미로 자신이 사는 곳의 이름을 호로 삼는 옛 관습이 반영된 것이다. 사마표(司馬彪)도 "남곽에 거주하므로 이에 의거하여 호로 삼았다[居南郭, 因爲號]"라고 하였다.(『經典釋文』)

**2**

顏成子游立侍乎前, 曰, 何居乎? 形固可使如槁木, 而心固
可使如死灰乎? 今之隱机者, 非昔之隱机者也.

**이**
—

안성자유(顏成子游)의 입을 빌어 상아(喪我)의 상태를 묘사
하였다. 안성자유는 왕수민에 따르면 이름이 언(偃)이고,
자(字)가 자유(子游)인 가공의 공자 제자다. 거(居)는 배학
해에 따르면 어조사로, 거호(居乎)는 재호(哉乎)와 같다. 여
기서는 자아[我]를 형(形)과 심(心)으로 거론하였다. 마른
나무와 같은 몸과, 식은 재와 같은 마음이란 바로 뒤에 나오
는 '상아(喪我)'의 경지를 말한다.

**유**
—

'안성자유'는 공자의 어느 제자를 바탕으로 한 장자의 각색
인 것으로 볼 수 있다.(안병주) 공자의 제자 가운데 성은 언
(言)이고, 이름이 언(偃)이며, 자(字)가 자유(子游)인 자가 있
었다. 그 언언(言偃)은 공자보다 45세 연하이고 오(吳)나라
출신이며, 공자의 제자들 가운데 자하(子夏)와 더불어 문학
에 가장 뛰어난 자라고 평가받았다.[4] 자유는 노나라 무성(武
城)의 읍재(邑宰)를 지내면서 예악정치(禮樂政治)를 실행하
였다고 한다. 본편의 원문에서 안성자유의 이름이 '언(偃)'
임을 확인할 수 있다. 그런데 공자의 제자인 자유[言偃]의
문학적 재능과 음악을 통한 교화가, 본편에서는 안성자유
가 아니라 그의 스승인 남곽자기의 삼뢰(三籟)를 통해 새롭
게 탈바꿈한다. 안성자유는 어느 날 남곽자기의 기이한 모
습에 대해 의문을 품고서 질문한다. 남곽자기가 그의 형체

를 스스로 부려서[使 즉 主宰] 마른 나무처럼 만들고, 그 마음을 스스로 부려서 식은 재처럼 만들었던 것이냐는 말이다. 안성자유는 남곽자기의 외상(外相)뿐 아니라 내적 마음에 어떤 변화가 있음을 알아차리고, 더욱이 그런 변화를 남곽자기가 '스스로 주재하였는가'라는 의문을 제기하는 수준으로 들어섰다. 장자는 안성자유의 의문을 통해 일반인의 경지를 넘어서는 차원으로 접근하도록 독자를 유도하는 것이다. 그리하여 일차로 '형고가사여고목(形固可使如槁木), 이심고가사여사회(而心固可使如死灰)'를 강력한 의문거리로 던져 놓는다. 이것은 매우 임팩트한 것이어서 장자의 후학들도 여러 차례 활용하는 구절이다. 이와 같거나 아주 유사한 내용이 「서무귀」·「전자방」·「지북유」·「경상초」 등에서 반복된다. 이들 예에서는 모두 외적인 형체와 내적인 마음을 함께 거론한다. '오상아'에서의 '아'는 곧 신(身)으로서 형체와 마음을 아우르는 것이다. '상아'는 「대종사」에서 제시하는 체도(體道)의 단계들 가운데의 '외생(外生)'에, 좀 더 나아가면 '조철(朝徹)'·'견독(見獨)'에 해당하는 것이라고 볼 수 있다. 「대종사」의 '좌망(坐忘)'도 이에 대한 구체적인 내용을 보여준다. 독자로서는 여기에서 우선 형체와 마음이 어떤 관계에 있는가 하는 의문을 일으키게 된다. 그리고 자기 자신의 형체와 마음을 자유자재로 부리는 주체(즉 주재자)가 과연 있는가, 있다면 그것은 무엇인가 하는 점도 문제시할 것이다. 더 나아가 개체에서뿐 아니라 천변만화

요 천차만홍인 만물 전체에서 그것들을 주재하는 그 무엇이 있는가를 묻게 된다. 문제의 핵심은 무엇이 '부리는[使]' 것인가, 그리고 남곽자기가 그런 '부리는' 주체의 존재를 인정하는가에 있다. '가사여(可使如)'는 '가사여(假使如 즉 가령 ~와 같다)'나 '가여(可如 즉 가히 ~와 같다)'와는 분명히 다른 뜻이다. '마른 나무와 같은 형체'는 뒤에서 말하는 '가을 겨울로 쇠잔해가는 형체[殺與秋冬하는 形化]'와, 그리고 '식은 재와 같은 마음'은 뒤에서 말하는 '죽음에 가까워진 마음[近死之心]'과 연결되는데, 그 속뜻은 서로 반대되는 것들이다.

정
앞의 "늘어져 있는 모습이 그 짝을 잃은 것 같았다[荅焉似喪其耦]"를 좀 더 구체적으로 묘사한 글이다. 즉, 깊은 명상을 통해 몸과 마음이 변한 상태를 나타낸다. 말라비틀어진 나무와 타버린 재는 호흡명상으로 나타나는 몸과 마음의 현상을 묘사한 것이다. 깊은 명상 체험에서는 생각으로 대표되는 마음이 작동하지 않는다. 이것이 마음을 다 타버린 재로 표현한 까닭이다. 호흡에 집중하면 밖으로 향하던 감각기관의 움직임이 안으로 수렴된다. 환경과 역동적으로 교류하는 감각이 안으로 수렴되면 반응이 없는 듯이 보이므로 몸이 마치 생기 없이 말라버린 나무와 같아진다고 했다.

박
"몸은 마른 나무와 같게 하고, 마음은 식은 재와 같게 한다."는 말은 이어지는 문단에서 묘사되고 있는 갖가지 자기중심적 감정의 표출이 멈춘 상태를 함축적으로 표현한 것이다. 그리고 '지금 안석에 기대 있는 분'과 '이전에 안석에 기대어 있던 분'은 아래에 나오는 '오상아'에서 '오(吾)'와 '아(我)'에 각각 해당한다.

안성자유(顔成子游)에 대해 이이(李頤)는, 자기(子綦)의 제자로서 성은 안(安)이고 이름은 언(偃)이며, 시호(諡號)는 성(成), 자(字)는 자유(子游)라고 하였다.(『경전석문』) 이 주장이 맞다면 공자의 제자 자유(子游)와 동일인이다.『사기(史記)』의 「중니제자열전(仲尼弟子列傳)」에 따르면, 자유는 자하(子夏)와 함께 옛문헌[文學]에 조예가 깊었던 인물로서 공문십철(孔門十哲) 가운데 하나로 꼽힌다. 출신은 오(吳)나라 사람이고, 성명은 언언(言偃)이며, 공자보다 45세 아래이다.

여기서 자유를 등장시킨 것은『장자』특유의 표현법인 중언(重言)의 일환으로 보인다. '중언'은 '우언(寓言)' 및 '치언(卮言)'과 함께 「우언(寓言)」편에서 소개되고 있는『장자』의 특징적인 표현법의 하나로서 이미 사회적으로 명망을 얻은 인물의 입을 빌려 자신의 주장을 개진하는 방식이다.

3    子綦曰, 偃, 不亦善乎? 而問之也! 今者吾喪我, 汝知之乎?

이    이(而)와 여(汝), 그리고 다음 구절에 나오는 여(女) 모두 2인칭 지시대명사로, 안성자유를 가리킨다. 남곽자기는 자신의 상태를 마른 나무와 식은 재로 표현한 안성자유를 칭

찬하면서 '상아(喪我)'라는 관념을 제시하였다. '상(喪)'은 망(忘)의 뜻이니, '상아'는 망아(忘我)다. '아(我)'가 사물과 상대함으로써 성립하는 '나'라면, '오(吾)'는 1인칭 대명사로서 「제물론」에서는 많은 경우에 단순한 인칭대명사로 쓰이고 있다. 굳이 '아'와 구별하자면 '오'는 '아'에 그칠 수도 있고, '망아'의 경지에 이를 수도 있는 '나'다. '오'가 반드시 참된 '나'[眞我]만을 가리키는 것은 아니다. '아', 즉 자아가 구성되는 과정에 대해서는 뒤에서 장자 자신이 상세하게 말한다.

유
─

'偃(언)'은 안성자유의 이름이다. 이 단락에서는 '나'를 뜻하는 '오(吾)'·'아(我)'·'기(己)'·'자(自)'자가 다양하게 사용된다. 그런데 본편에서뿐 아니라 『장자』 전체에서도 '오'자와 '아'자 간의 의미 차이가 일괄적으로 구분되지는 않는다. 이들 간의 '의미 차이'를 문맥상에서 읽어낼 수밖에 없다. 안성자유의 질문에 대해 남곽자기는 형체와 마음을 '부리는' 문제에 관해 즉답하지 않고, 자기가 '상아(喪我)'한 상태에 있었던 것이라고만 이야기한다. 남곽자기가 보기에, 안성자유의 질문이 '심가사(心可使)' 차원으로 전환한 것은 나름 훌륭하지만, 이는 여전히 낮은 수준이다. 자신의 형체적 감관과 심지(心知)에 의한 왜곡된 앎을 해체한 것을 '오상아'라고 부른다. 일차적으로 안성자유가 남곽자기의 형과 심의 변화를 아울러 물은 것을 통해, 남곽자기의 '상아'가 형·심을 아우르는 것이라는 점을 알 수 있다. 그런데 형보다는 심이 더 고차원의 근본 문제이다. 이것이 본편의 이후 글들에서 이야기되는 모든 것의 전제이자 복선이다. '나[吾]는 나[我]를 잃고 있었다'란, 천뢰와 하나가 된 경지를 뜻한다. 그래서 여기의 '오'는 이른바 '무심(無心)'·'허심(虛心)'·'천심(天心)'·'무기(無己)'의 경지이기도 한 것이다. 남곽자기가 말하는 '상(喪)'은 『장자』에서 사용된 '망(忘)'·'외(外)'·'유(遺)'·'해(解)'·'석(釋)'·소(消)·'거(去)' 등과 같은 뜻을 극단적으로 표현한 것이다. 이러한 상(喪), 즉 성심(成心)의 완전한 해체를 통해 보존되고 활성화되는 것이 내적인 신(神)이다.[5] 따라서 '오'는 신이 제 기능을 발휘하는 상태를 뜻하는 것으로 이해된다. 그런데 이것은 "귀신장래사(鬼神將來舍)"(「인간세」)나 "신장래사(神將來舍)"(「지북유」)에서처럼 밖으로부터 들어오는 신이 아니다. '사상기우'에 대해 성현영이 "신을 응집하여 생각하는 것을 멀리한다[凝神遐想]"라고 설명한 것은 일리가 있다.[6] 외물을 잊고 자기까지 잊은 후에도 남는 것은 내적인 어떤 것이다. 『장자』에서 개체 내적인 것으로서 말해지는 다양한 개념들 가운데 본편에서 집중하는 것은 도(道), 천['天籟', '照之於天'], 신['至人神矣', '勞神明爲一'], 심(心)이다. '아(我)'는 뒤에서 말하는 '성심'을 가리키는 것이기도 하다. 그리고 성심은 세속인들이 '자기를 상실함[自喪]'과 연결되는 것이므로, '상아'는 '자상(自喪)'과 반대되는 것이다. 혹자는 남곽자기의 '오상아'가 본편의 끝 단어인 '물화(物化)'와 상응하는 것이라고 주장한다.[7] 그러나 그 '물화'는 오히려 아(我) 수준으로 전락하는 것[形化와 心化]을 지칭하는 말로서 부정적인 의미로 이해된다.

**정**

'내가 나를 잃었다'는 자아의 문제에 관해 논란을 촉발시키는, 철학적으로 미묘한 표현이 등장하는 글이다. '내가 나를 잃었다'에서 후자의 나는 일상적으로 말해지는 자아이고 전자는 비의식적 자아로서 원형적 자아 혹은 근원적 자아라고 할 수 있다. 호흡명상은 각성되어 있는 의식화된 자아를 해체하고 의식의 배후로 내려가는 과정이라고 할 수 있다. 이 과정의 끝에서 외부와 끊어지지 않고 끝없이 공명하는 원형적 자아와 만날 수 있다. 그것은 외부와 이어져 있으므로 개체적 나라고 할 수는 없다. 장자는 이 경지에서의 체험을 '하나의 기[一氣]'라고 한다. 하나의 기는 원형적 자아가 세상과 공명하는 체험이자, 개별존재의 개체성이 소거되는 상태이기도 하다.

**박**

'이(而)'와 '여(汝)'는 언(자유)을 가리키는 2인칭 대명사이다. '오상아'는 「제물론」의 주제어 가운데 하나로서 맨 뒤에 나오는 '물화'와 호응한다. 추이다화(崔大華)의 『장자기해(莊子岐解)』에 따르면, 이 구절에 대한 역대 주석가들의 해석은 대체로 세 가지 유형으로 나뉜다. '자아와 외물[物我] 둘을 모두 잊는다'는 의미로 보는 것이 하나이고, '자신의 형체[己形]를 잊는다'는 뜻으로 보는 것이 또 하나이며, '자신이 지닌 견해[我見]를 버린다'는 의미로 보는 것이 마지막 하나이다.

첫 번째 시각은 곽상(郭象)과 성현영이 대표적인데, 자아(주체)와 대상(객체) 양자의 구분을 잊는다는 뜻으로 해석한다. 왕방(王雱)과 육장경(陸長庚)의 견해에서 발견되는 두 번째 해석은 자아를 잊는다는 것은 곧 형체[形]를 잊는 것이라고 본다. 세 번째는 자아중심적인 견해에 대한 집착을 버린다는 뜻으로 보는 것으로, 임희일(林希逸)의 해석이 이에 해당한다. 그런데 잊음[忘]의 대상인 '아(我)'의 내용을 무엇이라고 보든 이들 해석들이 공유하는 시각이 있는데, 그것은 '아'를 부정적인 자아를 가리키는 1인칭 대명사로 본다는 점이다.

'아'의 이런 특징은 이 구절에 등장하는 또 다른 1인칭 대명사인 '오(吾)'와 비교할 때 분명해진다.[8] 일반적으로 고전 한문에서 '오'에 비해서 '아'는 이동이 자유롭다는 특징을 지닌다. 이런 특징은 특히 선진(先秦)시대의 용법에서 두드러진다. '오'가 부정사에 이끌려 목적어가 술어 앞으로 도치가 되는 특수한 경우를 제외하고는 일반적으로 목적어로는 쓰이지 않고 주어와 한정어로만 쓰이는데 비하여, '아'는 주어나 목적어나 한정어 등 어떤 성분에라도 자유롭게 쓰인다.[9] 어떤 단어가 목적어로 쓰일 수 있다는 것은 그것이 다른 것에 대한 대칭적 성격을 지님을 뜻한다. 왜냐하면 '주어+술어+목적어'의 구문에서 목적어는 주어가 술어를 통하여 수행하는 행위의 대상이 되기 때문이다. 이것은 '아'가 주어로 쓰일 경우라도 '오'와는 다른 모종의 용례상의 특성을 지니고 있다는 뜻이다.

이 같은 관심에서 「제물론」 전체를 살펴보면 '오'와 '아'의 용례에는 주목할 만한 경향성이 있음을 확인할 수 있다. 그것은 '아'는 주어로 쓰일 때에도 '오'에 비하여 상대적으로 다른 것에 대하여 대칭적으로 쓰이는 성격이 강하다는 사실이다. "저것[彼]이 없으면 내[我]가 없고 내가 없으면 (저것이) 취하여질 곳이 없다[非彼無我, 非我無所取]"라는 표현이나 "만약 이와 같은 것을 이루어짐이라고 할 수 없다면 일반사물[物]과 나[我]에게도 이루어짐은 없다[若是而不可謂成乎, 物與我無成矣]" 또는 "나[我]와 그대[若]가 논쟁을 한다고 하자[旣使我與若辯矣]"는 등이 그러한 예이다. 특히 논쟁에 참여하는 당사자들의 진리 주장은 어떠한 방식으로도 확정될 수 없다는 것을 논증하고 있는 〈원문18〉의 사례에서 전형적인 예를 볼 수 있다.

'아'의 이러한 특징을 고려할 때 '나는 나를 잃어버렸다'고 할 때의 '잃어버려지는 나', 즉 '아'는 그것이 무엇이든 어떤 대상과 대립해 있는 자아임을 알 수 있다.[10] 곧 뒤에 나오는 '성심'으로서의 자아이다. 요컨대, '오상아'는 성심으로서의 자아를 폐기하고 그것과는 다른 성격의 긍정적인 자아를 보지한다는 말이다. 이 점에서 '오상아'는 성심을 형성하는 일체의 요소들, 즉 개체적 욕망을 자기중심적 방향으로 증폭시키는 이념적이며 제도적인 일련의 사회적 기제들에 대한 전면적인 거부 또는 해체까지도 함축한다고 볼 수 있다.

이
—

인뢰, 지뢰, 천뢰 등 삼뢰(三籟) 개념을 제기하였다. 장석창
(蔣錫昌)에 따르면 뢰(籟)는 '불다[吹]'이니, 인뢰(人籟)는 악
기의 구멍이 내는 소리이고, 지뢰(地籟)는 대지의 온갖 구멍
들이 내는 소리이며, 천뢰(天籟)는 천연(天然)의 소리다. 전
징지(錢澄之)가 밝혔듯이 천뢰는 지뢰 가운데 있다. 천뢰는
온갖 사물 현상들이 저절로 나타남을 뜻하는 개념이다. 장
자가 우화에 사용한 표현은 언제나 중의적이다. 인뢰는 사
람이 숨을 불어서 만들어내는 소리이다. 뿐만 아니라 사람
의 언어행위의 결과를 비유한 것이기도 하다. 장자는 문제
를 일으키는 언어활동에 대한 논의만큼, 아니 그보다 훨씬
더 많이 그리고 심각하게 참된 언어의 가능성에 대해 의견
을 개진한다. 「제물론」 전체의 내용에 비추어 보면 인뢰는
억지스러운 통소 소리와 참된 통소 소리의 두 가지 의미를
모두 함축한다.

유
—

『한서음의(漢書音義)』에서 "뢰는 통소이다[籟, 簫也]"라고
하였으나, '인뢰'를 본문의 뒤에서는 '비죽(比竹)'이라고 달
리 부르고 있으므로 사실상 '배소(排簫, 팬플룻과 유사한 형태
인데 돌로도 만듦)'를 뜻하는 것으로 볼 수 있다. 곽상은 "뢰
는 통소이다. 통소 죽관들의 길이가 서로 달라서 오음의 음

률도 각기 다르므로 짧고 길고 높고 낮은 갖가지 음향을 낸다."라고 하였으며, 성현영은 "16개의 죽관으로 되어 있는데, 봉황의 날개를 모방하여 순임금이 만든 것이다."라고 하였다.[11] '뢰'는 길이가 서로 다른 죽관들을 나란히 엮어 만든 배소 자체를 뜻하기도 하고, 배소에서 나는 소리 · 음향을 뜻하기도 한다. 여기서는 세 가지 뢰(籟)와 관련하여 모두 '듣는다[聞]'라는 말을 사용하고 있으므로, 후자의 의미로 쓰인 것이다. 장자는 인뢰(사람이 배소를 불어서 내는 음악소리)만이 아니라, 지뢰(대지의 바람이 나무의 구멍들을 불어서 내는 소리)와 천뢰(자연의 부림에 의한 만물의 소리)라는 것도 있다고 하였다. 음악은 근본적으로 '조화'를 목표로 한다. 장자는 인간의 말하기[言, 辯]에서의 '조화[和]'를 설명하기 위해 '뢰(籟)'를 들고 나선 것이다. 즉 사람들의 다양한 말과 분변(分辯)을 뢰에 비유한 것은, 인간의 음성과 언어 · 논의 · 변설 · 학설 및 그 조화문제를 상징하는 것이다. 첸구잉은 이것이 제자백가의 중론(衆論)을 겨냥하는 것이라고 이해하였다.

**정**

하늘 퉁소를 설명하기 위해 퉁소와 땅의 퉁소를 비유적으로 예거한 글이다. '땅의 퉁소'는 비유이되 단순한 비유가 아니다. 『논형』에서는 노골적으로 바람을 기라고 서술한다.[12] 땅 퉁소의 바람은 곧 하늘 퉁소의 기다. 기는 모든 심리적 현상의 근원이자 동력이다. 바람이 모든 바람 소리의 근원인 것과 같다. 장자는 바람을 예거함으로써 마음속으

로 들어가기 위한 가교를 놓은 셈이다. 장자의 일상적 자아
는 언어적 자아라고 할 수 있다. 언어적 자아 즉, 언어에 의
해 직조된 자아는 사회화되고 문화화된 자아다. 일상적 자
아의 존재를 부정하는 불교의 취지가 개인적 고통의 제거
에 있다면, 장자가 일상적 자아 즉, 언어적 자아의 상실을
말한 까닭은 보다 정치적이고 사회적이다. 언어에 매인 일
상적 자아의 배후에 보다 근원적인 원형적 자아가 있다. 그
원형적 자아에서 하늘의 바람이 불고 그것이 각자의 마음
에 특정한 마음의 양태를 발생시킨다. 일상적 자아가 의식
의 근원이라는 생각을 장자는 정면으로 부정한다. 그는 우
주와 잇닿아 있는 마음의 심연에서 들려오는 하늘 퉁소 소
리를 들어보라고 말한다.

**박** '사람의 퉁소[人籟]', '땅의 퉁소[地籟]', '하늘의 퉁소[天籟]'
는 차례대로 '문명/문화'와 이와 대비되는 '상대적 차원의
자연' 그리고 이 둘을 포괄하는 '절대적 차원의 자연'을 가
리키는 은유이다. 스피노자의 개념을 차용한다면, '지뢰'와
'천뢰'는 각각 '생성된 자연[所産的 自然, natura naturata]'과
'생성하는 자연[能産的 自然, natura naturans]'으로 구분될 수
있다. 단, 여기서 말하는 '생성하는 자연'은 창조주가 아니
라 '공능(功能, function)으로서의 자연'이다. 『주역』「계사하
전(繫辭下傳)」에서 "하늘과 땅의 가장 큰 덕성은 낳음이다
[天地之大德曰生]"라고 할 때의 '천지'가 이에 해당한다. '인
뢰'는 '생성된 자연'을 인위적 목적에 의해 다시 2차적으로

재단한 것이다. 구체적으로 '문명/문화'가 곧 그것이다. 아래에서 인뢰는 곧 '비죽(比竹)'이라 하여 이 점을 분명히 하고 있다.

5    子游曰, "敢問其方." 子綦曰, "夫大塊噫氣, 其名爲風.
     是唯無作, 作則萬竅怒呺. 而獨不聞之翏翏乎?"

**이**

왕수민에 따르면 방(方)은 의(義)니, 안성자유는 삼뢰(三籟)의 의미를 물은 것이다. '대괴'는 대지이고, 료료(翏翏)는 길게 부는 바람소리다. 남곽자기는 대지에 바람이 불어서 나는 온갖 소리가 지뢰라고 말한다.

**유**

남곽자기는 먼저 지뢰에 관해 설명한다. '대괴(大塊)'가 「대종사」에서는 도(道)를 뜻하지만, 여기서는 대지(大地)를 가리키는 말이다. 대지가 숨기운을 내쉬는 것 자체를 '바람[風]'이라고 한다. 그 바람은 본래 사방으로 불어댐이 없지만, 일단 불어대면 온갖 구멍이 울부짖는 듯한 소리를 내게 된다. 즉 '지뢰'란 대지의 바람이 불어댐으로 인해 이루어지는 바람의 노래[風樂]이다. 여기의 '작(作 즉 불어댐)'은 바람이 영풍 · 표풍 · 여풍으로 작동함을 뜻한다. '지료료(之翏翏)'는 온갖 구멍이 소리를 내는 것이 멀리에서 울려오는 것을 표현한 의성어이다. 이 표현의 중요성은 갖가지 구멍에서 나는 다양한 소리가 멀리에서 함께 울려올 때는 단 한 가지의 소리[翏翏]로만 들린다는 점이다. 즉 지뢰의 경우에는 각각의 우열이나 시비 다툼이 없이 자연스레 하나로 조화된다. 대지가 숨기운을 내쉬는 것은 궁극적으로 그것에 내재한 도에 의한 것이다. 그런 도의 부림을 받아 대지가 내쉬는 숨기운이 바람으로 되고, 그 바람이 작동하여 온갖 구멍이 소리를 내도록 하는 것이다.

**정** 땅의 통소에 대한 설명이다. 땅의 통소는 결국 바람이다. 만규(萬竅)는 온갖 구멍으로 다양한 심상을 만들어내는 개인의 마음에 대한 비유다.

**박** '대괴(大塊)'와 '바람[風]', '온갖 구멍[萬竅]'은 모두 은유이다. 원관념으로 말하면 '대괴'는 '천지'를 말하고, '바람'은 그 천지가 발휘하는 공능으로서의 자연, 즉 천뢰를 상징하며, '온갖 구멍'은 세계 안에서 일어나는 모든 사태들, 즉 '만물(萬物)'을 가리킨다. '대괴'에 대해 곽상(郭象)은 "대괴는 구체적인 사물이 아니다. 기(氣)를 뿜어내는 것이 어찌 형체가 있는 사물겠는가?"라고 하였고, 성현영(成玄英)은 "대괴란 조물자의 이름이니, 곧 스스로 그러함[自然]을 가리킨다"라고 하였다.[13] 이를 감안하면, '대괴'의 번역어는 여기서처럼 '땅'이라고 하기보다는 오히려 '천지'라고 옮기는 것이 더 적절할 수 있다.

이에 대해 유월(兪樾)은, 이 부분은 지뢰를 설명하는 내용이므로 '대괴'는 '땅[地]'이라고 말한다.[14] 그러나 아래에서 자유의 입을 통해 "땅의 통소는 온갖 구멍일 뿐이군요[地籟則衆竅是已]"라고 하여 '지뢰=온갖 구멍'임을 분명히 하고 있어 '대괴=땅'이라고 보는 것은 문제가 있다. 따라서 "바람은 일어나지 않으면 몰라도, 일어나면 온갖 구멍이 성난 듯이 울부짖는다."는 말은 『주역』식으로 말하면 '생생(生生)'을 특성으로 하는 이 세계[天地]의 본유적인 공능이 발현될 때 만물은 그 안에서 비로소 자신의 존재성을 획득하기 시작한다는 뜻으로 보는 것이 무난하다. '만규'에는 전통적인 용어로 '사사물물(事事物物)', 즉 '사건'과 '사물'이 망라된다.

6　山林之畏佳, 大木百圍之竅穴, 似鼻, 似口, 似耳, 似枅, 似圈, 似臼, 似洼者, 似汚者.

이　팡용에 따르면 산림지외가(山林之畏佳)는 외가지산림(畏佳之山林)이 도치된 것이고, '산림'은 산릉(山陵)으로 써야 한다. 왕수민에 따르면 '외가'는 외최(崽嶉)와 통하니, 산세가 높고 크며 들쑥날쑥한 모습이다. 여기서는 산속에 있는 온갖 구멍들의 모양을 열거하였다.

유　'대목백위지규혈(大木百圍之竅穴)'은 '百圍大木之竅穴'의 도치문이다.(장석창) 거대한 산림 속의 큰 나무들에 나 있는 갖가지 형태의 구멍을 8가지로 묘사하였다. 그 형태를 사람의 신체 부위, 사람이 만들어서 사용하는 기물, 자연적으로 형성된 또는 사람이 생활을 위해 만들어 놓은 웅덩이 등을 동원하여 실감하게끔 묘사한 것이다. 앞에서 "자네만이 저 멀리서 한 가지로 윙윙거리며 울려오는 소리를 듣지 못하는가?"라고 하였다. 그렇지만 소리가 일어나고 있는 저쪽으로 다가가 보면, 실로 다양한 형태의 구멍들이 있다는 사실을 알게 된다. 「추수」의 '대지관어원근(大知觀於遠近)'이라는 구절을 떠올리게 한다.

정 바람 소리의 차이를 만들어내는 구멍의 생김새를 기술한 글이다. 마음의 양상이 다른 이유를 말하기 위한 것이다.

박 구멍들의 갖가지 모양새는 만물의 다양성에 대한 비유이다.

7 激者, 謞者, 叱者, 吸者, 叫者, 譹者, 宎者, 咬者.

이 구멍의 형상에 따라 각기 다르게 나는 소리를 열거하였다. 갖가지 구멍과 그곳에서 나는 소리에 대해 묘사가 매우 생생하여 마치 눈앞에서 보고 듣는 것 같다. 장자가 중국 고전 문학의 좌장으로 평가되는 까닭을 엿볼 수 있다.

유 큰 나무의 구멍들에서 나는 다양한 소리[怒呺]를 8가지로 묘사하였다. 다른 자연물들에서 나는 소리, 사람이 기물을 사용할 때 나는 소리, 사람이 감정을 실어서 내는 소리 등을 동원하여 소리의 '다양성'을 미묘하게 묘사한 것이다. 뒤에서 사람의 감정과 심리와 행태를 총 12가지로 묘사하는 것과 연결해 볼 수 있다. 그런데 이것들은 실체로서 존재하는 것일까? 여기서는 이런 의문을 더 제기해 볼 필요가 있다.

정 바람 소리의 다양함을 말해서, 의식의 다양성을 설명하려 하는 것이다.[15]

**박**

만물의 존재론적 차이를 구멍들이 내는 소리로 묘사한 것이다. 이것들은 기본적으로 의성어이기 때문에 여기서처럼 "~하는 소리"와 같은 설명식 표현이 아니라 그 의미에 상응하는 의성어로 옮겨지는 것이 더 적절하다. 예를 들면 "콸콸~, 쓔우웅~, 웅웅~, 흑흑~"과 같은 방식이다.

**8**

前者唱于而隨者唱喁. 泠風則小和, 飄風則大和, 厲風濟則衆竅爲虛. 而獨不見之調調之刁刁乎?

**이**

지뢰(地籟)에 대한 묘사를 마치는 구절이다. 차오츄지에 따르면 '전자'는 바람을 가리키고 '수자'는 구멍을 가리킨다. 바람이 우하고 불면, 구멍들이 우하고 소리낸다는 것이다. 성현영에 따르면 '령풍'은 작은 바람이고, '표풍'은 큰 바람이다. 바람이 작게 불면 구멍도 작은 소리를 내고, 크게 불면 큰 소리를 낸다는 말이다. 주목할 만한 것은 바람이 그치고 난 뒤를 허(虛)로 표현하고 있다는 점이다. 장자는 대지의 구멍들이 내는 온갖 소리를 생생하게 열거할 뿐만 아니라, 소리가 소멸한 뒤의 상태도 함께 말하고 있다. '허'는 '오상아(吾喪我)'와 대응하는 표현이고, '고목사회(槁木死灰)'를 요약한 용어다. '허'는 「인간세」에서 제시한 '도는 허에 모인다. 허란 심재(心齋)다. … 제가 없으니 허라고 할 수 있습니까?'[16]와 '귀와 눈을 안으로 통하게 하고 심지(心知)를 내친다[17]'라는 관념과 연결된다. 남곽자기는 안성자유에게 자신이 형(形)과 심(心)의 작용을 잃어버린 상태를, 바람이 잦아들고 난 뒤에 나뭇가지들이 살랑살랑, 흔들흔들하는 모양으로 묘사하였다.

우선 대지의 숨기운인 바람에 의해 갖가지 형태의 구멍에서 나는 다양한 소리가 작고 큰 범위에서 서로 어떤 관계를 갖는가에 관해 묘사하였다. 여기의 '표풍(飄風)'은 「소요유」에서의 '회오리바람'과는 달리 '매우 빠르고 거세게 부는 바람'인 질풍(疾風)을 뜻한다. '영풍(泠風)'은 질풍과 대비되는 의미이다. 바람의 크기와 세기와 길이 정도에 따라 전[于]과 후[喁]의 소리가 조화하는 규모상에 차이가 있게 된다. 다양한 소리가 뒤섞여 하나의 '우(于)'나 '우(喁)'를 형성하고, 이것들이 다시 하나인 전체로서 조화된다. 중요한 것은 지뢰의 경우에는 전후의 소리가 작위적인 의도 없이 저절로 조화를 이룬다는 점이다. 이런 점은 뒤에서 말하는 '화지이천예(和之以天倪)', '천균(天鈞)'과 연결된다. 그런데 대지가 일으킨 바람이라는 외인(外因)이 사라지면 온갖 형태의 구멍은 자기[自]의 본래 상태대로 그냥 있게 된다. 외인인 바람이 사라지면 구멍들에서 나던 소리도 더불어 그친다. 그리하여 나뭇가지와 잎새만이 흔들리고 있는 상태를 보게 될 따름이다. '지조조지조조(之調調之刁刁)'의 두 '之'자는 기(其)의 뜻이다.(劉武) '조(調)'는 나뭇가지가 크게 흔들리는 것이고, '조(刁)'는 나뭇가지가 작게 살랑거리는 것을 뜻한다. 이들은 소리는 없고 바람의 여운만이 미약하게 작용하는 상태이다. 남곽자기의 형체는 이러한 여운에 의한 움직임조차도 그친 경지의 상태였을 것이다.

**정** 바람의 호응을 묘사한 글로 마음의 공명을 비유한 것이라고 볼 수도 있다.

**박** '만물(萬物)'이라고 불리는 다양한 존재들이 얽히며 시시각각으로 변화하는 자연의 변화무쌍함을 묘사한 것이다.[18]

---

**9** 子游曰, 地籟則衆竅是已, 人籟則比竹是已. 敢問天籟.

---

**이** 비죽(比竹)은 생황(笙簧)이다. '생황'은 고대 중국의 악기로서 여러 개의 대롱을 묶어 만든다. '부취만부동(夫吹萬不同)'에 대해서는 두 가지 독법이 있다. '부취만, 부동(夫吹萬, 不同)'으로 읽기도 하고 '부취, 만부동(夫吹, 萬不同)'으로 읽기도 한다. 전자에 따르면 '온갖 구멍에 바람이 불어대니 구멍에서 나는 소리가 각기 다르다'이고, 후자에 따르면 '바람이 불어대니 구멍에서 나는 소리가 각기 다르다'이다. 결국 어떻게 끊어 읽든 의미는 다르지 않다. 또 다른 논쟁점은 '사기자기야(使其自己也)'의 '기(己)'를 어떻게 읽느냐에 있다. '기'를 '이(已)'의 오자로 보는 시각이 있고, 글자 그대로 '자기 자신'으로 읽는 입장이 있다. '이'로 읽으면 '사기자기야'는 '스스로 그치게 한다'란 말이 되고, '기'로 읽으면 '자기로부터이게 한다'이 뜻이 된다. 그런데 바로 이어서 '모두 스스로 취한다[咸其自取]'고 하였으니, '자취(自取)'는 '자이

(自己)'를 함축한다. 이 점에서 보면 원문 그대로 '자기'로 읽는 것이 낫다. '자취'는 '사기자기야'를 부연한 말이다. '소리를 내게 하는 것은 누구인가?[怒者其誰邪?]'라는 말은 소리를 내게 하는 것은 없다는 뜻이다. 앞에서 '자취'라는 관념을 제시한 이상, 소리를 내게 하는 존재를 상정할 수 없다. 스스로 취하는 것이라고 말함으로써 천뢰는 '자기로부터 그러하게 된다[自己而然]', 즉 '저절로 그러함(自然)'을 의미한다. 장자는 '자연'이란 개념으로 천뢰를 말한 것이다. 장자가 노자의 계승자인 이유가 여기에 있다. 천뢰가 제기된 맥락을 돌이켜 보면 천뢰는 '오상아'에 대한 설명으로 제시된 개념이다. 장자는 '상아(喪我)'의 상태라야 천뢰가 발현됨을 암시한 것이다. 이로부터 제물론에서 말하는 '아'는 자연을 거스른 현상임을 짐작할 수 있다. 기실 자아의 문제는 「제물론」의 핵심 주제다.

유
―

지뢰와 인뢰는 자기 자신[衆竅 · 竅穴, 比竹]이 외물인 대지의 숨결이나 사람의 입김에 의지[因]하는 것에 의해 일으켜지는 것이다. 바람이 불어대서 개물들의 외면을 부리면, 개물들은 자기의 외적 구멍으로 갖가지 다른 소리를 내게 된다. 그 소리들은 내적 근원에 따른 것이 아니라, 바람이라는 외인과 얽혀 일어나는 일시적 현상이다. '비죽(比竹)'은 여기에서 '인간이 배소를 불어서 내는 음악 소리'를 뜻한다. 이런 '인뢰'란 인간이 관지(官知)의 작동인 아(我)의 상태에서 자기 취향과 선호에 따라 죽관(竹管)을 골라서 부는 데서 일어나는 소리이다. 이에 비해 '지뢰'는 대지의 숨 기운인 바람에 의해 온갖 구멍이 그들의 크기와 형태에 따라 그냥 내는 소리이다. 즉 대지의 바람 자체는 자기의 취향이나 선호를 갖지 않은 까닭에 시비호오에 의한 선별·차별이 없다. 피상적으로 이해되는 지뢰와 인뢰의 차이점은 그것들이 시비호오에 의해 이루어지는 것인가의 여부에 있다. 그런데 지뢰의 한계도, 그 소리가 개물들이 자기 내부에서 스스로 취한 게 아니라 그들의 외적 형체에 따른 것이라는 점에 있다. 이처럼 인뢰와 지뢰는 외적 요인에 의해 일어나는 것임에 반해, 천뢰는 자기 내적인 것이다. 장자가 의도하는 것은, 앞으로의 논의에서 이 천뢰를 바탕으로 하여 세속인들이 내는 인뢰(성심에 따른 논쟁)의 한계를 지적하고 극복하려는 것이다.

**정**

땅의 퉁소는 비유다. 그러나 단순한 비유는 아니다. 땅 퉁소를 통과하는 바람은 기의 모형이기 때문이다. 하늘 퉁소는 온갖 마음의 양상을 지어내고, 하늘 퉁소를 통과하는 것은 모든 마음의 양상이 발생하는 근원으로서의 기다. 기의 공명을 통해 모호한 느낌이라고 할 수 밖에 없는 맹아적 인지가 싹트고 그 맹아적 인지에 대한 개념적 이해를 통해 일반적으로 말하는 인지가 성립한다. 모든 마음의 현상은 자신의 것이지만, 현상의 뿌리를 찾아가면 끝없이 출렁거리는 기를 발견할 수 있다.

**박**

'사람의 퉁소'로 상징되는 문명/문화는 '생성된 자연'을 인

위적으로 가공한 결과물임을 말한다. '비죽(比竹)'에 대해
성영현은 '통소류의 관악기[簫管之類]'라고 하였다. 통소와
통소같은 관악기들은 사람이 대나무에 인위적으로 일정한
비율로 구멍을 뚫어 만든다. 다시 말해, 그것은 자연에 인공
이 가해진 결과물이다. 비죽을 생황(笙簧)처럼 길이가 다른
여러 갈래의 대나무관을 엮어 만든 악기라고도 보는데(차
오츄지), 어느 경우든 인위적으로 가공한 결과물임은 마찬
가지이다.

| 10 | 子綦曰, 夫吹萬不同, 而使其自己也, 咸其自取, 怒者其<br>誰邪! |
|---|---|

이
—
유
—

앞에서 설명하였다.

남곽자기의 말을 의역해보자. "천뢰란 그 무엇이 온갖 같지
않은 만물을 내적으로 불어서 자기[己, 즉 그 무엇]에게 말미
암도록 부리는 것이다. 이에 서로 다른 만물은 모두 그 무
엇의 부림을 스스로 취하는데, 그렇다면 '소리를 내는 자[怒
者]'는 그 누구이겠는가!" 소리 내는 자를 형체를 지닌 만물
이라고 보아야 할까, 만물의 근원인 그 무엇이라고 보아야
할까? 남곽자기는 천뢰에 관해 직접적으로 설명하지 않고
안성자유에게 반문하는 듯한 이야기를 한다. 그렇지만 이
것이 의도하는 것에 대한 답은 문맥상 '천뢰'의 특성일 수밖
에 없다. 이런 점을 고려하여 이 구절을 평서문에 가깝도록

재구성해보자. 왕수민(王叔岷)은 '취만부동(吹萬不同)' 앞에다 '천뢰자(天籟者)'라는 세 글자를 둘 때 문의가 더 분명해진다고 보았다.[19] 즉 '夫天籟者吹萬不同而使其自己也'로 볼 수 있다는 말이다. 이것을 바탕으로 하여 문맥상에서 의미를 더 분명히 하기 위해서는 '부(夫)'자 다음에 '천뢰자(天籟者), 도(道)'가 생략된 것으로 볼 수 있을 것이다. 즉 '夫天籟者, 道吹萬不同而使其自己也'를 뜻하는 것으로 읽을 때, 이는 천뢰를 직접적으로 설명하는 문장이 된다. 전체적으로는 "夫天籟者, 道吹萬不同而使其自己也, 咸其自取, 怒者其誰邪!"가 된다. 그런데 여기의 '자기(自己)'는 하나의 단어로 쓰인 것이 아니다. 『장자』 전체에서 '自己'라고 쓴 다른 용례는 1회밖에 없는데, 그 경우에도 '自'는 '~로부터' 또는 '~에게 말미암다[從, 由]'라는 의미이다.[20] 이로써 볼 때, '사기자기(使其自己)'란 도가 각기 다른 형태의 만물[其=萬不同]을 내적으로 불어서 자기[己=道]에게 말미암도록[自] 부린다[使]는 뜻이다. '천뢰(도)'란 내적인 '(道)吹萬不同'으로서 자연한 작용을 뜻한다. '만부동(萬不同)'은 갖가지 형태로 서로 다른 모습을 보이는[萬形不同] 만물의 형태를 뜻한다. 그런 만물의 형태가 뒤에서 말하는 '천예(天倪)'이다. '취(吹)'는 앞에서 말한 '허(噓)'나 '희(噫)'와는 달리 내적인 도의 작용으로서, 대도의 노래[無音之音]인 천뢰를 일으키는 것이다.

더 풀어보자. '무릇 천뢰란, 도가 온갖 같지 않은 형태의

만물을 내적으로 불어서 그것들이 자기[己 즉 道]에게 말미
암도록 부림에, 만물 모두가 그 도의 붊[道吹]을 스스로 취
하여 자기[各物] 소리를 내는 것이니, 소리를 내는 것은 그
무엇이겠는가?' 천뢰는 외적인 것에 부림을 받는 것으로 보
이는 피상적인 인뢰[比竹]·지뢰와는 반대로 내적인 것이
다. 도에 주안점을 두면 도가 만물을 부린다고 할 수 있지
만, 만물에 중점을 두면 도의 내적 부림을 스스로 취하여 만
물 각자가 자기의 소리를 내는 것이라고 할 수 있다. 즉 사
취(使吹)인 동시에 자취[自取之怒]인 것이니, 둘 중의 어느
하나라고 갈라서 확정할 수가 없다. 이런 차원에서 볼 때,
만물이 내는 본연의 자기 소리는 '지뢰'도 아니고 '인뢰'도
아니다. 굳이 말하자면 '만물뢰(萬物籟, 즉 만물 본연의 자기
소리)'이다. 이에 따라 본연의 인뢰(여기서는 인간의 말하기)
는 근원적으로는 내적 천뢰에 의거하는 것이 된다. 즉 내적
천뢰가 '본연의 인뢰'로 구현되는 것이다. 그렇다면 소리 내
는 주체인 주재자를 도[己]라고 해야 하는가, 아니면 스스
로 취하는[自取] 자인 만물이라고 보아야 하는가? 하지만
그것이 도이거나 만물 자체라고 확정할 수 없고, 도의 주재
가 없다거나 만물의 자기 주재가 없다고도 단정할 수 없다.
남곽자기가 마른나무와 식은 재 같은 외모를 보인 것은 자
기의 내적 근원인 도의 부림[吹 즉 使]에 따른 것이지, 그 어
떤 외물에 의지하여 휘둘리거나 부려진 모습이 아니다. 그
런 내적인 도의 부림이 가깝게는 뒤에서 말하는 '약유진재

(若有眞宰)'로, 멀리로는 '계진의 막위[季眞之莫爲]와 접자의 혹사[接子之或使]'(「서무귀」)라는 논쟁으로 연결될 것이다. 이에 반해 본편의 중간에서 이야기되는 소문 · 사광 · 혜시는 외인인 명성에 휘둘려 단지 피상적인 세속적 인뢰를 연주한 자들에 불과하다.

인간의 경우, 말을 하도록 부리는 내적 근원인 도와 직접 말하도록 부리는 자[吾 즉 神]가 분리되지 않는다. 남곽자기의 고목 · 사회 같은 외형은 다만 도의 부림을 받으면서 그 부림을 오(吾 즉 神)가 스스로 취한 상태이다. 이렇게 하여 발성되는 말은 '세속적 인뢰[化聲]'가 아니다. 허심에 의거한 대지(大知)와 대언(大言)의 발현이 천뢰 즉 '본연의 인뢰'인데, 장자 자신의 치언(巵言)이 바로 이것을 구현하는 것이라고 할 수 있다. 상아(喪我)한 경지의 '오'가 내는 인뢰는 곧 천뢰의 발현이다. '오상아'는 천뢰를 듣고 또 그로써 말하는 경지로서 「대종사」의 "입어료천일(入於寥天一)", 「천지」의 "자기를 잊는 사람, 이런 사람을 일컬어 자연의 경지에 들었다고 한다[忘己之人, 是之謂入於天]"라는 말과 연결된다. 그러나 곽상은 "물들은 각자 자생하는 것이어서 낳인 바가 없다. 이것이 천도이다." "물들은 모두 각자 자득할 따름이다. 누가 그것을 소리 내도록 주재하여 그렇게 만들겠는가! 이것은 천뢰를 거듭 밝힌 것이다"[21]라고 하였다. 소리나는 것은 다 자기에 따른 것이지, 소리를 내도록 하는 주재자가 따로 있어서 그런 게 아니라는 뜻이다. 곽상은 내적 근원으로서의 '도' 및 '신(神)'을 인정하지 않는다. 하지만 장자의 체득으로는 내적 원인자인 '도'가 있다는 것이다. 그리고 도는 내재하는 것이기에 만물과 분리되지 않는다. 만물이 자기 외적인 것들에 연유하여 만들어낸 '아[成心]' 관념을 부정하고, 본래 주어진 오[道, 즉 神, 眞]를 긍정하고 유지해야 한다는 것이 장자철학의 취지라고 보아야 하지 않을까.

**정** 온갖 바람소리의 일차적 근원은 구멍이지만, 궁극적 근원은 하나로서의 바람이다. 이 점을 질문형태로 표현한 글이다. 구멍마다 소리가 다르듯이 사람도 각각의 마음에 따라 심리적 현상이 다르다. 그런 다양한 현상은 모두 스스로 만들어내는 것이다. 그러나 다양한 바람 소리가 하나의 바람에서 연유하듯이 각 마음의 현상이 연유하는 것이 있을 것이다. 장자는 그것을 묻고 있다.

**박** 만물이 형형색색으로 드러내는 차이성은 외부로부터 부여되는 것이 아니라 모두 스스로 말미암는다는 점을 이야기하고 있다. 앞서 말했듯이, '천뢰'란 '지뢰'나 '인뢰'와 별도로 존재하는 다른 범주가 아니라 자기원인적으로 운동변화하는 만물의 존재양상들을 가능하게 하는 공능으로서의 자연이다. 이를 테면, 노장철학에서 말하는 '도(道)'가 이에 해당한다.

　마지막 문장은 두 가지 의미로 독해가 가능하다. 하나는 실질적인 의문문으로 읽는 것이다. 이렇게 되면 '인뢰'와 '지뢰'를 총괄하는 별도의 범주를 상정하는 것이고, 그에 따

라 이제부터 그것을 찾아가 보자는 의미가 된다. 다른 하나
는 반어적인 의문문으로 읽는 것이다. 이럴 경우 '천뢰'는
별도로 존재하는 제3의 무엇이 아니라 앞의 풀이처럼 '지
뢰'와 '인뢰'가 연출하는 공능으로서의 자연이라는 뜻이 된
다. 이 두 가지 독법은 문법적으로 모두 하자가 없다. 따라
서 어느 것이 더 타당한가는 앞으로 이어지는 내용과의 문
맥적 관계 속에서 결정될 수밖에 없다. 이와 관련하여 특
히 주목해야 하는 용어가 세 번째 단락에 등장하는 '진재(眞
宰)'와 '진군(眞君)'이다.

## 날마다 다투는 마음

大知閑閑, 小知閒閒, 大言炎炎, 小言詹詹. 其寐也魂交, 其覺也形
開, 與接爲搆, 日以心鬪. 縵者, 窖者, 密者. 小恐惴惴, 大恐縵縵.
其發若機栝, 其司是非之謂也. 其留如詛盟, 其守勝之謂也. 其殺若
秋冬, 以言其日消也. 其溺之所爲之, 不可使復之也. 其厭也如緘,
以言其老洫也. 近死之心, 莫使復陽也. 喜怒哀樂, 慮嘆變慹, 姚佚
啓態, 樂出虛, 蒸成菌. 日夜相代乎前, 而莫知其所萌. 已乎, 已乎!
旦暮得此, 其所由以生乎!

**·번역·**

큰 앎은 여유롭고 작은 앎은 깐깐하며, 큰 말은 담박하고 작은 말은
수다스럽다. 잠잘 때는 혼이 만나고 깨어나면 몸이 열려서, 만나는
것과 얽혀 매일같이 마음으로 다툰다. 느긋하기도 음흉하기도 치밀
하기도 하니, 작게 두려워할 때는 벌벌 떨고 크게 두려워할 때는 망
연자실한다. 뛰쳐나감이 활을 쏘는 것 같음은 시비를 주도함을 말한

다. 집착함이 맹세하는 것과 같음은 승리를 견지하고자 함을 말한다. 시듦이 마치 가을 겨울 같다는 것은 기운이 날로 사그라드는 것을 말한다. 마음이 하는 바에 빠져 있으면 회복시킬 수 없다. 닫혀 있음이 꿰맨 듯하다는 것은 노욕이 흘러넘침을 말한 것이다. 죽음에 가까워진 마음은 다시 살아나게 할 수 없다. 기쁨 · 노함 · 슬픔 · 즐거움 · 우려 · 탄식 · 변덕 · 고집 · 경솔 · 안일 · 방탕 · 교태가 마치 음악이 빈 구멍에서 나오고, 습기가 버섯을 돋아나게 하는 것과 같다. 이처럼 심리적 현상들이 밤낮으로 갈마들지만 그것을 싹트게 하는 바를 알지 못한다. 그만두어라! 그만두어라! 아침부터 저녁까지 이런 마음이 있지만, 그것이 말미암아 생겨나는 바가 있겠는가!

**이**

심투(心鬪)에 대해 말하고 있다. 주제어는 '심투'이고, 주제문은 '날마다 마음으로 다툰다[日以心鬪]'이다. 지식이 많은 사람이건 적은 사람이건, 담백하게 말하는 사람이건 수다스럽게 떠드는 사람이건 모두 마음으로 싸운다. 앎과 말을 사용한 싸움이라는 점에서 논변하는 이들에 대해 말하고 있음을 짐작할 수 있다. 장자는 논변상황에서 나타나는 마음의 모습들을 열거하고, 되살릴 수 없는 죽은 마음이라고 평가한다. 아울러 마음의 다양한 상태를 열두 가지로 정리하면서, 그 이유를 알 수는 없지만 아마도 그것들의 유래는 있을 것임을 암시한다.

**유**

남곽자기의 입으로 말해진 '천뢰'를 이제는 장자가 직접 나서서 '인뢰'와 관련짓는다. 세속적 인뢰가 어떤 양태를 띠는가에 관한 것이다. 여기서 '인뢰'는 사람의 앎[知]·말[言]을 뜻하는 것으로 전환된다. 크게 네 문단으로 나누어볼 수 있다. 첫째로 대지(大知)·대언(大言)과 소지(小知)·소언(小言)을 구분한다. 대지·대언은 천뢰(도)와 연결되는 '본연의 인뢰'임에 반해, 소지·소언은 '세속적 인뢰'에 해당하는 것으로서 비본래적인 작위이다. 둘째로 세속인이 표출하는 인뢰적 언어의 실태가 어떠한지를 그려 놓는다. 세속적 인뢰에 몰두하는 사람들의 마음 상태를 세 가지로 묘사한다. 셋째로 그러한 마음으로 논쟁하는 것이 외적으로 자기의 형체를 쇠잔하게 만들고 내적으로 자기의 마음을 죽이는 역리를 낳는다고 말한다. 넷째로 그들의 감정과 심리와 행태의 무근원성을 지적한다. 핵심어로 '지(知)', '언(言)', '외물(外物)', '심(心; 心鬪, 近死之心)', '정(情)'을 사용하면서 이들의 상관성에 관해 설명한다. 취지는 소지·소언의 사람들이 꿈에서나 깨어서나 외물을 대하면서 갖게 된 마음과 감정으로서의 '아(我)'는 비본연적이며 근원이 없는 것이라는 점을 지적하는 데 있다. '상아'와 반대되는 세속인의 삶의 자세를 돌아보면서, 그것이 무엇엔가 말미암아서 그렇게 되어버린 것인가 하는 의문을 에둘러 던진다. 사람들의 아[成心]가 확고해질수록 그들은 자상(自喪)의 늪으로 그만큼 더 깊이 빠져든다.[22] 그렇게 함으로써 자기와 타자 모두를 상해(傷害)하고 있는 소지·소언의 사람들에 대해 장자는 비통해한다.

**정**

시비에 의해 고착된 마음이 밖으로 드러나는 양상과 그런 마음에서 발생하는 다양한 현상적 의식을 묘사함으로써, 자아의 존재에 관해 회의적으로 묻기 위해 예비하는 글이다. 일반적으로 사람들은 어릴 때의 장자와 청년기의 장자 그리고 노년기의 장자를 모두 아우를 수 있는 고정불변한 장자의 자아가 있다고 생각한다. 철학자들은 그런 자아를 실체적 자아라고 한다. 시비는 실체적 자아를 전제하고 그런 자아를 밀고 나가려는 태도를 말한다. 그러나 자아를 구성하는 신념체계 및 정서적 성향은 고정된 것이 아니다. 시비는 사실 상대적이고 유동적이며, 반투과성이지만 구심력에 의해 하나로 뭉쳐진 무엇인가를 견지하려는 태도와 같다. 시비의 태도를 견지하면 자신의 성향이나 신념이 고착화되어, 세계와 공명하지 못한다. 공명의 힘은 기 즉, 생명이라고 할 수 있으므로, 시비의 태도를 견지하면 생명을 잃게 된다. 장자는 이 점을 말하고 모든 현상의 근원에 관해 묻는다.

**박**

둘째 단락의 첫 번째 문단이다. 자기원인적으로 운동변화하는 만물의 존재양상을 묘사한 앞단락의 구도를 인간에게 적용하고 있다. 다양한 감정으로 표출되는 인간의 마음의 양태들에 대한 서술은 그대로 앞단락의 갖가지 구멍들이 내는 소리에 대비된다. 그러면서 앞단락 마지막에서 제기하였던 질문을 여기에도 적용하여 이 모든 마음의 양태들을 주재하는 주재자가 따로 있는가, 다시 말해서 시시각각으로 변화하는 다양한 마음의 양태들 심층에 이 모든 것을 관장하는 실체적 자아가 따로 존재하는가 하는 질문을 던진다. 그리고 이 물음에 대한 대답 또한 앞단락과 마찬가지로 반어적 물음으로 끝맺음으로써 그 가능성을 의미상으로 부정한다.

1  大知閑閑, 小知閒閒, 大言炎炎, 小言詹詹.

**이**
『경전석문』에서 인용한 『간문(簡文)』에 따르면 '한한'은 해
박한 모습이다. 유월에 따르면 간(閒)은 '엿보다[覗]'의 뜻이
니, '간간'은 남을 엿보아 꼼꼼하게 따져보기를 좋아하는 것
이다. 장석창은 '한한'과 '간간'을 논변하는 이들이 지식을
지니고 논변에 임하는 차이로 보았다. 왕수민에 따르면 '담'
은 담(淡)의 가차자이니 '담담'은 말이 담박한 것이며, '첨첨'
은 말이 많은 것이다. 여기서 장자는 앎과 말의 양상을 해박
한 앎과 세세하게 따지는 앎, 담박한 말과 수다스러운 말로
대비시키고 있다. 이이(李頤)에 따르면 '담담'은 시비를 같
게 보는 것이고, '첨첨'은 자잘하게 논변하는 모습이다. 그러
나 문맥상 '대지'와 '대언'이 도를 터득하거나 제물(齊物)의
경지에 이른 인물의 앎과 말이라고 보기 어렵다. 바로 뒤에
서 마음을 설명하는 가운데 대공(大恐)과 소공(小恐)을 대비
시키고 있는 점을 보면, 앎과 말의 대(大)와 소(小) 또한 경
지의 차이가 아니라 보통 사람에게 나타나는 양상의 차이
일 뿐이다. 장자는 곧바로 '대지'와 '소지', '대언'과 '소언'을
날마다 마음으로 싸우는 상태와 연결하고 있다.

**유**
'나를 잃음[喪我]'이 무엇인지를 '앎[知]'과 '말[言]'의 문제
로써 풀어간다. 「소요유」에서 소대지변(小大之辯)을 통해

'대지(大知)'와 '대년(大年)'을 긍정하고 '소지(小知)'와 '소년(小年)'을 부정하였다. 본편에서도 "대도불칭(大道不稱), 대변불언(大辯不言)"을 긍정하고 있음에 비춰볼 때, 여기의 '대지(大知)'와 '대언(大言)' 역시 긍정되는 것이다. 「외물」에서는 "거소지이대지명(去小知而大知明)"이라고 한다. '대지'는 확 트인 여유로움이며, 이에 바탕을 두는 대언은 무덤덤하니 담박하다. 이들은 '진지(眞知)'나 '우박(愚樸)' 등으로 연결된다. 대지·대언은 뒤의 "고지인(古之人), 기지유소지의(其知有所至矣)"와 '이명(以明)'·'조지어천(照之於天)'·'인시(因是)'로 연결되며, 이들이 제물(齊物) 관점을 가능케 한다. '대지'는 다른 편들에서도 거듭 거론되는 가운데 '진기실지(眞其實知)'로도 불린다.[23] 반면에 '소지'는 천착하여 지엽적이고 조밀하며, 이에 바탕을 두는 '소언'은 번지르르하고 수다스럽기만 하다. 이들은 '영화(榮華)', '지교(智巧)', '총명(聰明)' 등으로 연결된다. 대지와 대언은 천뢰에 따르는 본연의 것임에 반해, 소지와 소언은 외물에만 집착하는 작위적인 인뢰이다. 따라서 여기의 '대'와 '소'는 상대적인 크기의 의미가 아니라, 본연과 비본연의 차원 문제이다.

'한(閑)'은 본래 목책(木柵)의 난간[欄] 틈새를 뜻하는데,[24] 그 간격이 매우 넓다. 이에 반해 '한(閒)'은 봉극(縫隙)을 뜻하는 글자이다.[25] 즉 문틈으로 빛이 스며드는 것으로서 매우 좁은 통로를 뜻한다. 이러한 기본 의미들에서 시작하여 '한(閑)'은 관유(寬裕)의 의미로(성현영), '한(閒)'은 아주 비

좁은 틈새[間]의 의미로 확장되었다.『경전석문』에 따르면, 최선(崔譔)과 이이(李頤)는 "극(郤)을 한(閒)의 의미"로 보았다. 한(閒)을 '백구지과극(白駒之過郤)'[26]에서의 '극'과 같은 의미를 지닌 것으로 볼 수 있으니, '郤(사이 극)'은 隙(틈극)과 통하는 글자이다. 이러한 원초적 의미가 앎·언어와 관련하여 '용관규천(用管窺天)'하는 방식으로 찰변(察辯)에 골몰하면서 갈등하는 자들을 지칭하는 것으로 확장된다.[27] '염염(炎炎)'을 글자 그대로 보면, 이는 불꽃이 한 무더기로 타오르면서 주변을 훤히 밝히는 방광(放光)의 의미이다. 그러나 이렇게 이해하면 뒤의 '보광(葆光)'과 호응하지 못한다. 이것을 '담담(淡淡 즉 담박함)'의 의미로 풀이하기도 하는데(이이,『경전석문』), 이 경우에는 뒤의 '언은어영화(言隱於榮華)[小言]'와 대립하는 의미가 되어 호응도가 높아진다. '군자지교담약수(君子之交淡若水)'[28]에서의 '담(淡)'과도 통하는 의미가 된다. 또한「각의」에서는 '담(惔)'자를 사용하는데, 맥락상 그 의미는 담박함[淡]이다.[29] 그리고 '첨첨(詹詹)'은 다언(多言)으로서 말하는 것이 자잘하게 따지고 민첩함을 뜻한다. 이것을 '澹(움직일 담)'의 의미로 보면, 잔물결[波紋]을 뜻하게 된다. '소지'는 천착에 의한 것이며, 지모(智謀)·간지(奸智)·교지(巧智)와 같은 것이다.[30] 소지·소언은 시비호오라는 분별과 분리로 나아가는 '봉지심(蓬之心)'·'성심(成心)'·'사심(師心)'을 형성한다. 이것들은 시종 자기의 이익과 명성을 목적으로 하는 것인 까닭에 필연적으

로 갈등을 일으킨다. 「소요유」에서 말한 혜자의 '봉지심'은
외인에 휘둘리는 것이었고, 본편의 앞단락에서 말한 세속
적 인뢰도 외인에 의거하는 것이다. '한한(閒閒)'과 '첨첨(詹
詹)'은 뒤의 '유진위(有眞僞)', '유시비(有是非)', '소성(小成)',
'영화(榮華)'로 연결된다. 이에 반해 대지 · 대언은 천뢰라는
내인(內因)을 따르는 진실한 앎과 말이다. 즉 사적 이익과
명성만을 목적으로 하는 시비호오를 초월한 본연의 인뢰
이다.

**정**

작은 앎은 언어적이고 표상적인, 일상적 앎이다. 계획, 계
산, 기억의 회상, 반성적 사유를 행하면서도 삶의 체험에 의
해 구성되는 서사적 자아[narative self]의 앎이기도 하다. 큰
앎은 언어나 표상을 매개하지 않는 앎이다. 무의식적인 혹
은 비의식적인 원형적 자아가 공명을 통해서 얻는 앎이다.
「인간세」 편에서 장자는 이런 앎을 기(氣)를 통한 앎이라고
설명한다. 오랫동안 기술을 익힌 이가 기술수행에 몰입해
있으면서 즉, 망아의 상태에서 정교한 작업의 과정을 놓치
지 않고 쫓아가는 모습에서도 큰 앎을 엿볼 수 있다. 큰 말
은 그처럼 비언어적 앎을 얻은 이들의 말이다. 그들의 앎은
직관과 공명을 통해 그저 얻은 것이므로 있는 그대로의 느
낌을 전한다. 비유가 주로 사용되는 이런 말은 주어진 상황
에 따르면서 시비를 따지는 말이 아니므로 담담하다. 이에
반해 시비를 따지는 말은 세밀하고 번거롭다. 작은 말은 시
비를 따지는 말이고, 큰 말은 그저 전달하는 말이다. 자신의

생각을 전달하되 시비를 따지지 않는 말은 외관상 유사할
지 모르겠으나, 청자에게 주는 느낌이 전혀 다르다.

**박**  대지(大知)과 대언(大言)을 어떻게 볼 것인가에 대해서는
두 가지로 나뉜다. 하나는 소지(小知)·소언(小言)과 대비시
켜 긍정적으로 보는 견해이고, 다른 하나는 소지·소언과
마찬가지로 부정적인 것으로 보는 견해이다.

성현영은 대지와 소지의 속성인 '한한(閑閑)'과 '한한(閒
閒)'은 '너그러움[寬裕]'과 '분별스러움[分別]'으로, 대언과 소언의
속성인 '염염(炎炎)'과 '첨첨(詹詹)'은 '맹렬함[猛烈]'과 '수다
스러움[詞費]'으로 각각 풀이하여 대지와 대언을 좋은 의미
로 해석한다. 여기서 말하는 '맹렬함'은 "이치를 담은 위대
한 말로서, 비유하면 맹렬한 불길이 들판을 태우는 것처럼
말끔하게 비워 의문을 남기지 않는다."[31]라는 의미이다. 대
지와 대언을 부정적으로 새기는 견해로는 왕부지(王夫之)
를 들 수 있다. 그는 '대'와 '소'는 어디까지나 상대적인 개념
임을 지적하고, 이 네 가지 속성도 마찬가지로 상대적인 차
이만 지닐 뿐 결국은 같은 차원의 것들이라고 말한다. 요컨
대, '한한(閑閑)' 또한 '한한(閒閒)'이고 '염염' 또한 '첨첨'일
따름이어서 이들 사이에는 질적인 차이가 없다는 것이다.

뒤에 이어지는 내용이 시시각각으로 펼치는 감정에 대한
부정적인 서술들이라는 점에서 '대지'와 '대언'을 딱히 좋은
의미로 풀어야 할 근거는 없어 보인다. 근래의 주석가로 이
같은 관점에 서 있는 사람으로는 차오츄지(曹礎基)가 있는

데, 그는 '대언'과 '소언', '대지'와 '소지' 모두 시비를 논쟁하는 사람들을 가리켜 말한 것이라고 본다. 이에 따르면, '한(閑)'은 '방(防)'의 의미로서 '한한'은 스스로 총명하다고 자부하는 사람이 다른 이들의 견해를 받아들이는 않음을 가리키고, '염염'은 웅변에 솜씨가 있는 사람이 불꽃같이 사자후를 통해내는 모습을 가리킨다. 이효걸도 이와 비슷한 입장에서, 여기서 말하는 '크다[大]'와 '작다[小]'는 "일상에서 드러나는 마음의 여러 모습은 기본적으로 지식과 언어를 중심으로 이루어져 있다"는 것을 말하는 것일 뿐이지 「소요유」에 등장하는 '대/소'와는 그 맥락이 다르다고 지적한다.

| 2 | 其寐也魂交, 其覺也形開, 與接爲搆, 日以心鬪. |
|---|---|

이    '혼교'는 혼(魂)이 백(魄)과 교접하여 꿈을 꾸는 것을 말한다. 육장경(陸長庚)에 따르면 혼과 백이 교접하여 꿈을 꾼다. '형개'는 감각기관이 작동하는 것이다. '여접위구'는 잠을 자건 깨어 있건 대상과 얽힌다는 말이다. 대상과 내가 서로 상대하는 구조를 이룬다는 뜻이다. 장자철학에서 대상은 모두 물(物)로 표현된다. 이곳에서는 물아상대(物我相對)의 구조 속에서 마음으로 싸운다는 것을 말하고 있다.

유    두 '기(其)'자는 소지 · 소언의 사람들을 가리킨다. 문맥상 이 문단의 시작 부분에 '부소지소언자(夫小知小言者)'가 생략된 것으로 볼 수 있다. 이후의 이 단락 전체의 이야기는 오로지 소지·소언의 사람들에 대한 것이다. 이 문단은 전체적으로 「대종사」·「각의」에서 "잠잘 때는 꿈을 꾸지 않고 깨어 있을 때는 근심이 없다."[32]라고 하는 것과 반대되는 내용이다. 소지·소언의 사람들은 잠잘 때면 혼이 허상과 교착(交錯)하고, 깨어나면 형체의 감각기관이 작동하는 것[官知]에 따라 심지(心知 즉 思慮)도 발동한다. 이들 관지와 심지를 합쳐서 '육착(六鑿)'이라고도 부르는데, 마음에 자연한 노닒이 없으면 육착이 서로를 물리치게 된다.[33] 대지·대언은 '심유천유(心有天遊)'에 해당하는 반면, 소지·소언은 '심무천유(心無天遊)'에 해당한다. 여기의 '천유'란 곧 천뢰의 작용을 뜻하는 말이라고 할 수 있다. 소지·소언의 사람들은 밤과 낮으로 외물과 교착하고 접촉하여 얽혀듦으로써 비본연적인 마음을 구성하여[成心] 하루 내내 남들과 다툼질을 일삼는다. 뒤의 원문 9에서 말하는 '소성(小成)'과 '영화(榮華)'를 추구하는 자들의 행태이다.

정

현실과 비교해 볼 때, 꿈의 세계는 불안하다. 상황의 전환이 논리적이지 않고 특정 상황이 바로 무너진다. 논리적이지 못한 이미지가 지나치게 선명하게 떠오르기도 한다. 전혀 낯선 세계에 들어왔을 때와 유사하다. 이것을 혼으로 만난다고 했다. 꿈에서 깨면 자의식을 가지고 있는 일상의 자아가 감각기관을 통해 환경과 상호작용한다. 분별을 전제하는 일상인의 상호작용은 다툼의 연속이라고 할 수 있다. 뒷구절에서는 이 상태를 묘사한다.

**박** 잠이 들었을 때나 깨어 있을 때나 잠시도 쉬지 않고 타자와 교섭하며 부대끼는 마음의 활동 양태를 말한다. 잠 들었을 때의 마음의 활동은 제6식[意識]이 정지해 있을 때에도 그 저류에서 쉼 없이 활동하는 불교 유식(唯識)의 제7식[末那識]이나 정신분석학에서 말하는 심층의식을 떠올리게 한다.

3    縵者, 窖者, 密者. 小恐惴惴, 大恐縵縵.

**이** '만'은 겉은 부드럽지만 속은 교활한 것[柔奸]을 말하니, '만자'는 교활한 마음이다. '교'는 함정을 잘 파는 것이니, '교자'는 음험한 마음이다. '밀'은 주도면밀한 것이니, '밀자'는 치밀한 마음이다. 교활함과 음험함과 치밀함은 마음이 싸울 때 갖추는 모습들이다. 아울러 마음이 갖는 두려움의 양상을 '소공'과 '대공'으로 말하고 있다. '췌췌'는 벌벌 떠는 모습이고, '만만'은 낯빛이 하얗게 질린 모습이다. '췌췌'가 아직 정신은 있는 상태라면, '만만'은 정신이 나간 상태이다.

**유** 소지·소언의 성심을 지닌 자들이 매일 마음을 쓰는 심리와 행태를 묘사한 것이다. '대범함[縵]'·'음험함[窖]'·'은밀함[密]'이 다투는 심리의 세 유형이다. 자기가 추구하는 것을 기필코 갖기 위한 집착심으로서 '속셈[心算]'을 칠흑처럼 감추어둔 심리들이다. '췌췌(惴惴)'는 작게 깜짝 놀라는 모습이다[怵心, 怵惕, 怵然]. '만만(縵縵)'은 몹시 놀라서 멍해진 모습인데, 성현영은 '기운을 잃은 모습[沮喪]'이라고 풀었다. '망연자실(茫然自失)'의 의미라고 할 수 있다. 자기가 획득하려는 대상물을 주관하는 자들에 대한 두려움 때문에 취해지는 행태들이다. 그것들이 자기의 기대에 어그러지는 방향으로 바뀌는 정도에 따라 놀람의 크기도 달라진다. '자연의 형벌인 명(命)을 피해 달아나려는[遁天之刑]' 데서 불필요하게 갖게 되는 고초이다. 이들은 작은 조화도 이루지 못하고 항상 소란과 분란을 지어낸다. 이는 「응제왕」의 "지인지용심약경(至人之用心若鏡)"과 대조된다.

**정**

마음의 다양한 습성을 묘사한 글이다. 우선 마음의 특성을 느긋함, 음흉함, 치밀함의 세 가지로 정리해서 말했다. 둘째, 두려움을 말하고 있다. 마음의 모양이 모두 다르지만 두려움 앞에서 보이는 태도는 크게 작은 두려움과 큰 두려움의 둘로 나눌 수 있다. 명상은 일상의 습성 너머에 있는 본래의 상태를 체험하는 수행법으로 일차적으로 습성에서의 벗어남을 추구하기 때문에, 습관화된 마음의 상태를 먼저 묘사했다.

**박**

'느긋함[縵者]'·'음흉함[窖者]'·'치밀함[密者]'은 이 세 가지 유형의 사람을 가리킨다고 보기도 하고, 세 가지 심리 상태를 가리킨다고 보기도 한다. 이 단락에서 묘사하는 다양한 심리 상태들은 사람들에게서 일반적으로 발견되는 요소라는 점에서 후자로 보는 것이 더 낫다.

4

其發若機栝, 其司是非之謂也. 其留如詛盟, 其守勝之謂
也. 其殺若秋冬, 以言其日消也. 其溺之所爲之, 不可使
復之也. 其厭也如緘, 以言其老洫也. 近死之心, 莫使復
陽也.

**이**

싸울 때 나타나는 마음의 다양한 모습을 묘사하고 있다. 시
비를 따질 때 마음은 쇠뇌로 화살을 쏘는 것처럼 재빨리 움
직이며, 승리를 고수할 때 마음은 축원하고 맹세하는 것처
럼 꿈쩍도 하지 않는다. 날로 사그라들 때 마음은 가을과 겨
울처럼 스산하며, 하는 짓에 빠질 때 마음은 원래 상태로 되
돌릴 수 없다. 또한 노욕(老欲)이 흘러넘칠 때 마음은 꿰맨
것처럼 꽉 막혀 있다. 장자는 '발(發)', '류(留)', '쇄(殺)', '익
(溺)', '암(厭)' 등의 모습을 지닌 마음에 대해, 거의 죽은 마
음[近死之心]으로 보고 다시 살릴 수 없다고 평가한다. '싸
우는 마음[心鬪]'은 죽은 마음이라는 것이다.

**유**

소지 · 소언의 사람들은 더 나아가 이해득실을 따지는 말을
하는 데서 자신의 형체뿐 아니라 마음조차 스스로 죽인다.
이들은 극단적인 두 가지 자세를 보인다. 이 문단의 구조를
파악하기 위해 의역해보자. "① 소지 · 소언의 사람들이 내
뱉는 말은 쇠뇌를 격발하거나 활시위를 튕기는 것처럼 모
질게 튀어가는데, 이는 시비 다툼을 주도하고 장악하려는
것을 이름이다. ② 이와 반대로 저들이 입을 꽉 다무는 모
습은 서약하거나 맹세하는 것 같기도 한데, 이는 승리를 고

수하는 것(독단적 신념)을 이름이다. ①처럼 하는 경우 그 외적 형체가 가을 · 겨울의 초목처럼 쇠잔해가는데, 이는 그들 자신이 하루하루 소멸해가는 것을 말함이다. 이렇게 하는 것은 자신이 추구하는 외적 사물에만 빠져드는 까닭에 그 본래의 육체적 생명력을 회복시킬 수 없게 된다. 즉 본연의 물지화(物之化)를 위배하는 무리한 형화(形化)의 문제이다. ②처럼 하는 경우 그 내적 마음이 꽉 잠기는 게 굳게 봉함[封緘]하는 것과 같아지는데, 이는 그 마음이 쪼그라들고 굳어져 집착심이 극단에 이른 것을 말함이다. 죽음으로 다가가는 이런 마음에 대해서는 되살릴 방도가 없다. 즉 본래의 마음이 변화하지 않아야 한다는 것을 위배한 심화(心化)의 문제이다."

이 문단은 '오상아'에 대비되는 '인지자상(人之自喪)'(「서무귀」)의 메커니즘을 설명한 것이다. 먼저 소지 · 소언의 사람들이 논쟁하는 데서 공격하고 방어하는 자세를 극단적으로 취하는 모습을 묘사하였다. 전자가 유가 · 명가(혜시)를 떠올리게 만드는 것이라면, 후자는 묵가가 자기네의 규율에 맹세하고 묵수(墨守)한 것을 연상케 하는 모습이다. 이어서 그런 자세를 취하는 자들이 자초하는 형체와 마음의 피폐화를 두 측면으로 지적한다. 즉 하루 내내 자신의 형체 생명력을 날로 쇠약하게 만들고[形化 즉 外化], 자기의 마음을 스스로 죽음으로 치닫도록 만드는[心化 즉 內化] 폐해를 낳는다는 것이다. 앞단락에서 안성자유가 한 말을 빌려서 표현하자면, 이는 자기의 형체[形]를 스스로 고목화하는 짓이며, 더욱이 자기의 마음[心]을 스스로 삭은 재처럼 만드는 일이다. 그러나 남곽자기의 관점으로 보면, 바로 이런 자기[我]를 버려야만 형체뿐 아니라 마음에서도 본연의 생명력을 회복하게 된다. 앞단락에서 안성자유는 남곽자기의 형체와 마음을 함께 문제시하였다. 이 문단에서도 형체의 생명력이 소진되는 것과 아울러 마음이 죽음에 가까워지는 것을 문제시하고 있다. 그리고 이런 의미를 뒤의 단락에서는 "기형화(其形化), 기심여지연(其心與之然), 가불위대애호(可不謂大哀乎!)"라고 압축한다. 이런 의미를 담은 것이 "육체의 죽음보다 더 슬픈 것은 마음의 죽음이다."[34]라는 구절이다. 이들은 모두 '형체'와 '마음'을 병렬하는 것으로 보이지만, 그 주안점은 사실상 마음에 있다. '함(緘)'은 봉함(封緘)의 뜻이다. 「거협」에서 귀중한 물건을 수비하기 위해 '함(緘) · 등(縢)'하며 '경(扃) · 휼(鐍)'한다고 한 것을 참고할 수 있다.[35] '함 · 등'은 풀칠하고 꿰매어 봉하고서 다시 노끈으로 묶는 것이고, '경 · 휼'은 열쇠와 자물쇠이다. '노혁(老洫)'에서의 '노'는 맥락상 나이 많은 사람을 획일적으로 지칭하는 글자가 아니라 마음이 쪼그라들고 굳어진 게 심각해진 지경을 의미하는 것이고, '혁'은 일(溢)로서 집착심이 극단에 이른 상태를 뜻한다고 볼 수 있다.

**정**

습성은 우선 자신을 고집함으로 드러나기 때문에, 시비를 다투는 문제를 언급하고, 그로 인해 습성이 점점 고착화되는 과정을 묘사하고 있다. 이 글은 크게 둘로 나눠야 한다. 앞의 네 구는 습성을 고집해서 시비함을 말한 것이고, 뒤의 여덟 구는 습성이 점증적으로 고착되는 과정을 서술한 것이다. 점증적 서술이고 노혁(老洫)이 노인의 욕망을 나타내는 것으로 해석될 수 있으므로, 나이가 듦에 따라 습성이 고착화되는 과정을 묘사한 것이라고 해석할 수 있지만, 단순히 습성이 고착화되는 과정이라고 해석해도 문제가 없다. 그러면 노혁을 하수를 지속적으로 흘려버려서 생기는 도랑으로 이해할 수도 있다. 습성은 삶의 과정에서 의식적 혹은 무의식적으로 얻게 된 성향이다. 시비를 다투는 이들은 사회문화적 편향을 습득함으로써, 본연의 생명에 토대해서 반응하지 못한다. 습성에 따르는 즉, 습성을 고집하는 이들을 죽음에 가까이 간 이들로 묘사하는 까닭이다.

**박**

자신의 견해에 구속되어 일희일비하는 마음의 양태들을 묘사한 것이다. 불교식으로 말하면 아견(我見)에 집착하고 있는 모습들이다. '죽음에 가까워진 마음[近死之心]'은 뒤에 나오는 '성심'의 성격을 예고한다. '기발야기괄(其發若機栝)'에서부터 '기염야함(其厭也緘)'의 상태를 거쳐 마침내 근사지심(近死之心)에 이르는 과정이 점층법적 구조로 되어 있는 것도 눈여겨 볼 부분이다.

　喜怒哀樂, 慮嘆變熱, 姚佚啓態. 樂出虛, 蒸成菌.

이
—
사마표에 따르면 접(熱)은 움직이지 않는 모습이다. 왕수민
에 따르면 조(姚)는 경솔함이고, 일(佚)은 방종이고, 계(啓)
는 자유분방함이고, 태(態)는 교만이다. '음악이 빈 구멍에
서 나오고, 습기가 버섯을 성장시킨다'는 말은 마음의 갖가
지 양태가 이유 없이 생김을 비유한 것이다. '빈 구멍(虛)'과
'습기(烝)'는 음악소리를 내고 버섯을 자라게 하는 것을 찾
을 수 없음을 의미한다.

유
—
이 문단의 앞구절은 감정의 종류만을 12가지로 열거한 것
일까? 이에 대한 수많은 해석이 제시되었으나, 난화이진(南
懷瑾: 1918~2012)의 해설이 합당한 것으로 생각된다. "기뻐
하고 성내기도 하며 슬퍼하기도 하고 즐거워하기도 한다.
사려하기도 하며 탄식하기도 해서 집착으로 변한다. 그리
하여 방종하고 나태함이 갖가지 생활 형태로 전개된다."[36]
외물에 얽혀든 마음, 즉 뿌리 없는 성심에서 다양한 감정들
이 수시로 생겨나고, 그런 감정은 다시 그 사람의 심리와 행
태까지 좌우한다는 이해이다. 감정이 심리로 연결되고, 그
런 심리가 다시 행태에 영향을 끼치는 세 단계의 복합적인
이야기라는 것이다. 그렇다면 이는 앞에서 형체와 마음이
라는 두 측면으로 설명한 것에 감정을 더하여 하나의 일련
의 과정으로써 통합한 것이라고 할 수 있겠다. '악출허(樂
出虛), 증성균(蒸成菌)'은 바로 앞에서 열거한 소지 · 소언의

사람들이 보이는 감정과 심리와 행태가 어떤 것인지를 비유적으로 보여주는 말이다. 배소를 부는 자의 시비호오에 좌우되는 세속적 인뢰가 배소의 빈 구멍에서 나오고, 속을 볼 수 없는 거름더미에서 이는 습기가 버섯류를 갑작스레 돋아나도록 하는 것과 같다는 말이다. 지극히 짧은 동안에서의 미미한 성쇠를 뜻한다.

정 ― 감정뿐 아니라 마음의 온갖 양태가 발생하는 것을 음악이 빈 구멍에서 울려 나오는 것과 버섯이 습기에서 솟아오르는 것에 비유해서 말하고 있다.

박 ― '희로(喜怒)' 이하 열두 가지 감정은 마음의 다양한 양태들을 대표하는 제유법(提喩法, synecdoche)적 장치이다. 『중용(中庸)』1장에서 사람의 감정 일체를 '희로애락(喜怒哀樂)' 네 단어로 대표한 것과 같다. "음악이 빈 구멍에서 나오고, 습기가 버섯을 돋아나게 하는 것과 같다."라는 것은 이런 감정들의 실체적인 뿌리는 따로 존재하지 않는다는 뜻이다.

---

6       日夜相代乎前, 而莫知其所萌.

---

이 ― 앞구절의 '악출허, 증성균(樂出虛, 蒸成菌)'을 설명하였다. 마음의 갖가지 양태가 생기는 원인을 알 수 없다는 말이다.

유 ― 앞문단의 '악출허(樂出虛), 증성균(蒸成菌)'이라는 비유의 핵심을 말한 것이다. 감정과 심리와 행태의 변화가 밤낮으로 바로 자기의 눈앞에서 서로 갈마들지만, 소지 · 소언을 일삼는 자들은 그것의 싹(원인)을 알 수 없다. '허(虛)'와 '증(蒸)' 역시 실체가 아닌 것들이기 때문이다. 실체가 아닌 것들에 의지하여[因] 일어나는 음악 소리와 버섯은 아주 짧은 동안만 발현하고 연기처럼 사라진다. 이처럼 사람의 갖가지 감정과 심리와 행태 변화가 순식간에 일어나고 서로 갈마들기도 하지만, 그 실질적 근원은 없다. 근원이 없는 감정과 심리와 행태로 이루어진 사람에게서는 내적 천뢰에 의거하는 본심[吾 즉 神]이 제대로 기능할 수 없다. 「덕충부」에서 장자가 혜시에게 사람은 '무정(無情)'해야 한다고 말하는 이유도 이런 데에 있을 것이다. 다양한 감정은 외적인 것들에 집착하면서 '작위적 인과성'을 고집하는 데서 일어나는 허망한 것이다. 그것은 천뢰를 가려버린 성심에서 나오는 소리, 즉 소성(小成)에 집착하는 소지가 일으키는 것들이다.

소지 · 소언의 사람들은 무엇을 대상으로 삼아 다투는 것일까? 「덕충부」에서는 더 구체적으로 '외적 사물의 변화[事之變]'를 공자의 입을 빌어 16가지로 말한다. "죽음과 삶, 보존과 망실, 곤궁함과 영달함, 가난함과 부유함, 현명함과 어리석음, 헐뜯음과 기림, 배고픔과 목마름, 추움과 더움은 사물의 변화이며 명(命)의 유행이다. 이런 것들이 낮과 밤으로 눈앞에서 서로 갈마들고 있는데[日夜相代乎前], 사람의 알음알이로는 그 시초(근원)가 무엇인지 헤아릴 수 없다. 그러므로 이런 사물의 변화들은 본래의 내적 순화(純和)를 어지럽히기에 부족한 것이며, 마음에 침입하도록 두어서도 안 되는 것이다. 사물의 변화들이 조화하고 즐거울 수 있도록 하며, 유통하여 기쁨을 잃지 않도록 해야 한다. 밤낮으로 틈이 없이 교체하는 만물과 막히는 게 없도록 하여 항상 만물과 더불어 따사로운 봄날처럼 되는 것, 이게 외물에 응접하면서도 마음에서 제때를 낳음이다. 이것을 일러 재지의 온전함[才全]이라고 한다.'"[37] 중요한 것은 「덕충부」의 이 글 바로 앞문단에서 '사기형자(使其形者)'를 말하였다는 점이다. 새끼돼지들이 그 어미를 사랑한 것은 형체를 사랑한 것이 아니라, '그 형체를 주재하는 것을 사랑한 것[愛使其形者也]'이다. 성현영은 여기의 '사기형자'를 '정신(精神)'이라고 보았다. 이에 따르면 형(形)은 '신(神)'을 담는 그릇이라고 할 수 있다. 이는 인뢰 즉 감정들과 무관하게 내적인 '진재'·'진군'이 존재한다고 보는 해석의 계열로 연결된다. 가시적이지 않은 채로 현상의 모든 변화를 주재하는 것은 궁극적으로 '도'이다. 그런 도가 진실로 존재한다는 점을 알지 못하고 그저 '사지변'에만 집착하는 것은 잘못이다. 더욱이 '사지변'에 대해 일으키는 '정지변(情之變)'은 도의 주재에 의한 것이 아닌 까닭에 부화한 것으로서 '꿈속의 꿈, 그림자의 그림자'와 같은 것이다.

**정** 마음의 온갖 양태가 끝없이 일어나지만, 그것이 어디서 오는지 알지 못함을 말한 글이다.

**박** 사람의 일상은 끊임없이 표출되는 감정들의 집합 그 자체이지만, "음악이 빈 구멍에서 나오고, 습기가 버섯을 돋아

나게 하는 것"처럼 그 근거는 확인할 수 없음을 말한다. '현
상은 있으나 그 근거는 알 수 없다'는 식의 표현은 『장자』에
자주 보이는데, 인간 인식의 경계를 넘어서는 자연의 '필연
적 질서[命]'를 언급할 때 자주 등장한다.

## 7   已乎, 已乎! 旦暮得此, 其所由以生乎!

**이**
'이호이호(已乎已乎)'는 심리 현상들의 근거를 찾을 수 없으
니 그만두라는 의미이다. '其~乎'는 '아마도 ~이 아닐까?'
라는 관형구이다. '기소유이생호(其所由以生乎)'는 '그렇지
만 아마도 무엇인가에 말미암아서 생기는 것이 아닐까?'라
는 뜻이다. 장자는 심리 현상의 원인을 밝힐 수는 없지만 그
기원은 있을 것임을 은근히 내비치고 있다. 장자가 여기서
전하는 메시지는 '천뢰'의 우화에서 '모두 스스로 취하는 것
이니, 소리를 내게 하는 것은 누구인가?'라고 말한 것과 동
일하다. 천뢰 이야기에서는 구멍에서 소리가 나게 하는 것
이 따로 없다는 점에서 '자연'을 가리켰다면, 여기서는 심리
현상들이 발생하는 이유를 알 수 없다는 점에서 '자연'을 암
시한다. 다만 소리를 내는 구멍들은 비어 있지만 논쟁하는
마음은 비어 있지 않다는 점에서 차이가 있다. 이에 장자는
심리 현상이 발생하는 이유를 추적하는 대신에, 심리 현상
이 야기하는 상황을 분석한다.

**유**
"그만두어야 하리, 그만두어야 하리! 하루 내내 이런 감정

과 심리와 행태의 변화를 얻고 있지만, 이것들이 말미암는 바가 있어서 생겨나는 것이겠는가!" 이는 일상적인 감정과 심리와 행태의 변화에는 근원[內因]이 없다는 강력한 의미를 완곡하게 표현한 말이다. 이런 것들은 천뢰의 부림을 받는 본래의 자기가 스스로 취한 것이 아니다. 첸구잉은 제자백가의 여러 변설도 이처럼 근거가 없는 것이라고 보았다. '이호(已乎), 이호(已乎)'가 「인간세」·「칙양」·「우언」에도 들어 있다. 방향을 180도 전환하여 본연의 세계로 들어설 것을 주문하는 표현이다. '단모득차(旦暮得此)'에서의 '차'는 앞문단에서 말한 '일야상대호전(日夜相代乎前)'을 뜻한다. 장자는 여기에서 아직 설명하지 않은 '대지'·'대언'의 세계에는 어떤 내적 근원이 있을 것이라는 점을 암시하고 있다. 그것은 곧 천뢰[道, 神]일 것인데, 이게 다음 단락에서 '진재(眞宰)'·'진군(眞君)'으로 이어진다.

정  윗글을 반복해서 말하고 있다. 감정 등의 심리적 현상이 끝없이 이어짐에도 불구하고 그것이 어디서 오는가에는 답할 수 없다고 하고, 그럼에도 불구하고 그것이 어디에서인가 발생해서 온다는 점을 밝혔다. 번역문의 '그것이 말미암아 생겨나는 바가 있겠는가!'라는 해석은 원문, '기소유이생호(其所由以生乎)'를 '기소유이생호(豈有所有以生乎)'정도로 본 것인데, 적절하지 않아 보인다. 의미상으로도 받아들이기 어려운 두 가지 이유가 있다. 먼저, 그것이 '어디 다른 곳에서 오는 것이 아니다'는 해석은 하늘 통소라는 이야기의 취

지와 어긋난다. 하늘 퉁소는 바람 소리의 바람에 해당하는
그 무엇을 지칭하기 때문이다. 바람 소리의 근원으로서 바
람의 존재를 인정하는 것처럼 다양한 심리적 현상의 근원
인 하늘 퉁소의 존재도 당연히 인정해야 할 것이다. 둘째,
이어지는 글에서 진재(眞宰)와 진군(眞君)의 존재를 긍정하
고 있기 때문이다. 진군과 진재의 긍정은 근원의 존재를 인
정하는 것으로 이해해야 할 것이다. 존재의 가능성을 인정
하는 추측문으로, '그로부터 생겨나는 바여!'라고 해석하는
것이 적절하다.

**박**

앞단락 마지막 구절처럼 반어적 의문문으로 끝맺음으로써
다양한 감정들의 주재자로 실체적 자아가 별도로 존재할
가능성에 대해 회의를 표하고 있다.

## 마음은 어떻게 죽어가는가

非彼無我, 非我無所取. 是亦近矣, 而不知其所爲使. 若有眞宰, 而
特不得其眹. 可行已信, 而不見其形, 有情而無形. 百骸九竅六藏,
賅而存焉, 吾誰與爲親? 汝皆說之乎? 其有私焉? 如是皆有爲臣妾
乎? 其臣妾不足以相治乎? 其遞相爲君臣乎? 其有眞君存焉? 如求
得其情與不得, 無益損乎其眞. 一受其成形, 不忘以待盡. 與物相刃
相靡, 其行盡如馳, 而莫之能止, 不亦悲乎! 終身役役而不見其成
功, 苶然疲役而不知其所歸, 可不哀邪! 人謂之不死, 奚益! 其形
化, 其心與之然, 可不謂大哀乎? 人之生也, 固若是芒乎? 其我獨
芒, 而人亦有不芒者乎?

저것이 아니면 내가 없고 내가 아니면 (저것이) 취해질 곳이 없다. 이
것도 (이치에) 가깝지만, 그렇게 만드는 것은 알지 못한다. 참된 주재
자가 있는 듯하지만, 딱히 그 단서를 알 수 없다. 작용한다는 것은 믿

을 만하지만, 그 형체를 볼 수 없다. 실정은 있으나 형체가 없다. 온갖 뼈, 아홉 개의 구멍, 그리고 여섯 가지 장기가 갖춰져 있으니, 나는 무엇과 가까울까? 너는 그것들을 모두 좋아하는가? 아니면 그중에서도 사사로이 가까이하는 게 있는가? 이와 같다면 모두 신하와 첩이 되는가? 신하와 첩은 서로를 다스리지 못하는 것 아닌가? 아니면 번갈아 가면서 임금과 신하가 되는가? 아니면 참된 임금이 있는가? 그 실정을 알든 알지 못하든 그 참됨에는 보태거나 덜어냄이 없다. 일단 태어나 몸을 이루면 잃지 않고 다하기를 기다려야 한다. 다른 것들과 서로 싸우고 서로 부대끼기도 하여 그 행동거지가 온통 말이 치달리는 듯한데도 그것을 멈출 수 없으니 참으로 슬프지 않은가? 죽을 때까지 고생하면서도 성공을 보지 못하고 나른히 지쳐도 돌아갈 곳을 모르니 몹시 슬프지 않은가? 사람들이 죽지는 않았다고 한들 무슨 도움이 되겠는가! 몸이 변화하면 마음도 그렇게 되니, 큰 슬픔이라고 하지 않을 수 있겠는가? 사람의 삶이 본래 이와 같이 어리석은가? 아니면 나만 어리석고 다른 사람 중에는 또한 어리석지 않은 사람이 있는가?

**이**

주제어는 '마음[心]'이고, 주제문은 '몸이 죽으면 마음도 그
렇게 된다[其形化, 其心與之然]'이다. 앞에서 서술한 다양한
마음의 모습들[心態]로부터 자아[我]가 형성됨을 말한다.
장자가 보기에 자아의 참된 주재자[眞宰]가 있다고 한들 그
실체를 알 수 없으며, 마찬가지로 우리 몸을 구성하는 것들
사이에서 진짜 주인[眞君]을 확인할 수도 없다. 문제는 죽을
때까지 사물과 부딪치고 갈등하는 비참한 상황이다. 장자
는 마음이 편하지 못하고 신체를 따라 변화하는 상태가 몹
시 슬프다고 평가한다.

**유**

자신의 형체와 마음속에 '부리는 자[使者]'인 진재가 내재하
여 활동하고 있다는 실정을 깨닫지 못하고, 오직 외물로 인
해 허상으로서 갖게 된 감정·심리·행태들의 변화에만 집
착하면, 자기 본래의 형체와 마음을 스스로 죽이는 비참한
삶을 살게 된다. 외물에 의지하여 일어나는 감정들과 성심
에는 근원인 주재자가 없다. 장자에 따르면, 형체 속에 본래
의 마음이 존재하며, 그 마음에 근원인 도가 내재한다. 그
도가 곧 조물자로서 참된 주재자이다. 참된 주재자의 부림
을 따르면서도 동시에 그 부림을 스스로 취하여 살아가는
방식이 대지·대언의 사람이 행하는 순명(順命)이다. 그런
데 이 도의 '참된' 주재성은 일반적으로 말하는 '주재(主宰)'
의 뜻과는 매우 다른 성격을 지녔다. 그것은 천지 만물의 근

원으로서 비가시적인 '내적 무주재의 주재성'이다. 그래서 '재(宰)'자 앞에 '진(眞)'자를 더하는 것으로도 부족하여 '약유(若有)'까지 첨가하는 것이다.

정

다양한 심리적 현상의 담지자 혹은 소유자로서 자아의 존재를 회의한 글이다. 정서적 성향 등의 습으로 인해 형성된 자아는 다양한 심리적 현상의 근원처럼 보인다. 실제로 자아가 없다면 우리의 체험은 부서지고 파편화되어 결국에는 어떤 체험도 불가능할 것이다. 그러므로 모든 심리적 체험의 토대는 자아처럼 보인다. 그러나 그처럼 연속적 통합체[diachrotic unity]로서의 자아는 존재하지 않는다. 전국시기에는 오장육부의 장기에서 자아의 자리를 찾으려는 시도가 있었다. 장자는 이런 시도 혹은 견해도 비판하고 참된 근원의 존재를 암시한 후, 그런 근원에 접근하지 못하고 일상적 자아에 고착된 삶의 허망함을 탄식하며 글을 맺는다.

박

둘째 단락의 두 번째 문단이다. 우리가 표출하는 감정들의 주재자인 실체적 자아의 존재 가능성을 여러 가지 시각에서 검토하면서, 결론적으로 그러한 자아는 확인되지 않는다는 점을 분명히 함으로써 바로 이어지는 '성심'에 대한 논의의 단초를 연다.

1 　非彼無我, 非我無所取. 是亦近矣, 而不知其所爲使.

이 　자아 관념의 형성에 대해 말했다. '아(我)'는 첫 머리에 나오
는 '오상아'의 '아'를 말한다. '저것(彼)'이 가리키는 것에 대
해서는 두 가지 해석이 있다. 하나는 앞문단에 나오는 '소
유(所由)'를 지시한다고 보는 입장이고, 다른 하나는 '소유
이생(所由以生)'을 말한다고 보는 입장이다. 곽상과 선현영
이 '저것'을 '자연(自然)'으로 풀이한 이후로 전통적 해석에
서는 '저것'을 현상의 기원으로 이해해왔다. 이에 비해 굴복
(屈復), 유무(劉武) 등의 일부 학자들은 '저것'을 앞에서 열
거한 다양한 마음의 모습들로 해석하기도 한다. 원문의 맥
락에 따르면 기쁨 · 노함 · 슬픔 · 즐거움 · 우려 · 탄식 · 변
덕 · 고집 · 경솔 · 안일 · 방탕 · 교만 등의 마음 상태는 말
미암아서 생기는 것들[所由以生]이고, 이것들을 '저것[彼]'
이란 용어로 받고 있다. 따라서 '저것'은 각가지 마음의 양
태를 가리킨다고 보아야 할 것이다. '저것이 아니면 내가 없
다[非彼無我]'는 말로 시작하는 이 문단이 성심(成心)에 대
한 이야기로 끝난다는 점 또한 '저것'이 마음의 다양한 모습
들을 가리킨다는 방증이다. 장자가 보기에 '나'라는 관념은
다양한 심리 현상에서 떠오르며, 마음의 모습들은 '나'에게
서 나타나는 현상이다. 말하자면 심리 현상과 자아는 상호

의존적이다. '이것(是)'은 앞에서 말한 '비피무아, 비아무소
취(非彼無我, 非我無所取)' 구절을 가리킨다. '가깝다(近)'는
사실에 가깝다는 뜻이다. 자아가 심리현상으로부터 나타나
고 심리현상은 자아에게서 드러나는 모습임을 인정한다는
말이다. 그렇지만 심리 현상의 기원과 마찬가지로 자아가
형성되는 이유도 알 수 없다.

"저런 감정과 심리와 행태[彼]가 아니라면 나[我]를 이루어
갈 요소가 없고, 나라는 것이 아니면 저런 것들을 취할 주체
가 없다. 세속인의 견지에서라면 이런 식으로 보는 것이야
말로 이치에 가깝다고 하겠지만, 여기서는 '부려지는 바'를
알지 못한다." 이는 천뢰에 근거한 본연의 인뢰를 인정한다
는 점을 전제하고서, 관습적인 '나'가 전부라고 믿고 있는
소지·소언의 사람들에 대해서 하는 말이다. 앞단락의 끝
에서 "기소유이생호(其所由以生乎)"라고 반문 형식으로 완
곡히 말한 것을, 여기서는 '부지기소위사(不知其所爲使)'라
고 단정적으로 말한다. '피(彼)'와 '아(我)'의 관계에서 문제
시되는 것의 관건은 '부지기소위사'이다. 그런데 이는 피와
아 가운데의 어느 것이 다른 어느 것을 부리는지를 알 수 없
게 된다는 뜻인가? 아니면 피와 아 모두를 부리는 다른 어
떤 사자(使者)를 알지 못한다는 것인가? 맥락상 후자의 의
미인 것으로 이해해야 한다. 현상의 피와 아는 그 자체로 존
재하는 것들이 아니다. 다시 말해, 이는 피와 아 가운데의
무엇이 주가 되고 종이 되는지를 알 수 없다는 현상 차원의

의미가 아니다. 인간이 본연의 삶을 살아가는 데에도 내적
이며 근원적인 어떤 것이 없다고 볼 수 있을까? 장자는 그
렇지 않다고 본다. 첫째 단락에서 안성자유가 '가사(可使)'
라고 말한 것, 그리고 그에 대해 남곽자기가 '사기자기(使
其自己)'라고 말한 것들을 여기서는 궁극적으로 '진재'·'진
군'의 존재 여부 문제로 확장해간다.

**정**

일상적 의미의 '나'가 온갖 심리적 현상의 근거라고도 할 수
있지만, 보다 더 근원적인 무엇인가의 부림을 받음을 알지
못한다는 의미다. 나[我]는 '나는 나를 잃었다[吾喪我]'에서
후자의 나로 감정, 애교, 변심 등의 다양한 양태를 담는 자
리나 그릇 혹은 그런 것들의 소유자라고 할 수 있다. 일상적
의미의 자아에 부합한다. 온갖 마음의 양태가 어디서 온 것
인가라는 직전의 질문에 대한 그럴듯한 대답처럼 보일 수
있다. 그러나 일상적 나는 다양한 심리적 현상의 근원이 아
니며, 그런 것들을 발생시키는 그 무엇도 아니다. 습관이 만
들어낸 가상적인 체험의 주체 혹은 소유자일 뿐이다.

**박**

'취해진다[取]'는 것은 '품수되다'. '체현되다'는 의미이
다.(차오츄지) '저것[彼]'에 대해서는 몇 가지 견해들이 공존
한다. 첫째는 '자연(自然)'으로 보는 것이고, 둘째는 다음에
나오는 '진재·진군'으로 보는 것이고, 셋째는 앞에 나온 갖
가지 심리현상(감정)들을 가리킨다고 보는 것이다.(추이다
화,『莊子岐解』) 이 중 마지막 견해가 문맥에 부합한다.

첫 번째 견해는 곽상이 대표적이고 성현영도 이를 따른

다. 곽상이 말하는 '자연'은 오늘날의 'nature'가 아니라 이 한자어의 오리지널한 의미인 '저절로 그러함(so of itself)'을 뜻한다. 이 구절에 대해 곽상은 "저것[彼]은 저절로 그러함[自然]이다. (어떤 주재자의 작용이 아니라) 저절로 그러함의 이치가 나를 생겨나게 하였으니, 나는 저절로 생겨난 것이다. 그러므로 저절로 그러함이라고 하는 것은 곧 나의 저절로 그러함이니 어찌 먼 것이겠는가!"[38]라고 풀이한다. 이것은 특유의 '독화론(獨化論)'에 입각하여 세계는 만물의 자기원인적인 운동변화가 연출하는 결과임을 주장하는 곽상의 입장에서는 나름의 일관성을 갖춘 풀이지만 이 문단의 문맥적 흐름에는 부합하지 않는다.

두 번째 견해는 '저것'을 '진재·진군'으로 보고, 이것의 존재를 긍정하는 입장에 서 있는 해석이다. 이 입장은 두 가지 측면에서 설득력이 떨어진다. 하나는 실체적 자아를 뜻하는 '진재·진군'이 앞뒤 문맥상 긍정되고 있다고 보는 것이 합당한가 하는 점이고, 다른 하나는 지시사는 앞에 나온 것을 받는 것이 일반적인데 여기서처럼 지시사가 먼저 나오고 그것이 가리키는 대상이 나중에 나오는 것이 합리적인가 하는 점이다. 한편, 감산(憨山)은 '저것[彼]'이 앞의 '단모득차'의 '이것[此]'을 가리킨다고 보면서도, '이것'은 '진재'를 뜻한다고 하는 특이한 입장을 취한다.

세 번째 견해는 '저것'을 앞서 말한 갖가지 심리현상(감정)들을 가리킨다고 보는 것이다. 선영(宣穎)이 대표적이다.

여기서 말하는 '저것'은 바로 앞에 나오는 '단모득차(旦暮得此)'의 '이것[此]'을 받는다고 보는 것이 문맥상으로 더 합리적이다. 그리고 앞단락에서 '이것'은 바로 앞에 나오는 다양한 감정의 양태들을 가리키므로, 여기서의 '저것' 또한 마찬가지로 감정의 양태들을 가리킨다고 보아야 한다. 이 입장에 서면 이 구절의 의미는 다음과 같이 읽힌다.

'나'는 다양한 감정들을 집합이다. 우리가 타인이 겉으로 드러내는 다양한 감정들(표정, 몸짓 등)을 통해서 그가 어떤 사람인지 아는 것과 같다. 따라서 감정들이 없다면 곧 '나'는 없다[非彼無我]. 그런데 다른 한편에서 생각하면, 그것들은 곧 '나'의 감정이기 때문에 그 주체로서 '나'가 먼저 존재해야 한다. 만약 '나'가 없다면 그 감정들이 뿌리를 둘 곳이 없기 때문이다[非我無所取]. 이렇게 생각하는 것이 일견 이치에 가깝다. 하지만 막상 그 감정들이 그렇게 드러나도록 하는 실체적인 주체는 알 수가 없다.

2   若有眞宰, 而特不得其眹. 可行已信, 而不見其形, 有情而無形.

이   앞에서 '그렇게 시키는 것을 모른다[不知其所爲使]'고 말한 이유를 제시하였다. 설사 자아를 형성하는 주재자가 있다고 하더라도 그것의 단서조차 파악할 수 없다. 우루룬(吳汝綸)에 따르면 '가행'은 소행(所行)이고, 팡용(方勇)에 따르면

'기'는 이(已)의 오자이다. '가행이신'은 작용한다는 것은 믿을 만하다는 뜻이니, 뒤이어 나오는 '유정(有情)'과 같은 말이다. '유정'은 참된 주재자를 인정할 정황은 있다는 의미다. '진재'는 그것이 존재함을 짐작은 할 수 있지만 포착할 수 없다. '진재'에 대해 우리는 그것이 있다고 할 수도 없고, 없다고 할 수도 없다. '진재'는 드러나지 않으니 그것이 있다고 할 수 없고, 짐작은 할 수 있으니 없다고도 할 수 없기 때문이다. '진재'의 유무는 장자 후학들에게도 문제 거리였다. 「칙양(則陽)」에서는 사물의 근원에 대한 막위(莫爲)설과 혹사(或使)설을 다루고 있다. 계진(季眞)은 사물의 주재자가 없다는 '막위'를 주장했고, 접자(接子)가 주재자가 있다는 '혹사'를 내세웠다. 「칙양」의 작자는 '막위'와 '혹사' 둘 다 사물의 한계를 벗어나지 못하는 주장이라고 평가한다. 혹사는 사물에 보이는 정황[實]이라는 점에서 주재자의 존재를 인정하는 것이며, 막위는 사물에서 찾을 수 없다[虛]는 점에서 주재자의 부재를 주장한다는 것이다. 이로부터 그들이 말과 앎으로 주재자의 유무를 추적하는 데 그쳤다고 보고, 사물의 근원에 대해서는 그 유무를 논의할 수 없다는 결론에 도달한다. 장자가 주재자에 대해서는 '알지 못한다(不知)'고 말한 이유가 바로 이것이다.

유
—

'약유진재(若有眞宰)'의 앞에다 '그러나 인간을 포함한 만물의 본연적 삶에는'이라는 말을 추가해 볼 수 있다. 맥락상 세속인들의 삶의 자세가 갖는 한계에 대한 비판의 근거로써 '진재'의 특성을 제시하는 내용으로 전환되고 있기 때문이다. 앞문단의 '기소위사(其所爲使)' 문제를 이어서 '약유진재'를 제시한 것인데, 이는 '사(使)'를 문제시한다는 점과 더불어 문맥상 앞서 말한 '취만부동(吹萬不同)'과 관련되는 것일 수밖에 없다. '재(宰)'는 주재함을 뜻하는 글자이지만, 장자는 여기에다 '진(眞)'자뿐 아니라 '약유(若有)'와 '다만 상징이나 형상이 없음[特不得其眹]'이라는 특성을 추가하였다. '약유'는 일반적 기준으로는 확정할 수 없는 어떤 것의 존재성을 뜻하고, '진(眹)'은 희미한 조짐을 뜻한다. 이 문단 전체의 취지를 좌우하는 핵심은 '진(眞)'자의 의미에 있다.[39] 이는 단순한 수식어로 쓰인 게 아니다. '재(宰)'와 관련하여 장자가 이렇게 세 가지 특성을 더한 것은, 도가 진실로 존재하며 주재성을 지녔다는 점을 말하기 위함이다. 그렇지만 장자는 아직 '도'를 직접 내세우지는 않고 있다. 이제까지의 문맥으로 파악하자면, 일차적으로 '천(天 즉 천뢰)'이 곧 진재를 의미하는 것이리라. 물론 이 천은 '조물자(造物者)'(「대종사」·「응제왕」), '조화자(造化者)', '대야(大冶)'(「대종사」) 등 운동 변화하는 만물을 그렇도록 부리는 근원인 것으로, 더 궁극적으로는 '도'라고 보아야 한다.[40] 본연의 삶을 살아가는 데서는 외적 존재가 아니라 내적 주재자가 어떤 작용을 일으킨다. 그런 '진재'가 운행·작용한다는 점은 너무나도 믿을 수 있지만, 그것의 형체를 볼 수 없을 따름이다. 곽상은 만물이란 모두 자연으로 존재하므로 그들을 부리는 것이 따로 없다고 보았다.[41] 그러나 왕방은 진재가 존재하면서 만물을 부린다고 해석하였다.[42] 이 문제는 앞의 천뢰와 관련한 '노자기수야(怒者其誰邪)'에 대한 이해와 더불어 장자철학에서의 '도'의 특성을 결정하는 큰 가름의 지점이 된다.[43]

**정**

마음의 다양한 현상을 만들어내는 동시에, 그런 현상의 연원이 되는 참된 주재자의 존재를 인정하는 글이다. 그런 주재자는 마치 바람이 다양한 모양의 구멍을 통과하면서 바람 소리를 만들어내듯이 모종의 기능을 하는 것은 분명하지만, 그 모습을 볼 수는 없다. 정(情)은 본질이다. 형체는 없지만 기능은 있다는 뜻이다.

**박**

다양한 감정들의 이면에 있는 '참된 주재자[眞宰]', 즉 현상적 자아의 심층에 있을 것으로 추정되는 실체적 자아의 존재에 대해 회의를 표하는 내용이다. 역접 형식의 문장에서는 강조점은 앞이 아니라 뒤에 있는 것이 일반적이다. 따라서 여기서는 "그것의 조짐을 확인할 수 없다[不得其眹]"와 "그것의 모습을 볼 수 없다[不見其形]"에 방점이 찍힌다. 얼핏 보기에는 마치 참된 주재자가 있는 듯하고 그것이 활동하고 있는 듯하지만 그 모습은 확인되지 않는다는 뜻이다. '유정이무형(有情而無形)'은 앞 두 구절의 결론이다. 정황적 증거는 있지만 실체적 증거는 없음을 말한다. '정(情)'은 '정황'이다.

3  百骸九竅六藏, 賅而存焉, 吾誰與爲親? 汝皆説之乎? 其有
   私焉? 如是皆有爲臣妾乎? 其臣妾不足以相治乎? 其遞相爲
   君臣乎? 其有眞君存焉? 如求得其情與不得, 無益損乎其眞.

이   몸에 있는 것들을 주도하는 존재에 대해 말하고 있다. 장자
―   는 몸에 있는 뼈마디들이나 구멍들이나 장기들 중 어떤 것
    도 참된 지배자(眞君)가 될 수 없다는 입장이다. "참된 주재
    자가 있는가? 그 실정을 알든 알지 못하든 그 참됨에는 보
    태거나 덜어냄이 없다"는 말은 신체 기관들 사이의 상관관
    계에 대해 어떻게 설명하던 임금에 해당한다는 기관은 '진
    군'과는 아무런 관련이 없다는 뜻이다. 몸을 이루는 것들만
    으로 그들의 관계를 설명하는 방식은 현상을 분석하는 데
    그칠 뿐, 드러나 있는 것들[有形]에 대한 해석에 지나지 않
    는다. 여기서 말하는 '정(情)'은 실제로 신체 기관들 사이에
    서 확인할 수 있는 관계 양상을 말한다. 이를테면 심장이 여
    러 기관의 중심이 되어 영향을 미친다는 사실로부터 마음
    을 신체 기관의 임금[君]으로 볼 수 있을 것이다. 그렇다고
    해서 심장이 진정한 주재자라고 단정할 수는 없다. 심장의
    주재자는 무엇인가라는 물음이 여전히 남기 때문이다. '유
    형'의 근원을 '유형'에서 찾을 수 없다는 것이 장자의 입장
    이다. '유형'들의 관계로부터는 진짜 지배자를 찾을 수 없
    고, '진군'이 있다면 그것은 '무형'이다. '신첩'은 원래 노예
    를 가리키는 용어였고, 뒤에 통치 대상에 대한 통칭으로 쓰

였다. 여기서 '신첩'은 신하와 첩이 아니라 신하를 말한다. 군신(君臣)이라는 표현이 그 증거이다. '신첩', '군신', 그리고 '진군'이라는 표현으로 보건대, 장자는 몸을 이루는 것들을 주종관계로 설명하던 당시의 학계 분위기를 염두에 둔 듯하다. 직하학파(稷下學派)의 논문집인 『관자(管子)』에 실린 다음과 같은 글이 대표적이다. "마음은 몸에서 임금의 지위이고, 아홉 구멍은 관직과 같다."[44] 마음과 신체 기관을 군신 관계로 보는 관념은 한의학에도 큰 영향을 주었다. 『황제내경』에서 정리한 바에 따르면 "마음은 오장육부의 큰 주인이요, 정신의 집이다."[45] 고대 중국인들은 마음을 몸의 중심으로 간주하였고, 이러한 관념은 중국의 전국시대 초·중엽을 전후로 형성되었다.

유
—

의취를 파악하기 위해 우선 의역해본다. "갑작스레 진재의 존재를 거론하는 게 미심쩍다면, 각자 자기의 몸을 통해 진재의 존재 여부에 대해 유비적으로 확인해보자. 사람의 몸에는 360여 개의 뼈마디, 아홉 개의 구멍, 여섯 개의 장기가 모두 갖추어져 있다. 나(장자)의 경우라면, 이것들 가운데의 어느 것과 친애할 것인가? 이에 대한 답은 '그 어느 부위와도 특별히 친근하지 않고 모든 것들이 전일(全一 즉 整體)을 이루는 속에 내적 근원으로서 존재하는 진군(眞君)을 따라 그것들에 응대할 뿐이다. 즉 천뢰의 부림을 스스로 취하는 것들이 몸의 각 부위라고 볼 것이다.' 그러면 '아(我)'를 내세우면서 분석하길 좋아하는 당신네의 경우에는 어떻

게 따져볼 것인가? 그것들 모두를 동등하게 기뻐하도록 해
줄 것인가, 아니면 그것들 가운데의 특정한 것만을 우선 기
뻐하도록 해줄 것인가? 그런데 이런 자세들은 모두 그것들
의 주체성을 인정하지 않고 단지 신하[臣]와 첩(妾)으로만
대하는 것이다. 이처럼 그것들이 신하와 첩으로만 있고 군
주와 처(妻)가 없게 되면 서로를 다스리기에 부족할 것이
다. 그래서 다시 그것들이 번갈아서 서로 군주가 되기도 하
고 신하가 되기도 해야 한다고 요구할 것인가? 이런 방식으
로 따져가다가, 결국에는 그것들 각각에 진군이 내재해야
만 한다고 인정하고 말 것인가? 당신네가 각자 자기의 몸
을 대상으로 하여 천착한 결과로 진군이 존재한다는 정황
을 얻거나 얻지 못하거나 간에, '그 진군의 실재[其眞]'에 보
탬을 주거나 손해를 끼치지는 못할 것이다. 왜냐하면 그 진
군은 어쨌든 사려와 감각의 대상이 아니면서 '그 자체로 존
재하고 활동하는 것'이기 때문이다." 뒤에서는 대도(大道)
와 관련하여 이렇게 말한다. "더 들이부어도 가득 차지 않
고 계속 퍼내어도 고갈되지 않는데, 이게 어디서 유래하였
는지를 알 수 없으니, 이것을 '보광'이라고 이른다."(원문11)
대도는 실재하며 다른 어떤 것에 의존하는 것이 아니라는
뜻이다. 자신의 각 부위 내에 존재하는 진군 역시 도이고 천
(天)이다. 진재 · 진군의 '주재 아닌 주재'가 있는 까닭에 일
신(一身)의 정체성(整體性)이 유지된다. 의인적(擬人的)으로
'진재 · 진군'이라 표현하지만, 이는 일반적인 인격성을 지

니지 않은 것이다. 즉 도의 주재에는 호오의 감정, 외적 인과성, 존비, 귀천, 주종 관계 같은 것들이 없다. 장자가 이처럼 내적인 진재 · 진군을 인정한다는 것은, 외적인 초월자나 권력자에 의한 천하의 획일화(劃一化)나 통일(統一)을 도모함이 아니라, 내적(근원적) 차원으로의 전환적 관점에서 존재 세계 전체의 제일(齊一) · 통일(通一)을 지향한다는 점을 의미한다. 외적으로 다양한 것들을 억지로 통일(동등화)시키려고 들면 더 큰 불평등을 초래하고 만다. "애초에 불평등 관념을 가지고 있으면서 사물을 평등하게 만들려고 들면, 그런 결과로서의 평등은 더욱 큰 불평등이 된다."[46]

**정**

다양한 심리적 현상의 주재자를 몸의 주요 장기에서 찾는 관점을 비판한 글이다. 『순자』와 『황제내경』에는 심장을 군주로 묘사한 글이 있고, 『맹자』에서도 유사한 생각을 읽어낼 수 있다. 이 글은 몸에서 우리의 중심을 찾는 질문의 지평에서 이해해야 한다. 장자는 이런 질문에 대해 물리적 지평에서는 주인을 찾을 수 없음을 반문의 형태로 말하고, 참된 주재자를 알지 못하더라도 그것이 참된 주재자임에는 변화가 없다고 주장한다. 바람 소리는 구멍의 생김새에 따라 결정되지만, 바람 소리의 근원은 구멍이 아니라 바람이다. 바람을 구멍 안에서 찾는 것이 어리석은 것처럼, 몸 안에서 심리적 현상의 궁극적 근원을 찾아서는 안 된다.

**박**

'진재 · 진군'의 존재는 우리 몸 어디에서도 확인되지 않음을 요소주의 관점에서 논증하는 내용이다. 나아가 "그 실정을 알든 알지 못하든 그 참됨에는 보태거나 덜어냄이 없다 [無益損乎其眞]"라고 매듭을 지음으로써 실체적 자아가 따로 있다고 보는 생각 자체가 삶에 아무런 도움이 되지 않음을 지적한다.

마지막 구절의 '진(眞)'에 대해서는 이것을 '진재·진군'을 가리키는 것으로 보기도 하지만(林希逸), 시시각각으로 표출되는 감정들의 '있는 그대로의 모습'을 말한다고 보는 것이 문맥상 더 순조롭다. 이 점에 대해서는 "하늘[天]은 저절로 안정되고, 변화[化]는 저절로 운행되고, 기(氣)는 저절로 운동한다. 인간이 그 이치를 인식하든 인식하지 못하든 이러한 사실에는 아무런 덜고 보탬의 영향을 미치지 못한다. 그럼에도 그 속에서 옳음과 그름을 관장하는 자를 찾으려한다면 어리석음이 심한 것이다."[47]라고 한 왕부지의 견해가 참고할 만하다.

요컨대, 참된 자아의 존재 유무에 대하여 장자는 현상이 있다는 것이 그 배후에 그것의 원인으로서 실체가 따로 존재한다는 것을 보증하지는 않는다는 입장이다. 장자의 이런 생각은 우리 몸이 지각하고 행위하고 걷고 말한다는 사실이 우리 자신의 실체성을 증명하는 것은 아니라고 한 『관윤자(關尹子)』의 한 구절을 떠올리게 한다.[48] 이를테면, "내가 걸어가는 것이 아니라, 걸어가는 것이 나다."라고 보는 관점이다. '자아'란 색(色: 물질/몸)·수(受: 감수작용)·상(想: 개념작용)·행(行: 의지작용)·식(識: 판단작용)으로 이루어진 다섯 무더기일 뿐임을 주장하는 불교의 오온설(五蘊說)이나 그것에 상응하는 지각의 결과인 인상(impression)이 발견되지 않는다는 점에서 '자아'란 머릿속에서 만들어진 관념((idea)의 다발에 지나지 않는다고 본 영국 경험주의 철학자 흄(David Hume)의 생각이 이 구절을 이해하는 데 도움을 준다.

　장자의 이런 입장은 철저하게 삶을 현상론적 관심에서 바라보는 태도이다. 진군·진재로 표현되는 실체적 자아는 그 존재가 확인되든 확인되지 않든 성심에 구속되어 사는 '지금, 여기에서'의 삶을 해방시키는 데 아무런 도움이 되지 않는다는 것이다. 중요한 것은 '지금, 여기서'의 삶이 매여 있는 자기중심적 사고와 행동 그리고 그로부터 비롯되는 구속이다. 따라서 '지금, 여기서' 필요한 것은 삶을 질곡에 빠뜨리는 이 자기중심적 사고와 행동을 벗어나는 방법을 고민하는 것이다. 그럼에도 여전히 그것의 형이상학적 근원을 찾는 데 관심을 기울인다면 이것은 수레바퀴 자국에 고인 물에 갇혀 당장 한 말이나 한 되쯤의 물이 시급한 붕어에게 멀리 있는 강의 물길을 터서 끌어다주겠다고 하는 학철부어(涸轍鮒魚)의 일화처럼 부질없는 일이다.[49] 장자의 이같은 현상론적 문제의식은 형이상학적인 문제에 매달리는 것은 삼독심(三毒心: 貪·瞋·癡)에 사로잡혀 실시간으로 겪고 있는 삶의 고통을 해결하는 데 아무런 도움이 되지 않음을 일깨우면서 그에 대한 대답을 거부한 붓다의 '무기(無記,

unanswerable questions)'설에 비견된다.[50]

4 一受其成形, 不忘以待盡. 與物相刃相靡, 其行盡如馳,
而莫之能止, 不亦悲乎!

이 '받는[受]' 대상은 바로 앞에서 말한 참됨[眞]이다. '일수'
는 '한번 참된 것을 품수받다'라는 뜻이다. 장석창은 '진군'
이 이루어준 몸을 논변가가 받는 것으로 읽었다. 차오츄지
가 인용한 『속고일총서(續古逸叢書)』본에 따르면 忘은 亡의
오자이다. '불망이대진(不亡以待盡)'은 "참된 것을 잃지 않
고 수명이 다하기를 기다려야 한다"는 말이다. 그런데도 사
람들과 부딪치고 갈등하며 치달리기를 멈출 수 없는 상태
이니, 장자는 이러한 모습을 '비참하다'고 표현하였다. 「전
자방(田子方)」에는 "일단 품수받아 몸을 이루었다면 변화하
지 않고 다할 때를 기다린다[一受其成形, 不化以待盡]"라는
비슷한 구절이 보인다. 그러나 「전자방」에서 변화하지 않
아야[不化] 할 것은 똑똑함과 어리석음, 예쁨과 추함과 같은
몸의 성향이고, 「제물론」에서 잃어버리지 않아야[不亡] 할
것은 참됨이니, 의미가 서로 다르다.

유 일단 자연[天]에서 받아 사람의 형체를 이루었으면, 그것
을 작위적으로 소멸시키지 말고 저절로 다하기를 기다려
야만 한다. 이렇게 살아가는 것이 순명(順命) 곧 '안시처순
(安時處順)'(「양생주」)이며, '사물의 변화를 명(命)인 것으로

117 ———————— 제2편 제물론

여겨 따르면서도 그 자신의 근본을 지키는[命物之化而守其宗]'(「덕충부」) 것이다. 자기에게 본래 내재한 진재의 부림을 따라야 함에도 세속인들은 외물과만 더불어면서 서로를 거스르고 다툼질하여 마치 말이 치달리는 것처럼 생명력을 급속히 소진하면서도 멈출 줄을 모르니, 참으로 비통한 일이 아닌가! 이 내용과 유사하고 긴밀한 관계를 갖는 글이 「전자방」에 들어 있다.[51] 사람의 형체는 무엇으로부터 받아 형성되는가? 도(조물자)·천·기에 의한 것이다. '일수기성형(一受其成形)'의 의미는 다음의 내용을 참고하여 이해할 수 있다. "도가 용모를 주었고 자연한 작용이 형체를 주었다[道與之貌, 天與之形]"(「덕충부」), "조물자인 도는 형체로써 나를 실어준다[夫大塊載我以形]"(「대종사」), "형체는 도가 아니면 생겨날 수 없다[形非道不生]"(「지락」), '기의 변화'(「지락」), "내 몸을 구성하는 기운은 천지의 음양에서 받은 것 [受氣於陰陽]"(「추수」) 등의 구절이 있다. '불망이대진(不忘以待盡)'에서의 '망(忘)'은 망(亡)과 통하며 화(化)의 의미를 지닌 것이다. 「전자방」에서 '불화(不化)'라고 하는 것은 여기의 '불망'과 같은 뜻이다.[52] 내적인 진재의 부림을 따라야 함에도 소지·소언의 세속인들은 외물과만 더불어 하는 아(我)가 전부라고 여기고서 슬픈 삶을 영위한다. '호생오사'와 '취리피해', 즉 부귀·장수·명예와 같은 외물은 자기의 뜻대로 반드시 획득되는 게 아니다.

정
개체성이 성립한 후 그로 인해 타자와의 갈등을 겪으면서 사는 삶의 고통을 슬퍼하는 글이다. 「지락」편에서 장자는 기(氣)에서 형(形)이 생겨난다고 말한다.[53] 이것을 개체발생론의 측면에서 해석하면 받는다[受]의 목적어는 기라고 할 수 있다. 불망이대진(不忘以待盡)에서 잊지 않아야 하는 것도 기 즉, 생명이다. 번역에서는 잃지 않는다고 했는데, 잊지 않는다는 해석이 정확하다. 생명을 받으면 삶을 마칠 때까지 잘 보존해야 한다는 뜻이다. 그러나 사람들은 생명 즉, 기에 따라 공명하지 못하고 온갖 시비다툼 속에서 생명을 소모한다. 행진(行盡)은 대진(待盡)과 상응한다. 대진이 받은 생명이 다할 때까지 기다린다는 의미임에 반해, 행진은 다 써버린다는 뜻이다. 번역에서는 행을 행동거지로 해석하고 진을 따로 해석하지 않았는데, 약간 미흡하게 느껴진다. '마치 말이 내달리듯이 끝까지 그런 행위를 견지한다'는 의미로 보인다.

**박**

자연으로부터 기를 받아 형체를 이루었으면 온전히 보전하다 그 자연으로 돌아가는 것이 삶의 궁극적인 이상임에도 실체적인 자아가 있다는 잘못된 관념에 사로잡히면 끊임없이 타자와 다투고 부대끼는 삶을 일관하게 된다는 점을 말한 것이다. '여물상인상미(與物相刃相靡)'는 그 과정에서 받는 상처의 날카로움을, '기행진여치(其行盡如馳)'는 물불 가리지 않는 맹목성을 가리킨다. '기행진여치'는 「인간세(人間世)」에서 '좌치(坐馳)'라는 말로 개념화되고 있다. '좌치'는 「대종사(大宗師)」에 등장하는 '좌망(坐忘)'의 반대어이다.

이
—

'역역'은 바쁜 모양이고, '날연'은 피곤한 모양이다. 장자는
현실에서 죽도록 바쁘게 움직이면서도 다른 사람들에게 도
움이 되지 못하고 파김치가 되어도 쉬지 못하는 상황을 크
게 애달파하고 있다. 앞에서 말한 '비(悲)'가 현실에 대한 평
가라면, '애(哀)'는 그러한 비참함에 대한 공감이다.

유
—

세속인들은 외물을 추구하면서 종신토록 노심초사로 경쟁
하고 다툼질한다. 명리(名利), 즉 영욕(榮辱)과 화재(貨財)를
놓고서 서로 병들게 하고 다툼질만 해대니 돌아가 쉴 곳이
없는 것이다.[54] '비애'['不亦悲乎', '可不哀邪', '可不謂大哀乎']의
의미는 무엇인가? 하나의 같은 근원을 지닌 생명이자 인간
이라는 존재로서 타인들이 비참한 삶을 살아가는 데 대해 이
렇게 말하지 않을 수 없다는 뜻이다. 이런 식의 말이 천뢰에
따른 '본연의 인뢰'이다. 이는 소지 · 소언의 세속인이 발하
는 희로애락이라는 감정과는 정반대 차원인 도의 연민이다.

정
—

자신의 습성을 고집하는 상황에서 발생하는 부정적 결과를
묘사한 말이다. 사회문화적 가치를 함유한 언어체계의 영향
하에 구성된 일상적 자아는 언어의 고유한 특성에서 연유하
는 시비의 상대성 때문에 결코 온전한 성취를 이룰 수 없다.
사람들은 이 점을 깨닫지 못하고 시비의 토대가 되는 언어
적 자아를 견지하며, 그로 인해 갈등과 긴장이 연속되는 삶
을 살아간다. 시비를 벗어나 끝없이 공명하는 큰 자아에 도

달한 장자는 그런 고통을 자신의 것으로 느낀다. 그래서 슬프다고 했다. 돌아갈 곳은 공명하는 생명이다. 언어적 자아를 핵 혹은 뿌리로 하는 다양한 요소에 의해 상처를 입은 후, 본래의 상태를 회복하지 못함을 비유적으로 표현했다.

**박** 타자와 다투고 부대끼는 삶의 고단함을 다시 한번 부연한 것이다.

## 6    人謂之不死, 奚益!

**이** 애도할 만한 비참한 현실은 살아도 산 것이 아닌 상황이다. 개똥 밭에 굴러도 이승이 낫다고 하지만, 참된 것을 잃어버리고 사람들과 싸우는 삶은 죽음과 진배없다는 말이다.

**유** 남들이 그래도 당신은 아직 '죽지 않았다'라고 짐짓 위로의 말을 해준들 그게 무슨 보탬이 되겠느냐는 말이다. 마음이 이미 죽었음에도 피로에 지친 형체만으로 연명하는 게 무슨 의미를 지닐까? 바람에 날려 허공을 떠도는 다북쑥덩이 같은 것, 히뜩히뜩 갑작스레 일어났다가 이내 사라지는 근심 어린 감정들의 변화 덩어리가 삶인가? 인간은 우환(憂患)을 달고 태어났기에 그것과 한 몸으로 살아갈 수밖에 없는 숙명적 존재인 걸까?[55] 여기에서 읽어내야 하는 것은 '본래의 마음이 죽지 않아야 함'의 의미가 무엇인가이다.

**정** 앞에서 말한 근사지심(近死之心)과 같은 맥락의 글이다. 습성에 따르는 존재는 공명하지 못함으로써 생명력을 잃은 것이나 마찬가지라는 의미다. 사람들은 찰나적으로 존재하는 의식의 점을 이어서 구성된 자아를 진정한 자아로 받아들이고 죽지 않았다고 하지만 사실 그런 자아는 언어의 체계에 의해 구성된 허상이다. 기를 잃어버린 이들은 공명하지 못하므로 죽은 것이나 마찬가지다.

**박** 실체적인 자아 관념에 매몰되어 있는 삶은 살아 있어도 실상은 죽은 것과 진배없음을 말한다. 앞에 나온 '근사지심(近死之心)'과 통한다.

---

## 7   其形化, 其心與之然, 可不謂大哀乎?

**이** 마음의 변화가 가장 큰 문제임을 말했다. 지쳐서 파김치가 된 몸과 마찬가지로 마음도 데쳐져서 숨이 죽은 상태를 가장 슬퍼할 상황이라고 본 것이다. 장자의 철학적 문제의식이 마음의 문제임을 읽을 수 있는 대목이다.

**유** 자기의 형체를 쇠잔시켜감[形化]에 따라 그의 마음도 그렇게 변화되는 것[心化 즉 成心]은 가장 큰 애통함이다. 이는 "몸을 수고롭게 하고 마음을 졸이도록 하는 것[勞形怵心者]"(「천지」)이며, "외물에 치중하여 그 내심을 졸렬하게 만듦이다[凡外重者內拙]"(「달생」) "'외물을 추구하여 자기를 상해하고, 세속의 것을 추구하여 본성을 잃은 자, 이런 자를 '안과 밖이 뒤집힌 백성'이라고 이른다."[56] 안인 '진(眞)'으로서의 천심(天心)·천허(天虛)·허심·무심을 잃지 않으면서 밖인 형체 생명이 저절로 다할 때까지 기다려야 한다. 이렇게 하는 것을 두고 "밖으로 변화하나 안으로는 변화하지 않음[外化而內不化]", "밖으로 물들과 더불어 변화하면서도 안으로 마음이 변화하지 않음[與物化而心不化]"(「지북유」)이라고 한다. 본래의 마음에서 신(神)이 제 기능을 발휘하도록 해야 한다. '양신(養神)'으로 전환하는 것이 본연의 삶을 살아가는 길이다. 바로 다음 편인 「양생주」의 주제가 이런 것이다.

정 — 습성에 따라 살다가 죽음을 맞이하는 삶의 여정을 슬퍼한 글이다. 모든 것은 끝없는 변화 속에 있다. 몸도 그리고 자아를 구성하는 최소단위로서 찰나적 의식도 마찬가지다. 그럼에도 불구하고 사람들은 자아의 존재를 확신하고, 그런 존재를 견지하기 위해 노력하며 고통받는다.

박 — 짧지만 장자가 정신불멸론을 주장하는 사상가가 아니라는 점이 명확히 드러내고 있는 구절이다. 형체(육체)가 죽음에 이르면 마음(정신)도 그에 따라 소멸된다. '화(化)'는 형체의 근본적인 변화, 즉 '죽음'을 가리킨다.

---

8  人之生也, 固若是芒乎? 其我獨芒, 而人亦有不芒者乎?

---

이 — '망'은 茫과 통하니, '멍청하다'이다. '멍청하다'는 평가는 앞에서 말한 몸의 변화를 좇아 마음이 안주하지 못하는 상황을 두고 말한 것이다. 치엔무(錢穆)가 인용한 요내(姚鼐)에

따르면 형체의 변화를 마음이 좇아가서 진재(眞宰)를 회복할 길이 없음이 멍청하고 무지한 것이다. 왕인지(王引之)의 『경전석사(經傳釋詞)』에 따르면 '기(其)'는 경단지사(更端之詞)니, 글의 흐름을 바꾸는 용어로서 '아니면'이다. 전후 문맥상 '멍청하지 않은 사람이 있는가?'라는 말은 멍청하지 않은 사람이 있다는 뜻이라기보다는, 나만 멍청한 게 아니라 다른 이들도 그럴 것이라는 반문이다. 바로 다음에 이어지는 성심(成心)에 대한 글도 그 방증이다.

'芒(망)'은 몽매(蒙昧)·암매(闇昧)·미혹(迷惑)의 뜻이다. 여기서 장자는 자기 성찰적 물음을 던진다. "사람의 삶이란 본래 이토록 미혹 속에 있는 것인가? 아니면 나만 유독 미혹에 빠져 있고 사람들 가운데는 미혹하지 않은 자가 있는 것일까?" 장자는 자기의 견해 역시 성심에서 나온 것이 아닌지를 성찰한다. 독단에서 벗어나기 위한 열린 관점을 어떻게 가질 수 있는지를 보여주는 대목이다. 이런 자세는 『장자』 전체에서 흔히 볼 수 있다. "자기의 우매함을 아는 자는 크게 우매한 자가 아니며, 자기의 미혹을 아는 자는 크게 미혹된 자가 아니다. 크게 미혹된 자는 종신토록 풀어내지 못하고, 크게 우매한 자는 종신토록 영명하지 못하다."[57] "작은 미혹은 방향을 바꿀 뿐이지만, 큰 미혹은 본성을 바꿔버린다."[58] 우매하고 미혹된 성심의 자기[我]를 잃는다는 것은, 곧 자신의 미혹 여부를 자각하는 데서 시작된다. 본편의 뒤에서는 더 강력하게 '꿈에서 깨어날 것[覺]'을 주문한다.

**정** 언어체계에 의해 구성된 자아에 구속되어 사는 삶의 부질
없음을 지적한 글이다.

**박** 실체적 자아 관념에 매몰되지 않은, 다른 방식의 삶의 가능
성을 암시함으로써 앞으로의 논의 방향을 예고한다.

## 성심(成心) 없는 시비는 없다

夫隨其成心而師之, 誰獨且無師乎? 奚必知代而心自取者有之? 愚
者與有焉. 未成乎心而有是非, 是今日適越而昔至也. 是以無有爲
有. 無有爲有, 雖有神禹, 且不能知, 吾獨且奈何哉!

### · 번역 ·

성심을 좇아 스승으로 삼는다면 누구에겐들 스승이 없겠는가? 어찌
그런 심리적 현상들이 번갈아 일어나는 것을 알아서 마음으로 스스
로 취하는 이에게만 반드시 스승이 있겠는가? 어리석은 사람도 마
찬가지로 가지고 있다. 아직 성심이 이루어지지 않았는데도 옳고 그
름이 있다면, 이것은 오늘 월나라에 가서 어제 도착했다고 말하는
것이다. 이는 없는 것을 있다고 하는 것이다. 없는 것을 있다고 하면
비록 신묘한 우임금일지라도 결코 알 수 없을 것이거늘 난들 대체
어찌할 수 있겠는가?

**이**

주제어는 '성심(成心)'이고 주제문은 '성심이 없는데도 시비가 있다는 말은 오늘 월나라에 갔다가 어제 도착했다는 것이다. 未成乎心而有是非, 是今日適越而昔至也'이다. 누구나 '성심'을 기준으로 삼는다. 성심은 이루어진 것이 있는 마음이고, 깨달은 사람이든 어리석은 사람이든 성심을 기준으로 삼는다. 마음에서 이루어진 것은 자아[我]이다. 시비는 자아가 형성된 뒤에 발생한다. 자아 없이도 시비가 있다는 것은 사리에 맞지 않는 말이다. 요컨대 자아는 시비의 기원이다.

**유**

시비의 가름과 다툼은 필연적으로 '성심'에서 일어나는 것이라고 단정한다. 시비 판단의 문제점을 본격적으로 거론하는 시발점이다. 성심을 스승으로 삼아서는 아니 되며, '지대이심자취(知代而心自取)'만이 진정한 스승일 수 있다는 점을 시사한다. 그 무엇보다도 먼저 성찰해야 할 대상은 자기[我]라고 고집하는 성심이다.

**정**

성심(成心)이 누구에게나 있음을 밝힌 글이다. 성심은 신념 체계와 정서적 성향이 혼재한 일상적 자아의 핵을 이루는 개념이다. 누구나 옳고 그름, 좋아하고 싫음이 있다. 성인이라고 해도 다르지 않다. 그러나 성인은 성심을 고집하지 않는다. 자신의 호오를 내세우지 않는다. 그러므로 성인에게는 성심이 없는 것처럼 보인다. 사실 고집하거나 내세우지 않을 뿐이다.

**박**

둘째 단락의 세 번째 문단이다. 현상적 자아 너머에 실체적 존재로서의 참된 자아가 있다는 착각에 사로잡혀 타자와 서로 싸우고 무시로 부대끼며 "죽을 때까지 고생하면서도 성공을 보지 못하고 나른히 지쳐도 돌아갈 곳을 모르는" 삶을 살게 되는 이유로 '성심(成心)'을 지목하고 있다. 그러면서 성심은 지식이나 품성의 높고 낮음과 무관하게 모든 사람이 지니고 있는 것임을 지적함으로써 자기중심적 삶으로부터 자유로워지는 것이 결코 쉽지 않음을 암시한다.

1　夫隨其成心而師之, 誰獨且無師乎? 奚必知代而心自取者
有之? 愚者與有焉.

**이**

사(師)는 '기준으로 삼다'이다. 대(代)는 앞에서 말한 '일야
상대호전(日夜相代乎前)'의 '대'이니 다양한 마음의 양태가
갈마드는 것을 말한다. 성심은 성현영에 따르면 국한된 정
서가 막혀서 일가의 편견을 고집하는 마음이다. 장자는 누
구나 성심을 기준으로 삼는다고 보았다. 눈앞에서 갈마드
는 다양한 마음의 상태가 근거없이 발생함을 알고서 마음
에서 자득한 사람, 즉 성인(聖人)뿐만 아니라 어리석은 사람
도 성심을 기준으로 삼는다는 것이다.

**유**

'성심(成心)'은 본연적인 것이 아니다. '성심'에 대해 성현영
은 "자기의 편견을 고집하는 것[執一家之偏見]"이라고 하였
다. '수기성심이사지(隨其成心而師之)'에 대해 팡용은 "자기
의 성견을 시비 판별의 표준으로 삼는 것"[59]이라고 하였다.
이른바 '선입견, 고정관념, 편견, 편파, 독단, 우상' 같은 것
들을 포함하는 것으로서 주관적 관념으로 형성한 왜곡된
자기[假我]를 가리키는 말이 '성심'이다. 성심을 지닌 자가
'사(師)로 삼는 것'이란, 주관적 시비 판단의 기준·잣대를
뜻한다. 이는 「경상초」의 '이지위사(以知爲師)'의 의미이기
도 하다. "옳음[是]이라고 함은 자기의 삶만을 근본으로 삼

고, 자기의 앎만을 스승으로 삼는 것에 연유하여 시비의 가름과 다툼에 올라타는 것이다."[60] 여기의 '지(知)'는 관지(官知)와 심지(心知)를 포괄하는 것으로서 일반인의 소지(小知)에 해당한다. '해필지대이심자취자유지(奚必知代而心自取者有之)'를 다음과 같이 의역할 수 있다. "어찌 반드시 갖가지 감정과 심리와 행태가 순간순간 갈마드는 것이라는 점을 알아서[知代], 이런 것을 버리고 본래의 마음으로 스스로 취하는 사람만이 스승을 둠이 있겠는가?" 여기의 '대(代)'는 앞단락에서 말한 '일야상대호전(日夜相代乎前)'에서의 '상대'로서 변화무쌍한 교대를 뜻한다. 주관적인 감정과 심리와 행태가 눈앞에서 하루 내내 갈마듦은 뿌리가 없는 허망한 일이라는 뜻이다. 이에 반해 '심자취'란 남곽자기가 천뢰와 관련하여 '함기자취(咸其自取)'라고 한 것에서의 '자취'와 같은 의미라고 볼 수 있다. 따라서 '심자취자'가 스승으로 삼는 것은 궁극적으로 '대종사(大宗師 즉 道)'이다. 이로써 갖는 앎은 대지(大知)요 진지(眞知)이다. 한편 성심이 '사심(師心)'으로 나아가기도 한다. 자기의 성심으로 남을 가르치려 드는 것이다.[61] 「추수」에서는 또 이렇게 말한다. "모름지기 옳음을 스승으로 삼으면 그름이 없어지고, 다스림을 스승으로 삼으면 혼란이 없어지는 것일까? 이렇게 보는 것은 아직 천지의 이치와 만물의 실정에 밝지 못한 것이다. 이는 하늘을 스승으로 삼아서 땅을 없애버리고, 음을 스승으로 삼아서 양을 없애버리는 것이기에 행할 수 없는 것임이 명백하다. 그런데도 또 저런 식으로 주장하기를 버리지 않는다면, 이는 어리석음에 연유한 게 아니면 곧 속이는 것이다."[62] 이로써 보면, '성심'은 세속인의 어리석음[愚]이기도 하고 속임[誣]이기도 하다.

**정** 일상적 자아의 정체를 드러낸 글이다. 일상적 자아는 곧 성심을 중심으로 뭉친 덩어리다. 누구나 의식이 있고 자아가 있다. 대(代)는 앞에서 희로애락 등이 번갈아가며 나타나는 모양을 묘사하는 글자로 사용되었다. "이처럼 심리적 현상들이 밤낮으로 갈마들지만[代] 그것을 싹트게 하는 바를 알지 못한다."[63] 취(取)는 감정 등이 없으면 내가 없다는 구절에서 사용되었다.[64] 이곳에서도 같은 맥락이다. 온갖 현상적 의식이 발생함에 자아가 그것을 담아서 성립한다는 것을 아는 이에게만 성심이 있겠는가라는 질문이다. 위 번역과 달리 '마음의 온갖 양태가 번갈아 일어남에 마음이 그것을 취하는 것임을 아는 자에게만 성심[스승]이 있겠는가'라고 해석해야 할 것이다. 공동번역의 끊어 읽기는 '知代, 而心自取者有之'이고 내 번역의 끊어 읽기는 '知代而心自取者, 有之'다.

**박** '성심(成心)'은 앞에 나온 '성형(成形)'과 대비되는 말로, 후천적으로 '구성된[成]' 마음을 가리킨다. 불교식으로 말하면 훈습(熏習)을 통해 형성된 마음의 자기중심적 경향성이다. 이것이 굳어지면 실체적 자아가 있다는 잘못된 관념에 빠지게 된다.

성심에 대해서는 이처럼 부정적으로 보는 것이 일반적이지만 드물게는 긍정적으로 해석하는 입장도 있다. "마음이 몸의 작용을 충분히 제어할 수 있는 것을 가리켜 '성심'이라고 한다. 사람은 스스로 자기의 성심을 스승으로 삼으니, 사람마다 각기 스승이 있는 것이다. 사람마다 각기 스승이 있는 까닭에 그것에 맡기면 저절로 합당하게 된다."[65]라고 한 곽상이 대표적이다. '독화'의 연장선에서 각 개체의 자율성이라는 관점에서 풀이한 해석이다. 감산(憨山) 또한 성심을 '참된 마음'으로 보아 긍정적으로 풀이하고, 임희일(林希逸)도 천리(天理)를 갖춘 마음으로 본다. 각각 불성(佛性)과 존심양성(存心養性)의 관념이 반영된 불교와 성리학적 관점에 입각한 해석이다. 이 같은 시각은 현상적 자아를 아집(我執) 또는 인욕(人欲)에 갇혀 있는 부정적 자아로 보고 이를 넘어선 참된 자아가 따로 있다는 관점 위에 서 있다.

'대(代)'는 무시로 표출되는 감정의 갈마듦을 의미한다. 따라서 '지대이심자취자(知代而心自取者)'는 왜 그런 감정의 갈마듦이 일어나는지에 대해 그 이치를 체득한 사람, 즉 성인을 가리킨다. 누구나 자신의 성심에 근거하여 사고하고 행동한다는 점에서 본다면 성인뿐만 아니라 어리석은 그 점에서는 마찬가지라는 말이다. 사람들의 삶에서 발견되는 성심의 보편적 측면을 가리킨다.

未成乎心而有是非, 是今日適越而昔至也. 是以無有爲
有. 無有爲有, 雖有神禹, 且不能知, 吾獨且奈何哉!

이
─

시비의 기원을 말하고 있다. 시비는 마음에서 이루어진 것
으로부터 발생한다. 앞에서 제기한 '마음의 양태들로부터
자아가 형성된다[非彼無我]'는 언급과 합해보면, 마음에서
이루어진 것이란 바로 자아를 가리킨다. 「인간세」에서 장
자는 안회(顔回)의 입을 빌어 마음이 텅빈 상태[虛]를 다음
과 같이 설명한다. "제가 처음 심재의 가르침을 받지 않았
을 때에는 실로 스스로 안회라고 여겼습니다. 그러나 가르
침을 받고 나서는 제가 있은 적이 없었으니, 허(虛)라고 할
수 있겠습니까?"[66] 여기서 '허'란 안회라는 자아의식이 없는
마음으로 묘사되고 있다. 마음에서 이루어진 것은 자아의
식이다. 장자는 자아 관념이 형성된 뒤에 시비가 발생함을
말하고 있다. '오늘 월나라에 가서 어제 도착했다'는 명제는
혜시의 역물십사(歷物十事) 가운데 하나이다. 원래는 미래
와 과거가 현재에서 하나가 되는 사례로 제시된 명제였다.
그러나 여기서는 오늘과 어제라는 시점이 역전되는 것은
불가능하다는 의미로 사용하였다. 자아가 없는데도 시비가
있다는 말은 사리에 맞지 않는다는 것이다. '이는 없는 것을
있다고 하는 것이다[是以無有爲有]' 이하에서는 자아와 시
비의 관계를 다시 한번 강조하고 있다. 자아 없이도 시비가
있다고 한다면 이것은 없는 것을 있다고 우기는 것과 같다

는 것이다.

**유** 시비의 발단은 반드시 인간의 성심에 기초한다. 성심이 있
지 않음에도 시비를 따지는 일이 벌어진다는 것은 모순일
뿐 아니라, 애초에 있을 수도 없는 일이다. '금일적월이석지
야(今日適越而昔至也)'는 혜시의 명제인 "금일적월이석래(今
日適越而昔來)"(「천하」)와 거의 같은 표현이다. 그러나 장자
의 이 말은 표면적으로 시간적 선후가 맞지 않으므로 용인
할 수 없다는 뜻으로 읽힌다. 나아가 장자는 이런 말을 '있
지 않은 것을 실재인 것으로 삼는 것'과 같은 허구라고 하
면서 '신우(神禹)'를 언급한다. 팡용은 '신우'에 대해 "우임
금이 미래 일을 아는 신인이었음을 이른다[謂禹是能知未來
的神人]"라고 하였다. 이에 대한 근거를 알 수 없다. 우임금
은 특히 묵가가 성인으로 추숭한 자이니, '이무유위유(以無
有爲有)'의 뜻을 묵가의 일과 관련하여 이해할 수 있을 듯하
다. 묵자가 내세운 '천지(天志)', '명귀(明鬼)' 같은 것의 비실
재성을 장자가 겨냥하여 한 말인 것 같다. 이 문단은 장자철
학에서의 '도'의 무시무종(무한성, 무궁성)에 의거한 장자 자
신의 논리적인 주장이라기보다, 혜시와 묵자가 주장한 논
리적·존재론적 학설을 근거로 삼으면서 그것들 자체가 사
실에 부합하지 못한다는 점도 역으로 지적하는 중의적인
뜻을 담은 것으로 추측된다.

**정** 누구에게나 성심이 있음을 말한 글이다. 성심(成心)은 자신
의 신념체계와 정서적 성향으로 구성된 일상적 자아를 말

하고, 시비는 그런 성심을 견지하려는 대도를 밀한다. 대도이므로 정서적 측면도 포함되어 있다. 정서적 성향은 성심을 구성하는 동시에 성심을 추동하는 힘으로 작동한다. 성심으로서의 자아는 판단의 기준이므로 자아가 존재한 이후에야 시비가 있게 된다. 고착된 자아를 진정한 자아라고 믿는 이들은 자신들의 어떤 편향도 없는 판단이 옳다고 즉, 보편적이라고 주장한다. 그런 편향을 밀고 나가서는 없는 것을 있다고 하는 데까지 이른다. 번역문에서는 '이는 없는 것을 있다고 하는 것이다'를 직전의 '성심이 부재함에도 불구하고 시비가 있는 사태'를 부연한 글로 간주했다. 그러나 논변에서 이기겠다는 성심을 가지고 있는 명가들이 상대성(예를 들어, 큰 것과 작은 것, 높은 것과 낮은 것, 많은 것과 적은 것 등은 상대적이다. 이런 상대성을 밀고 나가면 심지어 없는 것을 있다고 할 수 있을 것이다.)에 토대해서 없는 것을 있다고 하는 역설적 주장에 이르는 현상을 비판한 것으로 볼 수도 있다.

**박** "오늘 월나라에 가서 어제 도착했다[今日適越而昔至也]"는 것은 상식적으로 있을 수 없는 일이라는 것을 말한다. 사람의 삶에서 성심이 지니는 보편적 측면을 다시 한 번 강조한 말이다. "오늘 월나라에 가서 어제 도착했다."는 「천하(天下)」편에 나오는 혜시(惠施)의 역물십사(歷物十事: 사물의 본성을 두루 밝히는 열 가지 명제) 가운데 일곱 번째 명제이다. 모든 현실적 존재는 논리적으로 '지극히 큼[至大]'과 '지극히 작음[至小]' 사이에 있음을 논증함으로써 만물의 평등성을 설파하고자 한 혜시가 이를 정당화하기 위한 작업의 일환으로 시간은 상대적임을 예시한 명제로 알려져 있다.

장자철학을 이해하는 데 있어 혜시의 존재는 상당히 중요하다. 장자철학에서 발견되는 일견 '장자'와 어울리지 않아 보이는 논리적 치밀함은 상당부분 그와의 논쟁을 통해 숙성된 것으로 추정된다. 논적이면서 동시에 막역지우였던 두 사람의 관계는 혜시가 죽은 후 장자가 이제는 더불어 이야기할 사람이 없다고 한 데에서도 잘 드러난다.[67]

## 도와 언어 그리고 시비

夫言非吹也, 言者有言. 其所言者特未定也, 果有言邪? 其未嘗有
言邪? 其以爲異於鷇音, 亦有辯乎, 其無辯乎? 道惡乎隱而有眞僞?
言惡乎隱而有是非? 道惡乎往而不存? 言惡乎存而不可? 道隱於小
成, 言隱於榮華. 故有儒墨之是非, 以是其所非而非其所是. 欲是其
所非而非其所是, 則莫若以明.

말은 바람 소리가 아니다. 말에는 말하려는 내용이 있다. 그러나 말
의 내용은 딱히 고정되어 있지 않으니 과연 말한 것이 있는가? 아니
면 말한 것이 없는가? 말이 새 새끼 소리와 다르다고 여긴다면 또한
구별이 있는가? 구별이 없는가? 도는 무엇에 가려져서 참과 거짓이
있게 되며, 말은 무엇에 가려져서 옳고 그름이 있게 되는가? 도는 어
디에 간들 있지 않겠으며, 말은 어디에 있든 타당하지 않겠는가? 도
는 작은 성취에 가려지고 말은 화려한 꾸밈에 가려진다. 그러므로

유가와 묵가의 시비가 있게 되어, 상대가 그르다고 하는 것을 옳다고 하고 상대가 옳다고 하는 것을 그르다고 한다. 그르다고 하는 것을 옳다고 하고 옳다고 하는 것을 그르다고 하고자 한다면 밝음[明]으로써 하는 것만 못하다.

**이**

주제어는 '이명(以明)'이고, 주제문은 '상대가 그르다고 하는 것을 옳다고 하고 상대가 옳다고하는 것을 그르다고 하고 싶으면 명(明)으로써 하는 것 만한 것이 없다[欲是其所非而非其所是, 則莫若以明]'이다. 말은 시비를 표현하는 수단으로, 시비에 대한 논변에서 핵심적인 역할을 담당한다. 말은 말하는 내용이 고정되지 않는다는 특성을 지닌다. 장자는 도와 말이 제대로 기능하지 못하는 이유에 대해서 묻고는, 그 원인을 자아와, 시비에 대한 논변에서 찾는다. 자아가 도를 가리고 화려한 논변이 말을 방해한 결과, 유가와 묵가의 시비 논란이 있게 된다. 시비 논란에 대한 해법으로 이명(以明) 관념을 제기한다.

**유**

앞에서 '시비의 발단은 필연적으로 성심에 있다'라고 한 것을, '도(道)'와 '언(言)'에 관한 문제로 확장하고 있다. 성심을 지닌 자들은 '소성(小成)'과 '영화(榮華)'를 추구한다. 도는 본래 어디에든 존재하나 '소성'을 추구하는 자들에 의해 가려지고, 말은 본래 어디서든 온당하나 '영화'를 추구하는 자들에 의해 가려진다. 특히 말에다 주관적으로 뭔가를 담고 꾸며대는 것이 시비를 다투는 직접적 원인이 된다. 성심에서 야기된 유가와 묵가 간의 시비 다툼에 대해 언급하면서, 그에 대한 대안으로 '이명(以明)'을 제시한다.

**정**

앞에서 말한 시비의 문제를 언어의 보다 넓은 지평으로 확장시키고 언어에 내장된 사회문화저 편향 및 언어직 질서를 본질로 수용하는 태도를 비판한 후 그런 편향에서 떠난 비춤의 인지를 제안한 글이다. 임금이 임금다워야 한다는 유학의 정명(正名)은 존재가 언어의 본질을 수용해야 함을 주장한 개념이다. 사람들은 언어를 습득함으로써 언어에 내장되어 있는 사회문화적 편향 뿐 아니라, 언어의 질서도 습득한다. 그 결과 상반되는 이원항의 상호의존적 관계라는 언어의 속성을 따르고 결국 끝없는 순환에 불과한 언어의 시비에 갇힌다. 그러나 사실 언어는 호미질이나 삽질 같은 수단에 불과할 뿐으로, 언어에 구애될 필요가 없다.

**박** 셋째 단락의 첫 번째 문단이다. 성심의 생성 원인와 그 폐해 그리고 그로부터 벗어나는 방법을 제시하고 있다. 먼저 성심이 생성되는 원인은 언어라는 점을 지목하고, 이어 그 언어의 본질을 규명함으로써 성심의 무근거성을 폭로한다. 나아가 이처럼 '언어-성심' 프레임에 기반하고 있는 한 그 어떤 주장도 절대적인 정당성을 획득할 수 없음을 유가와 묵가를 대표적으로 거론하여 지적하고, 그 대안으로 '대상을 있는 그대로 바라보는 앎[明]'을 제시한다.

1 　夫言非吹也, 言者有言.

이
—

말은 구멍에 바람이 불어대는 것과 같이 소리가 난다. 그러
나 바람과 달리 말에는 말하는 내용이 있다. 이어지는 내용
으로 보건대 말하는 내용이란 시비와 시비에 대한 논변이다.

유
—

여기의 '취(吹)'는 첫 번째 단락의 '취만부동(吹萬不同)'에서
의 '취'와 같은 뜻이다. 소지 · 소언의 세속인들의 말은 '도
취(道吹)'를 '스스로 취한[自取]' 것에 의한 본연의 인뢰가
아니라, 사적 이익과 명성을 추구하는 성심에 따른 세속적
인뢰이다. 이것은 남곽자기의 가느다란 날숨인 '허(噓)'나
대지가 기운을 내쉬는 '희(噫)'와도 다른 것이다. 이미 가졌
거나 더 가지려고 하는 자들은 자기의 말에 주관적으로 뭔
가를 담고 덧붙인다[有言]. 욕망 충족을 위한 무언가가 담기
고 덧붙여진 작위적인 말은 소유의 언어이자 지배의 언어
이다. 그것은 점유와 권력과 명성과 존귀를 목적으로 하는
'정략적 언어'이다. 「인간세」에서 사신의 임무를 맡은 자는
자의적으로 말을 덧붙여서는 안 된다고 이야기하는 것을
참고할 수 있다. 이는 뒤에서 '도(道)' · '언(言)'과 관련하여
"도오호은이유진위(道惡乎隱而有眞僞)? 언오호은이유시비
(言惡乎隱而有是非)?"라는 현실의 부정적 상황을 말하는 것
과 긴밀히 연결된다.

**정**　언자유언(言者有言)의 유언(有言)은 유소언(有所言)으로 보
아야 한다. 말의 내용이 있다는 뜻이다. 말은 단순히 무의미
한 소리가 아님을 지적함으로써, 자신의 견해를 제안하기
위한 발문으로 삼았다.

**박**　언어와 의미의 문제를 이야기하고 있다. 언어는 기호이므
로 기표(記票/能記, signifiant)와 기의(記意/所記, signifié)로
나뉜다. 기표는 음성이나 문자처럼 의미를 전달하는 물리
적 형식이고, 기의는 그 기표에 의해 지시된 내용(의미)이
다. 예를 들면, '사과'라는 소리나 문자는 기표이고, 그것이
지시하는 빨간색의 둥근 과일은 기의이다. 따라서 기의 없
는 기표, 즉 가리키는 내용(의미)이 없는 언어는 성립불가
능하다. "말이란 바람 소리가 아니다[夫言非吹也]"는 것은
이것을 가리킨다. '유언(有言)'은 '말하는 내용이 있다'는 뜻
이다. 언어를 기호의 체계로 보고 이것을 기표와 기의로 나
누어 그 구조를 규명하는 작업은 근대의 소쉬르(Ferdinand
de Saussure: 1857~1913)에 와서 비로소 시작되는데, 장자는
2300여년 전에 이미 유사한 시각에서 언어의 본질을 설파
하고 있는 것이다.

---

**2**　其所言者特未定也, 果有言邪? 其未嘗有言邪?

---

**이**　말은 말해지는 것이 고정되지 않는다는 특성이 있다. 곽상
은 말한 것이 일정하지 않는 이유를 다음과 같이 설명하였

다. "나는 옳다고 여기지만 저쪽은 그르다고 여기고, 저쪽이 옳다고 하는 것을 나는 또 그르다고 한다. 그러므로 일정하지 않다. 일정하지 않은 것은 저쪽과 나의 뜻[彼我之情]이 치우친 데 말미암는다." 그에 따르면 일정하지 않은 것은 옳고 그름이니, 결국 말한 것[其所言者]이란 시비(是非)이다. 이곳에서는 말한 내용과 말하려는 대상 사이의 불일치의 문제가 아니라, 보다 심각한 문제, 즉 진위(眞僞)와 시비의 판정을 문제삼는다. 장자는 참과 거짓, 옳고 그름이 일정하지 않다면 말로 진위, 시비를 가릴 수 있겠느냐는 물음을 제기하고 있다.

말한 내용이 확정될 수 없다면 말을 했다고 할 수도 없고 말하지 않았다고 할 수도 없다. 이로부터 장자는 말의 기능을 대상을 확정하는 데에서 찾지 않음을 짐작할 수 있다. 말하는 내용이 고정되지 않는다는 특성은 장자의 철학 방법론, 특히 장자가 치언(巵言)을 운용하는 기반이 된다.

유

주관적인 소견, 의도, 의미, 목적 등이 담기고 덧붙여진 '소유의 말[有言]'은 일정하게 정해지지 않는다. 즉 이익의 향배에 따라 조변석개하므로 내용상의 정준(定準)이 없는 일시성과 상대성 속에 있게 된다. 그러니 "과연 말한 것이 있다고 해야 할 것인가, 아니면 말한 적이 없다고 해야 할 것인가?" 수시로 변화하는 복잡다단한 감정과 심리에 따르는, 그리하여 일시적이고 변덕스러워서 극도로 상대화되는 말들은 발화자가 원하는 영원한 소유물일 수 없다. 잠시 구성되고 소멸하는 것이기에 진정한 소유물이라고 말할 수 없는 것이다. 이런 의미 층위에서는 '자기[我]'라는 것도 진실한 자기가 아니며, 자기가 소유한다고 착각하는 말(권력)도 자기의 소유물이 되지 못한다. 형체에 집착하고 외물만을 추구하는, 그것도 '소성'과 '영화'만을 꾀하는 자들의 운명이 이렇다. 이는 고대 그리스의 소크라테스와 플라톤이 경험적 · 주관주의적인 소피스트들의 언행에 대해 비판한 내용과 완전히 겹치는 것처럼 보인다. 그러나 그들 속에 변화하지 않는 어떤 것이 내재해 있다는 점을 깨달을 때, 도리어 말과 자기를 소유하려 들지 않고 풀어놓게 될 것이다. 거기서 모든 진실한 말을 함께 향유하고 본연의 자기로서 자유를 누리는 경지가 열린다. 말하기에서 자유롭고 자기에게서도 자유롭다. 이런 의미는 이제 다른 차원인 "도미시유봉(道未始有封), 언미시유상(言未始有常)"의 뜻으로 연결될 것이다.

**정** 성심에 기반해서 시비를 다투는 이들이 전제하는 '말에는 고유한 규정성이 있다'는 생각을 비판한 것이다. 앞에서 말에는 의미가 있다고 했다. 미정(未定)은 말의 의미가 정해지지 않았다는 뜻이다. '벽돌!'은 다양한 의미를 지닌다. 공사장에서는 '벽돌을 가져와라'는 뜻이겠으나, 길거리에서는 '벽돌을 조심하라'는 뜻일 수 있다. 이처럼 말에는 말하고자 하는 내용은 있으나, 고정된 의미는 없다. 이런 경우에 말이 있다고 할 수 있는지 묻고 있다.

'소언(所言)'은 '말해진 것'이라는 뜻이다. '소(所)'는 피동의 의미를 띤다. "말해진 내용은 딱히 고정되어 있지 않다[其所言者特未定也]"라는 것은 기호로서의 언어를 구성하는 두 측면인 기표와 기의의 관계가 필연적인 게 아니라는 점을 지적한 것이다. '빨간색의 둥근 과일'은 반드시 '사과'라는 기표로만 지시되지 않고, 반대로 '사과'라는 기표 또한 필연적으로 '빨간색의 둥근 과일'만 의미해야 하는 것은 아니다. '빨간색의 둥근 과일'은 '사과'뿐만 아니라 'apple'이나 '苹果(píngguǒ)'라는 기표로도 지시된다. 마찬가지로 우리가 '사과'라는 기표의 의미를 다르게 사용하기로 하면 그 순간부터 '사과'의 기의는 '빨간색의 둥근 과일'이 아니라 다른 것을 가리키게 된다. 이는 시대 또는 문화권에 따라 언어의 의미가 변하는 경우를 떠올리면 쉽게 이해할 수 있다. 이것은 소쉬르의 언어학에서 말하는 언어의 자의성 문제에 해당한다. 즉, 기표와 기의의 관계란 그럴 수도 있고 그렇지 않을 수도 있는 자의적인 관계라는 말이다.

이 점을 염두에 두고 이 구절를 통해 장자가 이야기하고자 하는 바를 정리하면 이렇다. 말은 그냥 입에서 내뿜는 무의미한 바람소리가 아니라 항상 어떤 의미를 전달한다고 우리는 생각한다. 그런데 기표와 기의의 관계에서 보듯이, 그것이 전달하고자 하는 의미는 불변적으로 고정되는 것이 아니다. 그렇다면 의사소통의 면에서 우리는 말을 통해 성공적으로 상대에게 의미를 전달하고 있다고 해야 할까, 아

니며 그것은 착각일 뿐 한번도 전달해 본 적이 없다고 해야
할까?

"문화는 언어로 짜여진 그물망"이라는 말이 있다. 문화는
언어를 매개로 구성되는 산물이라는 뜻이다. 문화와 언어
의 관계에 대한 이 같은 통찰은 현대철학의 성과를 기다릴
것도 없이, 일찍이 공자도 이미 간파했던 부분이다. 그 유명
한 정명론(正名論)은 바로 이 통찰에서 출발한다.[68] 자신에
게 정치적 기회가 주어진다면 반드시 '이름을 바로잡는 일
[正名]'부터 시작하겠다고 한 공자의 발언은 사회화된 몸의
존재방식인 문화적 삶에서 언어가 수행하는 기능에 대한
인식이 담겨 있다. 요지는 이런 것이다.

하나의 공동체를 질서 지우는 권력 체계[刑罰]는 구성원
들로 하여금 자신이 해당 공동체의 성원이라는 것을 자발
적 혹은 묵시적으로 승인하게 만드는 일련의 규범적 장치
들[禮樂]이 제대로 기능할 때 성공적으로 작동할 수 있고,
규범적 장치들은 이들 구성원들이 일상 속에서 수행하는
구체적인 사회적 행위들[事]을 매개로 구현되며, 사회적 행
위들은 당사자들의 커뮤니케이션[言]을 통해 수행되고, 마
지막으로 커뮤니케이션은 그것을 구성하는 개념들[名]에
대한 정확한 규정과 올바른 사용을 전제로 한다. 즉 구성원
들이 주고받는 말의 의미가 일치하지 않으면 공동체는 운
영될 수 없고, 문화도 직조될 수 없다는 뜻이다. 이것이 주
례(周禮)로 상징되는 주나라의 찬란한 문화를 부흥시킴으

로써 중화공동체를 재건하고자 했던 공자가 '이름을 바로 잡는 일'에 몰입한 배경이다. 이를테면 '옳음', '선(善)', '자유', '공정' 등이 가리키는 내용에 대한 생각이 제각각이라면 공동체는 올바르게 유지될 수 없다는 문제의식의 발로인 것이다.

이에 대해 장자는 말한다. 언어를 구성하는 양대 요소인 기표와 기의의 관계는 자의적이다. 따라서 언제 어디서나 고정된 의미를 지니는 말은 존재할 수 없다. 기표와 기의가 어떻게 결합되느냐에 따라 말의 의미는 시대와 장소에 따라 부침한다. 그리고 그 결합과정에는 필연적으로 모종의 '목적'이 개입한다.

이것이 문화의 원사(原絲)인 언어 자체의 신뢰성에 대해 장자가 문제를 제기하는 이유이다. 이를 통해 자기 주장의 절대성을 주장하는 모든 담론들에 대해 시비를 걸고 있는 것이다. 그 구체적인 대상은 뒤에 보듯이 유가와 묵가로 대표되는 당시의 제자백가의 담론들이다.

3  其以爲異於鷇音, 亦有辯乎, 其無辯乎?

이
—
말의 특성에 따른 말의 한계에 대해 물음을 제기하고 있다. 말의 특성으로 인해 말을 한 것이라고도 할 수 없고 말하지 않은 것이라고도 할 수 없다면, 말은 새 새끼 울음소리와 구별된다고도 할 수 없고 구별되지 않는다고도 할 수 없다는 것이다. 변(辯)은 성현영에 따르면 구별하다[別]이다.

"세속인들은 자기의 말이 새 새끼가 알을 깨고 나오려 할 때 내는 소리와는 다르다고 자부한다. 그러나 이들 간에 참으로 변별되는 점이 있는 것일까, 변별되는 점이 없는 것일까?" '구음(鷇音)'에 대해 성현영은 "새 새끼가 알에서 밖으로 나오기 위해서 우는 것을 구음이라 이른다."[69]라고 하였다. 이에 따르면, 정준이 없는 세속인들의 말은 아무런 의식도 목적도 담지 못하는 새 새끼의 소리와 다름이 없는 것이라고 보아야 한다. 그러나 좀 더 깊이 생각할 때, 새끼 새들의 소리에는 사실 하나의 뜻, 즉 '알을 깨고 나가 세상에서 함께 살아갈 수 있도록 도와달라'는 공통된 의미[生命]를 본능적으로 담고 있는 게 아닐까? 새끼 새들은 '생명'과 직결된 원초적 욕구의 언어를 소박하게 발성하지, 이차적인 욕망의 부화한 언어를 구사하지는 않는다. 그런데도 세속인들은 자기의 욕망을 증폭하기 위한 지극히 불분명하고 음험한 계산적인 말이 새끼 새들의 울음소리보다 훨씬 고차원이고 정밀하며 고귀하다고 착각한다. 이것이 전도된 견해와 부당한 평가로 이어진다. 작위적인 소성의 추구는 부화한 '소언(小言)'과 직결된다. 자기의 사적 명리(名利)를 증대하기 위해 교묘히 꾸미는 말과 한쪽으로 치우치는 말이 난무한다. 세속인들이 명리를 추구하는 데서 교묘히 꾸며대는 말은 새끼 새들이 알을 까고 세상에 나오려고 할 때 내는 순수한 생명의 소리만 못한 것이다.

**정** 말에는 특별한 본질이 없는데도 불구하고 본질이 있다고 믿는 이들을 비판한 것이다. 유학자들은 말에서 본질을 찾는다. 임금은 임금다워야 한다고 할 때, 본질은 임금이라고 불리는 사람이 아니라, 임금이라는 말에 있다. 동물도 말을 한다고 할 수 있을까? 동물의 소리에도 뜻이 담겨 있다. 사랑을 갈구하는 뜻, 배고픔을 알리는 뜻, 어미를 찾는 뜻이 있다. 그러나 단순히 독수리가 나타났다. 뱀이 있다. 먹을 것이 있다와 같은 단순상징으로 쓰일 뿐, 상징을 조합해서 복잡한 체계를 갖추지는 못한다. 그러므로 시비가 있기는 어렵다. 동물들의 진솔한 다툼은 그저 다툼일 뿐, 시비가 아니다.

**박** 구음(彀音)은 '새 새끼가 지저귀는 소리'이다. 아무런 의미가 없는 소리를 상징하며, 앞에서 말한 '(입에서) 내뿜는 바람소리'에 상응한다. 기표와 기의의 자의성으로부터 알 수 있듯이, 말의 의미는 고정되어 있는 것이 아니다. 그럼에도 인간의 말은 새가 지저귀는 소리와 근본적으로 다르다고 생각한다면 이 둘의 차이는 구별이 가능할까, 가능하지 않을까?

---

**4** 道惡乎隱而有眞僞? 言惡乎隱而有是非? 道惡乎往而不存? 言惡乎存而不可?

---

**이** 도와 말이 제대로 기능하지 못하는 이유에 대해 묻고 있다.

---

도는 참된 것이고 어디에든 있다면 참과 거짓이 나뉠 수 없을 것이고, 말은 시비가 일정하지 않고 어디에서든 가하다면 옳고 그름이 나뉠 수 없을 것이다.

"본래 무소부재(無所不在)인 도는 어디에 간들 있지 않겠으며, 본연의 담박한 말[大言]은 어디에 있는들 온당하지 않겠는가?" 즉 도는 본래 어디에든 존재하고, 도에 따르는 말은 본래 어디서든 온당하다. 도와 관련한 진위(존재) 문제, 말과 관련한 시비(인식과 앎) 문제, 그리고 이들의 상관성이 핵심적인 내용이다. 도와 관련해서는 '진위(眞僞)'를 1회만 사용하고 있음에 비해, 언과 관련해서는 '시비(是非)'·'피시(彼是)'·'가불가(可不可)'·'연불연(然不然)'을 여러 차례 이야기한다. 도의 체득에 의한 대지(大知)는 바로 그러한 경지를 표현하는 대언(大言)으로 연결된다. 그러나 소지로 도모하여 이루는 소성과 소언으로 꾀하여 수식하는 영화로움 때문에 본연의 도와 말이 가려져서 제 기능을 발휘하지 못하게 되거나 불가하게 된다. 표상적이고 일시적인 감정과 심리에 바탕을 두는 '유언(有言)' 문제가, 이 문단에서는 '도'라는 근원 존재의 차원으로 대체되어 본연의 말의 문제로 전환되고 있다. 이런 맥락에서 보자면, 앞에서 말한 '진재'가 이제 여기에 이르러 '도'를 뜻하는 것이 된다. 앞에서는 진재의 무형성과 비가시적 활동성·작용성만을 시사하였다. 『장자』에서 '도(道)'자는 이 문단에서 처음으로 출현한다. '도'자가 「소요유」에서는 사용되지 않았으나, 「제물론」에서는 무려 17회나 사용되고 있다. 내편에서는 이 밖에 「양생주」에서 1회, 「인간세」에서 9회, 「덕충부」에서 2회, 「대종사」에서 13회, 「응제왕」에서 4회 사용된다. '도'를 대칭하는 글자들까지 고려한다면 사정이 달라질 수도 있겠으나, 내편의 경우 「대종사」와 더불어 「제물론」에서 '도'가 비중 있게 언급되면서 중시된다는 점을 확인할 수 있다. 그런데 「제물론」에서는 '도'에 관해 직접적으로 설명하는 경우가 없다. 그러므로 다른 편들에서 설명되는 '도'의 의미를 참고하여 이해할 필요가 있다.[70]

**정**

위 구절에 이어 시비의 말이 유행하는 현실로 돌아와서 도가 사라지고 성인의 말이 은폐된 상황을 탄식하고, 도와 성인의 말은 어디에나 있음을 반문형식으로 강조한 글이다.

**박**

언어와 의미의 관계에 대한 장자의 문제제기가 궁극적으로 무엇을 겨냥한 것인지가 분명해지는 대목이다. 언어의 절대성에 대한 부정을 통해 제자백가 담론들의 절대성을 비판하는 것이 그것이다. '도(道)'는 『노자』의 경우에서 보듯이 세계를 관통하는 근본적인 질서의 원리이다. 이것의 가장 큰 특징은 총체성이다. 이 세계의 어떤 것도 '도'를 벗어나지 못한다. 이 때문에 '언어'는 도를 드러내는 적절한 도구가 아니다. 두 가지 점에서 그렇다. 하나는 앞에서 지적된, 언어를 구성하는 기표와 기의의 자의성이다. 언어와 그것이 가리키는 대상의 관계는 자의적이므로 이 세상의 어떤 언어도 도와 필연적인 관계에 있지 않다. 다른 하나는 언어는 기본적으로 구분을 전제로 한다는 점이다. 지시하는 것(기표)과 지시되는 것(기의)의 구분이 전제되어야 언어는 성립한다. 그렇다면 언어는 어떤 경우든 '총체성' 자체를 지시할 수 없다. 무엇을 지시하는 순간 이미 그것 외부에 있게 되는 것이 언어의 숙명이기 때문이다. 장자의 이런 생각은 "도를 도라고 표현할 수 있으면 그것은 항상된 도가 아니다. 이름을 이름으로 표현할 수 있으면 그것은 항상된 이름이 아니다[道可道非常道, 名可名非常名]"라고 한 『노자』 1장의 첫 구절의 연장선상에 있다.

그런데 언어의 본성이 그러함에도 세상에서는 장님 코끼리 만지기 격으로 내가 말하는 도가 '참된 도'라는 주장들이 횡행한다. 그러면서 내 주장이 옳고 네 주장은 틀렸다는 것을 입증하려 애쓴다. 하지만 도는 모든 것을 포괄하는 총체성이므로 참과 거짓의 분별이 적용될 수 없다. 마찬가지로 언어 또한 자신이 지시하는 대상(의미)과의 자의성 때문에 절대적으로 옳고 절대적으로 틀린 말이란 성립할 수 없다. 이것이 "도는 어디에 간들 있지 않겠으며, 말은 어디에 있든 타당하지 않겠는가?"라는 말이 뜻하는 것이다.

| 5 | 道隱於小成, 言隱於榮華. |
|---|---|

이
—

앞에서 제기한 물음에 대한 답이다. 도는 '소성' 때문에 제 기능을 못하고, 말은 '영화' 때문에 제 기능을 하지 못한다.

'소성'은 앞에서 제기된 마음에서 이루어진 것[成於心], 즉 자아이다. '영화'는 성현영에 따르면 화려한 논변이다. 논변은 시비를 확정하려는 행위이다. 장자는 도와 말이 제대로 작용하지 못하는 원인을 각각 자아와, 시비에 대한 논변에서 찾고 있다.

'도은어소성(道隱於小成)'은 앞문단의 '도오호은이유진위(道惡乎隱而有眞僞)'와 관련하여 그 이유를 '소성'으로써 설명하는 것이다. 성심 즉 소지로써 도모하는 소성에 해당하는 실제의 예가 본편의 뒤에서 소문·사광·혜시의 사례를 통해 제시된다.『장자』전제에 걸쳐 이런 사례를 흔히 볼 수 있다. 요·순의 천하정치, 공자의 인의예악, 묵자·혜시·공손룡의 학설 등이 대표적이다.「천하」에서는 '도술(道術)'과 '방술(方術)'의 차이성을 통해 이런 점을 종합적으로 정리한다. 다음으로 '언은어영화(言隱於榮華)'는 '언오호은이유시비(言惡乎隱而有是非)'와 관련하여 그렇게 되는 이유를 '영화'로써 설명하는 것이다. 다시 말해 '언은어영화'는 '기소언자특미정(其所言者特未定)' 즉 불확정성[不正]의 이유를 설명하는 내용이다. '언은어영화'는 이해(손익, 득실)를 따지는 데서 오용하는 잡다하고 화려하며 허영에 찬 명목, 즉 편벽된 소언을 뜻한다. 자기 소견을 고집하고 강변하는 것이 문제이다.

'영화(榮華)'는「인간세」가운데의 '교묘히 꾸민 말[巧言]', '한쪽으로 치우친 말[偏辭]'과 같은 뜻이다. 그 폐해는 다음과 같다. "세속인들의 말은 거센 바람이나 험한 물결 같은 것이고, 그들의 행실은 득실이라는 것 외에 달린 게 아니다 (즉 '言者有言'). 거센 바람이나 험한 파도는 그것이 의지하는 외적인 것의 움직임에 따라 그 방향이 쉽게 바뀌고, 사람들의 득실은 외적 시세의 위기 상황에 따라 그 내용이 쉽게 바뀐다. 따라서 이런 것을 추종하는 사람들이 분노를 표출함은 다른 것에 말미암지 않고, 바로 그들이 교묘히 꾸민 말과 치우친 말에 있다. 짐승도 궁지에 몰려 죽을 지경이 되면 가리지 않고 소리를 질러대며 숨결이 거칠어지는데, 이렇게 하는 데서 자기 마음의 괴로움을 아울러 낳게 된다."71 궁지에 몰려서 죽음을 직감하는 짐승이 내지르는 소리처럼, 명성과 이익에서 득익(得益)을 추구하는 자들의 말도 결국엔 서로를 상해하는 데로 귀결된다. 이런 자들에 대해 「천도」에서는 '변사로서 일곡지인[辯士, 一曲之人]'이라고 말한다. '소성' 즉 외물을 추구하는 외치(外馳)의 문제점을 이렇게 지적하기도 한다. "하 · 은 · 주의 삼대 이래로는 세상에 외물로 자기의 본성을 바꾸지 않는 자가 없다. 소인은 이익 때문에 자신을 희생시켰고, 선비는 명성 때문에 자신을 희생시켰고, 대부는 가문 때문에 자신을 희생시켰고, 성인이라는 자는 천하 때문에 자신을 희생시켰다. 따라서 이 사람들이 한 일이 다르고 그에 따르는 명성도 다르게 불리지만, 그 본성을 상하고 자신을 희생시켰다는 점에서는 모두 한 가지이다."72

**정** 도라고 칭해지는 것 그리고 성인의 말이라고 포장된 것들은 사실 도와 성인의 말이 아님을 전달하는 글이다.

**박** '소성(小成)'은 '작은 성취'라는 뜻으로, 각자가 세계를 바라보는 주관을 뜻한다. 앞에 나온 '성심(成心)'을 떠올리면 된다. '영화(榮華)'는 '화려한 꾸밈'이라는 뜻으로, '소성'에서 비롯된 자신의 주장을 정당화하기 위해 그 주장을 담은 언어[言]를 논리로 체계화하고 수식(修飾)으로 분칠하는 것이다. '도'는 후천적으로 구성된 우리의 주관에 의해 그 총체성이 온전히 드러나지 못하고, 말은 그렇게 이루어진 자신의 주장을 합리화하려는 관심 때문에 특정한 의미로 고착된다는 뜻이다. 이것이 장자가 끊임 없이 '치언(卮言)'을 선호하고 구사하는 이유이다. '치언'은 특정한 의미를 고집하지 않는 언어 구사 방식이다. 장자의 철학에 대해 "이해하기 어려운 소리와 터무니 없는 말과 끝 간 데를 모를 언사로 수시로 내키는 대로 말하면서도 어느 한 쪽으로 기울지 않고, 자신의 견해를 특정한 입장으로 드러내지 않았다."[73]라고 한 「천하(天下)」편 저자들의 평가는 이 점을 짚은 것이다.

6   故有儒墨之是非, 以是其所非而非其所是.

**이** 자아가 도를 은폐하고, 화려한 논변이 말을 방해한 결과, 유가와 묵가의 시비가 발생함을 밝혔다. 이로부터 상대방이 그르다고 하는 것을 옳다고 하고, 상대방이 옳다고 하는 것을 그르다고 하게 된다는 것이다.

유 '소성'을 추구하는 데서 본래의 도가 가려지고, '영화'를 꾀
하는 데서 본연의 말이 가려진 까닭에 유가와 묵가 간의 시
비 다툼이 일게 되었다는 말이다. 『장자』에서는 바로 이들
이 세상을 구제하겠다는 명목으로 오히려 세상을 혼란하게
만들었다고 본다. 본래의 도와 본연의 말이 가려진 상태에
서 성심을 가지고 '소유의 언어'를 도구로 삼아 시비 다툼을
벌이는 것은, 한 시대의 천하를 쇠란으로 몰아가는 것일 뿐
아니라 하나인[一] 존재의 세계를 깨뜨리는 짓이다. 유(儒)
·묵(墨)을 함께 지칭한 경우가 「제물론」·「재유」·「지북
유」에서 보이며, 양(楊)·묵(墨)의 경우도 「변무」·「천지」
에서 찾아볼 수 있다.

정 유가의 예제, 묵가의 기준[法], 그리고 겸애와 논증은 모두
시비에 토대한 말이다. 그러므로 그들은 한쪽에서 다른 쪽
을 비판하고 상대적 시비를 절대화시켜서는 끝내 서로 다
툰다.

박 유가와 묵가를 대표적으로 호출하여 자신이 '길이요, 진리'
라고 주장하며 상대를 거짓이라고 몰아세우는 제가백가의
행태를 지적한 것이다. '진/위'가 아니라 '시/비'라고 표현
한 것은 모든 주의주장은 '참/거짓'이 아니라 '타당/부당'을
가리는 일일 뿐이라고 장자가 본다는 것을 뜻한다.

**이** — 이명(以明) 관념을 제기하고 있다. 이에 따르면 상대방이 주장하는 시와 비를 부정하고 싶다면 '이명'만한 것이 없다. 보다 정확하게 표현하자면 '이명'이란 상대의 시비를 직접적으로 부정한다기보다는 시비가 고정될 수 없음을 보여주는 것이다. 장자는 이어지는 글에서 '이명'에 대해 상세하게 설명한다. 「제물론」에 한정해서 말하자면 명(明)은 도를 터득한 사람의 내면에 갖춰진 빛[葆光]으로 비추는 것이다. 광(光)은 광원이고, '명'은 분명하게 드러낸다는 뜻이다.

**유** — "상대편이 '그름'으로 규정한 것을 자기는 옳음인 것으로 주장하고 상대편이 '옳음'으로 규정한 것을 자기는 그름인 것으로 주장하고자 하는 것은, 밝힘으로써 함만 못하다." '막약(莫若)'은 뒤에서 보이는 '불약(不若)'과 동의어로서 '~하는 것이 더 낫다.' 즉 '~하는 것만 못하다.'라는 의미이다. 따라서 '막약이명(莫若以明)'이란 '~하는 것은 밝힘으로써 함에 미치지 못한다'라는 뜻이다. '이명(以明)'은 「제물론」에서만 하나의 개념인 것처럼 3회 사용되었다. 여기의 "막약이명"과 "고왈막약이명(故曰莫若以明)", "차지위이명(此之謂以明)"이 그것이다. 여기의 '이(以)'자를 용(用)의 의미로 보면, '밝힘을 사용함'이라는 뜻이 된다. 「제물론」 전체에서 '명(明)'자는 긍정되기도 하고 부정되기도 하는 이중의 의미로 사용되었다. 소문·사광·혜시가 추구한 '명시(明示)'

에서의 '명'은 작위적인 것으로서 부정적인 의미이다. 이에 반해 '이명'은 자연적·본래적 상태를 관조하고 따르는 것으로서, 뒤에서 말하는 '조지어천(照之於天)'과 같은 뜻이다. 『장자』에서는 이렇게 하는 것을 '거울[鏡, 鑑]'을 비유로 들어 설명하기도 한다.[74] '이명'은 유가와 묵가가 성심에 기반하여 벌이고 있는 시비 다툼을 해소하는 방법이다. 즉 성심을 해체하여 작은 성취나 부화한 말에 얽매이지 않고, 본래의 도와 본연의 말을 구현하는 차원이 '이명'이다. 다음 단락에서부터 '이명'에 관한 긴 설명이 두 단계로 더 전개된다. 첫 단계는 다음 단락인 "物無非彼, ～ 故曰莫若以明"까지고, 두 번째 단계는 그다음으로 이어지는 "以指喩指之非, ～ 此之謂以明"까지이다. 성심을 갖게 되는 것은 내적인 주재자[眞宰 즉 道, 天, 神]가 존재한다는 것을 모른 채 외물에만 이끌리고 치대기 때문이다. 도를 체득한 관점에서는 만물의 변화 사태에 그대로 응대[應 즉 順·任·循·因]하므로 시비의 다툼이 일어나지 않는다.

정
—

시비의 한쪽에 서면, 그 입장에서 벗어나지 못한다. 그러나 시비로부터 자유로운 성인은 특정한 입장에서 주장되는 시비를 상황에 따라 그르다고 할 수 있고, 옳다고 할 수도 있다. 그런 앎, 성인의 앎을 장자는 종종 명(明)이라고 표현한다. 의식은 드러내는 작용과 지각하는 작용으로 나눌 수 있다. 뻐꾸기 소리를 들었다 할 때, 그 소리가 내 의식 속에 드러나는 것과 내가 그것을 뻐꾸기 소리로 지각하는 것은 다르다. 성인은 의식의 드러냄에 초점을 맞춘다. 지각이 있기는 하지만 뻐꾸기 소리인지 아닌지를 다투지 않는다. 지(知)와 대비적으로 쓰일 때 명은 드러내는 의식작용으로 성인의 앎이다. 성인은 비춰줄 뿐 말하지 않는다고 할 때의 의미가 이와 같다.

**박**

앞서 지적한 문제들을 해결하는 방법으로 '명(明)'을 제시하고 있다. '명'은 성심으로 대표되는 자기중심성을 극복하고 타자를 있는 그대로 바라보는 태도로서 무분별지(無分別智)를 뜻하는 불교의 '반야(般若, prajna)'에 비견된다. '명'의 구체적인 내용은 이어지는 단락에서 반복적으로 설명된다.

## 원의 중심에서

物無非彼, 物無非是. 自彼則不見, 自知則知之. 故曰彼出於是, 是
亦因彼. 彼是方生之說也. 雖然, 方生方死, 方死方生, 方可方不可,
方不可方可. 因是因非, 因非因是. 是以聖人不由, 而照之於天, 亦
因是也. 是亦彼也, 彼亦是也. 彼亦一是非, 此亦一是非. 果且有彼
是乎哉? 果且無彼是乎哉? 彼是莫得其偶, 謂之道樞. 樞始得其環
中, 以應無窮. 是亦一無窮, 非亦一無窮也. 故曰莫若以明.

사물은 저것 아닌 것이 없고, 이것 아닌 것이 없다. 저것에서 보면 보
이지 않고, 자기가 알고 있는 것에서 보면 알 수 있다. 그러므로 저것
은 이것에서 나오고, 이것 또한 저것에 근거한다고 한다. 저것과 이
것이 동시에 생긴다는 주장이다. 비록 그러하나 태어나자마자  죽
어가고 죽어가자마자 태어나며, 가하자마자 불가하고 불가하자마
자 가하다. 옳은 것에 근거함은 그른 것에 근거함이요, 그른 것에 근

거함은 옳은 것에 근거함이다. 그러므로 성인은 옳고 그름의 한쪽을 따르지 않고 자연에 비춰보니, 이것 또한 옳음에 근거함이다. 이것도 저것이요, 저것도 이것이다. 저것도 하나의 시비요, 이것도 하나의 시비다. 과연 저것과 이것이 있는 것인가? 과연 저것과 이것이 없는 것인가? 저것과 이것이 그 짝을 얻지 못한 것을 일러 도의 지도리[道樞]라고 한다. 지도리는 그 원의 중심을 얻어야 무궁하게 응할 수 있다. 옳음도 하나의 무궁함이요, 그름도 하나의 무궁함이다. 그러므로 밝음[明]으로써 하는 것만 한 게 없다고 한다.

**이** 주제어는 '도추(道樞)'이고, 주제문은 '고리의 중심을 터득하여, 그로써 무궁에 응대한다[得其環中, 以應無窮]'이다. 앞에서는 유가와 묵가가 시비를 논쟁하는 상황에 대한 해법으로 이명(以明)을 제시했다. 여기서부터 '이명'을 두 단계로 나누어 말하는데, 그 가운데 첫 번째 설명이다. 당시에 혜시는 '이것과 저것은 동시에 생긴다'는 피시방생설(彼是方生說)을 주장했다. 장자는 혜시의 주장을 인정하면서도 인식의 방식에 주목한다. 인식은 언제나 이쪽에서 저쪽으로만 이루어진다는 인식의 일방향성에 대한 통찰로부터 피(彼)와 차(此), 나아가 생(生)과 사(死), 가(可)와 불가(不可), 시(是)와 비(非) 등 대립하는 양항은 고정되어 있지 않음을 보여준다. 이 때문에 성인은 사물의 자연을 드러내며, 각기 옳다고 하는 것에 따른다. '이명'이란 상대하는 양항 구조가 소멸한 도의 지도리[道樞], 즉 고리의 중심에서 끝없이 시비에 대응하는 경지이다.

**유** 크게 두 분으로 구분된다. 앞은[物無非彼 ~ 因非因是] 유가·묵가·명가에 대한 비판이고, 뒤는[是以聖人不由 ~ 故曰莫若以明] 장자의 성인에 관한 것이다. 이야기가 '대지'와 '대언'은 어떻게 가능한가 하는 문제로 전환된다. 성인의 '이명' 관법에 관한 두 번째 설명이다. "성인불유(聖人不由), 이조지어천(而照之於天), 역인시야(亦因是也)", 그리고 "추시득

기환중(樞始得其環中), 이응무궁(以應無窮). 시역일무궁(是亦
一無窮), 비역일무궁야(非亦一無窮也.)'가 핵심이다. '조지어
천'하는 것이 곧 도추 관점이자 '이명'이다. 모든 이항 대립
관념(피시, 생사, 가불가, 시비 등)을 허용하고 포용하는 것,
즉 구분을 잊는 것을 '이명'이라고 부른다. 사물의 무궁한
변화의 실상을 제대로 관조하고 그에 자유자재로 응대하는
방법이다. 외물을 억지로 획일화하여 가지런하게 만드는
것이 아니라, 자기의 관점을 내적 차원으로 전환함으로써
외물의 제일성을 확보하는 것이다.

**정** 상반되는 이원항의 상호의존적 관계를 고유한 질서로 내포
하고 있는 언어의 분별하는 기능을 전제하고, 언어적 분별
로는 조화에 이를 수 없으므로 분별없이 비춰줌을 따라야
한다는 점을 말한 글이다. 언어적 질서의 특성, 언어적 시비
의 상대성, 언어적 시비의 한계, 언어적 시비와는 다른 접근
법인 도추(道樞)와 명(明)이 핵심주제 및 개념이다.

**박** 셋째 단락의 두 번째 문단이다. 담론을 구성하는 모든 판단
과 주장은 철저하게 자신의 성심에 기반한 패러다임 위에
서 타자와 대립항을 설정하는 방식으로 개진되는 것임을
지적하고, '명'은 이와 반대로 옳음과 그름의 대립 관계를
해소함으로써 자(自)/타(他)가 자신의 고유한 색깔로 있는
그대로 드러나게 하는 것임을 말하고 있다.

1    物無非彼, 物無非是.

**이**

유묵의 시비가 대립하는 상황에 이어지는 단락이다. 유가와 묵가는 각기 상대방의 주장을 부정한다. 상대방이 옳다고 하는 것을 그르다고 하고, 상대방이 그르다고 하는 것을 옳다고 한다. 당시의 문제 상황에 대해 장자는 피차에 대한 분석으로부터 출발한다. 피차에 대한 당시의 철학자들의 견해는 크게 두 가지로 나뉜다. 혜시로 대표되는 합동이(合同異)파와 공손룡이 대표주자인 이견백(離堅白)파가 그것이다. 혜시는 서로 상대하는 것들이 하나가 되는 지점을 모색했다면, 공손룡은 상대적인 것들이 각기 자신의 정체성을 유지할 때 조화로운 공동체가 성립한다고 보았다. 장자는 이곳과 다음 단락에서 혜시와 공손룡의 주장을 검토하고, 자신의 의견을 제시한다.

　사물은 저것이기도 하고 이것이기도 하다. 곽상에 따르면 사물은 모두 저것이다. 왜냐하면 상대를 저것이라고 하기 때문이다. 사물은 모두 이것이다. 왜냐하면 자기를 이것이라고 하기 때문이다. 그런데 자기를 이것이라고 하고 상대를 저것이라고 하는 것[自是相彼]은 장자의 주장인가? 결론부터 말하자면 곽상은 장자의 논의를 있는 그대로 따라가지 않는다. 자신의 문제의식에 사로잡혔기 때문에 곽상은 장자의 사유에 미치지 못한다. 장자는 '自彼則不見, 自知則知之'라고 말했다. 즉 '自我觀之'하기 때문에 사물은 '彼이면서 此'라고 말한 것이다. 설령 '자시상피'가 '자아관지'와 같은 의미라고 하더라도 장자는 '물무비시, 물무비피'로부터 '무피무시[無彼無是]'를 이끌어내지 않았다. '무피무시'는 곽상의 주장이다. 장자가 주장한 것은 '사물은 이것이면서 저것'이라는 점이다. 더욱이 장자는 '피시'가 있다고도 없다고도 말할 수 없다는 입장이다. 말하자면 장자는 '물무비시, 물무비피'로부터 '피시'가 고정되어 있지 않음을 주장한 것이니, 곽상의 '무피무시' 주장과는 다르다. 장자와 곽상의 두 번째 차이는 '자시상피'와 '자아관지'의 관계에 있다. '자시상피'는 '자아관지'인가? 아니다. '자시상피'는 '自彼則不見, 自知則知之'의 결과이다. '自彼則不見, 自知則知之'하기 때문에 '자시상피'하게 되는 것이다.

한 가지 짚고 넘어갈 것은 「제물론」에서 이것과 저것을 피차(彼此)라고 말하지 않고 피시(彼是)라고 표현한 점이다. '시'에는 두 가지 뜻이 있다. 하나는 '이것'이고, 다른 하나는 '옳다'이다. 「제물론」에서는 차(此)라는 표현 대신에 중층적 의미를 지닌 시(是)라는 글자를 의도적으로 사용하고 있는 듯하다. 피차가 상대하는 시비 논쟁의 상황에서는 자기 쪽을 옳다고 여기기 마련이라는 점을 부각하기 위해서였을 것이다.

장자는 앞에서 이미 사물을 대하는 데서의 성심의 문제점을 지적하고 그 대안으로 '이명(以明)'을 제시하였다. "사물은 저것 아닌 것이 없고, 이것 아닌 것이 없다."란, 사물 본연의 상태가 아니라 성심을 지닌 자들이 사물을 대하는 일차적인 자세를 뜻하는 말이다. 소성을 위해 영화로운 말을 꾸며내는 유가와 묵가의 분별적 견지에서는, "물이란 저것[彼 즉 객체, 저편]으로 규정되지 않는 게 없고 또한 이것[是 즉 此, 주체, 이편]으로 규정되지 않는 게 없다." 그래서 '저것'과 '이것'이 서로 짝이 되어 하나의 대립 쌍을 이루게 된다. 갖가지 감정이 외물과의 관계에서 일어나고 갈마드는 것이듯이, 인식적이고 지적인 측면에서의 피시(피차) · 생사 · 가불가 · 시비라는 것도 소성과 영화를 추구하는 데서 일으키는 관념적 구분에 말미암은 것이다. 물들을 '저것' · '이것'이라고 규정하는 것도 인간이 자기 이익에 맞추어 분별하여 부르기 때문에 그런 것이다. 이렇게 하는 것은 물들을 있는 그대로 대하는 '물위지이연(物謂之而然)'의 자세가 아니다.

그러면 '물(物)'이란 본래 무엇인가? "무릇 모양 · 형상 · 음성 · 색깔을 지닌 것은 모두 물이다. 같은 물인데 이들에게 무슨 거리(차별)가 있겠는가? 그 무엇이 다른 것보다 앞선다고 생각할 수 있겠는가? 그렇게 할 수 있다고 해도 그것은 단지 모양이나 색깔에 한정될 따름이다. 그러나 물의 조화(시작)에는 그 형태가 아직 나타나지 않은 상황, 그 변화가 아직 생겨나지 않고 멈추어 있는 상황이라는 단계가 있다. 만약 이런 경지를 터득하고자 궁구한 자라면, 외물이 어찌 그를 방해할 수 있겠는가! 이런 경지에 도달한 사람은 외물에 유혹되지 않고 자기의 분수에 몸을 두며, 시작도 없고 끝도 없는[無始無終] 자연의 기강(紀綱)에 깃들어, 만물의 근원에서 노닐고, 그 본성을 순일(純一)하게 하며, 그 본래의 기(氣)를 기르며, 그 본래의 덕(德)과 합치하여 만물을 낳아주는 조화의 작용과 통하게 된다. 이러한 자는 그 천성을 지키는 것이 온전하고, 그 신(神)에 이지러진 틈이 없으니, 외물이 어디로부터 그의 속으로 침입할 수 있겠는가!"[75]

모든 존재는 나와 상대로 나눌 수 있음을 설명한 글이다.

여기서의 '시(是)'는 '차(此)'로 보는 것이 합당하다. 이하에서도 마찬가지로, '비(非)'와 짝을 이루지 않고 '피(彼)'와 짝을 이루는 '시'는 '차'로 보아야 문맥이 더 순조롭다. 왕부지(王夫之)나 차오츄지 등이 일관되게 이 입장을 취한다.

무릇 사(事)/물(物)에 대한 판단이란 기준을 어떻게 설정하느냐에 따라 내용이 달라진다는 점을 말한다. 유개념(類概念, genus)의 성립과정을 생각하면 이 이치는 자명하다. 종차(種差, differentia specifica)를 어떤 기준으로 설정하느냐에 따라 만물은 다양한 유집단으로 나뉜다. 유인원(類人猿, anthropoid)을 기준으로 하면 인간과 개[犬]는 다른 유이지만, 포유류(哺乳類, Mammalia)를 기준으로 하면 같은 유이다. 앞에서는 개가 '저것[彼]'이지만, 뒤에서는 '이것[是(此)]'이 되는 것이다.

이 점에 착안하여 만물의 평등성을 논증한 것이 앞서 말한 혜시의 '역물십사'이다. 종차를 기준으로 나누어진 유집단은 그 외연과 내포의 상관 관계에 따라 다양한 포함 관계를 형성한다. 그러므로 이 과정을 통하여 형성된 수많은 유개념에 의하여 결정되는 만물의 같음과 다름은 작은 차원의 같음과 다름일 수밖에 없다. 왜냐하면 그 유개념들은 어디까지나 상대적인 관계에 있는 것에 지나지 않기 때문이다. 한편, '역물십사'의 첫 번째 명제에 나오는 '극대[至大]'와 '극소[至小]'의 경우처럼, 유개념 간의 포함 관계를 양 방향의 극단으로 소급시켜 나가게 되면 모든 것을 포함하되 자신은 그 어느 것에도 포함되지 않는 최대 외연의 유개념과 어느 것도 포함하지 못하면서 자신은 모든 것의 원소가 되는 최소 외연의 유개념을 논리적으로 상정할 수 있다. 여기서 전자의 기준을 적용하면 만물은 모두 하나의 동일한 유개념에 포함되지만, 후자의 기준을 적용하면 만물은 어떠한 유개념에도 함께 포함되지 않는 개별성의 극단에 서게 된다. 즉 앞의 경우라면 만물은 모두 같고, 뒤의 경우라면 만물은 모두 다르다. 이것이 "큰 범주에서의 같음과 작은 범주에서의 같음은 다르다. 이것을 작은 차원의 같음과 다름이라고 한다. 만물은 모두 같기도 하고 모두 다르기도 하다. 이것을 큰 차원의 같음과 다름이라고 한다[大同而與小同異, 此之謂小同異; 萬物畢同畢異, 此之謂大同異]"라고 하는 역물십사의 다섯 번째 명제가 의미하는 것이다. 장자철학,

특히 그 중에서도 「제물론」의 사유를 혜시의 사상을 염두에 두고 함께 비교하며 읽어야 한다는 점을 다시 한번 환기시켜 주는 대목이다.

## 2    自彼則不見, 自知則知之.

**이**

인식의 특성에 대해 말한 것이다. 장자의 통찰에 따르면 인식의 방향은 일방적이다. 우리의 앎은 언제나 이쪽으로부터 저쪽으로 이루어진다. 인식의 일방성에 대한 통찰은 시사하는 바가 매우 크다. 인식된 내용이 주관과 객관이 만나서 만들어낸, 편견 없는 정보라는 생각을 부정하게 만든다. 우리의 인식은 아무리 수동적으로 감각기관에만 의존한다고 해도 근원적으로 대상에 대한 객관적 앎을 얻어낼 수 없다. 대상에 대한 앎이 객관적이려면 대상 쪽에서 대상을 알아야 한다. 하지만 우리의 앎은 그런 방식으로 작용하지 않는다. 오히려 내 쪽에서 대상 쪽으로 작용하기 때문에 언제나 주관적일 수밖에 없다. 결국 우리는 우리가 아는 것만 안다. '자지즉지지' 구절이 뜻하는 바가 바로 이것이다.

**유**

앞의 '자(自)'는 '~로부터[從·由]'라는 의미이고, 뒤의 '자'는 '자기를'이라는 의미이다. 앞에서 살펴본 것처럼 소성을 추구하는 유가·묵가의 소견에서는 각자 '저것'이라는 편으로부터 하면 볼 수 없고, 자기[自 즉 是]를 알면 물들의 실정을 알 수 있다고 주장하게 된다. 즉 자기가 주관적으로 느끼고 아는 것만이 옳고 가한 것이라고 한다. 이러한 '자지(自知)'는 사실상 성심의 아(我)이다. 본연의 덕을 뜻하는 '자문(自聞)'·'자견(自見)'·'자득(自得)'·'자적(自適)'(「변무」)과 같은 것이 아니다.

정    분별이라는 언어의 특성에 의해 나와 상대로 나누고, 그런 분별을 절대시하면 상대의 입장을 이해할 수 없다는 의미의 글이다.

박    모든 판단은 자신의 관점에 기반을 두고 있음을 말하고 있다. 엄령봉(嚴靈峰)은 '자지(自知)'의 '지(知)'가 '시(是)'로 바뀌는 것이 문맥상 순조롭다는 입장을 취한다. 그렇게 되어야 '피'와 '시', '견(見)'과 '지(知)'로 단어들이 대(對)를 이루어 조리가 있게 된다는 주장인데, 참고할 만하다. 하지만 지금 번역처럼 앞의 '지(知)'를 의역하여 '자기가 알고 있는 것'으로 풀어도 의미는 통한다.

---

3    故曰彼出於是, 是亦因彼. 彼是方生之説也.

---

이    이쪽과 저쪽이 각기 자기로부터 상대를 인식한다면 저쪽은 이쪽에 의해 규정된 것이고, 이쪽도 저쪽으로부터 규정된 것이다. 저것이란 이것이란 것에서 발생하고, 이것이란 것도 저것이란 것에서 비롯하는 것이다. 이것이 바로 이것과 저것이 동시에 발생한다는 주장이다. '피시방생'은 혜시가 처음 제기한 주장이다.

유 　소성을 추구하는 유가 · 묵가의 '저것'과 '이것'이라는 소견
을 대상화하여 또 다른 자의 소견으로 볼 때, "저것이라는
관념은 이것이라는 관념에서 나온 것이고, 이것이라는 관
념 또한 저것이라는 관념에서 기인한 것"이라고 말하게 된
다. 이렇게 하여 저것과 이것이라는 관념은 '방생의 설[方
生之說]', 즉 저것과 이것은 서로 의존하여(인과적) 생겨나
는 것이라는 학설을 이루게 된다. 여기의 '출어(出於)' · '인
(因)' · '방생(方生)'은 모두 같은 뜻을 지닌 것이다. 이 문단
은 장자가 혜시의 설법을 차용하여 유가와 묵가의 상대적
진리관의 한계를 비판적으로 지적한 것이라고 할 수 있다.
「천하」에 혜시의 명제인 "해는 중천에 이르자마자 곧 기울
어가고, 사물은 생겨나자마자 곧 사멸해간다."[76]라는 것이
들어 있다.

정 　실재로 생각했던 분별이 사실 언어의 고유한 특성에 의한
것임을 밝힌 글이다. 언어적 질서에 따르면 저것과 이것은
상호의존적이다. 저것이 없으면 이것이 없고 이것이 없으
면 저것도 없다. 방생(方生)은 바로 이점 즉, 상반되는 이원
항의 상호의존성을 지적한 것이다.

박 　구조주의의 주장처럼, 인간의 사고방식은 모든 것을 이항
적 대립적 관계로 사유한다. '남자/여자', '밝음/어둠', '높
음/낮음'처럼 모든 개념은 자신과 반대되는 것을 존재의 필
요조건으로 삼는다. 마찬가지로 '이것[是]'과 '저것[彼]'도
서로를 필요로 하는 의존적 관계에 있다. 따라서 '이것'이

존재하기 시작하면 동시적으로 '저것'의 존재도 시작된다. 이것이 '방생지설(方生之說)'이다.

　'방(方)'은 '나란히, 동시적으로'라는 뜻이다. 『설문해자』에서는 "방은 배를 나란히 이은 것[倂船]이다. 배 두 척의 모양을 생략하여 뱃머리 부분을 묶은 모습을 본떴다."[77]라고 하였다. 마서륜도 이를 인용하여 "두 배를 나란히 함[兩舟相傍]을 말한다."라고 풀이하였다. 이를 참고하면, '방생'은 '나란히/동시적으로 생겨난다'는 의미임을 알 수 있다.

　'방생지설'은 「천하」편에 나오는 혜시의 역물십사의 네 번째 명제이기도 하다. 거기서는 "해는 중천에 이른 것이 곧 기우는 것이고, 사물은 생겨나는 것이 곧 소멸되어 가는 것이다[日方中方睨, 物方生方死]"라고 기술되어 있다.

4　雖然, 方生方死, 方死方生, 方可方不可, 方不可方可. 因是因非, 因非因是. 是以聖人不由, 而照之於天, 亦因是也.

이
─

　앞의 '彼是方生之說也' 구절을 이곳으로 옮겨놓고 '彼是方生之說也, 雖然' 구절을 묶어서 보면 '수피시방생(雖彼是方生)'이라고 말한 것과 같다. '이것과 저것은 같이 생기지만'이란 뜻이다. 이로부터 다음에 이어지는 생사(生死), 가불가(可不可) 및 시비(是非)에 관한 언급이 혜시의 '피와 차는 동시에 생긴다는 주장[彼是方生之說]'에 대한 비판임을 쉽게 짐작할 수 있다. 이것과 저것은 서로에 의존하면서 동시에 발생한다. 이로부터 혜시는 사물은 태어나자마자 죽어간다고 주장하였다. 그는 태어남과 죽음이라는 상반되는 양항이 접점을 갖는다는 메시지를 전하려고 하였다. 혜시의 '피시방생설'에 대해 장자는 삶과 죽음이란 별개의 것이 아니라 삶이 곧 죽음이라고 반박하고 있다. 이것과 저것이 동시에 생긴다고 하더라도 이것과 저것이 각기 고유한 자기 정체성을 지닌 독립적인 것은 아니라는 말이다. 저것 때문에 이것이 존재하고 이것으로부터 저것이 성립한다면 저것과 이것은 고정된 자기 정체성을 지닐 수 없다. 이러한 논리를 밀고 나아가서 우선 얻어낸 결과가 바로 가와 불가의 관계이다. 사물이나 사태에 대해 가하다고 하는 판단과 불가하다는 판단은 고정불변의 것일 수 없게 되는 것이다. 가하다고 하자마자 불가하고, 불가하다고 하자마자 가하게 된다.

피시방생설에 대한 비판과 논리는 결국 시비 문제의 해법으로 귀결된다. 가와 불가가 고정되어 있지 않은 것처럼 시와 비도 서로에게서 기인한다. 시에 따르는 것은 비에 따르는 것이고, 그 반대도 마찬가지다. 사정이 이렇기 때문에 성인은 시비가 상대적인 구도에서 움직이지 않는다. 대신에 그는 천연에 따라 판정한다. 여기서 '천'은 천연(天然)이니, 곧 자연을 뜻한다. 사물의 저절로 그러한 성향에 따라 판단한다는 것이다. '조지어천'이란 앞에서 제시한 '자피즉불견, 자지즉지지'와 상반되는 인식 방식이다. 사물 자체에서 사물을 보는 경지이다. 그런데 이러한 인식이라고 해서 시비의 지평을 초월한 것이 아니다. '또한[亦]'이라는 표현에 주목하면, '역인시야(亦因是也)'의 '인시'는 '인시인비, 인비인시(因是因非, 因非因是)'의 '인시'와 다르면서도 같다. '조지어천'은 사물 자체에서 사물을 본다는 점에서 피시방생의 구도에서 작동하는 '인시'와 다르다. 그렇지만 사물의 '시'를 긍정하는 것 또한 '비'에 상대하는 '시'로 표현될 수밖에 없다. '역인시야'의 '인시'는 사물 자체에서 긍정한다는 점에서 절대적이고, 상대적인 '시'로 표현된다는 점에서 상대적이다. 성인의 '시'는 절대적이면서 상대적이다. 성인의 '인시'는 시비의 지평 안에서 대상을 대상쪽에서 인식하는 방식이다. '또한 옳다고 하는 것에 따르는 것이다[亦因是也]'라는 표현이 의미하는 바가 바로 이것이다. 여기서 '옳다고 하는 것[是]'이란 대상 쪽에서 옳다고 하는 것이란 뜻이다. '인시'는 '자피즉불견, 자지즉지지' 또는 '자아관지'로부터 벗어난 인식 방식이다. 따라서 '인식시'가 가능하기 위해서는 자아의 소멸이 그에 앞서 이루어져야 한다. '인시'는 「제물론」의 초입에서 말한 '상아(喪我)'의 경지에서 성립하는 인식 방식이다. 장자가 말하는 '인시'는 시비의 구도 안에서 작동하면서도 시비의 상대성에 갇히지 않는 방식이다. 이 점이 '인시'의 방식이 갖는 강점이다. 장자는 '인시'의 특성에 대해 뒤에서 차근차근 설명한다.

'수연(雖然)'은 맥락상 '단지 이에 그치지 않음'이라는 뜻으로 읽힐 수 있다. 앞문단에서 말한 '방생의 설'이 취하는 사유법에 따르면, '저것'·'이것'만이 다가 아니다. "태어남에 아울러 죽음이 있고, 죽음에 아울러 태어남이 있는 것이다. 가함에 아울러 불가함이 있고, 불가함에 아울러 가함이 있는 것이다. 나아가 옳음에 기인하여 그름이 있고, 그름에 기인하여 옳음이 있는 것이다." 이들은 모두 외물로서 상대상인(相待相因)하는 것이다. 그런데 소성을 추구하는 자들은 주종·귀천의 차별을 공고히 하려고 들기 때문에, 이런 관계를 결코 평등으로서 용인하지 못한다. 그들은 시비 쟁론으로 이어가고, 저런 관계를 서로를 얽어매는[累] 인과적 구속과 의무 부과의 지배적 기제로 악용한다. 그래서 '방생의 설'은 작위적 인과성을 위장한 것으로서 도리어 갈등의 온상이 된다. "이런 까닭에 성인은 외적인 상대적 대립이나 작위적 인과성에 의지하지 않고[不由], 내적인 '천[自然, 本然]'의 차원에서 사물을 관조한다[照之於天]" 성인의 이런 도적 관점은 '절대적인 시에 따름[亦因是]'이다. 성인은 관념적인 시비의 대립에 의지하지 않으며, 세속의 손익이라는 가치 위계를 넘어선 '도통위일(道通爲一)'의 견지에 선다. 이것을 실질적으로 행하는 것이 '조지어천(照之於天)'이다. '조지어천'은 외적인 것에 의지하거나 외부에서 획득하는 게 아니라, 내적인 어떤 본연의 차원에서 외적인 본연의 사물을 관조하는 것을 뜻한다.[78] 「양생주」의 포정해우 우언으로 보면, 이는 외물을 대하는 데서 '의호천리(依乎天理)'

· '인기고연(因其固然)'하는 내적 주체로서의 신(神 즉 '以神遇', '神欲行')의 기능이다. '역인시(亦因是)'의 '인'은 순임(順任) 또는 순명(順命)의 의미이며, '시'는 '피시 · 생사 · 가불가 · 연불연 · 시비' 등을 모두 넘어서는 것, 즉 인시인비(因是因非)를 초월한다는 뜻으로서의 시비양망(是非兩忘)의 의미이다. 이런 관조 기능을 실질적으로 발휘하는 게 내적인 신(神)이다. 곧 신조(神照)라고도 할 수 있다. 그래서 "지인신의(至人神矣)"라고 말한다. 이 문단에서의 '성인'은 지인의 경지를 포함한다. 뒤에서는 '역인시야(亦因是也)' · '인시이(因是已)'라는 표현도 등장하는데, 이들에서의 '시'는 문맥에 따라 그 내용을 달리하는 것이다.

정
상반되는 이원항의 상호의존적 관계라는 언어의 본질적 특성을 구체적 사례를 들어 예거한 후, 성인은 언어의 이러한 특성에 매이지 않고 단순히 비춰본다는 뜻의 글이다. 언어적 세계의 상대성 때문에 옳음에 근거하는 것은 곧 그름에 근거하는 것이 되고, 그름에 근거하는 것은 옳음에 근거하는 것이 된다. 당연히 성인은 이런 상대적인 언어적 진리를 따르지 않고, 되어가는 형세에 맡겨둔다. 자연 즉, 천(天)에 비춰봄은 이것을 의미한다. 그러나 이것도 하나의 선택이다. 즉, 옳음에 따름이다. 인시(因是)에서 시(是)의 함의는 옳음이다. 성인은 언어적 옳음을 추구하지 않지만, 사태에 따라 하나의 길이 결정되므로 외관상 옳음을 선택하는 것처럼 보인다는 뜻이다.

**박**
—

이 구절은 직접적으로 혜시의 방생지설에 대한 대한 비판
이다. 앞서의 역물십사 네 번째 명제는 하나의 사태에 대
해 상반되는 시각이 성립함을 보임으로써 사물을 판단하는
통일적인 기준은 성립할 수 없다는 점을 논증한 것이다. 혜
시는 이 같은 상대주의적 시각을 바탕으로 열 번째 명제인
"만물을 널리 사랑하다. 천지는 한몸이다[氾愛萬物, 天地一
體也]"라는 규범적 주장을 내놓는다. 모든 것은 상대적이고,
따라서 어느 것도 중심이 될 수 없으므로 만물은 평등하다
는 논리이다. 이를테면, 만물을 구분짓는 공통의 기준은 성
립할 수 없다는 점을 논증한 후 그 입장을 만물의 평등성에
대한 하나의 규범적 주장으로 절대화시키고 있는 셈이다.

그러나 혜시 자신의 '방생지설'의 논리에서 보았을 때, 이
주장 또한 이에 상반되는 주장의 성립을 논리적으로 허용
한다. 만물을 비교하는 절대적 기준을 확보하는 것은 불가
능하다는 사실을 통해 똑같이 만물의 평등성을 주장함에도
불구하고 장자가 혜시와 갈라서는 것은 바로 이 지점이다.
이것이 '비록 그러하지만[雖然]'이라는 양보구문으로 이 구
절이 시작되는 까닭이다. 혜시의 주장은 일견 그럴 듯해 보
이지만 동시적으로 상반되는 주장을 '논리적으로' 허용함
으로써 끝없는 평행선만 달릴 뿐이라는 문제제기이다. 바
로 이어지는 내용은 그 예시들이다.[79]

그러면 어떻게 해야 할까? "성인은 옳고 그름의 한쪽을
따르지 않고 자연에 비춰보니, 이것 또한 옳음에 근거함이

다"라고 하는 말이 이에 대한 대답이다. '자연에 비춘다'는 것은 모든 것을 있는 그대로의 모습으로 드러나게 한다는 뜻이다. 여기서 '자연'은 '스스로 그러함'의 의미이다. 성인은 자신의 특정한 주관에 따르지 않고 만물이 스스로 그러한 모습으로 드러나는 질서에 입각하여 세상을 바라본다는 말이다. '비추다[照]'는 "백일하(白日下)에 드러나다"라는 관용어처럼, 정오의 태양 아래 모든 것이 그림자 없이 있는 그대로 모습을 드러내는 것을 상징하는 표현이다.

이 구절에서 하나 더 눈여겨 보아야 하는 부분은 마지막에 나오는 '역인시야(亦因是也.)'이다. 이에 대해서는 이것을 '인시'라는 독립적인 개념어로 보는 견해와 '이 때문이다'는 뜻의 서술어로 보는 견해 그리고 '인'만을 개념어로 보는 세 가지 해석 유형이 있다. 첫째 입장은 '인시'를 상대적인 시/비를 포괄하면서 넘어서는 절대적 차원의 긍정으로 보는 것이다. "천하 사람들이 말하는 옳고 그름을 따를 뿐이지, 스스로는 옳고 그름이 없다"[80]라고 풀이한 곽상의 주석이 이에 해당한다. 둘째 입장은 '시(是)'를 '차(此)'로 보고 '인시'를 "이 때문이다"라고 해석하는 것으로, 왕선겸(王先謙)이 대표적이다.[81] 이 견해를 취하면 마지막 구절은 "성인은 옳고 그름의 한쪽을 따르지 않고 자연에 비춰보니, 이 때문이다."라는 뜻이 되어 뉘앙스가 조금 바뀐다. 마지막 셋째 입장은 초횡(焦竑)의 경우인데, '시'를 '인'과 붙여 읽지 않고 '야(也)'와 붙여서 '시이(是已)'와 같은 종결형 어미로 본다.

이것은 '따르다/말미암다/의거하다'는 의미를 지니는 '인'을 자연질서에 순응하는 것을 최고의 가치로 보는 도가의 '순자연(順自然)' 사상이 압축된 단어로 이해하고, 이를 독립적인 개념어로 보는 시각이다. 이 입장은 '인'에 대해 "자신의 주관을 버리고 타자를 기준으로 삼는 것[捨己而以物爲法]"[82]이라고 풀이한 『관자(管子)』의 정의를 떠올리면 그 취지가 명확해진다.

앞뒤 문맥과 「제물론」 전체의 논지를 고려할 때, 이들 가운데 '인시'를 상대적인 차원을 넘어서는 절대적 차원의 긍정으로 보는 곽상의 시각이 가장 낫다. '절대적 긍정'(안동림), '절대적 시(是)'(안병주 · 전호근) 등으로 대부분의 번역서도 이 견해를 따른다. 여기서 말하는 '절대'는 맞서는 것이 하나도 없는 독존(獨尊)의 의미가 아니라 사물 하나하나의 고유성을 다른 것과의 비교적 관점이 아니라 그 자체로서 바라보며 긍정한다는 뜻이다. 이것을 이효걸은 '(대립항을 설정하는) 개념적 사고 없이 사물을 관조하는 태도'라고 설명한다. 곧 앞서 말한, 그림자 하나없이 백일하에 비춰지도록 하는 태도이다.

물론, 그렇더라도 장자가 말하는 '인시' 또한 어쨌든 '하나의 입장'이 아니냐는 반론에 부딪힐 여지는 여전히 남아 있다. 이것은 「제물론」의 논지를 이해하는 데 대단히 중요한 부분으로, 장자 역시 뒤에서 이에 대해 적극적으로 대답한다. 이는 해당 부분에서 다시 언급하기로 한다.(원문10 단락)

**5**  是亦彼也, 彼亦是也. 彼亦一是非, 此亦一是非.

**이**

바로 뒤에 나오는 '피와 시가 있는가 없는가' 구절을 보면 여기서는 이것과 저것을 구별할 수 없음을 말했다. 피차를 구별할 수 없다면 어떤 상황이 벌어지는가? '彼亦一是非, 此亦一是非'에 대해 곽상은 피에도 시비가 있고, 차에도 시비가 있다고 설명한다. 그러나 장자 원문은 그런 뜻이 아니다. '彼亦一是非, 此亦一是非' 구절을 '저것에도 하나의 시비가 있고, 이것에도 하나의 시비가 있다'고 읽는 것은 원문에는 없는 '있다[有]'는 말을 더해서 읽은 것이니 장자의 말과는 다르다. 게다가 피차에 각기 시비가 있다는 명제로부터 뒤에 나오는 '그렇다면 과연 피차가 있는가? 과연 피차가 없는가?'라는 물음이 나올 수 없다는 문제점이 있다. 피차에 각기 시비가 있다는 점으로부터 곧바로 피차의 존재에 의문을 가질 수는 없기 때문이다. 피차에 각기 시비가 있더라도 얼마든지 피와 차는 구분될 수 있다. 이 두 구절은 '피도 하나의 시비이고, 시도 하나의 시비이다'로 읽어야 한다. 저것은 시이기도 하고 비이기도 하며, 이것도 시이기도 하고 비이기도 하다는 말이다. 피는 자기 쪽에서 보면 시이고 상대 쪽에서 보면 비이며, 차도 자기 쪽에서 보면 시이고 상대 쪽에서 보면 비이기 때문이다. '彼亦一是非, 此亦一是非'는 '이것도 저것이고 저것도 이것'이라는 명제의 근거이지, 결과가 아니다.

유 혜시적인 '방생의 설'이 장자의 '조지어천' 관점으로 전환
되고 있다. 위와 같은 차원[照之於天, 亦因是]으로 들어서면,
'이것'은 곧[亦: 동시에] '저것'이고 '저것'은 곧 '이것'으로 보
인다. 즉 '저것'은 곧 옳고 그름을 하나로서 품은 것이고, '이
것'도 곧 옳고 그름을 하나로서 품은 것이다. 자생자화하는
만물 변화의 일면을 고착화하지 않고, 그 변화의 전체를 통
관하는 까닭에 '저것을 포괄하는 이것'이 되고 '이것을 포괄
하는 저것'이 된다. 다시 말해 '저것'은 곧 하나의 옳고 그름
을 포함한 것이고, '이것'도 곧 하나의 옳고 그름을 포함한
것이다. 하나인 무궁한 변화라는 실상 자체를 허정심(虛靜
心)에서 발휘되는 신(神)으로 대하면 옳기만 한 것도 없고
그르기만 한 것도 없다. 이와 더불어 종시(終始)라는 시간
관념도 사라지고, 그리하여 외적 인과성도 부정된다. 상대
라고 하는 것들이 그 자체로 고정된 게 아니라, 무한한 순환
변화의 실제에 놓일 때 그것은 '단 하나의 절대'가 된다.

정 언어의 분별에 의해서는 진리에 도달할 수 없다는 의미의
글이다. 이것과 저것은 상대적이다. 상대적이라는 것은 저
것도 하나의 시비의 입장에 서 있고, 이것도 하나의 시비의
입장에 토대하고 있음을 의미한다.

박 '이것'과 '저것'의 구분 혹은 경계는 절대적이지 않다. 따
라서 만물에 대해 '이것'은 옳고[是] '저것'은 그르다[非]
라고 하는, 제로섬 게임(zero-sum game) 식의 판단은 성
립하지 않는다. '이것'과 '저것'은 마치 에셔(M.C. Escher,

1898~1972)의 작품 〈손을 그리는 손(Drawing Hands)〉처럼 서로 맞물려 있기 때문에 '이것'은 '이것'대로, '저것'은 '저것'대로 '시(是)'와 '비(非)'의 측면을 그 안에 함축하고 있다.

## 6    果且有彼是乎哉? 果且無彼是乎哉?

**이**

이것과 저것이 구분되지 않는다면 피와 차가 있다고 말할 수도 없고 없다고 말할 수 없다. 장자는 피차를 구별할 수 없음으로부터 피차의 고정성을 부정하고 있다. 다만 그의 표현 방식에 주목할 필요가 있다. 장자는 긍정과 부정의 문장을 대구로 나열하고 있다. 이것은 장자 특유의 말하기 방식 가운데 하나이다. 장자에는 이러한 표현이 자주 등장한다. 이 대목 외에 「제물론」에 나오는 대표적인 경우로 다음과 같은 사례가 있다. "과연 말한 것이 있는가? 말한 것이 아직 있지 않은가? 그것이 새 새끼 소리와 다르다면 또한 논변한 것이 있는가? 논변한 것이 없는가?(果有言邪? 其未嘗有言邪? 其以爲異於鷇音, 亦有辯乎, 其無辯乎?)", "과연 이루어짐과 이지러짐이 있는가? 과연 이루어짐과 이지러짐이 없는가?(果且有成與虧乎哉? 果且無成與虧乎哉?)" 송정애에 따르면 "이런 표현은 말하는 의미를 하나로 확정하거나 규정짓지 않으려는 의도에서 비롯된다. 단정적인 표현은 언어의 규정성을 더 강하게 하며, 사고를 고정시켜, 독자의 자유로운 사유를 방해한다. 장자는 언어의 규정성을 피하기 위해 부정의 언어를 구사했던 것이다."[83] 여기서 우리는 언어 사용에 대한 장자의 문제의식을 짐작할 수 있다. 장자는 말의 한계를 분명하게 제시했으면서도 말을 버릴 수 없음을 알고, 언어를 사용할 방법을 모색해야 했다. 그가 찾은 해법 가운데 한 가지가 바로 긍정과 부정의 대구 방식이었다.

**유** — 이 문단은 앞에서 본 '과유언야, 기미상유언야'와 같은 논법을 구사한 것이다. "과연 '저것'과 '이것'이라고 하는 게 확정적으로 구별됨이 있는 것일까? 과연 '저것'과 '이것'이라고 하는 게 확정적으로 구별됨이 없는 것일까?" 확정적인 구별이란 없다. 옳음과 그름의 구별이 사라지기 때문에 '저것'과 '이것'이라고 하는 구별도 사라진다.

**정** — 이것과 저것이 관점에 따라 또는 위치에 따라 규정된다면, 정말로 이것과 저것이라는 본질적 차이가 있을 수 있는지 묻는 질문이다.

**박** — '이것'과 '저것'이 절대적인 구분되는 관계가 아니라면 어느 것이 '이것'이고 어느 것이 '저것'인지 확정하는 것은 불가능하다.

---

**7**   彼是莫得其偶, 謂之道樞. 樞始得其環中, 以應無窮.

**이** — 이것과 저것이 그의 짝을 잃어버린다는 것은 피에게 차가 없고 차에게 피가 없다는 말이다. 피와 차가 상대하는 구조가 붕괴된다는 것이다. 양항이 상대하는 구조는 도의 지도리(道樞)에서 소멸한다. 지도리는 원운동을 하는 중심에 자리하는 것이니 그로써 끝없이 반응할 수 있다. 장자는 '도추'로써 피차 상대 구조의 붕괴 가능성을 제시했다. 뿐만 아니라 '도추'는 시비 상황에 대응하는 해법이기도 하다. 여기서 말하는 도는 뒤에서 설명하듯이 하나[一]로서, 이미 통용되고 있는데도 그런 줄 모르는 것[已而不知其然]이다.

이제까지의 논의를 '도추(道樞)'와 '환중(環中)'이라는 비유를 통해 확실하게 정리하는 내용이다. 특히 바로 앞에서 '조지어천, 역인시야'라고 한 것을 설명하는 문단이다. "'저것'과 '이것'이라고 하는 것이 짝(대립하는 하나의 쌍, 상호 의지, 인과성)을 이룰 수 없는 것을 '도추'라고 부른다. 도추는 애초부터 고리의 중심인 환중에 위치하여 만물의 무궁한 변화에 장애 없이 응한다." '저것'이라는 것은 곧 옳음이자 그름(다른 옳음)인 것이 되고, '이것'이라는 것도 곧 옳음이자 그름(다른 옳음)인 것으로 된다. '환(環)'은 변화하는 물들의 총체를 거대한 고리에 비유한 것이며, '도추'는 고요히 변화하지 않는 도적 관점[以道觀之]을 비유한 것이다. 도적 관점으로 관조하는 것을 '조지어천'·'이명'이라고도 한다. 말하자면 '이명'이란 변화하는 만물들의 거대한 고리의 한 가운데에 위치하는 도추 관점을 뜻한다. 이런 관점에 서면 서로 반대·대립하는 것이라고 보아 비난하고 갈등하는 것들이 모두 허용되고 심지어 조화될 수 있다. 이런 경지에 들면 '외화이내불화(外化而內不化)'한다. 만물들이 끊임없이 변화하는 존재라는 점을 인정하는 한에서 '만물일야(萬物一也)', '만물일부(萬物一府)'라고 말하는 것이며, 따라서 물들의 상태를 모두 허용하고 포용할 수 있다. 물들이 변화하는 총체로서의 거대한 고리는 천예(天倪)를 바탕으로 하는 천균(天鈞)이다. "태어남에는 싹트고 움 돋는 바가 있으며, 죽음에는 돌아가는 바가 있다. 시작과 끝은 서로에게로 끊임없이 돌아가니, 이런 활동이 끝나는 바를 알 수 없다. 이런 게 아니라면 무엇이 근원[宗]일 수 있겠는가?"[84] "만물은 모두 기미[機]에서 나오고, 모두 기미로 들어간다."[85] 이들 예문은, 만물의 실상이란 생사 · 종시의 무궁한 순환왕복 활동을 하는 변화의 과정이라는 점을 뜻한다. 이것이 하나의 거대한 유형(有形)의 고리이다. 이 고리의 한 가운데는 무형의 허(虛)이다. 그 허에 위치하는 무형의 도추는 외물에 대해 편파적이거나 편애함이 없다. 하나의 거대한 고리의 가운데에 위치하면서 고리의 전체를 관통하려면 허정심을 유지해야 한다. 그 허정심에서 발현하는 신(神)은 어느 것도 버리지 않고 모든 것이 제 기능을 발휘하면서 하나로 연결되도록 한다. 아날로그 시계가 고리 · 도추 · 환중의 관계를 유사하게 보여주는 것이라고 한다면, 룰렛은 성심을 지닌 자들이 소성 · 영화를 목적으로 하는 시비 다툼을 벌이는 현장의 모습을 상징하는 것이라고 할 수 있겠다.

정 언어의 기본적 속성인 상호의존성을 말하고, 그런 상호의존성을 벗어나 자신의 입장이 없이 모든 변화에 응하는 경지를 서술한 글이다. 그 짝을 얻지 못한다는 것은 상대적 진리가 아님을 이르는 말이다. 도의 지도리[道樞]는 상대적 진리를 추구하는 진영의 어느 쪽에도 속하지 않음으로써 상황에 가장 적합한 길을 얻을 수 있다. 다양한 상황에 모두 응할 수 있으므로 무궁하다고 했다.

박

'이것'과 '저것'이 서로 대립적 관계에 있지 않게 되는 상태를 '도의 지도리[樞]'로 비유하고 있다. '추(樞)'는 우리말로 보통 '지도리'라고 번역하는데, 정확하게는 지도리의 한 유형인 '돌쩌귀', 그 중에서도 '수톨쩌귀'가 여기서의 의미에 더 가깝다. 한옥 대문의 생김새에서 보듯이, 돌쩌귀는 문설주에 다는 암톨쩌귀와 문짝에 다는 수톨쩌귀 한 쌍으로 이루어져 있다. 이 중 수톨쩌귀의 뾰죽한 끝부분을 암톨쩌귀 구멍에 꽂아넣으면 이것을 축으로 문이 회전하며 여닫힌다 "원의 중심을 얻어 무궁하게 응해나간다"는 것은 이에 대한 비유이다. '환중(環中)'은 암톨쩌귀의 가운데를 뚫려 있는 구멍의 중심을 가리킨다.(돌쩌귀를 사용하지 않고 상하의 문틀에 구멍을 파고 거기에 문짝의 위아래 장부를 직접 끼워넣어 문을 회전시키는 방식에서는 문틀에 파인 구멍의 중심이 여기에 해당한다.) '추'가 여기에 자리를 잡으면 특정한 방향으로 고정되지 않고 어느 방향으로는 회전이 가능해 원주(圓周) 위의 모든 지점에 자유롭게 대응할 수 있는 것이다.

한편, 차오츄지는 「우언(寓言)」에 나오는 "만물은 모두 고유한 속성을 지닌 종(種)이어서 동일하지 않은 모습으로 이어져가니, 처음과 끝이 마치 고리[環]와 같아서 그 순서(이치)를 알 수 없다."[86]라는 구절을 예로 들면서 '환중'을 원의 중심이 아니라 원주 자체로 보아야 한다고 주장한다. 그러나 장자의 관심은 성심 자체를 부정하는 데 있는 것이 아니라(앞에서 성심은 어리석은 사람이나 성인 모두 지니고 있다고 한 데에서 보듯이, 성심 자체가 없는 삶은 가능하지 않다.) 타자와 대립하지 않는 열려 있는 성심을 추구하는 데 있으므로 위치 자체가 무화되는 원주보다는 원의 중심으로 보는 것이 더 낫다. 아울러 '추시득기환중(樞始得其環中)'의 '추'에 대해서도 바로 앞에 있는 '도추'의 '추'가 불필요하게 되풀이된 것이라고 보는데, 강조를 위한 반복으로 보아도 무방하다.

8 | 是亦一無窮, 非亦一無窮也. 故曰莫若以明.

이 | '도추'는 고리의 중심에 자리한 것처럼 시비에 대응한다. 이 것은 시비를 초월하는 것이 아니라 여전히 시비의 지평에서 작동한다. 앞에서 제시된 표현에 따르자면 피차 가운데 한쪽을 잡고서 작동하는 것이 아니라[不由], 피차의 고정성이 사라지는 지점[環中]에서 시비에 대응하는 것이니, 또한 옳다고 하는 것에 따르는 방식[因是]이다. 이 경우에 옳다는 것도 그르다는 것도 각기 무궁하다. 장자는 '이명'이 바로 이에 해당한다고 말한다. 앞에서 나온 표현으로 말하자면 '이명'은 '사물의 저절로 그러함을 드러내는 것'[照之於天]이다.

'이명'의 관건은 중(中)을 터득하는 데 있다. 친절하게도 장자는 뒤에서 통(通)에 대해 말하면서 이 주제를 설명한다.

유
—

도추가 애초부터 환중을 얻어 만물에 무궁하게 응대하는 차원의 세계에서는 "옳음이라고 하는 것도 '하나인 무궁한 변화 흐름' 속에 있는 것이고, 그름이라고 하는 것도 '하나인 무궁한 변화 흐름' 속에 있는 것이다." 하나인 무궁한 변화 흐름이라는 실상 자체를 그대로 관조하면 옳음으로 고정된 것도 없고 그름으로 고정된 것도 없다. 도추 관점에 서면 주변의 고리인 만물의 변화상 전체는 무수하게 다양한 변화의 양상으로서 하나의 거대한 평등이다. 인과적인 상호 구속이 없다. 그래서 도추는 주변의 그 어떤 것도 배척하지 않고 모두 포용한다. 이런 속에서는 변화의 양상 전체를 '옳음'이라고 해도 무방하고 '그름(또 다른 옳음들)'이라고 해도 무방하다. 따라서 구획하고 고정화한 속에서의 옳고 그름의 대립이라는 것이 사라진다. 전체를 통관(通觀)하는 '밝힘으로써 함[以明]'이라는 차원의 관조를 다르게 표현한 것이 '추시득기환중(樞始得其環中), 이응무궁(以應無窮)'과 '조지어천(照之於天)', 그리고 "지인지용심약경(至人之用心若鏡)"(「응제왕」)이라고 정리할 수 있다. 이런 차원을 구현하는 인간의 앎과 말이 '대지'이고 '대언'이다.

정
—

성인의 시비가 일반인의 시비와 다름을 말하고 그것이 명의 경지에서 이뤄짐을 밝힌 글이다. 성인이 추구하는 옳음은 상대적 옳음이 아니므로 끝이 없고, 그름도 끝이 없다.

그것은 일상적인 시비가 아니다. 단순히 시비는 기술자의 기술처럼 문제해결을 위한 수단으로 사용될 뿐이다. 이것은 언어적인 상대적 진리를 추구하는 작은 앎이 아니다. 이런 앎을 장자는 명이라고 했다.

**박**

성심에서 비롯된 시/비 논쟁을 넘어서는 실천적 태도인 '명'의 의미에 대한 첫 번째 설명이다. 이에 의하며, '명'은 '도의 지도리'로 비유되는 경지에 서서 타자에 대해 대립적 관계를 형성하지 않음으로써 '시(是)'는 '시'대로, '비(非)'는 '비'대로 무궁하게 뻗어 나가게 두는 태도이다.

## 손가락과 말[馬]

以指喻指之非指, 不若以非指喻指之非指也. 以馬喻馬之非馬, 不
若以非馬喻馬之非馬也. 天地一指也, 萬物一馬也.

손가락을 가지고 손가락이 손가락 아님을 밝히는 것은 손가락이 아
닌 것을 가지고 손가락이 손가락 아님을 밝히는 것만 못하다. 말을
가지고 말이 말 아님을 밝히는 것은 말이 아닌 것을 가지고 말이 말
아님을 밝히는 것만 못하다. 천지는 하나의 손가락이며 만물은 하나
의 말이다.

**이**

주제어는 '손가락질과 말[指·馬]'이고 주제문은 '천지도 하나의 손가락질이고, 만물도 하나의 말이다[天地一指也, 萬物一馬也]'이다. 혜시의 피시방생설에 대한 비판으로부터 인시(因是)를 이끌어낸 것과 마찬가지로, 공손룡의 지물론(指物論)을 비판하고 '인시'를 주장한다. 지칭[指]으로 지칭은 지칭되지 않음을 밝히느니 지칭되지 않는 것으로 지칭은 지칭되지 않음을 밝혀야 한다는 것이 장자의 주장이다. 지칭에만 붙들려 있으면 천지도 지칭의 영역을 벗어날 수 없고 만물도 개념의 범위 안에 갇히기 때문이다.

**유**

형체를 지닌 물들이 나타내는 하나의 특성을 고정화하여 집착해서는 안 된다. '천지'·'만물'이라는 관념상의 구분을 넘어서 도추인 '일[一]'의 세계로 들어서야 한다. 즉 '천지'라는 형체[形之大]와 '만물'이라는 수[數之多]에 집착하는 소견을 버려야 한다. 여기서는 유가와 묵가 간의 시비 다툼과는 또 다른 명가의 논변을 비판하고 넘어서는 관점의 전환을 암시하고 있다. 명가는 사물들 간의 차이성, 실제와 관념 간의 차별성을 극도로 확대하였다. 공손룡의 '견백론(堅白論)'은 피와 차의 일체성을 깨뜨린다. 사람들은 왜 다른 사람의 '손가락을 손가락이 아닌 것'이라고 주장하며, 다른 사람의 '말[馬]을 말이 아닌 것'이라고 강변하게 되는 것일까? 이에 반해 장자가 '천지는 하나의 손가락이고, 만물은 한 필의 말이다'라고 말하는 이유는 무엇인가? '천지'와 '만물'은 각각 무엇을 뜻하며, 또 이들은 어떤 관계에 있는 것인가? 바로 앞에서 제시한 '도추'와의 관계를 고려하여 이해할 필요가 있다. 요컨대 현상적인 천지이든 만물이든 모두가 유형이고 다수·다변이라는 점에서는 동등·평등하다. 그러면 그런 동등성의 근원은 무엇인가? 장자는 비유적 논의를 통해 '본체인 하나의 도'를 직관하도록['因是已'] 독자를 안내하고 있다. 이 단락의 본의를 파악하는 데서 「추수」에서 제시하는 '이아관지(以我觀之)'와 '이도관지(以道觀之)' 간의 차이점을 참고할 수 있다. 도에 근거하는 관점으로의 전환이 중요하다.

**정** 앞에서 성심에 토대한 시비의 한계를 말하고 대안으로 비춤의 인지를 제안한 후, 시비의 태도와 비춤의 인지를 비교한 글이다. 요지는 특정한 시비에 갇혀서 시시비비를 가리는 것보다 시비에 갇히지 않은 상태에서 시비에 참여하는 쪽이 낫다는 것이다. 세계가 끝없이 공명한다 함은, 상황에 따라 끝없이 전변한다는 의미다. 특정한 대상의 고정적 정체성은 존재하지 않음에도 불구하고, 사람들은 우선 문화, 몸, 기억 등의 다양한 요소로 구성된 자아를 실체화시킨다. 위의 유동적 요소들은 자아를 구성하는 임시적 구성요소들일 뿐인데도 불구하고, 본질적 특성으로 가정한다. '사람은 어진 존재다'와 같은 것이 그런 예다. 장자는 무엇인가를 실체화시키는 가장 중요한 요소로 언어로 대표되는 상징체계를 상정한다. 장자에게 언어는 시비를 다투는 논쟁의 방식일 뿐 아니라, 실체화시키는 핵이기도 하다. 그런 언어의 특성은 상대적인 입장을 절대화시킴으로써 끝없는 갈등을 낳을 뿐이다. 이 글을 통해 장자는 언어적 자아를 전제하지 않는 공명의 소통을 거듭 주장한다.

**박**

셋째 단락의 세 번째 문단이다. '이것[是(此)]'은 '이것'대로 '저것[彼]'은 '저것'대로 나름의 시/비 판단의 관점을 지니고 있는 상황에서 어느 한쪽의 기준으로 다른 한쪽의 틀렸다고 주장하는 것은 타당하지 않음을 지적하고, 이를 넘어서기 위해서는 양쪽의 관점을 모두 벗어난 새로운 관점에서 그 쌍방의 오류를 지적해야 한다는 것을 말한 내용이다. 아울러 이 같은 관점 이동은 특정한 차원에서 완결되는 것이 아니라 어디에도 닻을 내리지 않고 매 순간 현재진행형으로 추구되는 과정(process) 그 자체여야 함을 환기시키고 있다.

1 以指喩指之非指, 不若以非指喩指之非指也. 以馬喩馬之
非馬, 不若以非馬喩馬之非馬也.

이
   공손룡의 지물론을 비판하는 대목이다. 지(指)는 지칭을 뜻
하니, '손가락질'로 번역해야 한다. 원문은 '손가락질로 손
가락질은 손가락질 되지 않음을 밝히는 것보다 손가락질이
아닌 것으로 손가락질은 손가락질 되지 않음을 밝히는 것
이 낫다'고 번역된다. 이어서 언급한 '마지비마'는 공손룡의
흰 말은 말이 아니라는 명제[白馬非馬]를 가리킨다. '백마비
마'를 명실관계에 대해 말한 명제로 다루기도 하는데, '백마
비마'는 물지(物指)와 지(指)의 관계를 밝힌 주장이다. 공손
룡의 철학에서 '물지'는 대상[物]과 지칭이 결합된 것으로
서 사물에 대한 표상이다. 그는 '백마비마'를 통해 사물에 대
한 표상은 지칭과는 다름을 밝혔다. '물지'와 '지'는 위물(謂
物)을 해명하기 위해 요청된 것이니, 명실관계에 대해 말하
기 이전 단계에서 제기된 것이다. '백마'는 실제나 사물이 아
니고, '마'는 이름이나 개념이 아니다. '백마비마'는 명실관
계를 밝힌 것이 아니다. '백마'는 '물지'이고, '마'는 '지'이다.
'백마비마'는 지[馬]가 사물을 지칭해야 사물에 대한 표상
[白馬]이 가능함을 밝힌 명제이다. 원문은 '지칭으로 사물에
대한 표상은 지칭이 아님을 밝히는 것보다 지칭이 아닌 것

으로 표상은 지칭이 아님을 밝히는 것이 낫다'는 의미이다.

공손룡은 천하가 안정되려면 정명(正名)이 관건이라고 보았다. 이름이 바르게 되려면 피차를 분명하게 구별해야 한다. 저것이 저것의 자리에 있고, 이것이 이것의 자리에 있을 때 이름이 바르게 된다는 것이다. 피차가 분명해지려면 사물을 제대로 일컬어야 한다. 사물을 일컫는 상황[謂物]에서 작동하는 것이 지(指)이다. 그에 따르면 사물을 지칭함으로써 사물을 일컫게 된다. 그런데 '지'를 통해 사물을 가리키지만 '지' 자체는 지칭되지 않는다. 이것이 '지지비지(指之非指)'의 의미이다. '마지비마(馬之非馬)'는 사물에 대한 표상이 표상에 작용한 지칭 자체는 아니라는 뜻이다. 장자는 한편으로 '지'의 성격에 대한 공손룡의 주장을 수긍하면서도, 다른 한편으로 그의 방법에는 동의하지 않는다. 장자는 '위물'에는 지칭되지 않는 것이 작용한다는 점은 동의하지만, '위물'이라는 사태 너머에 있는 '지'를 끌어들여 '위물'을 설명하였다는 점을 비판한다. 공손룡이 주장한 '지'는 사물 현상도 아니고 의식의 내용도 아니다. 이를테면 '지'는 우리의 경험에 초월적인 제3의 요소이다.

유
—

"형체인 손가락 및 그에 대한 말(개념)을 가지고서 같은 차원에 있는 다른 손가락들 및 그에 대한 말(개념)은 진정한 손가락이 아니라고 논파하려[喩 즉 논증] 드는 것은, 현상적인 손가락 및 그에 대한 말(개념)이 아닌 것을 통해 그런 손가락이 한 개의 고정된 손가락으로만 머물지 않는다는 점을 깨우치도록 해주는[喩 즉 통관적 직관] 것만 못하다. 형체인 말[馬] 및 그에 대한 말(개념)을 가지고서 같은 차원에 있는 다른 말들[馬] 및 그에 대한 말(개념)은 진정한 말[馬]이 아니라고 논파하려 드는 것은, 현상적인 말[馬] 및 그에 대한 말(개념)이 아닌 것을 통해 그런 말[馬]이 한 필의 말로만 머물지 않는다는 점을 깨우치도록 해주는[喩 즉 통관적 직관] 것만 못하다."

선진시기의 지적(知的) 지형도로써 볼 때, 여기의 '지(指)'는 명가의 '지물론(指物論)'을 연상케 하는 것으로서 말·개념·관념 등을 뜻하는 글자일 것이다. 이에 상응하는 '마(馬)' 역시 '백마비마(白馬非馬)'를 떠올리게 만든다. 공손룡(公孫龍, B.C.약 320[300]~B.C.250)은 "지비지(指非指)"(「指物」), "백마비마(白馬非馬)"(「白馬」)라고 하였다. 장자가 명가의 대표 인물인 혜시와 친구였고, 『장자』가운데서 공손룡에 관해 단편적이나마 거론하고 있다는 점에서, 장자가 명가의 등석이나 공손룡을 겨냥하였을 것이라고 유추할 수 있다. 그렇지만 『장자』전체에서 공손룡의 학설을 직접 거론하면서 심도 있게 논의한 글은 찾아볼 수 없다. 다음과 같은 이야기가 있기는 하다. "공손룡이 위(魏)나라의 공자(公子)인 모(牟)에게 물었다. '저는 어려서부터 선왕(先王)의 도를 배웠고, 자라서는 인의(仁義)의 행위에 밝게 되었습니다. 사물의 동(同)과 이(異)를 합치시키고, 촉각으로 얻는 굳음[堅]의 성질과 시각으로 얻는 흼[白]의 성질을 분리하고, 사람들이 불연(不然)이라고 하는 것을 연(然)이라고 하며 사람들이 불가(不可)라고 하는 것을 가(可)라고 하여, 여러 다른 학파의 지식을 모순되게 만들고 뭇사람의 변론을 궁지에 몰아넣었습니다. 그리하여 저는 스스로 최고의 경지에 도달하였다고 생각해왔습니다. 그런데 저는 지금 장자(莊子)의 말을 듣고는 멍해져서 무엇이 무엇인지를 모르게 되었습니다.'"[87] 「천하」에서는 혜시의 아류로서 환단(桓團)과 공손룡 같은 변자(辯者)를 거명한다. 이런 사정이 있으므로, 이 문제를 이장해장(以莊解莊)의 방법으로 이해해 볼 수 있다. '유(喩)'의 경우 앞의 글자는 논파함(논증)을 의미하며, 뒤의 글자는 자연스럽게 깨우치도록 해주는 것을 뜻한다. 맥락상으로 보아, '손가락[指]'은 영화(榮華)·소언(小言)과 연관되는 것이고 '말[馬]'은 소성(小成)·소지(小知)와 연관되는 것이다. 이것은 유가와 묵가가, 더 직접적으로는 명가가 시비 다툼을 벌인 수준의 방식에 해당한다. 관건은 두 번째의 '비지(非指)'와 '비마(非馬)'가 각각 무엇을 의미하는지를 이해하는 데 있다. 이들은 현상이 아닌 본체 차원의 세계와 관련되는 것이다. 다시 말해, 내적으로 고차원의 심원한 관점을 지닌 것으로서 대지·대언과 연관되는 의미이다. 이것은 유가와 묵가 및 명가가 시비 다툼을 벌인 수준의 방식을 넘어서는 다른 차원의 직관이다. 더 나아가 이장해장의 방법으로 이해하자면, '이지유지지비지(以指喩指之非指)'는 같은 형체상의 범주에서, '이마유마지비마(以馬喩

馬之非馬)'는 같은 수량상의 범주에서 피시 · 시비 등을 다투는 것을 뜻한다. 이렇게 이해할 수 있는 근거는 다음 문단에서 '천지' · '만물'의 의미를 설명하는 것과 연관하여 제시될 것이다. 이에 반해 두 번째의 '비지'와 '비마', 즉 '이비지유지지비지(以非指喩指之非指)'와 '이비마유마지비마(以非馬喩馬之非馬)'는 단락 간의 문맥상 '조지어천' · '도추' · '이명'의 방식, 그리고 뒤에서 말하는 '인시(因是)', '천균(天鈞)', '양행(兩行)'을 포괄하는 의미를 담은 표현이다. 바로 앞단락에서의 '막약이명'이 '不若以非指喩指之非指也', '不若以非馬喩馬之非馬也'로 이어지는 것이다. 여기의 '이비지' · '이비마'는 곧 '이명'을 뜻한다. '이비지' · '이비마'는 현상적인 형(形) · 상(象) · 수(數)의 세계가 아니라, 무형(無形) · 무상(無象) · 무수(無數)의 진재(眞宰) 곧 도 차원이다. 개별과 특수로의 세분화를 추구하는 게 아니라, 전체와 보편으로의 통일(通一)을 지향하는 것이다. 따라서 두 번째의 '비지' · '비마'는 각각 첫 번째와 세 번째의 '비지' · '비마'와는 차원이 다른 것이다. 이는 물(物)이라는 같은 차원에 있는 상대적인 형체적 · 수적 다양성 및 차별성을 초월하는 것이다. 이것이 곧 「추수」에서 말하는 '주관적 관점으로 사물을 인지함[以我觀物]'과 '도의 관점으로 만물의 실상을 관조함[以道觀之]' 간의 차이점이다.

정
시비의 언어에 구애된 개념으로 다른 시비적 언어에 구애된 개념이 틀렸음을 알려주는 것보다, 상황에 따라 유동적인 정체성을 지니게 되는 존재가 시비의 언어에 구애되지 않음을 가지고 특정 상황에서 하나의 시비의 언어로 규정된 존재가 사실 본래는 시비에 구애되지 않음을 보여주는 것이 더 낫다는 뜻이다. 예를 들어, 손가락이나 말은 어떠한 것이라는 언어적 규정을 가지고 있는 이가, 손가락이나 말이 다르게 규정된 것이 잘못되었음을 말하는 것보다는, 손가락이나 말의 정체성은 상황에 따라 유동적임을 들어서 손가락이나 말에는 고정된 본질이 없음을 보여주는 것이 낫다는 뜻이다.

**박**

유가와 묵가의 시비로 대표되는 제자백가의 담론들이 지니고 있는 한계를 지적하고, 그것을 근본적으로 넘어서는 방법을 제시하고 있다. '지(指, 이름/개념)'와 '마(馬)'를 소재로 하여 개념과 그 지시대상과의 관계를 논한 사람은 혜시와 함께 명가(名家)의 대표자로 꼽혔던 공손룡(公孫龍)이다. 지금 전하는 공손룡의 저서 『공손룡자(公孫龍子)』에도 「지물론(指物論)」과 「백마론(白馬論)」이라는 단편이 들어 있다. 장자는 여기서 당시 명가에 의해 주도되었던 이 주제들을 끌고들어와 역으로 담론 비판의 소재로 사용하고 있다.

어떤 주장이나 담론을 비판할 때, 그것과 관점을 공유한 상태에서 세부적인 차이에만 주목하여 비판하는 것보다 전혀 다른 관점에 서서 그것의 문제점을 지적하는 것이 더 낫다는 뜻이다. 냉전시대 자본주의 체제와 공산주의 체제가 경쟁을 하던 시기 전지구적 차원의 생태환경 문제의 주요 원인 가운데 하나로 공산주의는 욕망의 무한정한 추구를 조장하는 자본주의의 물신성(物神性)을, 자본주의는 공산주의의 전체주의적 시스템이 지니고 있는 비효율성을 각각 지목하곤 했다. 그러나 이 두 체제는 사실 이 문제에 관한 한 치명적인 관점을 하나 공유하고 있었다. 그것은 생산성의 지속적인 발전이라는 관점이다. 따라서 이것을 근본적으로 비판하려면 '성장의 한계'를 겸허히 받아들이고 제로 성장 사회의 관점에서 두 체제가 지니는 문제점을 지적해야 한다. 이것이 '손가락이 아닌 것[非指]'으로 '손가락이 손가락이 아님[指之非指]'을 지적하는 방식이다.

## 2  天地一指也, 萬物一馬也.

**이** 지칭은 지칭되지 않음을 '지'로 밝힐 수 없는 이유를 제시하고 있다. 지칭이 작동하는 틀 안에 있는 한 지칭들로 이루어진 세계를 벗어날 수 없다. 천지가 아무리 크더라도 지칭의 세계 안에 들어가고, 만물이 아무리 많더라도 개념의 세계에 갇힐 뿐이다. '천지일지야, 만물일마야'는 이 이야기의 결론이 아니라, '지'와 '마'로 '지지비지'와 '마지비마'를 해명할 수 없는 이유를 제시한 구절이다. 따라서 '천지는 하나의 손가락질이고, 만물도 하나의 개념이기 때문이다'로 읽어야 한다.

앞문단에서 제기한 '비지'와 '비마'는 무엇인가? 다음 단락에서 다루는 위(謂)를 가리킨다. '위'는 '지'나 '마'와 달리 초월적이지도 않고 개념적이지도 않다. 사물을 일컫는 것 [謂物]은 경험적인 사건이다. 장자는 '지'를 따로 설정하지 않고도 '위물' 현상 자체를 해명한다. 따라서 이 단락은 분 장하지 말고 다음 단락과 하나로 묶어야 한다. 공손룡의 지 물론을 비판하고 인시(因是)를 이끌어내는 것은, 앞에서 혜 시의 '피시방생설'을 비판한 뒤에 '인시'를 이끌어낸 것과 논지를 전개하는 방식이 똑같다.

유
—

"형체상에서 가장 큰 것이라고 말해지는 '천지'도 한 개의 손가락과 같은 것이고, 수량상에서 가장 많은 것이라고 말 해지는 '만물'도 한 마리의 말과 같은 것이다." 이는 『장자』 에서 '천지(天地; 형체, 작용력)'와 '만물(萬物; 수, 다양성)'을 함께 거론한 용례들[88]을 바탕으로 하여 의역한 것이다. '천 지'와 '만물'은 각각 무엇을 뜻하며, 또 이들은 어떤 관계에 있는 것인가? "천지일지야(天地一指也), 만물일마야(萬物一 馬也)"가 저 뒤에서 제시되는 "천지여아병생(天地與我並生), 이만물여아위일(而萬物與我爲一)"(원문10)과 어떻게 연결될 수 있는지, 그리고 바로 앞단락에서 제시된 '도추'·'환중'과 의 관계를 고려하여 이해할 필요가 있다. '천지'는 형체상에 서의 큼[大 즉 大美로서 큰 역량]을 뜻하는 단어이고, '만물'은 수량상에서의 많음[多 즉 成理에 의한 다양성]을 의미하는 단 어이다. 이에 견주어 볼 때, '일지(一指)'는 작음[小]에 해당 하고 '일마(一馬)'는 적음[少]에 해당하는 것이 된다. 그렇지만 지(指)와 천지는 '형체'라는 점에서 통일을 이루며, 마(馬)와 만물은 '수량'이라는 점에서 통일을 이룬다. '천지'와 '손가락[指]'은 하나의 같은 형체라는 점에서 형체적 구별을 초월하게 된다. '만물'과 '말[馬]'은 하나의 같은 수량이라는 점에서 수량적 구별을 초월하게 된다. 다시 말해 도의 관점에서는 천지도 한 개의 손가락과 같고(형체 측면), 만물도 한 필의 말과 같다(수량 측면). 나아가 궁극적으로는 천지 · 손가락과 만물 · 말까지도 모두 '나'에게서 하나로 통하게 된다[與我並生, 與我爲一]. 이 '나[我]'는 이도관지 차원의 존재이지, '오상아(吾喪我)'에서의 아(我; 유가 · 묵가 · 명가)가 아니다. 「덕충부」에서는 "다르다는 각도에서 보면 간과 쓸개도 초나라와 월나라처럼 서로 현격히 다른 성질의 것이지만, 같다는 각도에서 보면 만물은 모두 하나이다."[89]라고 한다. 장자의 이런 인식론적 통일은 존재론적 통일(通一, 大通, 근원인 道 즉 一)을 전제한다. 즉 장자는 존재론적 통일(通一)에 기반하여 인식론적 통일을 말하는 것이다. 이 문단은 다음 단락의 '도통위일(道通爲一)'로 이어진다. 언뜻 보기에 장자의 이 논의도 공손룡이나 혜시의 논법과 별 차이가 없는 것처럼 여겨진다. 그러나 장자는 형식적 사변이 아니라 근원적 차원을 전제한다는 점에서 차원적인 현격한 차이를 보인다. '천(天)' · '지(地)' · '지(指)' · '마(馬)'는 모두 '도'가 자기를 물상으로 발현한 것으로서 그 근원이 하나이다.

정

특정한 시비언어적 규정을 벗어나면 모든 존재가 상황에

따라 다르게 규정될 수 있고, 그로 인해 모든 존재는 규정성을 벗어나서 하나로 볼 수 있다는 뜻이다. 말은 수레를 끌 수도 있고, 농마로 쓰일 수도 있고, 야생에서 살아갈 수도 있다. 내 발이 말이 될 수도 있고, 차가 말이 될 수도 있으며, 아빠가 아이의 말이 될 수도 있다. 규정성을 벗어나면 특정한 역할론에서 벗어날 수 있다.

**박** 모든 담론의 정당성은 그것이 사용하는 개념 및 명제들의 타당성과 연관된다. 하지만, 앞에서도 누차 지적되었듯이, 개념이나 명제는 언어로 구성되는 이상 그것이 전달하려는 의미와 필연적인 관계에 있지 않다. 이 점에서 본다면, 가장 큰 범주인 '천지'와 '만물'도 하나의 개념(이름)에 지나지 않는다. 요컨대, 어떤 담론도 그 자체로 '옳은' 것은 없다. 바람직한 삶과 사회, 나아가 우주의 본성에 대한 모든 담론은, 포퍼(K. Popper) 식으로 말하면, 주어진 조건 안에서만 '옳은' 가언(假言) 명제에 지나지 않는다. 그럼에도 해당 담론의 주창자들은 자신들 생각이 언제 어디서나 보편성을 지니는 '옳은' 주장임을 역설한다. 유가와 묵가도 마찬가지이다.

## ·원문 8·

### 조삼모사 이야기

可乎可, 不可乎不可. 道行之而成, 物謂之而然. 惡乎然? 然於然. 惡乎不然? 不然於不然, 物固有所然, 物固有所可. 無物不然, 無物不可. 故爲是擧莛與楹, 厲與西施, 恢恑憰怪, 道通爲一. 其分也, 成也. 其成也, 毁也. 凡物無成與毁, 復通爲一. 唯達者知通爲一. 爲是不用而寓諸庸. 庸也者, 用也. 用也者, 通也. 通也者, 得也. 適得而幾矣. 因是已. 已而不知其然, 謂之道. 勞神明爲一, 而不知其同也, 謂之朝三. 何謂朝三? 狙公賦芧曰, "朝三而暮四." 衆狙皆怒. 曰, "然則朝四而暮三." 衆狙皆悅. 名實未虧而喜怒爲用, 亦因是也. 是以聖人和之以是非, 而休乎天鈞, 是之謂兩行.

### ·번역·

가한 데서 가하다고 하고, 불가한 데서 불가하다고 한다. 길은 다녀서 이뤄지고 사물은 일컬어서 그러하다. 어째서 그러한가? 그러한 데서 그러하다. 어째서 그러하지 않은가? 그러하지 않은 데서 그러하지 않다. 사물에는 본래 그러한 바가 있고, 사물에는 본래 가한 바가 있다. 그러하지 않은 사물이 없고, 가하지 않은 사물이 없다. 그러므로 이 때문에 가는 풀줄기와 큰 기둥, 못난 여인과 아름다운 서시, 온갖 기이한 것들을 거론하지만, 도에서는 통하여 하나가 된다. 그 나누어짐은 곧 이루어짐이요, 그 이루어짐은 곧 무너짐이다. 무릇 사물은 이루어짐과 무너짐이 없으니, 다시 통해서 하나가 된다. 오직 통달한 사람만이 만물이 통하여 하나가 됨을 안다. 이런 까닭에 성심에 따라 판단하지 않고 용(庸)에 맡긴다. 용(庸)이라는 것은 쓰임이다. 쓰임은 통함이요, 통함은 얻음이다. 얻으면 도에 가까워진다. 옳음에 의거할 따름이다. 이미 그렇게 하면서도 그런 줄 모르는 것을 일컬어 도라고 한다. 신명을 수고롭게 하여 하나로 만들면서도, 그것이 본래 같음을 알지 못하는 것을 조삼이라고 한다. 조삼이란 무엇을 말하는가? 원숭이를 기르는 사람이 도토리를 주면서 "아침에 세 개 저녁에 네 개씩 주겠다."라고 하자, 원숭이들이 모두 화를 냈다. 그러자 그가 "그렇다면 아침에 네 개 저녁에 세 개씩 주겠다."라고 하자, 원숭이들이 모두 기뻐했다. 이름과 실제가 어긋나지 않았는데도 원숭이들이 기쁨과 분노를 표출했으니, 원숭이 기르는 사람 또한 옳음에 의거한 것이다. 이 때문에 성인은 옳음과 그름으로 조화를 이루고 자연의 균형에서 쉰다. 이것을 일러 양행(兩行)이라고 한다.

**이**    두 부분으로 되어 있다. 전반부는 '可乎可'(내용으로는 앞단락의 '以指喩指之非指')에서부터 '因是已'까지이고, 후반부는 '勞神明爲一'에서부터 '是之謂兩行'까지이다. 전반부의 주제어는 '도가 통해서 하나가 된다[道通爲一]'이고, 주제문은 '옳다고 하는 것 때문에 쓰지 않고 일상의 쓰임에 맡긴다[爲是不用而寓諸庸]'이다. 후반부의 주제어는 '양행(兩行)'이고, 주제문은 '성인은 시비로 조화를 이루고 자연이 만들어내는 균형에서 쉰다[聖人和之以是非, 而休乎天鈞]'이다. 앞 단락에서 제기한 '이비지(以非指)'와 '이비마(以非馬)'는 '위(謂)'에 대한 분석임이 드러난다. 장자는 '위'의 차원에서 연(然)과 가(可)가 성립함을 밝히고 '하나[一]'를 끌어낸다. 인시(因是)도 여기서 정당화된다. '양행'은 '연'과 '불연', '가'와 '불가' 둘 다를 동시에 인정하는 것이 아니다. '양행'은 상대가 옳다고 하는 것을 긍정함으로써, 시비의 차원에서 시비 문제를 해결하는 방식이다. 이 경우에 '시'는 절대적이면서도 상대적인 옳음이다. 양행은 시비양행(是非兩行)이 아니라 천인양행(天人兩行)을 말한다.

**유**    이 단락을 세 부분으로 나누어 볼 수 있다. 첫째로 천지 만물은 본래 근원인 도의 자연한 운행 활동을 통해 이루어진 것으로서 끊임없이 변화하는 과정에 있는 것이므로, 모든 물은 '연(然)'이고 '가(可)'인 것이지 '불연'이고 '불가'인 것은 없다.[90] 그런데도 사람들은 물들을 고정화하고 그것을 언어로 얽어매는 규정화를 시도한다. 사리(私利) 추구를 위한 그런 언어는 갈등과 다툼을 일으킬 따름이다. 둘째로 도적(道的) 차원에서 보면, 대립하는 것들로 보이는 모든 물적(物的) 현상도 실제로는 하나로 평등한 것이다. 셋째로 '조삼모사' 우화를 통해 유가 · 묵가 · 명가의 시비호오 다툼을 넘어서는 성인의 도적 관점과 실천을 제시한다. 성인은 양행(兩行)을 통해 천균(天鈞)에 맡겨둘 따름이다.

정
—

언어의 규정성을 기술하고 언어적 규정의 현실적 의미를 일정 부분 수긍하면서도, 언어적 규정 너머에 처해야 함을 말한 글이다. 세 부분으로 나눌 수 있다. 첫부분에서는 언어의 규정하는 특성을 묘사하고, 두 번째 부분에서는 도를 통해 언어의 규정성으로 인해서 파편화된 존재들을 하나로 엮어낼 수 있음을 말한 후, 세 번째 부분에서 조삼모사의 우화를 통해 자신의 주장을 예증하고 있다. 언어적 자아는 언어적 규정성을 받아들이고 그것을 진리화한다. 그러나 사회문화적 가치를 함유한 언어의 규정성을 절대시하면 결국 사물 사이의 공감과 연대를 망치는 결과를 초래한다. 도(道)적 자아 즉, 감응하는 자아는 현실적 규정성을 이용하되 그것에 구애되지 않는다. 감응하는 자아가 사태를 결정하는 방법을 외부에서 보면 마치 언어적 자아가 시비를 통해 결정한 것으로 보이지만 사실 그렇지 않다. 감응하는 자아는 사태에 가장 적합한 길을 자연스럽게 찾아낼 뿐이다.

시비는 수단에 불과하다. 그러므로 역설적으로 감응하는 자아가 선택하는 길은 어느 경우에나 옳음[是]이 된다.

**박**

셋째 단락의 네 번째 문단으로, '명'의 의미를 직접적으로 설명하는 두 번째 대목이다. 모든 담론은 주어진 조건이 성립하는 한에서만 타당하는 점을 여러 예시를 통해 다시 한 번 지적하면서, 담론의 그런 국한성에 구속되지 않고 만물을 있는 그대로 보는 방법을 '양행(兩行)'이라는 용어를 통해 제시한다. '양행'은 '명'의 방법론에 해당한다.

## 1 可乎可, 不可乎不可. 道行之而成, 物謂之而然.

이 ─

위(謂)와 물(物)의 관계에 대해 설명하고 있다. 왕수민에 따르면 '可乎可, 不可乎不可'는 뒤의 '無物不然, 無物不可' 다음에 와야 한다. 「우언(寓言)」에는 '惡乎可? 可於可. 惡乎不可? 不可於不可. 物固有所然, 物固有所可, 無物不然, 無物不可'로 되어 있기도 하다. 그러나 원문 그대로 읽어도 뜻이 통한다. 결론을 먼저 두괄식으로 제시하고 그 근거[物謂之而然]를 뒤에서 말하는 서술 방식을 취하고 있다고 보면 된다. '가한 데서 가하고, 불가한 데서 불가하다'는 것은 가하다고 일컬어서 사물은 가하게 되고, 불가하다고 일컬으니까 사물은 불가하다는 뜻이다. '可乎可, 不可乎不可'에서 뒤의 '가'와 '불가'는 사물의 '가'와 '불가'가 아니라 일컬음[謂]의 내용이다. 장자는 '사물에 존재하는 것을 그러하다고 일컫는다'고 말하지 않았다. 반대로 '사물은 일컬어서 그러하다'고 말하고 있다. '위'를 통해서 그러한 사물이 된다는 것이다. 사물은 '위'라는 행위의 결과로 드러난다. 바로 앞에서 '길은 걸어 다녀서 형성된다'고 표현과 동일한 형식이다. 여기서 '도(道)'에는 세계의 근원이나 세상의 원리라는 의미는 없고, 사람이 다니는 길을 말한다. 뒤에서 밝혀지겠지만 도는 사람의 언어가 부지불식간에 작동하는 방식이다.

'위'와 '물'의 관계에 대해 말하면서 '물위지이연'의 명제를 '물고유소연' 구절보다 앞세운 점은 의미심장하다. 명제들이 제시되는 순서가 중요하다. 명제들이 배열된 순서가 「제물론」에서 말하는 물(物)의 성격, 나아가 장자철학의 특징적 사유를 함축하기 때문이다.

유

의역해 보자. "세속인들, 특히 명가는 자기의 주관적 편견에 따라 '가(可)'와 '불가(不可)'를 말한다. 그리하여 자기가 가하다고 여기는 것만을 '가'라 주장하고, 자기가 불가하다고 여기는 것에 대해서는 '불가'라고 하여 배척한다. 그러나 내가(즉 장자) 깨달은 바의 도는 자기의 자연한 운행 활동을 통해 만물을 이루어 놓는데, 그러한 만물은 사람들이 편견 없이 그렇게 부름으로써 그때그때의 이름을 갖게 되는 것이다." 앞의 구문은 일반인들의 주관에 의한 왜곡된 쟁론에 해당하고, 뒤의 구문은 물들 본연의 상태에 대한 본연적인 칭위[謂之]에 해당하는 것으로 이해할 수 있다. 앞에서 이미 속인들의 '성심', 즉 감정과 심리 변화에 따른 먹은 마음에 관해 검토하였다. 이 단락에서는 그런 속인들의 편견과 독단을 전제하고 있다. 이런 점을 고려해서 보면, 특히 명가의 변사들은 자기의 주관적인 의향과 소견에 따라 물들에 대해 '가/불가'로 구획하고서 이들 중의 한편만을 선택하고 주장한다는 것이다. 그리하여 자기가 자의적으로 가하다고 생각하는 점만을 '가'라 주장하고, 자기가 불가하다고 여기는 점에 대해서는 '불가'라고 단정한다.[91]

'도행지이성(道行之而成)'에 대해 대개의 주석가는 '길은 사람들이 편의에 따라서 다님에 의해 이루어진다'라고 이해한다. 그러나 이 문구는 단순한 비유가 아니다. 여기의 '도'는 앞에서 말한 "도오호왕이부존(道惡乎往而不存)"에서의 도의 의미, 즉 내재성과 무소부재성(편재성)은 물론 도의 생산성도 함축한 것이다. '도행지이성'에서의 '성'은 성물(成物 즉 開物)의 뜻이다.[92] 그리고 '물위지이연(物謂之而然)'은 앞에서 말한 "언오호존이불가(言惡乎存而不可)"를 전제한 것이다. 이렇게 보면, '도는 자기의 자연한 운행 활동을 통해 만물을 이루어 놓는데, 그 만물은 사람들이 편견 없이 칭위하는 것에 의해 그때그때의 이름[然, 可]을 갖게 된다'라는 이해가 가능해진다. 조물자(造物者)인 도가 이루어 놓은 형체를 지닌 만물은 무궁무진하게 변화한다. 이것이 '만물의 변화[物之化]'이다. 그런 만물은 모두 가(可)이고 연(然)인 존재들이다. 그런데도 만물에 대해 '불가'·'불연'이라고 규정하는 것은 자의에 의한 편파적인 일이다. 여기의 "가호가(可乎可), 불가호불가(不可乎不可)."는 앞의 "언자유언(言者有言)", 그리고 "언오호은이유시비(言惡乎隱而有是非)? 언은어영화(言隱於榮華)."에 해당하는 내용이다.

정

언어의 규정성을 명(名)과 실(實)의 구도로 말하고 있다. 즉, 언어의 규정이 어떻게 이뤄지는지에 관한 일반적 설명을 소개하고 사실은 그것이 사회적 관습에 의해 이뤄진다는 점을 지적한 글이다. 보다 정확히 번역하면 다음과 같을 것

이다. '(사람들은) 가한 것을 가하다고 하고 불가한 것을 불
가하다고 한다. 그러나 길은 다녀서 길이 되고 사물은 그렇
게 불려서 그렇게 된다.'

**박**
—

문맥의 흐름 면에서 이하 3)까지의 구문에 내용상으로 착
오가 있어 보인다. 「우언」에 비슷한 구절이 나오는데, 거기
에는 "惡乎然? 然於然, 惡乎不然?, 不然於不然. 惡乎可? 可
於可, 惡乎不可? 不可於不可. 物固有所然, 物固有所可, 無
物不然, 無物不可."로 되어 있다. 또한 육덕명의 『경전석문』
에서도 최선(崔譔) 판본에는 '無物不然, 無物不可' 아래에
"可於可, 而不可於不可, 不可於不可, 而可於可也'가 들어있
다."라고 하였다. 육덕명이 활동하던 시대 이전에 이미 이
구절에 착간이 있었음을 알 수 있다.

왕선겸(王先謙)과 유문전(劉文典), 엄령봉과 첸구잉 등이
이에 근거하여 각자의 방식으로 교정을 하였는데, 여기서
는 왕선겸과 유문전의 설에 따라 "道行之而成, 物謂之而然.
惡乎然? 然於然. 惡乎不然? 不然於不然. 惡乎可? 可於可.
惡乎不可? 不可於不可. 物固有所然, 物固有所可. 無物不然,
無物不可."로 바로잡는다.

새로 교정된 내용에 따라 메시지를 분석하면 다음과 같
다. "도행지이성, 물위지이연"은 앞단락을 이어받아 모든
주장과 담론의 본성이 가언명제의 형태인 이상 도(道)나 물
(物)에 대한 절대적이 규정은 성립할 수 없음을 말한다. 자
연과 인간을 관통하는 우주적 질서인 '도'와 그 질서를 바

탕으로 생성소멸하는 '물'은 언어적 규정 이전부터 존재하는 근원적인 사태이다. 이것은 우리가 걸어가면 그것이 종국에는 특정한 방향을 지닌 '길[道]'로 구체화되고, 이름을 붙여 부르면 상응하는 내포(內包, intension)를 지닌 개별 존재자로 드러난다. 이처럼 우주 간의 그 어떤 사태도 이름(개념)과 그 이름들로 구성되는 담론에 의해 선험적으로 규정되지 않는다. 그것들이 특정한 이름(개념)으로 불리고 특정한 담론으로 주장되는 것은 이들 주장이 전제하고 있는 조건 아래서이다. 그 조건 아래서만 '그렇다[然]'/'그렇지 않다[不然]', '가능하다[可]'/'가능하지 않다[不可]'는 판단들이 성립한다. 이렇게 본다면 모든 사태는 '그렇다' 혹은 '가능하다'고 판단될 수 있는 측면을 본디부터 지니고 있다. 다시 말해, 언제 어디서나 '그렇지 않다' 혹은 '가능하지 않다'라고 판단되어야 하는 사태란 처음부터 존재하지 않는다.

2  惡乎然? 然於然. 惡乎不然? 不然於不然, 物固有所然, 物固有所可.

이 | 사물의 그러함과 그렇지 않음도 마찬가지로 '위'의 결과이다. 그러하다고 일컬어서 사물은 그렇고 그러하지 않다고 일컬어서 사물은 그렇지 않다. '위'는 그러함과 가함의 기원이다. 일컬음을 통해 그러한 사물이 드러나고 가한 사물이 나타난다. 일컫지 않으면, 즉 '위'의 행위가 없다면 연이라

고 할 것도 없고 가하다고 할 것도 없다. 그러한 사물, 가한 사물은 없는 것이다. 예컨대 서시(西施)를 '아름답다'고 일컬으면 절세미인이 떠오른다. 반면에 서시를 '폐병 환자'라고 일컬으면 혐오스러운 병자가 모습을 드러낸다. 아름답다고 일컬을 때 혐오스러움은 드러나지 않고, 결핵환자라고 일컬을 때 아름다움은 숨는다. 일컫지 않으면 아름다운 서시도 혐오스러운 서시도 없다. 서시는 없는 것이다.

사물의 그러함과 가함은 일컬음을 통해 출현한다. 그렇긴 하지만 '위'는 없는 그러함과 가함을 만들어내는 것은 아니다. '위'의 내용이 거짓이 아니라면 사물에 본래 그러함이나 가함이라고 할 만한 것이 있다고 말할 수밖에 없다. 일컫는 행위를 통해 미녀 서시나 병자 서시를 드러낼 수 있는 것은 서시에게 본래 아름다움과 혐오스러움이 있기 때문이다.

앞문단에서의 '가/불가'를 '연/불연'으로 이어 놓고, 또한 '물위지이연'의 근거를 '물고유소연(物固有所然), 물고유소가(物固有所可)'로 설명한 것이다. 의역해보자. "특히 명가의 변사들은 물들에 대해 '가/불가'와 더불어 '연(然)/불연(不然)'이라고 분변한다. 그들은 왜 '연'이라고 하는가? 자기의 주관적 편견에 따라 그렇다고 보기 때문에 '연'이라고 주장한다. 왜 '불연'이라고 하는가? 자기의 주관적 편견에 따라 불연이라고 보기 때문에 '불연'이라고 주장한다. 이들은 상대적인 '연/불연'이다. 그러나 도가 이루어 놓은 본연의 물들에는 본래 '연'인 바가 있고, 본래 '가'인 바가 있다." 여기

유

의 두 '고(固)'자는 '고연(固然)'과 같은 것으로서 '본래'라는 의미이다. 물들은 근원인 도에 의해 내적으로 신(神)·덕(德)·기(氣)·심(心)과 각각의 재(才)를 지니고 있으며, 외적으로는 모(貌)·형(形)을 지닌다. 그런데 외적인 모·형은 수시로 변화한다. 그렇게 변화하는 측면에 대해서는 얼마든지 '다른 연'과 '다른 가'를 말할 수 있다. 물들에 대한 하나의 고정된 '연'과 '가'를 취하고서 '다른 연들'과 '다른 가들'을 부정하는 것은 그 물을 박제화하여 생명을 질식하는 짓이다. 물의 생명성인 변화를 부정하는 까닭에서다. 본연적인 '연'과 '가'에는 헤아릴 수 없을 정도로 다양한 다름 [異]이 있지만, 그 다른 양태들 간에 '불연'과 '불가'라는 차별성은 있을 수 없다. 뒤의 '조삼모사' 우화를 통해 이 점을 현실적으로 확인할 수 있다.

정
언어에 의해 부여된 규정을 대상의 본질로 받아들이는 이들은 대상에 본래부터 그러한 속성이 있다고 말한다. 예를 들어, 책상 혹은 의자다운 속성을 갖고 있으므로 의자와 책상이 되고 의자와 책상으로 불리게 된다는 뜻이다. 이것은 장자가 자신의 주장을 개진하기 위해 세운 상대의 주장이지, 장자의 주장이 아닐 것이다. 질문하는 이는 장자이고, 대답하는 이는 상대다. 풀어서 해석하면 '어째서 그러한가라고 물으면 그러함에서 그러하다라 하고, 어째서 그러하지 않은가라고 하면 그러하지 않음에서 그러하지 않다고 답하며, 또 사물에는 본래 그러한 바가 있고 가한 바가 있다고 답한다'정도로 옮길 수 있다.

**박**    앞에서 설명하였다.

## 3    無物不然, 無物不可.

**이**    인식의 맥락에서 사물에는 그러함과 가함이 잠복해 있고, 일컬음을 통해 그러함과 가함을 드러낸다면 어떤 것도 그렇지 않음이 없고 가하지 않음이 없게 된다. 실상이 이러하다면 판단된 사물, 즉 그러하다고 하는 것과 가하다고 하는 것을 긍정하지 않을 수 없다.

**유**    "어떠한 물이든 '불연'일 게 없고, 어떠한 물이든 '불가'일 게 없다." 어떤 물이든 연이고 가인 것이니, 편견을 갖고서 어떤 특정한 것만을 '연/불연'이라 하고 '가/불가'라고 하는 것은 물들의 실정에 따른 것이 아니다. 사람들이 '불연'이라고 하는 것은 실상에서의 다른 '연'인 것이고, '불가'라고 하는 것은 실상에서의 다른 '가'인 것이다. "진실로 도를 얻으면 저절로 불가함이 없게 되지만, 도를 잃은 것에서는 저절로 가함이 없게 된다."[93] 「경상초」에서 설명하는 두 가지 '이시(移是)'를 더 참고할 수 있다.

**정**    언어적 규정성을 정면으로 반박한 구절이다. 책상다운 속성이 있어서 책상이 된다고 하지만 사실 어떤 것도 책상으로 쓰일 수 있다. 그렇다면 어떤 것도 책상다운 속성이 있다고 보아야 한다. 이 구절 앞에 '그러나'라는 접속사가 있다고 볼 수 있다.

**박**

앞에서 설명하였다.

---

**4**　故爲是擧莛與楹, 厲與西施, 恢恑憰怪, 道通爲一.

---

**이**

'위시(爲是)'의 '시'는 '이것' 또는 '옳다고 하다'로 번역된다.
'이것'으로 번역하는 경우에 '이것'은 앞에서 말한 '어떤 것
도 그렇지 않음이 없고, 어떤 것도 가하지 않음이 없다'는
구절을 가리킨다. '옳다고 하다'로 번역하는 경우는 그러하
다고 하는 것[然]과 가하다고 하는 것[可]을 묶어서 말한 것
이다. 문맥상 '시'는 '옳다고 하다'로 읽는 것이 낫다. '그렇
지 않은 사물은 없고 가하지 않은 사물은 없다.(사물은 제각
기 옳다고 한다) 그러므로 옳다고 하는 것 때문에 … 통해서
하나가 된다'는 논지에서 중간고리 역할을 하기 때문이다.

정(莛)은 가는 대이고, 영(楹)은 들보이다. 자오츄지에 따
르면 '거정'은 가벼워서 쉽게 들 수 있는 일을 비유하고, '여
영'은 해내기 어려운 일을 비유한다. 경중을 대비시킨 구절
이다. 대소의 대비로 읽기도 한다. '정'을 들보로 읽고 '영'을
기둥으로 보는 경우에는 종횡의 대비로 읽힌다. 려는 추녀
이고 서시는 미인이니, 미추가 대비된다. 자오츄지에 따르
면 회궤휼괴(恢恑憰怪)의 '회'는 익살, '궤'는 교활, '휼'은 기
만, '괴'는 기이(奇異)이다. 장자는 익살은 교활과, 기만도 기
이과 비슷하지만 내용은 다르다. '회궤휼괴'는 '회'와 '궤',

'휼'과 '괴'로 읽는 것이 낫다. '회'와 '궤'가 상대하고, '휼'과 '괴'가 짝이 된다.

'도통위일(道通爲一)'의 '도'는 장자가 친절하게 설명하고 있다. 뒤에서 '이미 그런 데도 그런 줄 모르는 것을 도라고 한다[已而不知其然, 謂之道]'라고 말한다. 장석창에 따르면 '이(已)'는 앞에 글을 이어서 받아서 '인시(因是)' 두 글자를 생략한 것으로, '因是已而不知其然, 謂之道'라고 말한 것과 같다. 이것은 『장자』에서 글자를 생략하는 방식이다. 결국 도는 '옳다고 하는 것에 따르면서도 그런 줄 모르는 것'이다. '도통위일'은 옳다고 하는 것[是] 때문에 온갖 현상들은 옳다고 하는 것에 따르면서도 그런 줄 모르는 도가 통해서 하나가 된다는 뜻이다. 여기서 '옳다고 하는 것에 따름[因是]'은 사물의 그러함과 가함을 긍정한다는 뜻이다. 요컨대 일컬음[謂]은 사물의 그러함[연]과 가함[가]을 드러낸다. '연'과 '가'로부터 사물은 옳음이 확보된다. 사물은 제각기 옳다고 하기 때문에 옳다고 하는 것에 따름으로써 다양한 현상들은 하나가 된다. 중요한 점은 '하나'의 내용이다. 장자는 사물이 옳다고 하는 것을 따름으로써 하나가 된다고 하였다. 위(謂)에 대해 분석하면서 '인시'로부터 '하나'을 이끌어낸 것이다. 결국 '하나'는 '위'와 물(物)이 하나가 된 상태이다. 그렇다면 온갖 다양한 현상들, 예컨대 려와 서시가 미추가 갈림에도 불구하고 하나가 된다는 것이 아니다. 하나가 되는 것은 려라는 일컬음[謂]과 추녀 려[物]이고, 서시를 일컬음과 미녀 서시이다. 사물을 일컬을 때[謂物] 사물에 대한 지칭과 사물은 일치한다. 매우 당연한 주장이다. 사물은 지칭을 통해 드러나기 때문이다. 언어가 화려한 논변에 덮여버리지[言隱於榮華] 않고 올바르게 작동하는 모습이 바로 이것이다. 언어로 도를 표현할 수 있는 가능성도 여기에 있다. 도는 이미 '그렇게 작동하고 있지만(하나로 만들지만)' 의식하지 못하는 것을 말한다.

유

"앞문단에서 제시한 물들의 실제를 설명하기 위해 '가는 풀줄기는 굵은 기둥과 한 부류'이고, '문둥병을 앓은 이는 서시(西施)와 같은 부류'라고 예거하면, 사람들은 이것을 괴상망칙(怪常罔測)한 말이라고 하겠지만, 이들은 도 차원에서는 모두 통하여 하나로 되는 것이다." 도추 관점으로 물들을 관조할 때, 사람들의 편견에 의해 횡횡하는 온갖 차별과 대립적 관념은 허구의 허상으로서 실재가 아니다. '위시거(爲是擧)'는 「경상초」에서의 "위시거이시(爲是擧移是)"와 같은 용법으로서 '이를 위해 실제의 사례를 예거함'이라는 뜻이다. '정(莛 즉 筳)'과 '영(楹)'에 대해 장석창은 각각 '작음[小]'과 '큼[大]'을 뜻하는 것이라고 풀었다.[94] 「인간세」에서 재목의 굵기를 기준으로 하여 그 유용성 여부 및 용도를 구별하는 것[95]과 연결해서 보면, 이는 재목의 유용성을 따지는 데서 그 뚜렷한 기준을 굵기의 차이로 삼는 것과 같은 것이라고 볼 수 있다. 이는 '가/불가'라고 하는 것을 '물고유소가(物固有所可)'에 따라 하나의 '가'인 것으로 보는 것의 예시이다. '여여서시(厲與西施)'는 신체상에서의 미와 추의 극명한 차이를 보이는 것이라고들 하지만, 도적 관점에서 보면 이들은 동일한 존재인 인간으로서 질적 구별이 없는 것이다. 이는 '연/불연'이라고 하는 것을 '물고유소연(物固有所然)'에 따라 하나의 '연'인 것으로 보는 것의 예시이다. '회궤휼괴(恢恑憰怪)'는 앞의 두 가지 예시에 대한 '가/불가'와 '연/불연'을 주장하는 자들의 반응 심리를 뜻하는 말이다. 원문13의 "목처즉췌률순구(木處則惴慄恂懼)"에서처럼 같거나 유사한 뜻의 글자들을 나열한 것으로, 회·괴·휼·괴를 합쳐서 '괴상망칙한 말', 나아가 '해괴망칙하다 못해 속이는 말'이라는 뜻으로 볼 수 있겠다. 즉 '숙궤환괴(諔詭幻怪)'('덕충부」), '광언(狂言)'('지북유」), '황당지언(荒唐之言)'('천하」)과 같은 것이다. 종합하면 "현실과 크게 모순되어 인정과는 가깝지 못한 말[大有逕庭]"('소요유」)이다. 본편의 뒤에서는 '맹랑지언(孟浪之言)'·'망언지(妄言之)' 그리고 특히 '적궤(弔詭)'라는 표현을 사용한다. 장자는 극단적으로 상호 배치되는 것이라고 말해지는 것들도 '도 차원에서는 모두 통하여 하나로 된다'라고 하였다. 도의 특성 가운데의 하나가 막힘[壅]의 반대인 '통함[通]'이다. "도는 막힐 수 없다[道不可壅]"('천운」) "도는 막힘을 바라지 않는다[道不欲壅]"('외물」) "도는 통함이다[道通]"('경상초」) 장자는 사물들의 천변만화하는 다양성을 인정하는 동시에 사물들이 근원 차원에서 통일성을 지녔다는 점도 강조한다.

**정**

도의 경지에서는 언어적 규정성에 의해 비롯된 모든 차이
점이 극복되고, 존재의 정체성은 상황에 따라 자연스럽게
결정된다는 의미다. 일반적으로 위시(爲是)를 '그러므로'로
번역하지만 옳지 않은 듯하다. 언어적 자아가 언어적인 옳
고 그름의 옳음을 따르는 것을 지적한 표현이다. 인시(因是)
와 상반된다. '옳음을 추구하여 가는 풀줄기와 큰 기둥, 못
난 여인과 아름다운 서시, 온갖 기이한 것들을 거론하지만'
정도로 번역할 수 있다.

**박**

곽상은 "정(莛)은 가로이고 영(楹)은 세로이다[莛橫而楹縱]"
라고 하여 이 둘을 집의 구조에서 가로로 걸쳐지는 재목
과 세로로 세어지는 재목으로 짝을 지운다. 성현영 또한 이
를 이어받아 '정(莛)'을 '집의 들보[梁]'라고 하였다. 그러나
이러한 대비는 이 구절에 등장하는 다른 단어들이 두 극단
을 상징한다는 점에서 설득력이 약하다. 이에 따라 『설문
해자』의 풀이에 의거하여 '정(莛)'을 '풀 줄기/ 작은 가지'를
뜻하는 '경(莖)'으로 본 유월(兪樾)의 설을 취한다. '굵은 기
둥'을 의미하는 '영(楹)'과 반대되는 의미여야 이어지는 단
어의 짝들과 호응을 이루기 때문이다. '여(厲)'는 '려(癘)'로
서 문둥병자, '서시(西施)'는 춘추시대 월왕(越王) 구천(句
踐)이 오왕(吳王) 합려(闔閭)에게 바친 미인을 각각 가리킨
다. '회(恢)'는 '광대함[大]', '궤(恑)'는 '흉폭함[戾]', '휼(憰)'
은 '어그러짐[乖]', '괴(怪)'는 '괴이함[異]'으로 서로 반대되
거나 정상을 벗어난 상태, 즉 각양각색의 차별상을 가리킨

다.(『莊子集釋』) 그러나 이러한 차별상도 언어를 기반으로 하는 개념적 사고에서 비롯된 것일뿐 언어가 적용되기 이전의 차원인 도의 관점에서는 모두가 분별없는 하나이다.

'위시(爲是)'에 대해서 그레이엄(A. C. Graham)은 앞서 나온 '인시(因是)'와 대비시켜 그 의미를 독특하게 파악한다. 이에 따르면, '위시'는 '그런 것으로 간주된(which deems) 패러다임 위에서 판단하는 행위'로서 '(자연적) 상황에 따라 판단하는 행위'인 '인시'와 대비된다.[96] 강신주도 이 견해를 받아들여 '위시'와 '인시'를 각각 '이것이다라고 여기는 [爲是] 사변적 인식'과 '사태의 고유성에 근거하는[因是] 긍정 인식'으로 구분한다.[97] 이 견해에 따르게 되면, 이 구절은 '위시'의 태도를 취하는 사람이 가는 풀줄기와 굵은 기둥, 추녀와 미인을 구별할 때 도는 모두 하나로 간주한다는 뜻이 된다.

이 입장들은 모두 '위(爲)'를 '때문에[wèi]'가 아니라 '여기다[wéi]'는 뜻으로 새기는 공통점이 있다. 그러나 『경전석문』은 여기에 나오는 '위'에 대하여 "'고위(故爲)의 '위(爲)'는 발음이 '우위(于僞)'의 반절이며, 이하에 나오는 '위시(爲是)'도 모두 같다."라고 하였는데, '위'의 음이 '우위'의 반절로 발음되면 '여기다'가 아니라 '돕다'는 뜻의 동사 또는 원인이나 목적을 나타내는 개사(介詞) 역할을 한다. 따라서 『경전석문』에서는 '위'를 '때문에'의 뜻으로 새겼음을 알 수 있다.[98] 우광밍(吳光明) 또한 '어떤 경우든' 그레이엄처럼 '위시'를 전문용어(technical term)로 해석할 수 없고, 또 이와 관련된 텍스트상의 증거도 찾아볼 수 없다고 못 박는다.[99]

## 5 　其分也, 成也. 其成也, 毁也.

**이** 사물의 분별과 훼손에 대해 말하고 있다. 려라는 일컬음[謂]과 추녀 려[物]는 하나이고, 서시를 일컬음과 미녀 서시도 하나이다. '하나'란 '위'와 '물'의 일치를 말한다. 그런데 려와 서시를 분별하면 려와 서시는 상대적으로 성립하게 된다. 려가 추녀라는 평가는 서시는 미인이라는 규정에 말미암고, 서시가 미인이라는 평가 또한 려는 추녀라는 규정에서 나온다. 대와 소, 훼와 궤, 흉과 괴 등 분별을 통해 성립하는 모든 사물은 상대적이다. 사물은 상대적으로 성립하면 '위'에 담긴 구체성과 현재성을 벗어난다. 추녀와 미인을 개념적으로 규정하기 때문이다. 일컫는 행위가 벌어지는 바로 그 시점, 바로 그 상황과는 별개로 사물은 구체성을 잃어버리고 추상적 개념으로 변질된다. 개념으로서의 사물에서는 '위'와 '물'의 일치가 깨진다. 장자가, 경험을 초월한 지(指) 관념이나 개념[馬]를 가지고 지칭 행위는 지칭되지 않는다는 공손룡의 주장을 비판한 이유가 바로 여기에 있다.

**유** 도적 경지에서 관조할 때, 도가 형체를 지닌 개체들로 발현하는 것, 즉 개물들이 생겨남은 개체의 측면에서는 이루어짐[天倪]이다. 그런데 개체로 이루어진 물들은 변화하여 죽음으로 나아가는 활동을 하므로, 개체로서의 물들이 스스로 이루어가는 것이란 곧 훼멸함이다. 모든 사물의 변화가 거대한 순환왕복의 활동 속에서 이루어지는 까닭에 이런 통전적(通全的) 관점을 가져야 한다. 도추 관점에서는 사람들의 구획적 관념에 의한 편파적 차별·대립이란 허상이요 허구이다. 두 '기(其)'자 중 앞의 글자는 도(道)를 가리키고, 뒤의 글자는 물(物)을 가리킨다. 「경상초」의 글을 참고하여 이해할 수 있다.[100]

**정** 언어적 규정성에 의해 통일된 세계가 개별적 존재로 분절됨을 지적한 글이다. 언어의 규정성은 도의 통일과 상반된다. 모든 것을 구분함으로써 존재 자체의 공감과 연대성을 훼손한다. 『맹자』「진심상」에 풍부(馮婦)라는 이가 나온다. 풍부는 본래 호랑이를 잘 잡는 사람이었으나 선비가 되었다. 그런데 후에 사람들이 호랑이를 몰아놓고 잡지 못하는 것을 보고 자신이 직접 나섰다. 맹자는 이 점을 비판한다. 선비는 호랑이를 잡으면 안 된다는 뜻이다.[101] 장자는 이처럼 특정한 명명에 의해 주어진 역할에 고착되고 더 나아가서 그것을 자신의 본질로 삼음으로써 생명 고유의 공명과 연대감을 해친다는 점을 비판한다.

**박** '나누어짐[分]', '이루어짐[成]', '무너짐[毁]' 등은 개념적 사고에 기반한 일면적 판단일 뿐, 도의 차원에서는 이 사이에 근본적인 차이가 없다.

**이**

성(成)은 '하나'를 가리는 '소성'[道隱於小成]을 말한다. 분별은 구체성을 떠나서 이루어지는 것이자 하나를 깨뜨리는 행위이다. 분별로 인해서 하나가 깨진다고 해서 '위물(謂物)'의 행위가 소멸하지는 않는다. '위물'은 개념화되기 이전에 이미 상존하는 구체적인 언어 현상이다. '위물'이라는 행위가 사라지지 않는 한 '위물'하는 순간에는 늘 '위'와 '물'이 일치한다. 구체적인 현재는 추상적인 개념의 세계와는 별개의 현실이다. '위물'의 맥락에서 사물은 상대적으로 성립하지도 않고 '위'와의 일치도 훼손되지 않는다. '위물'의 행위는 개념으로부터 어떤 영향을 받지 않는다. '위물'의 지평에서 사물은 여전히 '위'와 하나이다. 그러므로 '다시 도가 통해서 하나가 된다'고 하였다. '唯達者知通爲一' 구절은 다음 문단의 시작으로 읽는 것이 낫다.

**유**

"만물은 이룸과 훼멸함 각각에 고정됨이 없이 변화하면서도 전체적으로는 근원인 도 차원을 바탕으로 하여 다시 통해 하나로 된다." 이는 근원적인 차원에서만이 아니라 현상적 만물 변화의 총체인 '천균(天鈞)'을 뜻하는 것이다. "오직 통달한 사람만이 도 차원에서나 현상적인 차원에서도 모든 것이 통하여 하나로 됨을 안다." 이룸과 훼멸함은 별개로 있는 것들이 아니라, 하나인 전체로서의 천지 만물이 변화하는 가운데서 보이는 서로 다른 일시적 양상이다. 만물은 각각 하나의 개체로서 끊임없이 변화하며, 또한 한 개체가 불특정의 다른 여러 가지 물로 전화(轉化)하는 과정에 있다. 이런 변화와 전화의 전체상을 관조하는 것을 '통위일(通爲一)'이라고 부르는 것인데, 이는 무종무시이고 무한무궁의 세계인 우주(宇宙)에서 일어나는 일이다. 그래서 장자는 천하[四方之內, 六合之裏, 六極之內, 塵垢之外] 범위에 안주하지 않고 '우주[四海之外, 無極之外]'로 나아간다.[102] '달자(達者)'란 통관적인 관조 능력을 지닌 자를 뜻한다.

**정**

언어에 의해 분절된 존재의 본래적 통일성을 말한 글이다. 성(成)은 언어에 의해 규정됨으로써 정체성을 지니게 된다는 뜻이고, 훼(毀)는 그런 정체성에 구애됨으로써 생명 본래의 공명력을 잃어버린다는 즉, 생명이 훼손당한다는 뜻이다. 「제물론」 앞에서 장자는 언어의 규정성을 자신의 본질로 삼고 결론이 나지 않은 시비 다툼에 몰두하는 이들을 죽은 것이나 마찬가지라고 했다.[103] 언어적 규정성을 벗어나면 하나로 통일될 수 있다.

**박**

'범물(凡物)'은 '모든 사물', 즉 만물의 차원을 말한다. 개물(個物)의 차원에서는 '이루짐'과 '무너짐'이 있을 수 있지만 만물의 차원에서는 그러한 개별성은 무화되고 다시 하나[一]의 상태로 환원된다. 오직 깨달은 자만이 그 앎 또한 두루 통하여 분별 없는 하나의 상태에 이른다.

이
—
도가 통해서 하나가 됨을 아는 것은 깨달은 자만 가능하다.
시(是)는 '옳음' 또는 '옳다고 하는 것'을 말한다. 옳다고 하
는 것은 고정되지 않고 제각각이기 때문에 깨달은 자는 자
신의 시비 구도를 적용하지 않는다. 자기가 옳다고 하는 것
을 고집하지 않는 것이 '불용'이다. '불용'은 앞에서 '불유(不
由)'라고 말한 것과 같다. '불용'의 대안으로 제시된 것이 '우
저용(寓諸庸)'이다. '우'는 '맡기다'이고, '용'은 '평상(平常)'
이니 일상을 뜻한다. 도가 통해서 하나가 됨을 깨달은 사람
은 자신이 옳다고 하는 것[是]을 고집하지 않고 일상의 쓰
임에 맡긴다.

유
—
여기의 '위시(爲是)'는 통달한 자가 도 차원에서나 현상적
인 차원에서도 모든 게 통하여 하나로 됨을 아는 것을 넘어
서 실천하는 행위의 방법을 뜻한다. 그것은 '용(用)'을 사용
하지 않고 '용(庸)'에 맡겨둠이다. 지금까지의 맥락에 따를
때, '용(庸)'과 대비되면서 부정되는 '용(用)'은 주관적 편견
인 성심과 자의적인 유용성의 추구 같은 것을 뜻하는 말이
라고 읽힌다. 즉 지모(智謀)를 통한 분변으로써 이루는 소성
·영화와 소지·소언, 구체적으로는 '피/시'·'시/비'·'가/
불가'·'연/불연'·'성/훼' 등을 쓰지 않는다는 뜻이다.

정
—
언어적 규정에 따라 행하지 않고 사태에 맡긴다는 의미다.
위시(爲是)는 인시(因是)와 상반된다. 앞과 같다. 언어적 옳

음을 추구하는 태도를 가리킨다. 불용(不用)은 불행(不行)
과 같다. 직후의 단락인 원문9에도 똑같은 표현이 나온다.
다만, 그곳에서는 비춤의 인지로 설명한다. "이런 까닭으로
성인은 성심에 따라 판단하지 않고 용(庸)에 맡기니, 이것
을 일러 밝음으로써 한다고 말한다."[104]

박
—

'위시(爲是)'는 '이 때문에'이다. '불용(不用)'의 '용'은 자기
성심에 기반을 둔 '쓸모'의 시각으로 타자를 대하는 것이다.
따라서 '불용'은 이에 대한 부정이므로 그와 같은 태도로
부터 벗어나 타자를 바라보는 것이다. 「소요유」 말미의 장
자와 혜시의 대화에서 제시된 '무용지용(無用之用)'의 관점
이 이에 해당한다. '우(寓)'는 '깃들다'이고, '저(諸)'는 '지어
(之於)'가 축향된 형태의 어조사이며, '용(庸)'은 '중용(中庸)'
의 용례에서 보듯 '일상[常]'의 의미이다. 전체적으로 풀면,
"(깨달은 사람은 개념적 사고에 기반을 둔 사물의 구분은 절대적
인 것이 아니라 언어가 만들어내는 허상임을 안다.) 이 때문에
자신의 주관적 관점(성심)에 입각하여 타자의 쓸모를 재단
하지 않고 그것을 그것 고유의 일상에 그대로 놓아두고 바
라본다."이다.

그레이엄(A.C. Graham)과 강신주는 앞서와 마찬가지로
'위시(爲是)'를 '인시(因是)'와 대비되는 개념으로 보아 이
구절을 '위시'의 태도를 쓰지 않고[爲是不用] 그것을 일상적
인 것이 깃들게 한다는 의미로 풀이한다. 이러한 독법의 문
제점에 대해서는 앞에서 말하였다.

**8** 庸也者, 用也. 用也者, 通也. 通也者, 得也.

이 — 후쿠나가 미쯔지(福永光司)에 따르면 장자가 중국식 논증방
법을 구사한 대목이다. 일반적으로 중국에서는 발음이 서
로 통하는 글자들은 의미도 서로 연관성을 지닌다는 언어
학적 원칙이 있다. 이러한 원칙은 어떤 개념에 대한 설명이
나 주제에 대한 논증에 이용되는 경우가 많다. 본문의 '용
(庸)은 용(用)이고, 용(用)은 통(通)이고, 통(通)은 득(得)이
다'는 庸ㆍ用ㆍ通ㆍ得 4자가 발음상 관련성을 지니고 있는
데다가 의미도 각각 연관성을 지니는 글자들이기 때문에,
그 상호 연관성에 입각하여 논의를 전개하고 있다.[105] 장자
의 논지에 따르면 일상이란 쓰인다는 뜻이고, 쓰인다는 것
은 통한다는 뜻이고, 통한다는 것은 적중한다는 뜻이다. 장
태염(章太炎)에 따르면 '득(得)'은 운을 맞추기 위해 사용한
가차자로서 중(中)의 뜻이다. '중'은 앞에서 말한 고리의 중
심[環中]을 말한다. 장자는 일상의 쓰임에 맡기면 고리의 중
심에 서는 것[得其環中]과 같이 시비에 끝없이 대응할 수 있
음을 주장한다.

유 — 긍정되는 '용(庸)'이란 곧 용(用)이다. 이 '용'은 앞문단에서
의 '용(用)'과 글자가 같으나 그 내용은 서로 대립하는 것으
로서 뒤의 '통(通)'과 연결되는 뜻을 지녀야 한다. 일차적으
로 물들의 변화 활동의 직접적 원리로서 말해지는 '경(經)'
ㆍ'기(紀)'ㆍ'리(理)'ㆍ'상(常)'ㆍ'상연(常然)' 등과 연결될 수

있다. 단적으로 「양생주」의 "의호천리(依乎天理), 인기고연
(因其固然)"과 연결해보자. 이것이 가능하다면, 앞문단의
'우저용(寓諸庸)'이란 천리·고연과 같은 것을 그대로 따
른다는 의미가 된다. 여기에 '이명', '조지어천', '도추'와 같
은 도적 관조의 기능이 연결되는 것은 자연스럽다. 이런 용
(用)이 곧 모든 사물과 통함[通]이다. '모든 사물과 통함'이
란 곧 모든 것을 온전히 '얻음[得]'이다. 달리 말해 어떤 것
도 상해하거나 배척함이 없는 활동이다. 그런데 모든 것을
잊은 자만이 모든 것을 다 얻는다. "잊지 않는 것이 없으므
로 갖지 못하는 것이 없다. 그리하여 담담하기가 끝이 없어
뭇 아름다움이 따르게 되는데, 이것이 '천지의 도'이고 '성
인의 덕'이다.[106]

정 용(庸)과 통(通)의 의미를 설명한 글이다. 용(用)과 통가자
인 용(庸)을 그 정체성과 쓰임이 사태에 의해 결정됨을 나
타내는 특수한 의미로 사용했고, 통도 고정된 용처 없이 상
황에 따라 쓰임이 결정된다는 뜻으로 사용했으므로 그 점
을 부연 설명했다.

박 여기서의 '용(用)'은 앞의 '불용(不用)', 즉 성심에 기반을 둔
자기중심적인 '쓸모'의 시각으로 타자를 재단하지 않음으
로써 발견되는 타자의 고유한 '쓰임'이다. 네 잎 클로버에
관심이 꽂혀 있을 때는 들판의 다른 풀들이 '쓸모'가 없다.
그러나 그같은 고착된 관심으로부터 벗어나면 모든 풀은
그 자체의 아름다움으로 눈에 들어온다. 무용지용의 관점

에 섰을 때 비로소 눈에 들어오게 되는 타자의 고유성이다. 이 같은 입장에 서면 타자(만물)와 진정한 소통[通]이 이루어지고, 타자(만물)와 진정한 소통이 이루어지면 자득[得]하게 된다.

엄령봉은 이 구절에서부터 아래 구절("庸也者, 用也, 用也者, 通也, 通也者, 得也, 適得而幾矣.")까지는 '용(用)'에 대한 옛 주석가들의 주석이 본문에 잘못 끼어든 것으로 보아 삭제되어야 한다고 주장한다. 진고응 또한 이 견해를 받아들여, "爲是不用而寓諸庸, 因是已"로 간추려지면 앞단락의 "聖人不由, 而照之於天, 亦因是也."와 뒷단락 마지막의 "爲是不用而寓諸用, 此之謂以明."이 구조상 대구를 이룬다고 말한다. 참고할 만하다.

---

**9**    適得而幾矣. 因是已.

---

**이**    육서성(陸西星)에 따르면 적(適)은 지(至)이니, '이르다'이다. 왕수민에 따르면 기(幾)는 '서기(庶幾)'이니, '거의'이다. 도(道)에 근사하다는 뜻이다. 고리의 중심에 서게 되면 도와 비슷해진다. 고리의 중심에서 시비에 끝없이 응대하는 것이 '인시'이다. '인시'는 상대가 옳다고 하는 것에 따름이다. 도가 통해서 하나가 됨을 깨달은 자는 '인시'의 방법으로 시비의 지평을 떠나지 않으면서 시비에 응대한다.

**유**    "모든 사물을 온전히 얻으면 도에 가까워진다. 절대적 옳음에 따를 따름이다." 다시 말해, 온전한 얻음에서 개물들의 덕도 제대로 구현되어 모든 것들에 차별이 없는 근원의 경지인 도에 가까워진다. 그리하여 상대적인 시비 관념을 초월한 내적 '절대의 시(是), 즉 근원인 도'에 따를 따름이다. "내적 원리에 따라 자연하게 변화해가면 특정한 상태에 얽매이는 일이 없다[化則無常]"(「대종사」) 이로써 순명(順命)이 실현되는 것이다.

**정** 어떤 존재의 정체성과 쓰임을 사태에 따라 결정되게 함으로써 궁극적 진리에 가까이 갈 수 있다는 의미다. 인시(因是)는 앞의 '그러므로 성인은 옳고 그름의 한쪽을 따르지 않고 자연에 비춰보니, 또한 이것에 근거하는 것이다.'라는 글의 이것과 같다. 사태에 따라 결정되도록 두지만, 외관상 하나의 길을 선택한 것처럼 보이는 성인의 무위적 선택을 인시라고 표현했다.

**박** '적(適)'은 '도달하다[至]'이고, '기(幾)'는 '거의 다하다[盡]'이다. 곽상은 "'기(幾)'는 다한다는 뜻이다. 지극한 이치는 자득하는 데에서 다하게 된다."[107]라고 앞구절의 의미를 풀었다. 뒤의 '인시(因是)'는 앞의 경우처럼 '상대적인 시/비를 포괄하여 넘어서는 절대적 차원의 긍정'을 가리킨다. '이(已)'는 '그치다[止]'는 뜻이다.(王夫之) 자득의 경지에 이르면 도에 거의 가까워질 것이니, 오직 분별적 인식을 넘어선 절대적 긍정에만 의거해야 함을 다시 한번 강조한 것이다.

**이** '이'는 바로 앞에서 말한 '인시이(因是已)'의 줄임말이다. 장
자 특유의 생략법이다. 옳다고 하는 것에 따르면서도 그런
줄 모르는 것이 도라는 뜻이다. '도통위일'의 '도'도 이런 의
미이다. 깨달은 자가 사물을 일컬을 때에는 '도'가 기저에서
작용한다. 그의 '위물(謂物)'은 사물의 옳음에 따라 수행된
다. '도'는 일상에서 작용한다. '위물'은 구체적인 언어 행위
이기 때문이다. '도'의 일상성으로 인해 참된 언어가 가능하
다. 자아와 사물이 분리된 상태에서는 언어와 대상도 분열
된다. 이 때문에 '위물'이 '인시'를 통해 사물과 하나가 되는
줄 모르게 된다.

**유** '이(已)'는 바로 앞의 '인시이(因是已)'를 실제로 행한다는
의미이다. 이미 절대의 시(是)에 따르고 있으면서도, 그렇
게 하고 있음을 '의식하지 못하는 상태'를 두고서 도를 체
현하는 경지라고 이르는 것이다. '지인무기(至人無己)'의 상
태라고 할 수 있다. '합일' 또는 '일체화'의 의미를 강조하
는 말이다. 그러나 그렇게 하고 있음을 의식하자마자 도는
분열되기 시작한다. 무언가를 의식한다는 것은 곧 이분화
로 이어지기 때문이다. "성인은 만물의 분규[結縛]를 달관
하고 모든 것을 한 몸으로 여긴다. 그러면서도 자기가 그렇
게 하고 있다는 것을 알지 못하는 것은 천성이 그렇기 때문
이다."[108] 그리고 이것이 뒤에서는 '그것이 유래한 바를 알지

못함[不知其所由來]'이라는 것으로 연결된다.

**정**

장자의 도는 다양한 의미를 가지고 있다. 때로는 이상적 존재의 순수체험 그 자체를 가리키기도 하고, 종종 자연스럽게 일이 되어지는 사태를 의미하기도 한다. 인위적 언어의 규정성에 따라 일을 처리하지 않고 사태에 맡겨둠으로써 일이 되어지게 하면 그것이 그렇게 된 배경조차 알지 못한다는 뜻이다.

**박**

'이(己)'는 앞구절 '인시이(因是己)'의 '이'를 받는다. '상대적인 시/비를 포괄하여 넘어서는 절대적 차원의 긍정'에 의거하는 데에서 멈추면 도에 가까워진다. 이 편 마지막에 나오는 '나비 꿈[胡蝶夢]' 우화에서 보듯이, 타자와 완전한 소통이 이루어져 주관과 객관의 분리되지 않으면 그렇게 되는 까닭 또한 의식되지 않는다. 주관과 객관이 완전히 합일된 이 경지가 '도'이다. 성심에서 벗어나 '무용지용'의 관점에서 타자와 소통하는 것이 곧 도의 차원임을 말한 것이다.

---

11    勞神明爲一, 而不知其同也, 謂之朝三.

---

**이**

'勞神明爲一'은 '勞神, 明爲一'로 끊어 읽을 수도 있다. 이 경우에는 '신(神)을 수고롭게 하여 하나가 됨을 밝힌다'는 말이다. 어느 쪽이든 의미가 크게 차이 나지는 않는다. 중요한 점은 혜시와 같은 이는 애써 세계가 하나임을 논증하려 했지만(『장자』「천하」에 실린 혜시의 歷物十事를 보라) 이미 같음을 몰랐다는 사실이다. 장자는 '조삼'이라는 우화로 분석적 지성이 지닌 어리석음을 통렬하게 지적한다.

앞의 이야기에 대한 구체적인 예를 '조삼모사'를 통해 제시한다. 이 문단을 "신명을 수고롭게 하여 하나로 만들면서도, 그것이 본래 같음을 알지 못하는 것을 조삼이라고 한다."라고 번역하였다. 그렇지만 '노신명위일(勞神明爲一)'을 다르게 이해하는 것도 가능하다. 다음과 같이 의역한다. "사람들은 자기의 '신(神)'을 피로하게 만들면서까지 자기가 옳고 가하다고 여기는 한편만을 고정화하고 그것을 관철해야 한다는 점을 '밝히려고' 안달하지만, 그 한편도 근원적이고 실제적인 차원에서 보면 불가이고 불연인 것으로 치부된 다른 모든 편과 같은 것[同]이라는 사실을 알지 못하니, 이것을 일러 '조삼'이라고 한다." 번역상에서의 견해 차이의 핵심은 '신명(神明)'을 하나의 단어로 보지 않는 데에 있다.

세속인들의 '노신명위일'은 이 단락의 결론으로 말해지는 "성인화지이시비(聖人和之以是非), 이휴호천균(而休乎天鈞)"과 대비된다. 즉 '노신'은 '휴호천균'과, '명위일'은 '화지이시비'와 대비된다. '노신'은 본래의 신(神)이 제 기능을 발휘하는 게 아니라, 관지와 심지가 신의 기능을 가로막는 것을 의미한다. 다시 말해 "지인신의(至人神矣)"(「제물론」), "이신우(以神遇), …… 관지지이신욕행(官知止而神欲行)"(「양생주」), "포신이정(抱神以靜), 형장자정(形將自正)."(「재유」), "해심석신(解心釋神)"(「재유」), "신전자(神全者), 성인지도야(聖人之道也)."(「천지」)와 같은 것이 요구되는 유심(有心)으로 하는 지적 활동이다. 기심(機心)을 가진 자들로서 "순백이 갖추어지지 않으면 신(神)의 발휘가 안정되지 못하고, 신의 발휘가 안정되지 못한 자는 도가 실어주지 않는 바가 된다."[109] "성인은 쉬는데, 쉬면 평이하게 되고, 평이하면 염담(고요하고 편안함)해진다. 평이·염담하면 우환이 닥쳐올 수 없고, 삿된 기운이 침습할 수 없다. 그러므로 그의 덕이 온전하여 신(神)이 흐트러지지 않는다."[110] 무엇보다도 「덕충부」에서 장자는 혜시에 대해 '자네의 신(神)을 도외시하고', '자네의 정(精)을 피로하게 만드는' 자라고 비판한다.[111]

이 내용은 '노신명위일'하는 자의 또 다른 행태를 보여준다. 이들에 비추어볼 때, 원숭이들처럼 쟁론하는 자들은 스스로 자기의 신(神)을 일그러뜨리는 짓을 하는 것이다. 여기의 '명위일(明爲一)'은 앞에서 말한 '도통위일'·'부통위일'·'지통위일'과 반대되는 의미로서, 원숭이들이 시비·가불가를 갈라놓고서 '시'·'가'라는 한편에 집착하는 것을 뜻한다. 그리고 이것은 뒤에서 설결이 왕예에게 자기의 소신을 추인받고자 의도적으로 따져 묻는 '물지소동시(物之所同是)'를 뜻한다. 그리하여 "이익과 손해를 소통시키지 못하는 것[利害不通]"(「대종사」), "이익과 손해가 서로 마찰하는 것[利害相摩]"(「외물」)을 뜻하기도 한다. '노신명위일'하는 원숭이들이란 『장자』전체의 문맥에서 천하정치에 골몰한 요순을 비롯한 유가, 묵가, 공손룡, 혜시, 소문, 사광, 양주 및 방술(方術)을 추구하는 일곡지인(一曲之人)을 상징적으로 압축해 보여주는 말이다. 여기의 '명(明)'은 다음 단락에서 보게 될 사광·소문·혜시가 '명지(明之)'한 것과 동일한 의미로서 총체적인 관조인 '이명(以明)'과는 대립한다. "도의 관점으로 사물을 대하면 귀함과 천함이라는 것, 적음과 많음이라는 것들이 사라진다. 자기의 차별적 의지에 구애되면 도와 크게 멀어진다. 한 군데로 치우쳐 행위하면 도와 합치되지 않는다."[112]

**정** 시비 다툼에 골몰해서 합의에 도달했으면서도, 사실 그것이 본래 같은 것임을 알지 못한다는 뜻이다. 시비에 골몰하는 모양을 노신명(勞神明)이라고 표현했다. 조삼모사의 우화에서 알 수 있듯이 원숭이들은 시비의 다툼 끝에 같은 결론에 도달하지만 그것이 같음을 알지 못한다. '신명을 수고롭게 해서 통일을 이룬다'로 해석하는 것이 적절하다.

**박** 『장자』에서 '신(神)'과 '명(明)'은 세계의 기(氣) 운동이 드러내는 변화막측한 작용력과 관련된 개념이다. 「천하」 편에서는 "신(神)은 어디에서 내려오고, 명(明)은 어디에서 솟아나는가?[神何由降? 明何由出?]"라고 하여 이 둘을 각각이 드러나는 방향성으로 구분한다. 우주적 기운이 밖에서 우리에게 들어오는 것이 '신'이고, 우리 내면에서 그에 상응하여 솟아나는 것이 '명'이라는 뜻이다. '명'에 대한 이 같은 생각은 지금 이야기되고 있는 '막약이명(莫若以明)'의 '명'과도

통한다. '상대적인 시/비를 포괄하여 넘어서는 절대적 차원의 긍정'하는 내적인 능력이 '명'이기 때문이다. '노신명위일(勞神明爲一)'은 그런 '신명'을 분별적 인식에 잘못 작동시켜 '의식적으로' 하나[一]를 추구하는 것을 말한다. '부지기동야(不知其同也)'는 그같은 분별적 인식의 내용이 '명'의 관점에서 보면 결국은 같은 것임을 모른다는 뜻이다.

12  何謂朝三? 狙公賦芧曰, 朝三而暮四. 衆狙皆怒. 曰, 然則朝四而暮三. 衆狙皆悅.

**이** '조삼'이란 원숭이 기르는 노인이 원숭이들에게 상수리 열매를 아침에 세 개, 저녁에 네 개를 주겠다니까 원숭이들은 화를 냈고, 아침에 네 개, 저녁에 세 개를 주겠다고 하니까 좋아했다는 이야기이다.

**유** 원숭이들은 상황·조건에 따라 성냄[怒]과 기뻐함[喜·悅]을 다르게 드러낸다. 자기들의 이해 계산인 속셈에 따르기 때문이다.

**정** 시비적 언어에 고착된 이들의 어리석음을 우화를 들어서 말하고 있다.

**박** '저공(狙公)'에 대해 사마표(司馬彪)는 원숭이를 관장하는 관리[典狙官], 최선(崔譔)은 원숭이를 기르는 사람[養猿狙者], 이이(李頤)는 늙은 원숭이[老狙]라고 각각 풀이하였다.(『경전석문』) 같은 내용의 우화가 『열자(列子)』 「황제(黃

帝)」편에도 나오는데, 성인은 지혜로 어리석은 사람들의 희로애락을 조정할 수 있다는 취지로 인용되고 있다.

13    名實未虧而喜怒爲用, 亦因是也.

**이**
아침에 세 개 저녁에 네 개든 아침에 네 개 저녁에 세 개든 모두 일곱 개를 받는다는 점에서는 마찬가지이다. 그런데도 원숭이들은 좋아하기도 하고 화를 내기도 했다. '역인시야'에 대해 곽상은 '좋아하는 것에 따라 자기가 옳다고 한다[因所好而自是也]'고 주를 내었다. 그는 '인시'의 주체를 원숭이들로 본 것이다. 그러나 '인시'는 상대가 옳다고 하는 것을 따르는 경지이다. 원숭이들처럼 미혹된 이들이 취할 수 있는 태도가 아니다. '인시'의 주체는 원숭이를 기르는 노인으로 보아야 한다. '인시야'는 '아침에 네 개 저녁에 세 개[朝四而暮三]는 또한 원숭이들이 옳다고 하는 것에 따른 것이다'라는 말이다.

**유**
'매일 총 일곱 개의 도토리를 줌'이라는 명분[名]과 '실제로 매일 총 일곱 개의 도토리를 받음'이라는 실질[實] 간에 이지러짐이 전혀 없음에도 원숭이들이 성냄과 기뻐함의 감정을 뒤바꾸어 발동한 것은, 그들 자신이 주관적으로 생각하는 속셈, 즉 '옳음(4개+3개)/그름(3개+4개)' 가운데의 옳음만을 관철하려고 든 것에서 기인한다. 원숭이를 기르는 사람이 농간을 부렸거나, 그가 원숭이들의 취향에 맞추어주었기 때문이 아니다. 여기서 감정을 발동하는 주체는 분명 원숭이들이다. 다음 문단의 '성인'이 이들의 한계를 넘어서는 존재이다. 여기의 '인시(因是)'는 '역인시(亦因是)'가 아니라 상대적인 '인시인비(因是因非)'의 줄임말이다. 실제(사실, 실질, 내용, 실천)가 전혀 바뀌지 않았음에도 그것의 명목(명칭, 개념, 형식, 구조)을 교묘하게 조작하여 이분법적 가치 체계를 만든 것만으로, 사실 자체를 바꾼 것으로 착각하는 경우가 있다. 자기의 정신 경지나 삶의 내용을 바꾸지 않고 언어·명분·외모·안색 등만을 다르게 조작하여 꾸며내고, 그것으로 곧 자기의 인격을 바꾼 것으로 착각한다. 여기의 원숭이들이 명분(7개=4개+3개)을 따지면서 그렇게 착각하는 자들이다.

정 | 특정한 언어적 규정을 따르지 않고, 상황에 따라 대처하는 방식을 서술한 글이다. 원숭이가 결국에는 하루에 일곱 개의 도토리를 먹는 것임을 명과 실이 어그러지지 않았다고 표현했다. 저공의 방식 즉, 시비에 개입하지 않고 상황에 따라 행하는 방식을 묘사한 글이다. 상황에 맡겨 두었지만, 결과적으로는 하나의 입장을 취한 것이다. 인시(因是)는 이 점을 표현한 것이다.

박 | 전체적 관점에서 보면 결과적으로 '일곱 개'라는 점에서는 변함이 없지만 아침에 세 개냐 네 개냐 하는 개념적 판단의 차이에 따라 희로의 감정이 발동했음을 지적하면서, 이 같은 상황에 빠지지 않는 방법은 '인시'의 태도임을 다시 한번

강조하고 있다.

是以聖人和之以是非, 而休乎天鈞, 是之謂兩行.

이
─
'인시'가 드러내는 모습을 '양행'으로 표현했다. '시비로써
조화한다[和之以是非]'는 '인시' 방식의 특징을 보여주는 말
이다. '인시'는 시비 논쟁의 상황에서 시비를 초월하지 않
고 시비의 지평 안에서 문제를 해결하는 방법이다. '인시'의
'시'는 앞에 나온 인시 용례들과 같다. 시는 비에 상대하므
로 상대적이다. 그럼에도 불구하고 상대방의 시에 따르는
시이니 절대적이다. 인시의 시에는 부정의 여지가 있을 수
없기 때문에 절대적이다. 인시의 시는 상대적이면서 절대
적인 시이다. '천균'은 「우언」에서는 천균(天均)으로 썼다.
'균'은 도자기를 만들 때 쓰는 물레이다. '천연의 물레질에
서 쉰다[休乎天鈞]'는 자연이 만들어내는 균평함에서 시비
에 얽매이지 않고 자유롭다는 뜻이다. '휴호천균'은 '인시'
가 자연[天]의 경지임을 보여주는 대목이다. '인시'는 시비
의 세계 안에서 행하면서도 시비에 얽매이지 않는 경지이
다. 인간[人]과 자연[天], 두 가지 측면을 모두 성취하기 때
문에 '양행'이라는 표현을 썼다. '양행'은 무골호인처럼 이
것도 옳다고 하고 저것도 옳다고 하는 태도가 아니다. '조
삼'의 우화로 말하자면 '양행'은 '조삼모사(朝三暮四)'도 좋
고 '조사모삼(朝四暮三)'도 좋다는 뜻이 아니다. 우화에서 원

숭이들에게 '조삼모사'로 응대하는 것만이 '양행'이다. 인간의 시비 논란 속에서 자연의 길을 실현하는 것이 '양행'이다. '양행'은 시비양행(是非兩行)이 아니라 천인양행(天人兩行)의 뜻으로, 「제물론」버전의 천인합일(天人合一)이다.

성인은 원숭이들처럼 분별하여 따지지 않고, 모든 옳음과 그름으로써 조화를 이루어 차별이 없는 본연의 천균(天鈞)에서 쉬는데, 이것을 '양행(兩行)'이라 이른다. '옳음과 그름으로써 조화를 이룬다'란, 사물의 자연한 변화 그 자체에 따른다는 의미이다. 여기의 '그름'이란 실상에서의 '또 다른 옳음들'로서, 속인들이 '그름'인 것으로 잘못 규정한 것일 따름이다. 성인은 원숭이들처럼 '4개＋3개'[名]만을 취하지 않고, '3개＋4개'든 또는 '1개＋6개'든 모든 경우를 옳음인 것으로 대한다. 성인은 개인에게 돌아가는 몫이 하루에 '총 7개'로서 균평하다는 점에 주목한다. 이런 점을 알고 행하면 성냄과 기뻐함의 감정이 발동하지도 않고 뒤바뀌지도 않는다. 성인의 관점에서 '원숭이를 기르는 사람'이란 궁극적으로 조물자·조화자·대야(大冶)이고 현실적으로는 명(命)·천예(天倪)를 뜻한다. 성인은 조물자가 만물에게 부여한 몫[分]에 그대로 따른다. 이런 성인은 이명(以明)하는 자로서 '명자(明者)'·'달자(達者)'로도 불린다. 「지북유」에서는 이렇게 말한다. "군자의 사람됨은 유가와 묵가처럼 서로 상반하는 주장을 가르치려 드는 것조차도, 오히려 그 시비 자체로써 대립을 조화시킬 수 있다. 하물며 지금 세상

의 범속한 사람들의 대립 같은 것이랴!"[113] '조삼모사' 우화
의 취지에 대해 『열자』에서는 이렇게 말한다. "만물이 능력
으로써 서로를 농락함이 모두 이와 같다. 성인은 지모(智謀)
로써 어리석은 백성을 농락하는데, 이것이야말로 원숭이를
기르는 자가 지모로써 원숭이들을 농락하는 것과 같은 일
이다. 명분과 실제의 관계를 일그러뜨리지 않으면서 백성
을 기쁘게도 하고 분노하게도 만든다."[114] 이 글의 요지는 권
력자인 성인이 '지모로써 백성을 농락하는' 방법을 원숭이
를 기르는 사람에 빗대어 설명하는 데에 있다. 그러나 장자
는 이와 정반대의 요지를 제시한다. 실질적으로 같은 것을
놓고서 헛된 명분을 근거로 하여 아귀다툼하는 원숭이들,
즉 분변하는 자들의 어리석음을 비유하여 설명하는 것이
'조삼모사'이다.

'화(和)'는 화해(和諧)의 의미이다. '균(鈞)'은 도륜(陶輪)
또는 녹로(轆轤)로서 '오지그릇을 만드는 데 쓰는 물레(돌림
판)'이다. 모양이 둥글고 끊임없이 회전하므로 처음과 끝이
없다. 즉 우열과 귀천이라는 차별이 없다. 이것은 '도추'와
'환중'에 대한 실례이기도 하다. 「우언」에서는 고름·균평
(均平)의 의미를 갖는 '균(均)'자를 사용하여 '천균(天均)'으
로 한다. '천균(天鈞)'에 대해 성현영은 "자연한 균평의 이치
이다. 도를 통달한 성인만이 …… 균평의 본향에서 지모(智
謀)의 작용을 멈추고, 마음을 자연한 경지에서 쉬게 할 수
있다."[115]라고 하였다. '휴호천균(休乎天鈞)'이란 물들의 자연

한 변화 활동에 맡겨둠[順 곧 '亦因是'], 즉 모든 것을 하나로 보는 관조의 경지를 뜻한다. 천예(天倪)에 바탕하여 이루어지는 것이 '천균'이다. 그러면 천에 의한 각양각색의 몫[分]이 어떻게 고름[鈞즉 均]으로 연결되는가? 물들은 그 생사에 이르기까지 끊임없이 변화하는 존재이기 때문이다. 그러한 무시무종의 순환왕복의 변화가 전체적으로는 고름을 이룬다는 뜻이다. 사실상 '분무상(分無常)'인 것이다.[116] 이는 근원적이고 거시적 관점에서나 가능한 말이다. '양행'은 앞의 '화지이시비'를 달리 표현한 말인데, 여기의 '양'은 꼭 둘만을 의미하는 게 아니라 모든 경우의 수를 병행한다는 의미이다. 반대 관계나 모순적인 것처럼 보이는 것들을 공존하게 함으로써 오히려 조화와 통합의 경지를 이룬다. '천균'과 '양행'은 무시비·무차별의 상태와 경지이다. 장자의 '천균'·'화지'·'휴'를 공자가 누군가의 말을 인용하면서 자기의 견해를 피력한 것과 비교해보는 것도 장자의 문제의식을 사회상과 관련하여 이해하는 데 도움이 될 것이다. "내가 듣기로 '나라를 소유하고 집안을 소유한 자는 백성의 수와 토지의 적음을 근심하지 않고 고르지 못함을 근심하며, 가난함을 근심하지 않고 편안하지 못함을 근심한다'라고 한다. 고르면[均] 가난함이 없고, 화합하면[和] 적음이 없고, 편안하면[安] 기울어짐이 없다."[117] 그런데 이 구절은 중국학술사에서 논란거리가 되어왔다. 문제의 핵심은 분배의 주체와 목적이 여전히 '가진 자'이자 '가진 자들만을 위한 것'이라고 볼 것이냐, 아니면 궁극적으로 백성을 위한 것이라고 볼 것이냐에 있었다. 동중서(董仲舒)가 『논어』의 이 구절을 "不患貧而患不均, 不患寡而患不安"(『춘추번로(春秋繁露)』)으로 인용한 이래, 청대의 유월(兪樾)은 동중서의 표현에 찬성하면서 당시에 전해진 『논어』가 '과(寡)'와 '빈(貧)' 두 글자를 잘못 바꾸어 놓은 것이라고 주장하였다.[118] 이런 유가의 논란에 비해, 장자의 견해는 『노자』 제77장과 제79장의 내용에 가까운 것으로 보인다.[119]

**정**

성인이 시비에 가담하지 않으면서도, 시비를 결정하는 측면을 지적한 것이다. 양행(兩行)은 이 점을 포착한 단어다. 성인도 시비의 한쪽을 따르는 듯하지만, 사실 일이 되어지는 대로 둘 뿐 관여하지 않는다. 즉, 언어적 수단인 시비를 가지고 세상에 참여하지만, 성인의 시비는 단순히 수단으로서의 시비다. 마치 나무를 자르는 톱과 같고, 못을 박는 망치와 같다. 언어에 의해 본질이 규정되지 않고, 언어를 수단으로만 사용한다는 뜻이라고 할 수도 있을 것이다.

**박**

'인시'가 무엇인지에 대한 설명이다. '천균(天鈞)'은 '천균(天均)'과 같다. 성현영은 이 구절에 대해 "천균(天均)은 자연의 형평을 잡아가는 이치[自然均平之理]이다"라고 주를 달아 아예 '천균(天鈞)=천균(天均)'으로 풀이한다. '천균(天均)'에 대해서 「우언」에서는 ""만물은 모두 고유한 속성을 지닌 종(種)이어서 동일하지 않은 모습으로 이어져가니, 이것을 천균이라 한다. 천균은 천예(天倪)이다."[120]라고 하여 다시

'천균(天均)=천예(天倪)'로 해석하고 있다. '천예'라는 표현은 「제물론」 말미에 "천예로써 그것을 조화시킨다[和之以天倪]"라고 나오는데, 곽상과 성현영 모두 '예(倪)'를 '분(分)'으로 새겨서 천예를 '저절로 그러한 자연의 구분[自然之分]'이라는 뜻으로 풀이한다. 이를 종합하면, '인시'는 성심에 뿌리를 두고 있는 세상의 시/비 논쟁을 있는 그대로 긍정하여 조화시킴으로써 각각의 주장이 고유의 논리적 경계 안에 있도록 두는 것이다.

'양행(兩行)'은 '인시'의 특징을 좀더 직접적으로 표현한 말로서 '두 주장이 나란히 뻗어가게 한다'는 의미이다. 저공이 '아침에 세 개, 저녁에 네 개'와 '아침에 네 개, 저녁에 세 개'를 대립시키는 원숭이들의 주장에 대해 개입하여 조정하려 하지 않고 그대로 펼쳐나가게 둠을 말한다. 도의 지도리에 위치함으로써 자신의 주관적 관점(성심)에 입각하여 타자의 쓸모를 재단하지 않고 모든 것을 그것 고유의 일상에 그대로 놓아두고 바라보는 '명(明)'과 뜻이 상통한다. "시비를 떠나지 않으면서 시비가 없는 상태를 이루므로 양행이라고 한다"[121]라고 한 성현영과 "타자[物]와 자신이 각자 있어야 할 곳을 얻는 것이 '양행'이다."[122]라고 한 왕선겸의 해석도 뜻이 통한다.

담론비판적 관점에서 양행을 대안으로 제시하는 장자의 이 같은 생각을 혜시류의 상대주의(relativism)와 구별하여 말한다면 "오직 관점주의적으로 보는 것만이, 오직 관점주

의적인 '인식'만이 존재한다"[123]라고 했던 니체의 관점주의
(perspectivism)와 유사하다고 할 수 있다. 관점주의는 상대
주의와 마찬가지로 인간은 자기중심적으로 사태를 파악할
수밖에 없다는 것을 인정하지만, 우리 인식의 한계성에 대
한 통찰 속에서 우리가 바라보는 사태들의 문맥 의존성을
투명하게 바라보는 태도이다. 이를 전략의 측면에서 말한
다면, 상대주의는 '기준의 양립 가능성'을 상정함으로써 '기
준의 동일성'을 해체하는 것이고, 관점주의는 '기준의 확정
불가능성'을 상정함으로써 '기준의 동일성'을 해체하는 것
이다. 따라서 만약 관점주의가 '자기 관점'의 절대성을 주장
하게 되면 그것은 상대주의로 변질된다.[124] 이것이 장자의
'양행'이 상대주의를 넘어서는 사유인 이유이다.

　다만, 장자의 이 같은 태도를 니체의 '관점주의'에 그대로
등치시키는 것은 주의를 요한다. 니체의 관점주의는 다양
한 관점들의 평화로운 공존보다 이른바 '힘에의 의지(Der
Wille zur Macht)'에 기반하여 자기 관점의 포괄성을 끊임없
이 극대화함으로써 타자의 인정을 획득하는 것을 일차적으
로 추구한다. 이 점이 장자와 니체의 다른 점이다. 따라서
양행에 투영되어 있는 장자의 실천적 태도를 관점주의로
표현하려면 이 차이에 대한 설명이 추가되어야 한다.

## 주장하지 않고 맡기기

古之人, 其知有所至矣. 惡乎至? 有以爲未始有物者, 至矣, 盡矣, 不可以加矣. 其次, 以爲有物矣, 而未始有封也. 其次, 以爲有封焉, 而未始有是非也. 是非之彰也, 道之所以虧也. 道之所以虧, 愛之所以成.[125] 果且有成與虧乎哉? 果且無成與虧乎哉? 有成與虧, 故昭氏之鼓琴也. 無成與虧, 故昭氏之不鼓琴也. 昭文之鼓琴也, 師曠之枝策也, 惠子之據梧也, 三子之知幾乎, 皆其盛者也, 故載之末年. 唯其好之也, 以異於彼. 其好之也, 欲以明之. 彼非所明而明之, 故以堅白之昧終. 而其子又以文之綸終, 終身無成. 若是而可謂成乎? 雖我亦成也. 若是而不可謂成乎? 物與我無成也. 是故滑疑之耀, 聖人之所圖也. 爲是不用而寓諸庸, 此之謂以明.

옛사람은 그 앎이 지극한 바가 있었다. 어떤 경지에 이르렀는가? 아직 사물이 있지 않다고 여기는 경지가 있었으니, 지극하고 극진하여 더할 것이 없었다. 그 다음은 사물은 있지만, 아직 사물 간의 경계가 없다고 보았다. 그 다음은 경계는 있지만, 아직 시비가 있지 않다고 보았다. 시비가 뚜렷해지면 도가 이지러지고, 도가 이지러지면 애착이 이루어진다. 그렇다면 과연 이루어짐과 이지러짐이 있는 것인가? 아니면 이루어짐과 이지러짐이 없는 것인가? 이루어짐과 이지러짐이 있으므로 소씨가 거문고를 탔고, 이루어짐과 이지러짐이 없으므로 소씨는 거문고를 타지 않았다. 소문이 거문고를 연주한 것과 사광이 북채를 잡은 것 그리고 혜시가 오동나무에 기대어 변론한 것은 세 사람의 앎이 높은 수준에 이르러 모두 성대했다. 그러므로 후대에 이름이 전해졌다. 하지만 이들은 오직 자신들이 좋아하는 것으로 남과 차별화되고자 하였으며, 자신들이 추구한 것으로 남을 깨우치려 했다. 다른 이가 밝히려 하지 않은 것을 밝히려고 했으므로 견백설(堅白說)의 어리석음에 그쳤다. 소문의 아들 또한 소문의 거문고 줄을 답습함에 그쳐, 종신토록 이룸이 없었다. 이와 같은 것을 이루었다고 할 수 있다면, 비록 나라고 해도 이룬 것이다. 이와 같은 것을 이뤘다고 할 수 없다면, 다른 사람과 나는 이룸이 없는 것이다. 그러므로 흐릿한 빛은 성인이 도모하는 바다. 이런 까닭으로 성인은 성심에 따라 판단하지 않고 용(庸)에 맡기니, 이것을 일러 밝음으로써 한다고 말한다.

**이**

주제어는 '이명(以明)'이고, 주제문은 '옳다고 하는 것 때문에 자신의 시비를 쓰지 않고 시비의 일상적 쓰임에 맡긴다. 이것을 밝음으로써 한다고 한다(爲是不用而寓諸庸, 此之謂以明)'이다. 하나[一]인 의식이 분열된 끝이 시비가 뚜렷한 상태이다. 시비가 뚜렷하면 하나인 상태[道]가 깨지고 그에 따라 애착[愛]이 이루어진다. 그러나 애착의 성취는 결국 아무런 공을 이루지 못한다. 시비를 분명하게 드러내서 얻을 수 있는 성과는 없다. 그러므로 성인은 옳다고 하는 것이 문제임을 알기 때문에 자신의 시비를 쓰지 않고 일상의 쓰임에 맡긴다. 이것이 '이명'이다.

**유**

'이명(以明)'에 관해 세 번째로 설명한다. 앎[知]과 관련하여 도를 무너뜨리는 지점이 시비 관념의 창성이라고 지적하며, 이것을 넘어서는 성인의 경지에 관해 말한다. 존재로서의 도에 관한 앎에서의 궁극의 경지는 '무물(無物)' 차원이고, 다음은 '유물(有物)'이면서 '무봉(無封)' 차원이며, 또 다음은 '유봉'이지만 '무시비(無是非)' 차원이다. 이들은 도의 존재 층위를 바탕으로 한 앎의 차원으로서 모두 '대지(大知)'에 해당한다. 이렇게 앎의 차원들에 관해 논하는 것을 통해 둘째 단락에서 제시된 '대지'와 '소지' 간의 차이점을 구체적으로 이해할 수 있다. 도는 스스로 만물을 이루는 대성(大成) 활동을 하는데, 인간은 본래 그런 도에 따라 실천적 삶을 살아갈 수 있는 존재이다. 그러나 분리 · 구분 · 시비 · 차별을 일삼는 인간의 작위적인 소성(小成) 추구가 도를 이지러뜨리고 가려버린다. 소문 · 사광 · 혜시는 오직 남과의 차별화를 꾀하고, 그로써 자신의 성취를 과시하고 명성을 얻었다. 그러나 성인은 희미한 가운데에 함장(含藏)된 그윽한 빛[滑疑之耀]을 지향하며, 모든 것을 만물 본연의 변화 작용에 맡겨둔다[寓諸庸]. 이렇게 하는 것을 '이명'이라고 이른다.

**정**

시비에 의해 하나였던 세계가 개체의 총합으로 존재하게 되는데, 이것은 도를 분별함으로써 규정하고 해치는 것과 같으므로, 이 사태를 피하기 위해서는 상황에 따라 일이 결정되도록 해야 한다는 취지의 글이다. 크게 세 부분으로 나눌 수 있다. 앞의 둘은 논거이고 세 번째는 결론이다. 성인의 앎은 분별이 없는 하나로서의 세계에 도달한 앎이라는 것이 첫 번째 논거이고, 소문과 사광 그리고 혜시의 분별하는 앎에 대한 비판이 두 번째 논거다. 상황에 따라 쓰여짐과 비춰줌의 방식을 따라야 한다는 주장은 위 논거에 토대해서 제안한 결론이다.

**박**

셋째 단락의 다섯 번째 문단으로, '명'의 의미를 설명하는 세 번째 대목이다. 애초부터 분별이 없던 세계를 차별적인 세계로 이행시키는 가장 결정적인 요소는 인간의 시/비 논쟁임을 먼저 지목하고, 이로 말미암아 세계의 전일성(全一性)은 파괴되며, 또 그렇게 파괴된 전일성을 대상으로 인간의 가치적 편향이 발동함을 말한다. 나아가 이 같은 편향적 관심에 의한 성취로는 결코 세계의 참모습을 드러낼 수 없음을 지적하고, 그 대안으로 '명'의 중요성을 결론적으로 한 번 더 반복하고 있다.

## 해설

**1**  　古之人, 其知有所至矣.

**이**　성현영에 따르면 지(至)는 극한에 도달함을 이름한 것이다.
　　도를 터득한 사람의 앎이 최고의 경지임을 말했다.

**유**　옛날의 지인·신인·성인을 위시하여 제대로인 앎을 체득
　　한 자들은 각기 도달한 차원이 있었다는 뜻이다. 다음 문단
　　에서부터 세 가지 차원의 앎을 차등적으로 제시한다. 이들
　　은 모두 진실한 존재인 도에 관한 경지적인 앎이다.『장자』
　　에서 '고지인(古之人)'이라는 표현은 '고인(古人)', '고지지인
　　(古之至人)', '고지진인(古之眞人)', '고지도인(古之道人)', '고
　　지명대도자(古之明大道者)', '고지치도자(古之治道者)', '고지
　　군인자(古之君人者)' 등과 더불어 도를 깨달은 자이거나 이
　　상적인 위정자를 지칭하는 것으로 자주 사용된다. '앎'은 일
　　차적으로 인식론 또는 지식론에 해당하는 것이지만, 여기
　　서는 이것이 어떤 일체화의 체험적 경지라는 의미를 담고
　　있다. 관지(官知)와 심지(心知)를 넘어서는 경지적 차원이라
　　는 점에 그 특성이 있다. 이른바 '대지(大知)'이고 '진지(眞
　　知)'이다. 다음 문단까지와 똑같은 내용의 글이「경상초」에
　　서도 보인다.[126]

**정**　이상적 존재인 옛사람의 앎에 관해 평가한 말이다. 지(至)
　　는 '도달하다'는 뜻이고, 소지(所至)는 '도달한 곳'이라는 의

미로 경지라고 번역할 수 있다. 아래에서는 옛사람이 도달한 경지를 셋으로 나눠서 소개하고 있다. 번역에서와 같이 지극한 곳이라고 하면 다음에 나오는 다른 경지를 포괄하기 어려울 것이다.

**박** '옛 사람[古人]'이 세계를 인식하는 차원의 층차를 설명하는 도입부이다. '유소지(有所至)'는 '도달한 경지가 있었다'는 뜻이다.

**2** 惡乎至? 有以爲未始有物者, 至矣, 盡矣, 不可以加矣.

**이** 아직 사물이 있지 않다고 여기는 인식이 최고의 경지이다. 사물이 없음[未始有物]은 실재론의 맥락에서 어떤 것도 존재하지 않음을 말한 것이 아니다. 대상으로 인식되는 것이 없다는 뜻이다. 인식 대상이 없다면 인식하는 주체도 없어진다. 따라서 인식의 최고 단계에서는 물아상대(物我相對)의 인식 구조가 소멸한다. 이른바 대상과 나, 둘 다를 잊어버린 경지이다. 예컨대 밤에 앞산에 뜬 둥근 달을 보았을 때 마음이 둥실 떠올랐다고 하자. 그렇게 느끼는 순간에는 달도 없고 나도 없다. 인식의 대상도 인식하는 주체도 사라지고 느낌만이 존재한다. 사물이 없는 단계의 인식이란 물아양망(物我兩忘)의 상태이다. '물아양망'은 사물과 내가 하나가 된 경지이다. 이른바 도가 통해서 하나가 된 상태[道通爲一]이다. 이로부터 이어지는 내용은 인식의 등급을 나열한 것인 동시에 의식이 분열되는 과정이기도 하다.

**유** — 궁극의 경지적 앎은 '무물(無物)'이라는 차원, 즉 도체(道體)에 관한 것이다. 여기에는 어떤 다른 것도 보탤 수가 없다. 여기서 중요한 것은, 이것이 물로서의 나(즉 '古之人')가 이미 존재하는 상태에서 갖는 앎이라는 점이다. 이것이 외물을 도외시하고 자기의 몸과 마음도 잊어 무물·무아의 경지에 이른 것이라고 한다면, 이는 형심겸망(形心兼忘)·물아겸망(物我兼忘)한 경지라고 할 수 있다. "입호불측(立乎不測), 이유어무유자(而遊於無有者)"(「응제왕」)라는 것이 도와 하나가 된 최고의 경지를 이르는 말일 것이다. 굳이 말로 표현하자면 '무(無)' 또는 '무무(無無)'(「지북유」)의 경지라고 할 수 있다.

**정** — 앎과 만물의 발생을 유비적으로 설명하고 있다. 세계와 체험의 원형이라고 할 수 있는 일기(一氣)의 층위에는 개별성이 존재하지 않는다. 그러므로 개체적 존재[物]가 없다고 했다. 개체적 존재가 없다는 것은 전체와의 합일을 이룬 상태다. 장자는 포정해우 이야기의 포정처럼 자신이 하는 일에 몰입해서 시간 가는 줄 모르는 상태를 예거한다. 언어적이고 분석적 앎이 아니라 직접적 앎이다.

**박** — 가장 높고 완벽한 경지에 대한 설명이다. 사물[物]의 존재 자체를 의식하지 않는 상태이다. '사물의 존재 자체를 의식하지 않는다'는 것은 무슨 말일까? 세계에 대해 몽롱한 인식의 상태에 있다는 뜻일까? 이는 당연히 현실적이지 않다.

이 구절을 존재론적 차원에서 접근하면 우주발생론을 끌고 들어와야 한다. 그러나 「제물론」의 지금까지의 논지의 흐름을 고려할 때 이는 적절하지 않다. 따라서 이 부분은 명상론(名相論)적 관점이나 타자와의 소통의 관점에서 해석하는 것이 합리적이다.

명상론은 이름[名]과 그것이 가리키는 대상[相]의 관계에 대한 논의를 가리키는 동양철학 용어이다. 앞에서 말한 주제로 말하면 언어와 지시대상의 관계에 대한 논의이다. 우리가 어떤 것을 인식한다는 것은 그것에 고유한 이름을 붙여서 다른 것과 구분한다는 것을 의미한다. 언어 이전에는 그런 구분이 존재하지 않는다. 아이가 태어나서 처음에는 모빌만 쳐다보는 혼돈의 상태에 있다가 말을 하나씩 배우면서 비로소 '엄마', '아빠' 등으로 이루어진 '세계'를 갖기 시작하는 것과 같은 이치이다. 그러다가 이것이 점점 확장되면 호오의 감정이 그 '세계'를 구성하는 요소들을 대상으로 작동하기 시작하고, 그에 따라 가치적 위계가 발생한다.

타자와의 소통이라는 관점에서 해석하는 것은 다음과 같다. 이 구절의 의미를 이해하려면 가장 낮은 단계인 시/비가 발생하여 유 · 묵처럼 내가 옳고 네가 그르다는 식의 논쟁이 벌어지는 상태로부터 되짚어야 올라와야 한다. 시/비가 발생하려면 일단 나와 너가 각자 고수하는 입장이 있어야 하고, 또 이것이 가능하려면 먼저 나와 너를 구분해서 바라보는 단계가 전제되어야 한다. 따라서 '완전하여 더 보탤

것이 없는' 최고의 높은 경지는 이 단계 이전, 즉 나와 너를
구분해서 바라보지 않는 차원이어야 한다. 구분해서 바라
보지 않는다는 것은 주객 분리적인 관점에서 타자를 바라
보지 않는다는 뜻이다. 바로 '나비 꿈[胡蝶夢]' 우화에서 말
하는, 내가 나비가 되고 나비가 내가 되는 경지이다.

「제물론」의 근본 메시지를 고려할 때, 명상론보다는 이
시각에서 해석하는 것이 더 낫다. 따라서 여기서 묘사되고
있는 최고의 단계는 자아와 타자가 분리되지 않고 완전한
소통이 이루어 하나가 되는 경지로 보는 것이 적절하다.

---

3    其次, 以爲有物矣, 而未始有封也.

---

**이** 봉(封)은 제후에게 작위를 주면서 내리는 토지이다. 인식의
두 번째 단계에서는 인식 대상은 있지만 대상의 차이를 구
분하지 않는다.

**유** 둘째 차원의 앎은 사물이 있다는 것을 의식하기는 하지만,
그것에 아직 경계가 시작되지 않음을 아는 것이다. 경계로
나뉘지 않은 '미분화의 하나'인 상태를 내적 체험으로 아는
것이다. 물들을 물로서 대할 뿐 그것을 분별하지는 않는 경
지이다. "옛사람은 구별이 없는 혼망(混芒) 속에서 하나인
세상과 더불어 살면서 담박하고 고요함을 얻었다."[127] "통호
물지소조(通乎物之所造)"(「달생」), "유심어물지초(遊心於物之
初)"(「전자방」)라는 것이 이런 차원에 해당한다고 할 수 있다.

**정** 언어적으로 인지하면서도 공명할 수 있는 상태를 묘사한 글이다. 온전한 합일에서 빠져나오면 세계가 분열된다. 물 (物)이 있다는 것은 분열된 세계를 가리킨다. 이 상태에서 산은 산으로 물은 물로 존재한다. 그러나 세계의 분열이 곧 상호소통의 불가능성을 의미하지는 않는다. 산이라고 혹은 물이라고 지칭될 뿐, 여전히 산과 물은 하나로 어우러질 수 있다.

**박** 최고 단계의 아래 경지이다. 타자와의 완전한 소통은 이루지 못하지만, 그렇다고 자기 중심적 관점에서 상대를 바라보지는 않는 단계이다.

---

**4** 其次, 以爲有封焉, 而未始有是非也.

---

**이** 앞에서부터 이어지는 글이다. 인식의 세 번째 단계에서는 인식 대상의 차이는 구분하지만 옳고 그름을 나누지는 않는다.

**유** 셋째 차원의 앎은 사물 각각에 경계가 있음을 의식하기는 하지만, 아직 시비의 분별이 시작되지 않았음을 아는 것이다. 즉 도가 만물에 내재하여 만물을 가시적으로 이루어 놓은 차원인 "도오호왕이부존(道惡乎往而不存), 언오호존이불가(言惡乎存而不可)", "도행지이성(道行之而成), 물위지이연(物謂之而然)", "행어만물자도(行於萬物者道)"에 관한 것이다. 경계가 있기는 하지만 '무시비(無是非)'인 것이니, '도통위일(道通爲一)'과 '부통위일(復通爲一)'에 해당하는 차원이라고 할 수 있다. 이런 차원의 앎은 만물 본연의 모습인 천예(天倪)를 그대로 관조하면서 '물위지이연'하는 방식으로 사물에 응대한다. 사물이 개체로서 구분되어 있음을 의식하기는 하지만, 그에 대한 시비 · 가불가를 더하지는 않는다. 이런 사람에게는 장단 · 미추 · 선악 · 희로 · 호오 등의 차별도 일어나지 않는다.

**정**

공명하지 못하지만 자신을 주장하지 않는 상태를 묘사한 글이다. 물과 산을 앞에 두고 무엇이 산이냐고 물으면 이것이 산이라고 말할 것이다. 경계가 있다는 것은 이런 상태를 가리킨다. 그러나 산을 기준으로 삼아 물에게 왜 그렇게 낮게 처하느냐 따지지 않고 물을 기준으로 산이 너무 거만하다고 핀잔을 주지도 않는다. 이것이 시비가 없다는 뜻이다. 시비는 단순히 옳고 그름, 사실과 거짓을 가리키는 것이 아니다. 시비는 자신의 입장을 주장하는 태도를 가리킨다.

**박**

최고 단계의 두 번째 아래 경지이다. 자/타의 고유한 관점은 긍정하되, 어느 쪽이 옳고 어느 쪽이 그르다는 가치판단은 개입시키지 않는 단계이다.

---

5    是非之彰也, 道之所以虧也. 道之所以虧, 愛之所以成.

---

**이**

마지막 단계에서는 시비가 분명하게 드러난다. 시비가 뚜렷해지면 도가 깨지고, 도가 깨지면 애착이 이루어진다. 도가 작은 성취에 가리는[道隱於小成] 과정이다. 성(成)은 앞에서 말한 소성(小成)이니, 애착이 이루어지면 도는 숨는다. 도는 사물이 없다고 여기는 경지이니 하나[一]이다. 옛사람이 이른 최고의 경지로부터 네 번째 단계에 이르기까지를 의식이 하나로부터 분열되는 과정으로 읽을 수 있다. 도가 깨지고 애착이 이루어진 이유는 시비가 뚜렷해졌기 때문이다. 장자는 애착이 성취된 결과로 시비가 뚜렷해진다고 말하지 않고, 반대로 시비를 도가 붕괴되고 애착이 이루어지는 원인으로 본다. 위물(謂物)에 관한 논의에 따르면 시비는 사실판단이 아니라 가치판단이다. '시'는 연(然)과 가(可)를 내용으로 하며, '비'의 내용은 불연(不然)과 불가(不可)이다. '가'·'불가', '연'·'불연'은 언제나 이쪽에서 저쪽으로 이루어지는 판단이기 때문에 객관적인 사실판단일 수 없다. 모든 시비 판단은 가치판단이다. 따라서 시비가 뚜렷한 데서 호오가 완성된다. 장석창에 따르면 애착[愛]은 제자백가 인물들(특히 변자들)이 추구한 바를 가리키며, 소문이 거문고를 연주하고 사광이 북채를 잡고 혜시가 오동나무에 기대어 변론한 것들이다.

유

알음알이에서 시비의 구별이 뚜렷하게 드러나는 것은 도가 이지러지는 까닭이다. 도가 이지러진 상태에서는 사적 애착인 호오애증이 일어난다. 이는 소지·소언의 사람들이 취하는 행태를 뜻하는 말이다. '彰(창)'은 뚜렷해짐을 뜻한다. 나누어 가르는 것에 의지하는 분명함은 지엽적이고 파편화되는 것으로서 '도의 일(一 즉 渾沌, 縕繀)'을 이지러뜨리는 것이다. 앞에서 "도은어소성(道隱於小成), 언은어영화(言隱於榮華)"라고 한 것과 연관해서 보면, 여기의 '휴(虧)'는 은(隱)의 의미에 가까운 것이니, '도지소이휴'는 '폐도(廢道)'·'실도(失道)'·'무도(無道)'의 상태로 되는 것이기도 하다. 두 번째의 '도지소이휴(道之所以虧)'에서의 '以'는 위(爲)의 의미이다.「천지」에 "그 활동과 휴지, 그 죽음과 삶, 그 쇠퇴와 흥기라는 것들 또한 형체 있는 것이 하는 바가 아니다[非其所以也]"[128]라는 구절이 있다. 여기의 '以'에 대해 곽상은 '용(用)'의 의미라고 보았지만, 완육숭(阮毓崧)이 '위(爲)'와 같은 의미라고 한 것이 더 적합하다.『논어』「위정」에서 "그가 하는 것을 보며[視其所以]"라고 한 데서도 '以'가 위(爲)의 뜻으로 쓰인 용례가 있다.(안병주) 요컨대 뒤의 '도지소이휴'는 곧 '도가 이지러지게 된 바는[道之所爲虧]'이라는 의미이다. 사물들이 개체화되어 있는 것(천예)을 그대로 바라보고 대하는 것은 문제시되지 않지만, 그것에 연달아 시비 판단을 일으키게 되면 도는 이지러지고 은폐된다. 나아가 도가 이지러지면 정(情)이 생겨나고, 이에 따라서 애착하는 마음[私愛]도 이루어진다. 시비 관념은 그 자체로 머물지 않고 예교(禮敎) 관념, 공리(功利) 관념 등으로 확장된다. 이렇게 될수록 사람의 마음은 쪼그라들고 협소해진다. 사물에 대해 시비를 판단하는 데서 만물의 평등성도 일그러진다. 여기부터는 세속적 언어에 의지하는 분별지의 세계이다.

**정**

시비와 도의 무너짐 그리고 애착의 성립이 상호함축적임을 말한 글이다. 창(彰)은 시비의 입장이 분명히 드러나는 상황을 나타낸다. 시비적 언어에 의해 존재가 규정되는 상황에 이르면, 존재의 본연한 모습이 드러나지 않는다. 산은 물처럼 지혜롭지 못하다고 비난받고, 물은 산처럼 높지 않다는 핀잔을 듣는다. 모든 존재는 사회문화적 편향을 담고 있는 인위적 상징 즉, 언어에 의해 규정됨으로써 본연의 생명을 잃는다. 봄은 기운을 잃고 죽어 있는 사물의 연장에 불과한 것이 된다. 존재의 본연한 모습이 사라지는 사물화 즉, 개별화는 애착이 발생하는 까닭이기도 하다. 시비의 드러남과 애착의 성립 그리고 도의 무너짐은 동시적이다. 특정한 것이 원인이라고 말한다고 해도 상호 함축적이다. 즉, 도의 무너짐은 시비가 번쩍이며 다투는 것을 함의하고, 시비의 다툼은 애착의 존재를 전제한다. 셋 사이의 인과적 설명을 지나치게 경직되게 해석해서는 안 될 것이다.

**박**

마지막 가장 낮은 단계로, 가치판단을 개입시켜 자신이 고수하는 입장에 집착해 마침내는 세계의 전일성을 파편화시키는 단계이다. 직접적으로는 천하의 현학(顯學) 자리를 놓고 헤게모니 싸움을 벌이던 당시 제자백가의 논쟁을 가리킨다. "도(道)와 술(術)이 장차 천하사람들에 의해 갈기갈기 찢겨져 버릴 것이다[道術將爲天下裂]"라고 한 「천하(天下)」편 저자들의 문제의식과 닿아 있다.

이
___

'성'은 앞에서 말한 애착이 이루어짐이고, '휴'는 도가 이지 러짐이다. 시비가 뚜렷해짐에 따라 도가 이지러지고, 애착 이 이루어진다. 장자는 여기서 한 걸음 더 나아가 애착의 성 취와 도의 붕괴가 실제로 벌어지는가를 묻는다. 시비가 분 명하면 '호오는 확정되고 도는 사라지는가'라는 물음이다. 만약 그렇다면 시비 논란이 벌어지는 상황에서 도는 아무 런 작용도 하지 못할 것이다,

유
___

도 자체[道體]는 이루어짐이나 이지러짐이 아니다. 그렇지 만 도는 자연한 자기 운행 활동을 하여 만물을 이루어 놓기 도 한다. 도적 앎의 차원에서는 '이루어짐이나 이지러짐'이 라는 의식이 없지만, 도가 이루어 놓은 물들의 현상세계는 '분(分)-성(成)-훼(毁)'를 끊임없이 반복한다. 물의 세계에 이르면 이루어짐과 이지러짐이 있게 된다. 그런데 물의 세 계라고 해도 '이루어짐과 이지러짐'은 고정되지 않고 끊임 없이 변화하는 상태로 이어진다. 따라서 그것을 도적 관점 으로 관조하면 이루어짐과 이지러짐이 하나인 전체로서 있 다는 실상을 통찰하게 된다. 이것은 물의 자연한 변화상태 에 대해 하는 말이지, 인위를 가한 것에 대해 하는 이야기가 아니다. '이루어짐과 이지러짐'이란 차원과 측면에 따라 있 기도 하고 없기도 한 것이다. 도와 물의 특성 및 관계를 염 두에 두고서 이해해야 할 것이다.

정 개체적 존재로 분열된 세계와 통일된 하나의 세계 중 어떤
것이 세계의 본연한 모습인지 묻고 있다. 앞의 단락에서는
도가 모든 것을 통일시켜 하나로 만든다고 한 후에, 도의 나
뉨이 이뤄짐이고 이뤄짐은 곧 해를 입음이라고 말하고 있
다.[129] 이곳의 휴(虧)는 앞단락의 훼(毁)에 대응한다. 도가 쪼
개지면 시비의 입장이 분명해지는데, 시비의 입장은 사실
한쪽에 대한 편향이 없으면 성립하지 못한다. 그러므로 이
곳에서 성(成)을 애착의 이뤄짐이라고 했다고 해도, 본의는
결국 분열과 쪼개짐을 의미한다. 앞단락과 같다.

박 개념적 사고에 뿌리를 둔 '나누어짐[分]'과 '이루어짐[成]'
그리고 '무너짐[毁]'은 일면적일 뿐이다. 도의 차원에서는
이들 사이에 근본적인 차이가 없다.

7    有成與虧, 故昭氏之鼓琴也. 無成與虧, 故昭氏之不鼓琴也.

이 '성'은 애착의 성취[愛成]이고, '휴'는 도가 깨짐[道虧]이다.
소씨는 소문(昭文)을 말한다. 성현영에 따르면 소문은 성이
'소'이고 이름이 '문'인데, 옛적에 거문고를 잘 탔던 사람이
다. 훗날 스스로 거문고 줄을 끊고 연주를 그만두었다고 한
다. 곽상은 '연주를 하는 사람이 소리를 분명하게 드러내면
소리가 잃게 되고, 소리를 드러내지 않으면 소리가 온전해
진다'고 주를 내었다. 이를테면 악기로 궁(宮)음을 연주하
면 궁상각치우 오음(五音)을 잃게 되고, 연주하지 않으면 오

음이 보존된다는 해석이다. 그러나 곽상은 원문의 메시지를 잘못 읽었다. 먼저 리우샤오간(劉笑敢)이 제대로 밝힌 것처럼 장자가 도 관념으로 말하려는 것은 하나[一]이지 전체[全]가 아니다. 소문이 거문고 연주를 그만둔 것은 소리 전체[聲全]를 추구했기 때문이 아니다. 소문은 자신(의 뛰어남)을 드러내지 않으려고 거문고 줄을 끊었다. 다음으로 곽상은 소문이 거문고를 연주해서 이루어짐과 이지러짐이 있게 되고 거문고를 연주하지 않아서 이루어짐과 이지러짐이 없다고 풀이했다.[130] 그러나 '성'과 '휴'는 소리의 '성'과 '휴'가 아니라 애착의 '성'과 도의 '휴'이다. 곽상은 '고(故)'자 앞뒤의 내용을 거꾸로 읽었다. 소문이 거문고를 연주했기 때문에 '성'과 '휴'가 있게 된 것이 아니라, '성'과 '휴'가 있기 때문에 소문은 거문고를 연주했고, '성휴'가 없기 때문에 거문고 줄을 끊고 연주를 그만두었다. 곽상은 원문의 전건과 후건을 바꿔서 해석했다. 앞뒤 문맥에 비추어 보면 소문의 연주는 자신의 특별함을 드러내는 짓이고, 연주를 그만둔 것은 자신을 드러내지 않는 행위이다. 자신을 드러내면 '하나'의 상태는 깨지고, 자신을 드러내지 않으면 '하나'에 이를 수 있다.

유
—

첫 번째의 '이명(以明)' 설명에서는 "도은어소성(道隱於小成), 언은어영화(言隱於榮華)"하는 까닭에 유가와 묵가 간의 시비가 일어났다고 하였다. 여기서는 그런 문제를 소문·사광·혜시의 한계적인 앎(음악 소리나 말과 관련한 才智)의 문제로써 논한다. 번역에서는 이 문단을 "이루어짐과 이지러짐이 있으므로 소씨가 거문고를 탔고, 이루어짐과 이지러짐이 없으므로 소씨는 거문고를 타지 않았다."라고 직역하였다. 내용을 이해하기 위해서는 맥락적으로 접근할 필요가 있다. "유성여휴(有成與虧), 고소씨지고금야(故昭氏之鼓琴也)"는 앞문단의 "시비지창야(是非之彰也), 도지소이휴야(道之所以虧也)"를 이으면서 내용을 거문고 탄주 문제로 바꾼 것이다. 따라서 구문을 도치시켜 '昭氏之鼓琴也, 故有成與虧也'인 것으로 볼 수 있다. 그리고 이는 물들의 자연한 변화상태를 두고 하는 말이 아니라, '시비'에 준하는 인위적인 거문고 탄주에 대해 하는 말이라는 점을 고려해야 한다. 이 문단을 다음과 같이 의역할 수 있다. "물들 세계의 경우, 이루어짐과 이지러짐이 있다고 보게 되는 것은, 그 까닭이 소문이 거문고를 탄주한 것 같은 데에 있다. 반대로 이루어짐과 이지러짐이 없다고 보게 되는 것은, 그 까닭이 소문이 거문고를 탄주하지 않게 되었다고 가정하는 데에 있다." 이 단락 전체의 의미 맥락상['載之末年'], '소씨지불고금'은 가정하는 말이다.(鍾泰) 소문이 명성을 목적으로 시비호오 의식을 가지고서 거문고를 탄주하자 하나의 음(音) 또는 한 자락의 곡이 이루어지지만, 동시에 음 자체는 파편화되어 이지러진다. 소문이 거문고를 탄주하지 않게 된다면, 음 자체는 어떠한 구분·한정(시비호오)도 없이 온전한 상태로 있을 것이다. 다음과 같은 문제로 확장해볼 수도 있겠다. "담박하고 고요하여 무한의 극점에 도달하면 모든 아름다움이 그런 정신 경지를 따르게 된다[淡然無極而衆美從之]"(「각의」) 소문이 거문고 탄주를 통해 도달하려고 한 것이 이런 '담박하기 그지없는' 경지였을까? 거꾸로 소문이 정신상에서 '담박하기 그지없는' 경지에 도달하면 시비호오의 의식이 없이 계속 거문고 탄주를 하게 될 것인가? 아무튼 여기에서 이야기되는 소문의 수준은 지인 · 성인 · 신인의 '순소(純素)' 경지가 아니다.

**정** 분열과 통일을 거문고 연주에 비유해서 설명한 글이다. 거문고를 뜯으면 음이 생겨나고 분별이 일어난다. 분별을 함의하는 성(成)과 휴(虧)를 거문고를 뜯는 것에 그리고 성과 휴의 분별이 없는 것을 연주를 하지 않는 것에 비유한 까닭이다. 그러나 음악 자체를 부정할 수는 없다. 따라서 특정한 음악의 유형, 특정한 음조만을 주장하는 입장을 가리키는 것이 진정한 함의다. 앞의 조삼모사에서 저공은 특정한 시비의 입장을 내세우지는 않았으나 결국 하나의 옳음에 도달했다. 같은 맥락에서 이해할 수 있다. 상황에 맞는 다양한 유형의 다양한 음조의 음악이 가능하다. 그 상황에 적합한 음악을 연주한다면, 특정한 음악을 연주하지는 않은 것이므로, 연주하지 않았다고 할 수 있다. 이런 맥락에서 보자면 분열과 해침이 없는 연주는 자신을 고집하지 않고 상황에 공명하는 연주다.

**박** '소씨(昭氏)'는 거문고를 잘 연주했던 인물로, 성은 소(昭)이고 이름은 문(文)이다. 이 구절의 의미는 "소리라는 것은 이루 다 헤아릴 수 없다. 따라서 관을 불고 현을 뜯어 악기를 연주할 때에는 아무리 손이 바쁘게 움직여도 남는 소리가 있게 된다. 퉁소를 불고 거문고 줄을 타는 자들은 소리를 드러내려 하지만, 소리를 내면 남겨지는 소리가 있고 소리를 내지 않으면 소리는 온전해진다. 그러므로 소리를 이루려 했지만 결과적으로 어그러뜨리게 되는 것이 소문이 거문고를 타는 일이요, 이루려 하지 않아 결과적으로 어그러뜨리지 않게 되는 것이 소문이 거문고를 타지 않는 일이다."[131] 라고 한 곽상의 주석이 잘 짚어준다.

음악은 특정한 소리를 연속적으로 선택하는 행위이다. 따라서 이 과정은 필연적으로 선택되지 못한 음들의 배제를 수반한다. 이 점에서 음악은 선택된 음들로만이 아니라 선택된 음들과 배제된 음들의 조합으로 이루어진다. 그렇다면 배제된 음들의 집합인 침묵도 하나의 음악이라고 할 수 있다. 악곡 전체가 소리가 아니라 연속된 침묵으로만 채워진 미국의 아방가르드 작곡가 존 케이지(John Cage)의 〈4분 33초〉라는 곡이 한 예이다.

---

8 昭文之鼓琴也, 師曠之枝策也, 惠子之據梧也, 三子之知幾乎, 皆其盛者也, 故載之末年.

---

이 사광은 성현영에 따르면 자(字)가 자야(子野)이며 춘추시대

진(晉)나라 평공(平公)의 악사로서 음률에 통달했다. 지책(枝策)은 악기를 치는 것이다. 혜자는 혜시(惠施)를 말한다. 오(梧)는 성현영에 따르면 오동나무로 만든 탁자이다. 소문과 사광과 혜시, 세 사람의 앎은 높은 경지에 이르렀고 성취한 것이 있기 때문에 기록이 후세에 전해졌음을 말했다. 왕수민에 따르면 기성(其盛)의 '기'는 유(有)와 같고 '성'은 성(成)의 가차자이니, '기성'은 '유성(有成)'과 같다. 자오츄지에 따르면 '말년'은 후대를 가리킨다.

유
─

세속적 견지에서 볼 때, 소문·사광·혜시의 재지(才智 즉 技能)는 완성에 가까워져 모두 자기 분야의 일인자가 되었다. 그래서 이들은 인생 말년에 이르기까지 각자의 재지에 따르는 명성을 몸에 싣고서 살았다[載之末年]. 그러나 장자의 관점에서는, 이들이 한 일은 소지·소성의 대표일 따름이다. 이들에게는 정(精)·기(氣)·신(神)이 없으니, 그들의 몸은 단지 명성이 머무는 여관[逆旅]에 불과하다. 혜시에 대한 장자의 비판에서는 전반적으로 과도한 명예욕(명성)이 지적되고 있다. 소문·사광·혜시는 달생자들과 결정적인 차이점을 보인다. 장자가 이상시하는 달생자들은 경상작록(慶賞爵祿)과 비예교졸(非譽巧拙)을 통한 명성에서 자유로운 사람이다. 성현영은 "소문은 거문고를 잘 탄주하였고, 사광은 음률을 기막히게 알았고, 혜시는 명리 담론하기를 좋아했다."[132]라고 하였다. 혜시는 특히 변설로 이름이 난 자이다. 사광과 변론에 뛰어난 자들을 비판하는 내용이 「변무」에 들어 있다.[133] 「천지」에 혜시와 공손룡 같은 변자들에 대해 "지모만 앞세우고 재주에 얽매여 자기 몸을 지치게 하고 마음을 두렵게 한 자들"[134]이라고 비판하는 내용이 있다.

**정**

분별의 방법으로 지극한 앎에 도달하려 했던 이들을, 음악과 논증을 예로 들어서 소개하고 있다. 지책(枝策)에 관해서는 논의가 많다. '음을 고르다'고 할 수도 있고, '북을 두드리다'고 할 수도 있다. 사광은 조율사로 묘사된 듯하나, 음악의 행방을 조절한다는 뜻이라고 하면, 북을 두드린다는 의미로 해석할 수도 있다. 소문, 사광, 혜자는 모두 분별에 토대한 이들, 인위적 상징에 고착된 이들이다. 성(盛)은 성(成)의 지극한 모습이다. 분열된 층위에서 말할 수 있는 최대한의 경지이나, 분열이 없는 도의 경지는 아니다. 재지말년(載之末年)은 후대에 이름이 전해지게 되었다는 뜻이다.

**박**

'사광(師曠)'은 춘추시대 진(晉)나라 평공(平公)의 악사로, 자는 자야(子野)이다. '지책(枝策)'은 '책을 쥔다'는 뜻으로, 악기를 연주하는 것을 말한다. '책(策)'은 악기를 연주하는 도구이다.(崔譔) '지책'을 '주장(柱杖)으로 풀어 사광은 장님이었으므로 지팡이를 짚었다고 해석하기도 한다.(司馬彪, 憨山) 혜자(惠子)는 혜시를 말한다.

'오(梧)'에 대해서는 두 가지 해석이 있다. 사마표는 '오'는 금(琴)이라고 하였다.(『경전석문』) 이에 대해 성현영은 이미 소문이 거문고로 이름이 났는데 다시 혜시를 거문고의 대가로 거론하는 것이 어울리지 않고, 기록을 살펴보아도 혜시가 거문고에 능했다는 전거가 없으므로 글자 그대로 '오동나무'로 보아야 한다고 주석을 달았다. 「덕충부(德充符)」편을 보면, 장자가 혜시에게 "그대의 신명(神明)을 밖으로 향하게 하고 정기(精氣)를 수고롭게 하며, 나무에 기대어 중얼거리고 오동나무에 기대어 졸고만 있다."고 힐난하는 내용이 있다.[135]

'재지말년(載之末年)'에 대해서는 "후대에 전한다", "평생 종사하다", "말년에 영예로웠다"는 세 가지 풀이가 있으나 (첸구잉), 모두 자기 분야에서 일가를 이루었다는 의미이므로 큰 차이는 없다.

---

**9**  唯其好之也, 以異於彼. 其好之也, 欲以明之.

**이**  기(其)는 앞에서 말한 세 사람을 가리키고, 피(彼)는 다른 사람들을 말한다. 소문과 사광과 혜시는 그들이 좋아하는 것을 가지고 남들보다 뛰어났고, 그것으로 남들을 깨우치려고 하였다. 호(好)는 앞에서 말한 애착[愛]을 받아서 쓴 표현이다.

**유**  '호지(好之)'는 '애지소이성(愛之所以成)'에 해당하는 말로서 편파 · 편애 · 집착을 뜻한다. 소문 · 사광 · 혜시는 오직 각자 자기가 좋아하는 것만을 추구하면서 다른 사람들[彼]보다 특이한 재지를 드러냄으로써 명성을 얻고자 하였다. 장자는 속인들이 기를 쓰고 추구하는 것의 중핵이 '지(知 즉

지모)'와 '이(利 즉 경상작록)'와 '명(名 즉 명성과 지위)'이라
고 파악하며, 이것이 낳는 폐해에 대해 비판한다. 상대적인
비교우위를 점하려고만 애쓰는 것은 맹목적이다. 종태(鍾
泰)는 이 문단을 다음 문단의 첫 구절까지 이어서 "唯其好
之也, 以異於彼其好之也, 欲以明之彼."로 단구하고, 여기의
'彼其'는 첩용(疊用)된 것으로서 『시경』의 "彼其之子"와 같
은 용법이라고 한다. 참고할 만한 견해라고 생각된다.

정 혜시 등이 편향된 분별을 통해 지극한 앎에 도달하려 했음
을 전하는 글이다. 호(好)는 앞의 애(愛)와 통한다. 일종의
편향이다. 사광이나 혜시 등의 성취가 성대하지만 도와는
다르다. 그들은 언어와 분별을 통해 자신의 방식으로 도를
밝히고자 한다. 일반적으로 피는 조금 낮춰보는 어감이 있
다. 번역문에서는 일반적 의미에서의 타인이라고 옮겼다.
그러나 이곳에서의 피(彼)는 도를 가리키는 듯하다.

박 세 사람의 한계를 말한 것이다.

10 彼非所明而明之, 故以堅白之昧終. 而其子又以文之綸
終, 終身無成.

이 '견백'은 공손룡이 사용한 용어이지만, 여기서는 사람들에
게 자신을 드러내는 주장을 대신해서 사용했다. 세 사람은
남들이 밝지 않은 것을 깨우치려고 하였기 때문에 견이니
백이니 하는 우매함으로 끝났고, 소문의 자식도 아버지의

찌꺼기에서 벗어나지 못했다. 찌꺼기란 자기 아버지가 연주를 그만둔 까닭을 모르고 소문의 연주만을 따라한 것을 말한다. 곽상에 따르면 륜(綸)은 서(緒)이니 '나머지'이다. '매종(昧終)'과 '서종(緒終)'은 서로 호응한다. 소문과 사광과 혜시가 이룬 것들이 실은 성취가 아님을 말한다.

유
—

혜시 등이 한 일은, 옛사람들의 지극한 앎인 도적 경지는 명시될 수 없는 것임에도 단지 자기들이 좋아하는 한 분야의 것을 각자의 재지로써 이루면서, 그로써 마치 도적 경지에 이른 듯이 명시하고자 한 것이다. 이는 도술(道術)이 아닌 방술(方術)일 따름이다. 그래서 혜시는 견백론(堅白論)의 우매함으로 일생을 마쳤다. 그리고 혜시의 자식도 글자나 다루는 일로 일생을 마쳤으니 종신토록 새로이 이룬 게 없다. 여기의 '피(彼)'는 바로 앞의 문단을 그대로 받는 것으로서 소문·사광·혜시가 한 일을 뜻하는 것일 수도 있지만, 이 단락 전체의 취지와 관련하여 '옛사람들의 지극한 앎인 도적 경지'를 가리키는 것으로 보는 게 더 낫다. 이 경우 주어가 될 '소문·사광·혜시는'이 생략되었고 할 수 있다. '비소명이명지(非所明而明之)'에서의 '명지(明之)'는 '노신명위일(勞神明爲一)'에서의 '명'과 같고, '이명(以明)' 및 뒤에서 말하는 '천부(天府)'·'보광(葆光)'·'회(懷)'와는 반대되는 의미이다. 「덕충부」에서 장자는 혜시에게 "견백론을 가지고 떠들어 대기만 한다[以堅白鳴]"[136]라고 하였으니, 이 문단에서의 '이견백지매종(以堅白之昧終)'은 혜시에 대한 말이다. '견백론'은 공손룡의 궤변인 것으로 이야기되지만, 장자와 그의 후학들은 혜시 역시 '견백'에 해당하는 자라고 보았다. 앞에서 도적 앎의 세 가지 경지 차원을 말하였다. 그리고 이어서 소문·사광·혜시가 추구한 일을 예시하였는데, 이들의 재지(才智)는 도를 이지러뜨리는 데 사용된 것이다. 도를 은폐한 짓을 한 것이며 기껏해야 소성(小成)으로서 유가·묵가가 시비 다툼질을 한 것과 같은 수준이다. 이들은 다음과 같은 것에 해당한다. "명(明 즉 智謀)을 쓰는 자는 오직 사물을 부리려고 들지만, 신(神)을 발휘하는 자는 모든 것을 거두어준다. 지모를 꾀하는 명이 영묘한 신의 발휘에 미치지 못한 지가 오래임에도, 우매한 자는 자기의 소견을 믿어 인위의 세계로 들어선다. 그런 자의 공명(功名)이란 외물에 불과할 따름이니, 참으로 슬픈 일이 아니겠는가!"[137]

　'이기자우이문지륜종(而其子又以文之綸終)'에서의 '문(文)'은, 문맥을 따르자면 바로 앞의 혜시를 이어서 그의 자식에 관한 일을 말한 것이다. 혜시의 자식 또한 '문지륜(文之綸)'으로 생애를 마쳤으니, 평생토록 새로운 성취가 없다는 뜻이다. 이것을 '소문의 유업을 이음'이라는 의미로 보는 것은 어색하다. '륜(綸)'은 『장자』 중 여기에서 1회만 사용된 글자이다. 그런데 「대종사」에서는 도를 체득하는 데서의 최하위 접근 방법으로 '부묵지자(副墨之子)'와 '낙송지손(洛誦之孫)'을 들고 있다. '부묵지자'란, 붓과 먹에 의해 쓰인 문자를 뜻한다.[138] '낙송지손'은 글로 이루어지는 것들에서 가장 초보적인, 글을 외우는 것을 뜻한다. '륜(綸)'자의 원초적 의미 가운데 '죽 이어지면서도 간추려져 있는 모습의 실타래'라는 게 있다. 이런 의미를 글(문자)에다 확장적으로 적용하면, 글자를 익히고 글을 짓는다는 정도로 볼 수 있다. 혜시의 자식은 혜시의 논변만도 못한 수준에 머물러 단지 글자를 익혀 글을 쓰고 줄줄 외우는 것으로 일생을 마쳤다는 얘기가 된다. 이는 「열어구」에서 말하는 '신음(呻吟)', 즉 암송[誦]의 의미에도 가까울 것이다.

**정** 전문화된 시비의 언어로는 밝힐 수 없음에도 불구하고, 언어를 통해 도에 도달하려는 이를 소개한 글이다. 피(彼)는 도라고 생각된다. 그러나 사광, 혜시, 소문의 세 사람을 포함하는 뭇 사람이라는 의미도 가능하다. 도의 뜻일 경우에는 문법적으로 자연스럽다. 비(非)는 불(不) 등과 달라서 '아니다'는 의미로 한정되기 때문이다. 피를 뭇사람으로 볼 경우에는 문법적으로 약간 복잡해지지만, 설명가능하다. 즉, 비소명(非所明)을 명지(明之)의 지로 보고, 피명비소명(彼明非所明)의 도치형으로 볼 수 있다. 그러나 피를 무엇으로 보든 함의는 같다. 견백설은 혜시를 이르는 말이다. 기자(其子)는 소문의 아들이다. 소문의 아들도 아버지의 연주방식을 고수했다는 뜻이다. 그러나 일가를 이루지는 못했다.

**박** '견백(堅白)'에 대한 논의는 공손룡의 학설로 알려져 있으나(현행 『公孫龍子』에도 「堅白論」이 들어 있음), 여기서 혜시가 견백론에 조예가 깊은 것으로 언급되고 있는 점으로 보아 당시 명가들 사이에 공유되어 있던 담론인 듯하다.[139] 희고 딱딱한 돌의 경우 흼은 시각으로만 경험되고 딱딱함은 촉각으로만 경험되어 흼과 딱딱함은 분리되므로 '희고 딱딱한 돌' 하나가 있다고 해서는 안되고 '흰 돌'과 '딱딱한 돌' 둘이 있다고 해야 한다는 것이 요지이다. 개념실재론의 관점이다. '거문고 줄[綸]'와 함께 언급되고 있는 것을 고려할 때 '기자(其子)'는 소문의 아들로 보는 것이 합리적이다. 드물게는 혜시의 아들로 보면서 '문(文)'을 '책에 쓰다'는 듯으로 새기는 견해도 있다.(林雲銘)

---

11  若是而可謂成乎? 雖我亦成也. 若是而不可謂成乎? 物與我無成也.

---

**이**

세 사람의 성취란 결국 이룬 것이 없음[無成]임을 말한다. '실상이 이런데도 성취라고 할 수 있겠는가? 그렇다면 누구라도 성취하니, 성취란 특별한 것이 아니다. 이루었다고 할 수 없는가? 그렇다면 우리 모두는 이룬 것이 없다.' 문맥에 비추어 보면 '무성'이란 시비를 아무리 뚜렷하게 드러낼지라도 애착의 성취는 결국 실현되지 못함을 뜻한다.

**유**

혜시 등은 재지를 통한 성취로써 명성을 얻었는데, 과연 이런 것을 기준으로 하여 성취의 여부를 판정할 수 있는 것일까? 장자는 지금 글로써 저들을 비판하지만, 자신의 글과 사려라는 것 또한 도 자체는 아니라는 점을 돌아보고 있다. 혜시나 다른 사람들뿐 아니라 비판적 자세를 취하고 있는 자신 역시 명시할 수 없는 도와 관련해서는 아직 성취한 게 없다. 이는 장자가 타인들과의 비교를 통해 단지 상대적 수준에서 자기 합리화를 꾀하는 게 아니다. 장자의 이런 자기 성찰은 열린 세계에 참여하려는 방향성을 지녔다. 장자의 통관적(通觀的) 직관이 지닌 특장점은 이런 것이다. 진정한 성취는 혜시 등과 같은 명시를 목적으로 하는 재지에 의한 '소성(小成)'이 아니다. 그렇다면 도와 관련한 대성(大成)은 어떤 것일까? 세속인을 초월하는 '성인(대성인)'에게서 그 답을 찾아야 할 것이다.

**정** 앞의 '아직 성심이 이루어지지 않았는데도 옳고 그름이 있다면, 이것은 오늘 월나라에 가서 어제 도착했다고 말하는 것'이라는 말과 통한다.[140] 사람들은 자신의 편향에 따라 성취한 것을 이뤘다고 평가하지만, 그것은 사실 도를 훼손하는 것으로 참된 이룸이 아니다. 혜시, 소문, 사광 같은 이들의 이룸을 이룸이라고 하면 모든 이에게 이룸이 있다고 할 수 있다. 그러나 그것이 이룸이 아니라면 타자와 나에게도 이룸이 없다고 해야 한다.

**박** 성취의 객관적인 기준은 없다는 뜻이다.

| 12 | 是故滑疑之耀, 聖人之所圖也. |
|---|---|

**이** '골의'에 대해서는 상반된 해석이 가능하다. 성현영에 따르

면 '골의'는 '자취를 희미하게 하고 빛을 감추다[晦迹韜光]'
이니, 이 구절은 성인은 희미하게 감춰진 빛을 추구한다는
뜻이다. 사마표(司馬彪)에 따르면 '골'은 '어지럽히다'이니,
성인은 사람들을 혼란하고 의혹하게 만드는 빛을 제거한다
는 말이다. 두 가지 해석 모두 '자신을 드러내지 않는다'는
의미를 함축한다.

이 문장은 '골의지요'를 강조하기 위해 '是故聖人之所圖, 滑
疑之耀也'를 도치시킨 것으로 볼 수 있다. '이런 까닭에 성
인이 지향한 것은 명시(明示)가 아니라 내적인 희미한 빛
이다.' 밖으로 확연히 구분하지 않고, 뭔가를 의식하여 대
상화하지 않으며, 명시하지도 않음이다. '골의지요'는 혜시
가 자기의 신(神)과 정(精)을 소모하면서 외적인 것을 명시
하는 것으로 명성을 꾀한 것과는 대립하는 의미로서, 성인
이 지향한 바[所圖]를 표현하는 말이다. 성인은 자신의 대공
(大功)을 현시하지 않고 과시하지도 않는 현덕(玄德)을 지
녔기 때문에, 세속인들은 그런 진정한 성인을 알아보지 못
한다. 노자에서 비롯된 '현덕'이 이러한 표현을 하는 것의
근원이다. '골의지요(滑疑之耀)'에서의 '골(滑)'은 '홀(忽)'·
'홀(惚)'과 같은 것으로서 희미함·전일(全一)의 뜻이고, '의
(疑)'는 확정되지 않은 상태라는 뜻이다. 그래서 이는 '혼망
(混芒)'·'망홀(芒芴)'의 상태이기도 하다. 세속인은 뚜렷한
광명[德名]을 추구하지만, '골의지요'는 내면에다 덕(빛)을
간직하여 명성에 연연하지 않는 것이니, 혜시 등의 '명지(明

之)' 즉 명시·과시를 부정하는 뜻이다. 뒤의 '중인변지이상
시(衆人辯之以相示)'에 대한 '성인회지(聖人懷之)'와 '보광(葆
光)'이 '골의지요'와 같은 계열에 있는 것이다. 이런 의미가
뒤의 단락에서는 현상에 대한 '치기골혼(置其滑涽)'으로까
지 이어진다.

**정** 성인은 정확하게 분별되지 않는 즉, 언어적 인지와는 달리
비춰줌의 인지를 도모한다는 뜻이다. 골의(滑疑)의 표면적
의미는 모호함이겠지만 함의는 분별적 앎이 아니라는 뜻이
다. 골의의 직접적 의미보다는 전체 맥락에서의 의미가 중
요하다. 동의하기 어려운 해석이지만 골의를 부정적으로
해석할 수도 있다. 이 경우에는 소도(所圖)를 성인이 공격하
는 것이라는 뜻으로 해석해야 할 것이다.

**박** '골의지요(滑疑之耀)'는 두 가지 해석이 있다. 하나는 '사람
들의 생각을 어지럽히는 현란함'이다. 이 견해를 취하면 뒤
의 '도(圖)'는 '제거하다'(차오츄지) 혹은 '꺼린다[鄙]'(莊錫
昌)는 등의 부정적인 의미가 된다. '도(圖)'를 '비(鄙)'로 읽
어야 한다는 주장의 근거는 원래는 '비(鄙)'였는데 이 글자
가 '비(啚)'와 통함에 따라 후대에 모양이 비슷한 '도(圖)'로
오독되었다는 것이다.(高亨) 다른 하나는 '은은하게 감추어
진 빛'으로 보는 것이다.(憨山) 이 경우에는 '도(圖)'가 '의도
하다'는 긍정적인 의미로 해석된다.

   둘 다 의미가 통하지만, 자신이 좋아하는 일로 세상에 이
름을 떨친 세 사람의 이야기가 앞에 나오고, 바로 이어지는

내용이 "이 때문에 자신의 주관적 관점(성심)에 입각하여 타자의 쓸모를 재단하지 않는다[爲是不用]"라는 점을 감안한다면, 앞의 해석이 조금 더 순조롭다. 한편, 고형(高亨)은 한 걸음 더 나아가 여러 고대 전적들의 용례를 대조하여 '의(疑)'는 '계(稽)', '요(耀)'는 '웅(雄)', '도(圖)'는 '비(鄙)'로 각각 고증하고, 이 구절의 의미를 "매끄럽고 교묘한 말재주를 일삼는 인걸들은 성인이 천시하여 멀리한다."는 뜻으로 풀이한다.

---

**13**　爲是不用而寓諸庸, 此之謂以明.

---

이　자신을 드러내지 않는 경지를 제시하였다. 성인은 '옳다고 하는 것' 때문에 자신의 시비를 사용하지 않고 일상의 쓰임에 맡긴다. 이것이 이명(以明)이다. '명'은 인간이 내면에 간직한 광원[葆光]에서 나오는 빛이다. 성현영에 따르면 '명'은 성인의 지혜요, 참된 앎[聖明眞知]으로서 마음이 지닌 능력이다.

　'이명'은 자연의 원리에 따라 시비를 드러내는 방식[照之於天]으로서, 물아상대의 구조가 소멸하는 도추(道樞)에서 무궁한 시비에 응대할 수 있다. 도가 통해서 하나가 됨[道通爲一]을 아는 인물이 상대가 옳다고 하는 바에 따르는 태도[因是]이자 자연 안에서 인간의 시비를 조화하는 경지[兩行]이기도 하다.

유　'골의지요'를 구현하는 데서[爲是] 성인은 혜시 등의 세속인이 내세우는 명시를 위한 쓸모[用 즉 才智]를 사용하지 않고, 모든 일을 사물의 자연한 변화 작용[庸]에 그대로 맡겨둔다. 이렇게 하는 것이 '이명(以明)'이다. 이것을 거꾸로 말하자면, 성인의 '이명'은 '명지(明之)'가 아니라 자연한 변화 작용에 맡겨두는 '골의지요'라는 것이다. 여기의 '용(用)'은 시비를 가르고 명성과 이익을 따지는 데서 자기의 재지를 주관적으로 사용하는 것을 뜻한다. 다시 말해 분별을 통해 사적 이익을 꾀하는 앎인 지모(智謀), 교지(智巧), 재지(才智) 등을 사용하는 것이다. 그러므로 "지모불용(知謀不用)"(「천도」)이라고도 말한다.

**정** 작위적으로 즉, 자신의 성심에 근거해서 행하지 않고 상황에 맡겨두는 것을 이상적인 비춤의 앎이라고 말하는 글이다. 직전의 원문8에도 같은 표현이 나왔다.[141] 위시(爲是)는 시비적 언어에 따르는 옳음을 추구하는 것을 말한다. 위시를 이 때문이라고 해도 전체적인 취지는 같다. 용에 맡겨둔다는 것은 시비를 전제하지 않고 사태의 쓰임에 즉, 도에 따른 쓰임에 맡겨둔다는 뜻이다. 장자는 종종 명(明)을 지(知)와 구분해서 사용한다. 대비적으로 쓰일 때 지는 시비적 앎을 명은 시비를 벗어난 앎을 의미한다.

**박** "자신의 주관적 관점(성심)에 입각하여 타자의 쓸모를 재단하지 않고 그것을 그것 고유의 일상에 그대로 놓아두고 바라본다[不用而寓諸庸]"는 말을 되풀이함으로써 '명'을 의미를 최종적으로 밝히고 있다.

## 개념적 사고를 넘어서

今且有言於此, 不知其與是類乎? 其與是不類乎? 類與不類, 相與
爲類, 則與彼無以異矣. 雖然, 請嘗言之. 有始也者, 有未始有始也
者, 有未始有夫未始有始也者. 有有也者, 有無也者, 有未始有無也
者, 有未始有夫未始有無也者. 俄而有無矣, 而未知有無之果孰有
孰無也. 今我則已有謂矣, 而未知吾所謂之其果有謂乎, 其果無謂
乎? 天下莫大於秋毫之末, 而大山爲小. 莫壽於殤子, 而彭祖爲夭.
天地與我竝生, 而萬物與我爲一. 旣已爲一矣, 且得有言乎? 旣已謂
之一矣, 且得無言乎? 一與言爲二, 二與一爲三. 自此以往, 巧曆不
能得, 而況其凡乎! 故自無適有以至於三, 而況自有適有乎! 無適
焉, 因是已.

이제 여기에 말이 있다고 해보자. 그것이 이것과 같은 부류인가? 아
니면 이것과 같지 않은 부류인가? 같은 부류와 같지 않은 부류가 같

은 부류로 된다면 저것과 다름이 없을 것이다. 비록 그러하나 시험삼아 말해보자. 시초라는 것이 있으며, 시초가 있지 않은 적이 있으며, 저 시초가 있지 않은 적이 있지 않은 적이 있다. 있음이 있으며, 없음이 있으며, 없음이 있지 않은 적이 있으며, 저 없음이 있지 않은 적이 있지 않은 적이 있다. 문득 있게 되고 없게 되니, 있음과 없음 중 과연 어떤 것이 있음이고 어떤 것이 없음인지 알 수 없다. 이제 나는 이미 말한 것이 있는데, 내가 말한 것이 과연 말을 한 것인지 말을 하지 않은 것인지 알 수 없다. 천하에 가을 터럭의 끝보다 큰 것은 없으니 태산도 작은 것이다. 일찍 죽은 아이보다 장수한 이는 없으니 팽조도 요절한 것이다. 천지는 나와 함께 생기고 만물은 나와 하나이다. 이미 하나인데, 말이 있을 수 있겠는가? 이미 하나라고 말했는데, 말을 하지 않은 것이겠는가? 하나가 말과 더해져 둘이 되고, 둘이 하나와 더해져 셋이 된다. 이후로는 셈이 능한 사람조차 헤아릴 수 없으니 하물며 평범한 사람은 어떻겠는가? 그러므로 없음에서 있음으로 나아가도 셋에 이르거늘, 하물며 있음에서 있음으로 나아가는 경우에야 어떻겠는가? 나아감이 없어야 할 것이니, 옳음에 따를 뿐이다.

**이**

주제어는 '옳다고 하는 것에 따름[因是]'이고, 주제문은 '여기서 나아가지 않고 옳다고 하는 것에 따를 뿐이다[無適焉, 因是已]'이다. 장자는 '자신의 주장도 다른 이들의 주장과 마찬가지로 하나의 주장이지 않느냐'는 문제를 제기한다. 장자는 옛사람의 도가 사물도, 경계도, 시비도 없다고 여기는 경지[一]라고 말한다. 시비가 분열되기 이전의 근원에 대해 '시작이 있다'거나 '있음'이 있다고 말한다면 무한 소급이라는 한계에 봉착한다. 또한 언어의 특성상 '하나[一]'에 대한 언급은 '하나'를 깨뜨린다. 시비를 논란하는 상황에서 '하나'를 이루는 길은 상대가 옳다고 하는 것에 따르는 것[因是] 뿐이다.

**유**

앞단락의 소결이 어떻게 실질성을 가질 수 있는지에 대해 반성적으로 접근하는 내용이다. "是故滑疑之耀, ~ 此之謂以明."도 말로 한 것이니, 도 체득의 경지 자체는 아니다. 장자는 이런 한계를 넘어서기 위해 방편적인 치언(卮言)으로 이야기를 이어간다. 자가당착을 벗어나기 위해 '청상언지(請嘗言之)'라는 화법을 통해 관념 세계에서의 상대성을 극단적으로 보여주면서 절대의 세계로 융입하여 일체가 될 것을 주문한다. 시험 삼아 만물의 시원과 유·무 문제에 대해 인식 논리적으로 따져보아도, 사물의 차별성을 알 수 없게 된다. 형체상의 대(大)·소(小)와 수명에서의 수(壽)·요

(天)라는 차별도 관념에 따른 상대적인 논리만으로도 극복되는 것 같다. 현실에서 중론(衆論)이 분분한 것도 관념에서의 상대성을 통해 극복될 것처럼 생각된다. 그러나 이런 것들은 실질을 지니지 못한다. 결국 관념적 추론에 의한 '천지여아병생(天地與我竝生), 이만물여아위일(而萬物與我爲一)'을 넘어서 실질적 전일성인 '인시이(因是已)'의 세계에 직접 참여해야만 한다.

**정**

앞에서 인지를 말하고, 이곳에서 본격적으로 세계[체험된 세계]에 관해 논하고 있다. 규정적 언어사용에 의해 촉발되는 세계의 끝없는 분절을 되짚어 올라가면서 어떤 분열도 존재하지 않았던 때를 암시하고, 그 경지에서는 어떤 차이도 없음을 말한 후에, 말의 규정적 사용으로 인해 분열이 초래되므로, 규정하는 시비의 언어를 사용하지 말고 상황에 따라야 함을 말한 글이다. 우주발생론을 말한 것처럼 보이지만 이어서 언어의 한계를 지적하고 있으므로, 언어에 의한 체험의 분별 혹은 체험된 세계의 분별을 말하는 것이라고 보아야 할 것이다. 핵심주제는 언어에 의한 세계의 분절과 분절을 피하기 위한 방법이라고 할 수 있는 상황에 따름[因是]이다.

**박**

넷째 단락이다. 성심에 기반한 제작백가의 시/비 논쟁을 벗어나는 방법으로서 '명(明)'을 제시한 뒤, 이 같은 자신의 주장에 대한 논리적 비판을 장자가 역비판하며 방어하는 내용이다. 만물의 평등성을 설파하면서 그것을 있는 그대로 긍정하는 태도를 견지할 것을 요청하는 장자의 방법론상의 논리적 기반은 상대주의이다. 이에 대해 '모든 것은 상대적이라는 주장도 상대적이다'라는 명제로 제기될 수 있는 비판에 대해 장자는 대상언어와 메타언어의 구분과 유사한 방식으로 재비판하고, 마지막에 다시 한 번 '명'의 실질적인 내용인 '인시(因是)'를 강조한다.

1  今且有言於此, 不知其與是類乎? 其與是不類乎? 類與不
類, 相與爲類, 則與彼無以異矣.

이    '여기에 말이 있음'은 앞에서 장자가 말한 것을 가리킨다.
옛사람은 사물도, 경계도, 시비도 없다고 여긴다는 말이다.
장자는 자신의 말이 '옳다고 하는 것[是]'과 같은 부류인지
다른 부류인지를 묻는다. 그런데 장자의 주장과 같은 부류
이든 다른 부류이든 결국 자기가 옳다고 하는 것을 주장한
다는 점에서는 하나로 묶일 수밖에 없다. 그렇다면 다른 주
장들과 아무런 차이가 없다. 시(是)는 '인시'의 '시'로서 '옳
음' 또는 '옳다고 하다'이다.

유    이 문단을 의역한다. "지금 여기에 어떤 말이 있다고 가정
할 때, 그게 '이것[是]'이라는 것과 더불어 동류(同類)의 말
이 될지, 아니면 그게 '이것'이라는 것과 불류(不類)의 말이
될지를 알 수 없다. 그런데 형식적 사유의 관념상에서는 하
나의 '유'가 '불류'와 더불어 새로운 큰 하나의 유로 될 수 있
다고 한다면, '이것'이라는 것은 '저것[彼]'이라는 것과 다를
게 없어진다." '유언어차(有言於此)'는 바로 뒤에서 장자 자
신이 제시하는 "有始也者 ~ 而況自有適有乎!"의 글을 가리
킨다. 여기의 '시(是)'는 넓게는 시비를 일삼는 세속적 논쟁
에서 '시'임을 자처하는 자들의 사유와 말을 가리키고, '피

(彼)'는 그의 상대편이 되는 자들의 사유와 말을 가리키는
것일 수 있다. 그렇지만 문맥에 따라 범위를 좁혀서 보면,
'시'는 '인시(因是)' 즉 앞단락의 ① "滑疑之耀, 聖人之所圖
也. 爲是不用而寓諸庸, 此之謂以明"을 가리키고, '피'는 유
가 · 묵가 · 명가(특히 혜시)의 사유와 말을 가리키는 것이
라고 볼 수 있다. 그리고 ② "不知其與是類乎? 其與是不類
乎?"란 장자가 가정하는 말(즉 뒤에서 하는 말)이 '시'(①)라
는 것과 동류의 말이 될지, 불류의 말이 될지를 아직 알 수
없다는 뜻이다. 왜냐하면 ②에 ③ "類與不類, 相與爲類, 則
與彼無以異矣."라는 형식적인 사유 논리로 '한정하여' 접근
하기 때문이다. 그런데 ③은 혜시의 합동이(合同異) 개념들
가운데의 '소동이(小同異)'와 '대동이(大同異)'[142]를 장자가
겨냥하고 있는 것으로 이해된다. 이런 구도로 접근하는 것
이 가능하다면, '금차유언어차'란 사실상 혜시적 관념 언어
를 사용하는 어떤 이야기일 것이라고 추론할 수 있다. 혜시
처럼 순전히 사유 논리로 접근할 때, 관념상에서는 유(類)
가 불류(不類)와 더불어 새로운 하나의 큰 유로 되는데, 이
에 따르면 '이것'이라는 게 '저것'이라는 것과 더불어 하나
의 새로운 큰 유를 이루어 같은 것이 되어버린다. 그런데 이
런 논리를 그대로 따르면, 장자가 '인시'(①)라고 한 것과 지
금 가정하는 다른 말(뒤에서 하는 말)도 결국 '시' · '피'라는
것들과 더불어 하나의 같은 유가 될 것이다. 무엇보다도 형
식적 사유의 말로써 논의하는 것이라는 점에서 그렇게 된

다. 나아가 장자가 하는 모든 말 역시 사유에 의해 구성되는 관념의 세계에 불과하다는 결론이 날 것이다. 이것을 액면 가대로 보면, 장자 자신이 혜시적 논법을 그대로 따르거나 차용하는 것에 불과하다. 이를 통해 장자가 뭔가 역전시키는 점을 보여주지 않는다면, 장자의 이 모든 이야기는 무의미한 것이다. 사실 장자는 이런 접근을 통해 혜시의 관념적 사유 뭉치를 풀어내고자 한다. 즉 앞단락에서 소결로 제시한 도의 체득과 실천은 혜시적 언어 사변의 논리만으로는 접근할 수 없는 실질적 체험의 경지라는 점을 에둘러 보여주려는 것이다.

장자의 말은 관념의 세계가 아니라 '도'라는 진실한 존재를 전제하는 속에서 하는 것이다. 진실한 존재인 도를 기준으로 할 경우에도, 그에 대해 말해지는 것과 그렇지 않은 것, 그리고 말해지는 것 가운데의 '시'와 '비'라는 것 모두가 '하나의 류'로서 인정될 수 있는 것일까? 그럴 수는 없다. 근원인 '도'는 사람의 말이나 논변을 넘어서 있는 것이므로, 그것을 '유(有)'라고 규정할 수도 없고 '무(無)'라고 규정할 수도 없다. '道'라는 자(字)도 말을 빌린 것일 따름이기에 그 자체의 본질은 아니다.[143] 본연의 존재 세계[實]에는 본래 유무 · 생사 · 대소 · 유불류 · 귀천 등의 분별과 차별이 없으므로, 그것을 명명하는[稱謂] 데서도 '시비'나 '가불가' 등의 구별이 있을 수 없다.

정
—
말과 범주에 관한 글이다. 말은 무엇인가를 지칭한다. 지칭되는 것과 이름이 같은 유인가라고 묻고 있다. 이것은 말, horse, 馬와 같은 표현 각각을 문제 삼는 것이 아니다. 그런 이름의 꾸러미 전체와 대상 사이의 관계를 묻는 글이다. 두 가지 입장에 설 수 있다. 범주가 대상과 한 쌍이라고 볼 수도 있다. 소박실재론의 입장이다. 범주는 구성된다고 함으로써 반대되는 입장에 설 수도 있다. 예를 들어, 환각와 망상 등의 증상을 결합해서 조현병의 초기 명칭인 조발성 치매라는 범주를 만드는 것이 이런 사례에 해당한다. 이런 상황을 고려하면 위 질문은 실재론과 구성주의 중 어떤 것이 옳은가라는 질문으로 이해할 수 있다. 뒤에서는 장자 자신의 입장인 구성주의적 입장을 따라 동류와 동류가 아닌 것이 모두 하나의 유라면 도와 다를 바가 없다는 말을 덧붙이고 있다.

**박**

'今且有言於此'는 '지금 여기 어떤 주장이 있다고 하자'는 뜻이다. "언어의 본성상 모든 주장은 상대적이므로 어떤 담론의 진리 주장도 절대적인 근거가 없다고 하는 내 주장의 타당성을 공격하는 견해가 있다고 하자."라고 하는 가설적 발언이다. 그런데 이것은 가정에 그치는 것이 아니라 당시의 명변(名辯)사조[144]의 분위기 속에서 장자처럼 상대주의적 관점을 취하는 입장에 대해 그 논리적인 문제점을 공격하는 견해들이 실제 있었다. 명변사조의 중심에 서 있던 후기 묵가가 대표적이다. 이들의 주장이 집성되어 있는 『묵경(墨經)』에 "말이 모두 틀렸다고 여기는 것은 틀렸다. 이유는 그 말에 있다."[145]라는 명제가 있다. 이 명제를 지금의 논의로 끌고 들어와 부연한다면, "모든 주장은 상대적이라는 말도 상대적이다. 이유는 그것도 하나의 주장이기 때문이다."라는 의미가 된다. 이는 명백히 장자처럼 상대주의에 입각하여 자기 주장을 펼치는 학설을 염두에 둔 비판이다.[146]

'不知其與是類乎? 其與是不類乎?'에서 '기(其)'는 앞에 나온 '유언(有言)' 즉 '어떤 주장'을 받고, '시(是)'는 바로 앞문단의 '인시'의 주장, 즉 상대적 시/비를 포괄하여 넘어설 것을 주장하는 장자 자신의 주장을 가리킨다. 그리고 '유(類)'는 일반적으로는 '부류', 논리학적 개념으로는 '집합'을 뜻한다. 따라서 이 두 구절은 '그 주장이 인시를 주장하는 장자 자신의 주장과 같은 집합에 속하는지, 다른 집합에 속하는지 모르겠다'는 의미이다.

'類與不類, 相與爲類, 則與彼無以異矣.'는 '같은 집합에 속하는 주장과 다른 집합에 속하는 주장이 서로 하나의 집합을 이루게 되면 인시의 주장과 저쪽의 주장이 차이가 없게 된다.'는 의미이다. '저것'을 뜻하는 '피(彼)'는 구체적으로 앞의 '어떤 주장[有言]'을 지시한다.

여기에 담겨 있는 장자의 생각은 러셀(Bertrand Russell)의 역설[147]과 유사한데, 언어학 및 논리학에서 말하는 대상언어(object language)와 메타언어(Meta Language)의 구분을 가지고 이야기하면 이해가 더 쉽다. 대상언어는 세계 안에 있는 사물이나 대상들에 관해 이야기할 때 사용하는 일상

언어를 가리키고, 메타언어는 그 대상언어의 내용을 범주화하거나 규칙화하는 데에 사용되는 언어를 말한다. 이것을 철학에서 논리적 역설을 이야기할 때 자주 인용되는 거짓말쟁이의 역설(liar paradox)을 준용하여 예를 들면, "모든 한국인은 거짓말쟁이다"는 대상언어이고 "'모든 한국인은 거짓말쟁이다'는 거짓말이다."는 메타언어이다. 뒤의 것이 메타언어인 이유는 대상언어의 기술 내용에 대한 이차적인 언명이기 때문이다. 장자가 여기서 제기하는 것은 이 두 가지 유형의 주장을 뒤섞어 진위를 판단하려 한다면 오류에 빠진다는 것이다.

어떤 한국인이 "모든 한국인은 거짓말쟁이다"라는 주장을 했다면 이 말은 참인가, 거짓인가? 참이면 이 말은 거짓이다. 이 말을 한 사람도 거짓말쟁이인 한국인이기 때문이다. 반면에 거짓이면 이 말은 참이다. 그렇게 되면 한국인은 거짓말쟁이가 아니기 때문이다. 왜 이런 역설이 발생할까? 그것은 사실에 대한 언명인 대상언어와 그 대상언어에 대한 언명인 메타언어를 구분하지 않고 같은 차원에 놓고 진위를 따지기 때문이다.

일반적으로 'p는 q다'는 명제의 진위 판단은 주어 p가 술어 q가 말하는 속성을 지니고 있느냐에 달려 있다. '원은 둥글다'라는 명제는 주어(p)인 '원'이 술어(q)가 말하는 '둥글다'는 속성을 지니고 있기 때문에 참이다. 하지만 '삼각형은 변이 네 개다'와 같은 명제는 주어(p)인 삼각형이 술어(q)의 내용인 '변이 네 개'라는 속성을 지니고 있지 않기 때문에 거짓이다. 그러면 이것을 앞의 예에 적용시켜 보자. '모든 한국인(p)은 거짓말쟁이다(q)'의 진위는 당연히 주어인 '모든 한국인(p)'이 술어인 '거짓말쟁이다(q)'라는 속성을 지니고 있느냐의 여부에 달려 있다. 반면에 '모든 한국인은 거짓말쟁이다(p)는 거짓말이다(q)'는 명제는 주어가 '모든 한국인'이 아니라 '모든 한국인은 거짓말쟁이다'는 문장 전체이다. 따라서 이 말의 진위는 '모든 한국인'이 아니라 '모든 한국인은 거짓말쟁이다'라는 주어가 '거짓말이다'라는 속성을 지녔느냐를 따져야 한다. 그러지 않고 이것을 한 데 뒤섞으면 『묵경』에서 제기하는 그런 비판이 가능해지는 것이다. 이상을 염두에 두고 이 구절을 의역하면 다음과 같다.

이제 여기에 어떤 주장(『묵경』과 같은 주장)이 있다고 하자. 그런데 이 주장이 내가 지금까지 말한 '인시'의 주장과 동일한 집합에 속하는 것인지 다른 집합에 속하는 것인지 모르겠다. 하지만 만약 서로 다른 집합에 속하는 주장들을 구분하지 않고 모두 같은 집합으로 간주하여 그 진위를 판단하려 한다면 내가 말하는 '인시'는 저쪽에서 하는 주장과 아무런 차별성을 확보하지 못할 것이다.

「제물론」이 당시의 명변사조 분위기 속에서 치열한 논리 투쟁을 통해 이루어진 것임을 다시 한 번 확인시켜 주는 대목이다. 이 구절에 대한 해석은 예로부터 분분한데, 그 가운데 이효걸의 해석이 이런 맥락을 비교적 정확히 짚고 있다.

| 2 | 雖然, 請嘗言之. 有始也者, 有未始有始也者, 有未始有 夫未始有始也者. |
|---|---|

**이**

옛사람의 경지는 사물도 없고, 경계도 없고, 시비도 없으니, 그의 도(道)는 '하나'이다. 시비가 분열되기 이전의 근원에 대해 '시작이 있다'고 말할 수 있을까? 시작이 있다고 말한다면 아직 시작이 있기 전이 있고, 또 아직 시작이 있기 전이 있기 전이 있게 된다. 시원으로서의 '하나'에 대한 추적은 무한히 소급될 수밖에 없고, 답을 얻을 수 없다.

**유**

이는 실재에 관한 내용적 탐구가 아니라, 사변적인 관념상에서 '시작[始]'이라는 말을 기점으로 하여 그것의 이전이 무엇인지를 형식적으로 추리하는 논법이다. 이런 추론은 무한 소급으로 치닫는다. 또한 시작 '이후'에서도 무한히 퇴행할 수밖에 없다. 결과적으로 시작 이전이든 이후든 단계들마다 모두가 선후라는 인과적 상대성[有待]에 놓이게 된다. 이것을 용인하면 내용이 휘발되고 불가지론으로 빠진다. 이것은 물들 자체에 대한 이해나 체득이 아니라, 관념상에서의 인과적 상대성에 빠져들어 가상의 세계에서 떠도는 것이다. 따라서 이것은 객관적이 아니라 오히려 지극히 주관적이다. 장자는 이런 인간의 관념적 추리의 한계를, 바로 그 추리 과정을 통해 보여준다. 이 단락의 글을 피상적으로 읽는 데서 장자철학을 극단적 상대주의라고 평가하는 오해가 발생하는 것 같다. 여기에서 장자가 현상적인 것들을 바라보는 상대성, 더욱이 형이상학적인 것을 추론하는 과정에서의 상대성을 극단적으로 밀고 나아간 이유가 무엇일지를 깊이 음미할 필요가 있다. 그리고 실재에 대한 인식 또는 실재와의 합일에 관한 장자의 다른 방법이 있다면, 그것이 무엇일지도 탐구할 필요가 있다. 「지북유」에서는 내용을 담지하는 존재론적, 우주발생론적 논의를 보여준다. '청상언지(請嘗言之)'는 무리가 될 줄을 알지만 '부득이' 말해보겠다는 뜻이다.[148]

**정**

언어적 인지에 의해 존재가 분열된 시점에서 분열이 존재하지 않았던 상황으로 소급해 올라가며 말하는 글이다. 명명됨으로써 주어진 것은 처음으로 다른 것과 구분된다. 그것이 시작이다. 그런데 아직 명명되기 전 즉, 표상화하기 전의 단계가 있다. 그것을 장자는 아직 시작이 있지 않은 상황으로 묘사하고 있다. 주어지기 전의 상태도 있다. 즉, 어떤 것도 체험되기 전의 상태도 있다. 그것을 장자는 시작이 있지 않은 상황조차 없던 때로 묘사하고 있다.

**박**

'雖然, 請嘗言之' 바로 앞에서 개진한 장자 자신의 주장을 예를 들어 설명해보겠다는 의미이다. 이하의 내용이 전달하는 메시지는 중의적이다. 하나는 앞의 명제 전체가 뒤의 명제의 주어로 들어가는 과정을 반복해 보임으로써 대상언

어와 메타언어를 구분하지 않을 때 발생하는 오류를 예시
하는 것이다. 이 부분은 다음과 같이 정리할 수 있다.

시작이 있음 → {(시작이 있음)이 아직 시작되지 않음}이 있
음 → [{(시작이 있음)이 아직 시작되지 않음}이 아직 시작되지
않음]이 있음

또 하나는 그런 식의 접근은 무한소급을 허용하게 되어 성
심에 구속되어 있는 삶의 답을 결코 얻지 못한다는 사실을
지적하는 것이다. '모든 한국인은 거짓말쟁이다 → (모든 한
국인은 거짓말쟁이다)는 거짓말이다 → '{(모든 한국인은 거짓
말쟁이다)는 거짓말이다}는 거짓말이다 ······'라는 식이 되
기 때문이다.

---

3  *有有也者, 有無也者, 有未始有無也者, 有未始有夫未始*
   *有無也者.*

이  '하나'에 관련해서 '시작이 있음'을 말할 수 없다면 그것이
―   '있다'고 말할 수는 있을까? 있음이 있다고 한다면 없음이
    있고, 아직 없음이 있기 전이 있고, 아직 없음이 있기 전이
    있기 전이 있게 된다. '하나'가 있다고 말하는 것도 또한 무
    한 소급으로 끝나니, 마찬가지로 답을 얻을 수 없다.

유  바로 앞문단에서 '시작'과 '시작 이전'이라고 표현한 것을
―

간략하게 유·무 문제로 변환시키고 있다. 혜시의 논법을
도가의 용어로 바꾸어 놓는 것일 따름이다. 유·무의 관계
문제가 철학적으로 논의된 것은 노자에게서 비롯되었다.
장자 역시 유·무의 관계에 대해 논의한다. 그렇지만 장자
는 그것을 통해 명가적 사유를 넘어서는 진실한 존재의 세
계로 사람들을 안내하고자 한다. 분명한 차이점은, 도가의
경우 명가의 혜시와는 달리 진실한 존재를 전제한 속에서
그에 대한 인식 및 명칭과 관련하여 '유·무'를 거론한다는
점이다. 그렇지만 일단 이 문단에서의 '유·무'는 혜시적 의
미로 사용된 것이다.

**정** 무(無)는 이미 지칭된 것으로 그 층위가 유(有)와 다르지 않
다. 그러므로 뒤에서 유무가 있지 않은 때라고 말한다. 유무
가 있지 않은 때는 명명되기 전의 상태를 이른다. 즉, 무엇
인가 드러났으나 아직 상징에 의해 포착되지 않은 상태다.
이 상태를 그저 느낌이라고 해보자. 뒤에서는 느낌조차 의
식화되기 이전의 상태 즉, 모든 것이 투과해서 그저 흘러가
는 상태를 말하고 있다.

**박** 앞의 논리를 '유(有)/무(無)'를 가지고 되풀이한 것이다.

---

4  俄而有無矣, 而未知有無之果孰有孰無也. 今我則已有謂
   矣, 而未知吾所謂之其果有謂乎, 其果無謂乎?

---

**이** 시원에 대한 물음이 있네 없네 하는 데로 넘어가지만 무엇

이 있고 무엇이 없다는지 모르겠으며, 그렇다면 장자 자신이 말한 것이 무엇인가에 대해 말한 것이 있는지 없는지도 모르겠다는 말이다.

유
———
순식간에 '유(有)·무(無)'라는 대립적인 짝이 생겨나고 계속 이어진다. 이런 유·무 가운데의 어느 것이 정말로 '유'이고 정말로 '무'인지를 알 수 없다. 지금 내가 이런 점에 관해 이렇게 추론적인 말로써 일러보았는데, 과연 내가 뭔가를 말한 것인지 말하지 않은 것인지도 알지 못하겠다." 왜 '알지 못하겠다'라고 하는가? 형식만 있고 내용은 없기 때문이다. '아(俄)'는 '잠깐 사이, 순식간'이라는 뜻이지만, 이는 실재 세계가 사변적 개념의 영역으로 치환됨을 의미한다. 여기의 '시/미시', '유/무'는 각각 상대적인 관념이다. 그래서 이에 관한 '위(謂)/무위(無謂)'도 상대적일 수밖에 없다. 인식에서의 상대성이 말에서의 상대성으로 이어지니, 인식과 말의 상대성을 더 극단으로 밀고 나아가 보자.

정
———
공명하는 일기(一氣)의 층위에서 보자면 있음[有]과 비어 있음[無]의 차이가 없고, 언표됨과 언표되지 않음의 차이도 없다는 뜻의 글이다. 최초의 떨림이 문득 이미지(소리, 후각, 기억의 내용 등을 모두 포괄)로 나타난다. 아이(俄而)는 그 나타남의 순간성을 묘사한 것이다. 이곳의 유무는 모두 표상화 된 이후의 상태다. 이 상태의 무는 사실 유적 세계의 무다. 그러므로 무도 사실 진정한 무는 아니다. 그것은 무라고 불리는 유일 뿐이다. 유도 사실 표상되었을 뿐 본래는 무다.

그러므로 유는 유라고 불리는 무일 뿐이다. 말도 마찬가지다. 말 그리고 말의 사이는 모두 유다. 그러나 말의 본원은 최초의 떨림으로 그것은 아직 표상화되지 않았을 때의 무일 뿐이다.

**박** 인과론적 접근을 통해 어떤 문제의 궁극적인 출발점을 확보하려는 시도는 성공할 수 없다. 세계는 하나의 절대적인 출발점을 가지고 있지 않기 때문이다. 인과론적으로 최초 원인을 소급해가는 것은 개념적 사고의 잘못된 습관일 뿐이다. '俄而有無矣'는 무한소급에 빠지므로 어느 순간에는 소급을 멈추고 그 지점을 출발점으로 삼게 될 수밖에 없음을 말한다. 신의 존재 증명 가운데 운동인(運動因)을 소급해 들어가는 방식이 어느 지점에서는 자신은 움직이지 않으면서 모든 것의 운동원인이 되는 원동자(原動者)인 이른바 '부동의 동자(unmoved mover)'를 상정할 수밖에 없는 것과 같은 이치이다. 하지만 이것은 모든 운동에는 그것에 선행하는 운동인이 있다는 전제와 모순된다. 유와 무의 절대적인 구분이 불가능한 이유이다. '무'는 '유'의 기원을 소급하는 과정이 어느 단계에서 멈춘 결과일 뿐이다.

5 天下莫大於秋毫之末, 而大山爲小. 莫壽於殤子, 而彭祖爲夭.

**이** '하나'란 어떤 상태인지를 말해주는 사례이다. 가을에 짐승들은 털갈이하면서 털이 가늘어진다. '가을 터럭 끄트머리'

는 가장 가는 부위를 말하니, 극소(極小)의 사례로 제시되었다. '대산'은 '태산(泰山)'으로 읽는다. '태산'은 산동(山東)지역에서 가장 높은 산이다. '상자'는 어려서 죽은 아이를 말하고, '팽조'는 8백 세까지 장수했다는 인물이다.

장자의 말에 따르면 극소보다 큰 것이 없으니 태산은 작은 것이고, 요절한 아이보다 장수한 사람이 없으니 팽조는 요절한 셈이다. 장자의 말은 궤변처럼 들린다. 대소장단(大小長短)이 상대적으로 성립하는 세계에서는 작은 것은 큰 것보다 작고, 짧은 것은 긴 것보다 짧기 때문이다. 그러나 원문은 '하나'를 말하면서 제시된 구절이다. 상대적인 것들이 아니라 절대의 의식 세계를 설명하는 명제이다. 혜시가 전하는 당시의 관념에 따르면 '하나[一]'는 대일(大一)이면서 소일(小一)이다. '대일'은 지극히 커서 바깥이 없음[無外]이고, '소일'은 지극히 작아서 안이 없음[無內]이다.[149] '하나'의 경지에서는 아무리 작은 가을 터럭 끄트머리라도 인식되지 않는 것이 그보다 클 수 없고, 어려서 죽은 아이라도 인식되지 않는 것이 그보다 장수할 수 없다.

'대'와 '소', '장'과 '단'은 비교를 통해 얻어지는 평가이다. 3자의 시각에서 가을 터럭 끄트머리와 태산을 비교하면 가을 터럭은 작고 태산은 크며, 어려서 죽은 아이는 수명이 짧고 팽조는 수명이 길다. 그러나 '하나'의 경지란 상대적인 것들이 성립하지 않는 인식이다. '하나'에 3자의 관점이란 존재하지 않으며, 따라서 비교도 있을 수 없다. 가을 터럭 끄트머리와 하나가 된 인식은 가을 터럭 끄트머리 자체이다. 인식 밖의 것은 없으니, 가을 터럭 끄트머리보다 큰 것은 없다. 가을 터럭과 하나인 인식 바깥에 있는 태산은 작은 것이 된다. 어려서 죽은 아이와 하나인 인식은 요절한 아이 자체이니, 그 아이가 산 시간보다 긴 수명이란 있을 수 없다. 아이는 자신의 수명을 다 채우고 죽었으니 그보다 더 장수할 수 없는 시간을 산 것이다. 어려서 죽은 아이와 하나인 인식 바깥에 있는 팽조는 일찍 죽은 인물이 된다. 남의 인생이 아무리 훌륭하더라도 나의 인생보다 소중한 것은 없으며, 남의 군대 생활이 아무리 힘들다고 해도 나의 군대 생활보다 괴롭다고 할 수 없는 이유도 여기에 있다. 내가 겪는 삶의 소중함과 괴로움은 비교 대상이 아니기 때문이다.

장자의 사유를 따라잡지 못한 장자의 후학들은 동일한 문제를 다른 방식으로 설명한다. 「추수」의 작자는 "차이로 보건대 크다는 점에 따라 크다고 하면 만물은 크지 않은 것이 없고, 작다는 점에 따라 작다고 하면 만물은 작지 않은 것이 없다. 그러니 천지가 좁쌀처럼 작은 것이 됨을 알며, 터럭 끄트머리가 구산(丘山)처럼 크게 됨을 아니. 차이의 도수를 볼 수 있다"[150]고 풀었다. 사물의 대소를 관점의 차이에서 비롯한 결과로 설명한 것이다. 상대적인 관점에 따라 큰 것이 작은 것이 되고, 작은 것도 큰 것이 된다는 논법이다. 「추수」에서는 여전히 대소를 비교하는 맥락에서 벗어나지 못하기 때문에 터럭 끄트머리보다 큰 것이 없고 구산은 작은 것임을 설명하지 못했다. 곽상은 한술 더 뜬다. 대소를 판정하는 기준으로 본성의 충족[性足]이라는 관념을 제시한다. "본성이 충족된 것을 크다고 여긴다면 천하에서 충족된 것 가운데 가을 터럭보다 더한 것이 없고, 본성이 충족된 것이 크지 않다면 비록 태산이라도 또한 작다고 일컬을 만하다."[151] 그는 '성족'이라는 제3의 개념적 기준을 설정함으로써 장자가 '하나'를 말하는 맥락을 벗어난다. '성족'은 구체적인 경험을 넘어선 초월적인 관념이다. 곽상의 설명은 장자의 철학 정신을 제대로 드러내지 못했다.

유

"심지(心知)로써 물들의 세계를 사유할 때, '대(大)/소(小)'와 '수(壽)/요(夭)'라는 것도 상대적인 것으로 된다. 더 작은 것들에 상대한다는 관념에 따라 천하에 가을 짐승의 털끝보다 큰 것은 없게 되며, 더 큰 것들에 상대한다는 관념에 따라 태산은 오히려 작은 것으로 된다. 또한 강보에 싸인 채로 죽은 아이보다 오래 산 자가 없게 되고, 7·8백 세를 살았다고 하는 팽조는 오히려 요절한 사람이 된다." '상자(殤子)'에 대해 성현영은 "아이가 태어나 강보에 싸인 채로 죽음[人生在於襁褓而亡]"이라고 하였다. 앞구절은 형체에서의 크고 작음을 대상으로 하는 것이고, 뒤 구절은 수명에서의 길고 짧음을 대상으로 하는 것이다. 그런데 여기의 '대/소'·'수/요'라는 것은 모두 시간과 공간 속에서의 실제의 변화를 통한 게 아니라, 관념상에서만 이루어지는 것이다. 그리고 '상대성'을 철저히 밀고 나가는 데서 얻게 되는 결론이다. 이런 사변적 관념은 혜시의 명제 중 "하늘은 땅과 더불어 그만큼 낮고, 산은 연못의 물과 더불어 그만큼 평평하다[天與地卑, 山與澤平)]"(「천하」)라는 명제와 다를 바 없는 것이다. 그러나 이것은 '구획된' 속에서 소(小)·요(夭)라고 여겨지는 것들을 가장 작고 짧은 것으로 설정할 때라야 가능한 이야기다. 장자가 과연 이러한 사변을 긍정한 것일까? 장자의 체득적 관점은 "도미시유봉(道未始有封), 언미시유상(言未始有常)"이다. 장자는 우주, 즉 무한한 시간과 무궁한 공간이라는 열린 차원에서 물들을 대하고 이해한다. 그런 장자의 결론은 물들의 단순한 상대성이 아니라, 무한한 변화 속에서 생사를 거듭하는 것에 따른 평등성 즉 '천균(天鈞)'이다. 장자가 여기에서 사물과 인식에서의 상대화를 극단으로 이끌어가 보는 것은, '존재하는 모든 것은 본래 평등하며 하나의 유기적 전체'라는 실상을 관조하고자 하는 데서 차용한 방편일 따름이다. 이렇게 이해할 때, 장자를 단순히 '상대주의자'라고 규정하는 것은 온당한 평가일 수 없다. "큰 앎[大知]을 지닌 사람이라야 …… 균평한 대도(大道)를 분명히 안다. 그런 까닭에 태어난다고 해서 기뻐하지 않고, 죽는다고 해서 재앙으로 여기지도 않는데, 이는 마침과 시작함에 일정함(원인)이 없음을 알기 때문이다. 사람이 알고 있는 것만을 가지고 따지는 것은 알지 못하는 것이 많음만 못하며, 태어나서 살아 있는 동안의 시간은 아직 태어나지 않은 때의 장구함만 못한 것이다. 그런데도 사람들은 지극히 작은 것을 가지고 지극히 큰 것을 궁구하려고 드는데, 이 때문에 미혹되고 어지러워져 스스로 망연자실하지 않을 수가 없다. 이로써 볼 때, 또 털끝이 지극히 작은 것 중에서 가장 끝이라는 점을 어떻게 알 수 있겠는가! 또한 천지가 지극히 큰 경역(境域)의 극한이라는 점을 어떻게 알 수 있겠는가!"[152]

장자는 '도'에 관해 이렇게 설명한다. "도란 …… 스스로 자기 존재의 근본이며(자기 원인적 절대 존재), 천지가 생기기 이전의 옛날부터 존재하면서, 귀신과 제(帝)를 신이(神異)한 존재로 만들었으며 하늘과 땅을 낳았다(근원성). 가장 높은 태극의 위에도 있으면서 높다고 여기지 않고, 가장 깊은 육극의 아래에도 있으면서 깊다고 여기지 않는다(공간적으로 무한함). 천지가 생겨난 것보다도 앞서 있으면서 오랜 세월이라 여기지 않고, 아득한 옛날보다도 오래되었으면서도 늙었다고 여기지 않는다(시간적으로 무궁함)."[153] 장자철학은 '도무종시(道無終始)', '도통위일(道通爲一)', '통어일(通於一)', '대통(大通)', '대동(大同)'의 세계를 실제로 깨닫고 그와 하나가 되어 살아감을 지향한다. 이런 차원에서는 '상대주의'라는 게 용인될 수 없다. 사물은 근원인 도 차원에서뿐 아니라 '일기(一氣)' 차원에서도 통일을 이룬다. 이것은 존재적 차원을 바탕으로 하는 인식적 · 가치적 측면에서 사물의 근원적 통일성을 뜻한다. 근원적 통일성은 현상의 다양성과 불가분리의 관계를 갖지만, 현상의 것들을 상대성으로 방치(위장된 옭아맴, 즉 지배)하지는 않는다.

**정** 장자는 언어구성주의자다. 우리의 체험은 본래의 주어진 것이 언어에 의해 개념화됨으로써 구체적으로 성립한다. 장자는 실질의 손님에 불과한 언어가 실제를 주도하고 심지어 왜곡하는 상황을 비판한다. 물론 우리는 언어라는 손님 없이는 살 수 없는 언어의 존재다. 그러므로 장자의 비판은 언어의 특정한, 그러나 일반적으로 언어의 대표적 특성으로 여겨지는 측면으로 향한다. 비교하는 언어가 대표적이다. 위의 대소(大小)는 비교의 술어다. 장자는 일차적으로 이런 비교가 상대적임을 말한다. 그것은 맥락에 따라 변하는 것이다. 구성주의자인 장자에게는 사실이 의미에 따라 형성된다. 사실이 먼저 있지 않다. 3인칭적 관점은 사라지고 오직 전체적 존재의 1인칭적 관점만 남는다. 그러므로 의미만 남는다. 이로써 태산이 작고 가을 터럭이 크다는 말이 가능해진다.

**박** 사실들에 대한 절대적인 구분이 불가능하다면 공간과 시간에 대한 언명들도 결국은 상대적일 수밖에 없다. 혜시의 '역물십사'의 명제들과 궤를 같이 한다.

'팽조(彭祖)'는 중국 은(殷)나라의 현인으로 전해지는 인물로서 예로부터 장수의 상징으로 많이 이야기되었다. 『논어』에서는 공자가 스스로 흠모한 인물로도 나온다. 「소요유」에서 이미 한 번 나왔다.

6    天地與我竝生, 而萬物與我爲一. 旣已爲一矣, 且得有言
     乎? 旣已謂之一矣, 且得無言乎?

이
─
　　　장자의 시각을 한마디로 정리한 명제이다. 논의의 맥락에
유념할 필요가 있다. '함께 생긴다[竝生]'는 것은 혜시가 제
기한 '저것과 이것은 함께 생긴다는 주장[彼是方生之說]'의
'방생'과 같은 말이다. '병생'은 세계가 나와 동시에 의식에
떠오름을 말한다. '천지'는 내 밖에 있는 것이 아니고 '나'도
천지 안에 있는 개별적인 존재자가 아니다. '천지'는 실재론
적 세계와는 전혀 관련이 없다. 장자는 인식의 지평에서 천
지와 나의 관계를 말한다. 세계는 내가 인식함으로써 존재
하고 나도 세계를 인식함으로써 존재한다. '천지와 나는 함
께 생긴다'는 것은 세계와 내가 상대적으로 존재한다는 말
이다.
　　　세계와 나는 상대적으로 존재하므로 인식도 사물과 내가
상대하는 구조 안에서 작동한다. '만물은 나와 하나가 된다
[萬物與也爲一]'는 것은 상대적으로 작동하는 인식에서 하
나가 이루어진다는 말이다. 사물과 내가 하나가 된다는 것
은 무엇인가? 단서는 옛사람이 도달한 '사물이 없는 인식
[以爲未始有物]'에 있다. 사물과 내가 상대하는 구조에서 '사
물이 없음'은 자아의 소멸을 함축한다. 대상과 나는 상대적
으로 존재하므로 내가 없으면 대상도 없고 대상이 없으면
나도 없다. 대상과 내가 모두 사라진 인식상태가 '하나'이다.

'하나'는 자아가 소멸한 결과이다. 자아는 성심이 작용하는 한 소멸하지 않고, 시비도 마찬가지다. 성심이 작동하지 않는 것이 옛사람의 경지이다. 성심이 없어도 되고, 대상과 상대하는 자아가 없어도 된다는 점이 중요하다. 성심 없는 인식, 자아 없는 의식은 일상적인 경험에서 늘 작동하고 있다. 예컨대 깊은 밤에 마당으로 나와 앞산에 뜬 보름달을 보고 마음이 둥실 떠올랐다면, 그 순간에는 내가 보는 달도 없고 달을 보는 나도 없다. 달과 내가 하나가 되어 설레는 느낌만 있다. 하나가 되는 것[爲一]은 일상적으로 벌어지는 사건이다. 성심과 자아에서 벗어나지 못하기 때문에 경지라고 불릴 뿐이다. 성심과 자아는 하나인 인식과는 별개로 부가된 군더더기 현상이다. 일상에서 성심과 자아를 걷어내면 그것이 곧 옛사람의 경지이다.

'만물여아위일'은 장자의 만물제동(萬物齊同) 사상을 대표하는 명제이다. 그렇지만 오해하지 말아야 할 점이 있다. 만물이란 세상의 온갖 사물들이 한 덩어리로 뭉쳐있다는 말이 아니다. 사물은 구체적이고 일시적인 인식의 순간에만 존재하며 '만물제동'은 만물 모두를 하나로 만든다거나 같은 것으로 본다는 의미가 아니라, 경험하는 사물 하나하나와 제각기 하나가 되는 것이다. 미녀를 볼 때 그녀와 하나가 되고, 추녀를 볼 때도 그녀와 하나가 되는 것이지, 미녀와 추녀를 하나로 만드는 것이 아니다. 만물을 통째로 인식할 수는 없다. 그것은 사물들을 고정시키는 개념적 인식에서나 가능한 일이고, 성심의 작용이다.

뒷부분에서는 '하나'에 대한 언어적 표현 문제를 다루고 있다. '하나'에 대해 말할 수 있는지, '하나'라고 말했으니 말을 하지 않았다고 할 수 있는지를 자문한다.

유
一

"사변적 논법을 극단으로 미루어가면, 물들보다 앞서 존재하는 것이라고 하는 천지도 나와 더불어 나란히 생겨난 것이고, 천차만별의 만물도 나와 더불어 하나가 된다. 이미 하나[萬物與我爲一]로 되었는데, 또한 이것에 대한 말이 있겠는가? 이미 '하나'라고 말을 하였으니, 또한 이것에 대한 말이 없겠는가?" 여기의 '병생(竝生)'과 '위일(爲一)'은 일단 통일성·평등성을 뜻한다. '천지여아병생(天地與我竝生)'은 형체 측면에서 앞서 살펴본 '천지일지(天地一指)'와 연결되고, '만물여아위일(萬物與我爲一)'은 수량 측면에서 앞서 살펴본 '만물일마(萬物一馬)'와 연결된다. '천지여아병생, 이만물여아위일'은 순전히 관념상의 상대성에서 도출된 명제이지, 실재 세계를 체인(體認)한 게 아니다. 혜시의 최종 명제인 "만물을 널리 사랑하라. 천지는 한 몸이기 때문이다."[154]라는 것이 바로 이런 성격의 것이다. 그리고 이런 형식적인 통일은 그 자체로 대상화되어 동시에 분열될 수밖에 없다는 모순에 놓인다. 그러나 장자가 진정으로 말하고자 하는 것은, 존재하는 모든 것이 그 본체에서 본래 하나이며 또한 현상에서는 무궁한 변화를 통해 거대한 하나의 균평(均平)을 이룬다는 점이다. 이것은 대상화되어 분열해가는 세계가 아니다.

**정** 언어의 영향이 미치기 전, 표상화되기 이전의 떨림으로 돌아가면 모든 존재는 나와 하나로서 언표될 수 없는 바, 그것을 언어로 정의하면 분열이 발생함을 설명한 글이다. 하나의 상태에서는 말이 필요 없을 것이다. 그러나 떨림이 주어진 순간에도 체험은 있고 그런 체험을 규정적으로 표현하면 이미 말이 존재하고 사태는 분열된다.

**박** 사태들에 대한 절대적인 구분이 불가능하다면 나와 천지 · 만물은 분리될 수 없는 전체를 이룬다. 하지만 여기서 주의할 것이 있다. '천지 · 만물과 나는 하나[一]'라는 것을 개념적 인식으로 받아들이면 언어의 본성상 그것은 또 하나의 구분을 초래하게 된다는 점이다. '유언(有言)' 그 근원적 사태를 언어로 표상하는 행위, 즉 개념적 인식을 가리킨다.

**7** 一與言爲二, 二與一爲三. 自此以往, 巧曆不能得, 而況其凡乎!

**이** '하나'는 하나가 된 상태이고, 말은 '하나'를 표현한 언어이다. '하나'를 말하는 순간 '하나'와 '하나'라는 말, 둘이 된다. 둘은 또 '하나'와 합해서 셋이 된다. 말은 말하고자 하는 것을 대상화시키고 고정시킨다. 그러나 하나는 대상을 낳는 상태이지 대상화될 수 있는 것이 아니다.(일컬음[謂]에 대한 설명을 보라. 장자는 '謂'와 '言'을 구분한다) 더욱이 하나는 순간적인 사건으로서 고정될 수 없다. '하나'는 늘 언어적 표현 이전의 사건이다. '하나'는 언어로 담을 수 없다. '하나'에 대한 언어적 표현이 무한 증식을 낳는다는 점은 '하나'가 말 바깥에 있다는 방증이다.

유
一

"'관념상에서 통일을 이룬 하나'와 그것을 표현하는 '하나라는 말'이 더불어 둘이 되고, 이 '둘이라는 것'에 새로운 하나, 즉 '둘을 대하는 새로운 관념적 인식인 하나'가 더해져 셋이 된다. 이로부터 헤아려가면 제아무리 셈을 잘하는 사람이라도 다 헤아릴 수 없을 텐데, 하물며 평범한 사람이랴!" 대상화하여 부르는 말이 다시 대상화되어 무한히 퇴행하는 것은 인식의 분열이며 명상적(名相的) 분화의 세계로 치달아가는 것이다. '일여언이(一與言二), 이여언위삼(二與言爲三)'이 분열의 논법 또는 차별화의 구속 논법이라면, 앞의 '유여불류(類與不類), 상여위류(相與爲類)'는 해체에 의한 통합의 논법이라고 할 수 있을 듯하다. 하지만 이것들은 사변적 사유에 의한 것으로서 자체모순을 벗어날 수가 없다. 관념적 통일은 그 자체로 무한 분열이기 때문이다. 이것을 '꿈속의 꿈', '그림자의 그림자'와도 연결해볼 수 있을 텐데, 장자는 이것들을 부정한다. 혜시적 논법은 장자의 '도통위일(道通爲一)'·'입어료천일(入於寥天一)'(「대종사」)과는 차원이 아주 다르다. 관념적 통일과 존재적 일체화의 차이는 극명하다. 장자는 다음 단락에서 자기의 목소리로 '대도불칭(大道不稱), 부도지도(不道之道)'와 '대변불언(大辯不言),

불언지변(訥知不言之辯)'을 말한다.

**정** 공명의 상태를 비춰주는 시어(詩語)와 마치 책장을 넘기는
것처럼 상황에 따르는 말이 아닌, 규정적 언어가 사용된 이
후에는 끝없는 분절이 일어남을 묘사한 글이다. 언어는 무
엇인가를 낚아채지만, 그 사이에는 영원한 단절이 있다. 그
러므로 최초의 떨림과 언표된 체험이 존재하게 된다. 표상
에 의해 분절이 일어난 경우를 생각해 보자. 표상의 진리성
을 확보하기 위해서는 우리는 최초의 떨림이 바로 그것을 있
는 그대로 반영한다고 가정해야 한다. 그렇다면 최초의 떨림
은 약한 그러나 어쨌든 표상의 지위를 획득한다. 그리고 이
런 식으로 분절이 끝없이 일어난다. 위 글은 최초의 떨림과
언어 사이에서 일어나는 무한한 분절을 묘사하고 있다.

**박** '일(一)'은 자/타가 구분되지 않은 근원적 사태 자체이다.
'이(二)'는 그 근원적 사태 자체와 그것을 언어로 개념화하
는 행위를 가리킨다. 언어는 기표와 기의로 구성되며, 따라
서 어떤 것을 언어로 표상하는 행위는 언어 자신과 그 언어
가 지시하는 대상의 구분을 전제로 한다는 점을 다시 한 번
떠올리면 된다. '삼(三)'은 총체성으로서의 근원적 사태[一]
와 그것을 개념화한 언어적 행위 및 그렇게 하여 대상화된
근원적 사태[二]의 합이다. '범(凡)'은 '보통 사람'을 말한다.

故自無適有以至於三, 而況自有適有乎! 無適焉, 因是已.

이   장석창에 따르면 무(無)는 무언(無言)이고, 유(有)는 유언
—   (有言)이다. '하나'는 말 이전의 상태이니 '무언'이고, '하나'
를 표현한 말은 '유언'이다. 언어의 대상이 될 수 없는 것도
말하면 순식간에 셋으로 증식된다. 말하는 내용을 대상화
하고 고정시켜서 진행하는 시비 논란은 근본적으로 종식될
수 없다. 시비는 따져서 밝힐 문제가 아니다. 상대가 옳다는
것에 따를[因是] 뿐이다. 「제물론」에서 '인시'가 도를 터득
한 사람이 드러내는 양태인 경우는 모두 4차례이다. 시비가
상대하는 구도에 말미암지 않고 자연의 구분에 따르는 것
[聖人不由, 而照之於天, 亦因是也], 일상의 쓰임에 맡기는 것
[爲是不用而寓諸庸. 庸也者, 用也. 用也者, 通也. 通也者, 得也. 因
是已], 성심을 벗어나지 못한 상대가 옳다고 하는 것에 따르
는 것[名實未虧而喜怒爲用, 亦因是也], 그리고 시비를 논란하
지 말고 상대가 옳다고 하는 것에 따르는 것[而況自有適有
乎! 無適焉, 因是已]이다. 자연의 구분에 따르는 것이란 제각
기 지닌 자신이 옳다고 여기는 것[無物不然, 無物不可]에 따
르는 태도이다. 결국 '인시'는 상대가 옳다고 하는 바를 따
르는 경지를 말한다. '인시'는 도가 통해서 하나가 된[道通
爲一]의 경지에서 이루어지는 이명(以明)과 양행(兩行)의 내
용이다.

유   "관념상의 상대적인 무(無)로부터 상대적인 유(有)로 나아
—

감에서도 곧바로 셋에 이르는데, 하물며 상대적인 유에서 유로 나아가는 것이야말로 말할 나위 없이 분열되어감이다. 관념적 인식 논리를 통해 헤아려감이 없이 '절대적 시(是)'에 따라야 한다." 정말로 하나[一]인 그 자체는 사유될 수도 없고 논의될 수도 없다. 사유를 통해 논의하여 얻은 '하나'는 진실한 존재로서의 '하나'가 아니다. 장자의 '하나'란 '도미시유봉(道未始有封)'의 경지, 즉 '인위적 시비가 없는 그대로에 맡겨두는[因是]' 경지에서 진실한 존재와 일체로 되는 것이다. 이에 비해 혜시는 "지극히 큰 것은 밖이 없으니 그것을 '대일(大一)'이라 이르며, 지극히 작은 것은 안이 없으니 그것을 '소일(小一)'이라 이른다."[155]라고 하였는데, 이런 '대일' · '소일'은 여전히 형식적인 사변과 고정적인 말에 의한 것이다. 자기 자신의 삶이 그렇게 되어야만 하는 게 아니다. 그러나 장자는 실제로 그렇게 살아가는 삶을 강조한다. 자신이 지인(至人) · 신인(神人) · 성인(聖人) · 진인(眞人) · 천인(天人)이라는 인격으로 '되어야' 한다. 이것이 '여도합일(與道合一)'로서의 '독(獨)'의 경지이며, 조물자와 더불어 벗이 되어 노니는 '여조물자위인(與造物者爲人)', '상여조물자유(上與造物者遊)'이다. 장자는 다음 단락에서부터 '도'와 '언'을 위주로 하면서 '성인'에 관해 두 차원으로 검토한다.

**정**

규정적 언어에 의한 분열의 사태로 가지 말고 상황에 따라 주어지는 찰나적 쓰임에 따라야 함을 말한 글이다. 이 때의 무는 유의 무 즉, 비어 있음의 무가 아니다. 하나 즉, 분열되지 않은 떨림을 가리킨다. 삼(三)은 무한한 분절을 함축한다. 유의 단계로 나아가면 그런 분절은 더욱 심각하게 일어난다. 그런 상황에서는 실재론에 근거해서 대상과 표상사이의 관계가 문제가 된다. 그러므로 그런 사태로 나아가지 말고 순간의 떨림에 따라야 한다.

**박**

세계에 대한 절대적인 출발점을 상정하려는 인과론적 접근은 무한소급에 빠질 수밖에 없음을 지적하고, 사물을 그것 고유의 일상에 그대로 놓아두고 바라보는 '인시'를 태도를 다시 한번 강조함으로써 단락을 마무리하고 있다.

## 자연의 빛

夫道未始有封, 言未始有常, 爲是而有畛也. 請言其畛, 有左, 有右, 有倫, 有義, 有分, 有辯, 有競, 有爭, 此之謂八德. 六合之外, 聖人存而不論, 六合之內, 聖人論而不議. 春秋經世先王之志, 聖人議而不辯. 故分也者, 有不分也. 辯也者, 有不辯也. 曰, 何也? 聖人懷之, 衆人辯之以相示也. 故曰辯也者, 有不見也. 夫大道不稱, 大辯不言, 大仁不仁, 大廉不嗛, 大勇不忮. 道昭而不道, 言辯而不及. 仁常而不周,[156] 廉淸而不信, 勇忮而不成. 五者园而幾向方矣. 故知止其所不知, 至矣. 孰知不言之辯, 不道之道? 若有能知, 此之謂天府. 注焉而不滿, 酌焉而不竭, 而不知其所由來. 此之謂葆光.

### 번역

무릇 도는 경계가 있은 적이 없고 말은 고정된 내용이 있은 적이 없다. 이런 까닭에 경계가 있게 되었다. 그 경계에 관해 말해보자. 왼쪽과 오른쪽이 있으며, 질서와 마땅함이 있으며, 구분과 변별이 있으며, 앞다툼과 맞다툼이 있다. 이것을 여덟 가지의 덕이라고 한다. 세계 밖의 일에 대해서는 성인은 그냥 둔 채 말하지 않고, 세계 안의 일에 대해서는 성인은 말하되 평가하지 않으며, 옛날에 세상을 경영한 선왕의 기록에 대해서는 성인은 평가하되 시비를 따지지 않는다. 그러므로 구분에는 구분되지 않는 것이 있게 되고, 변별에는 변별되지 않는 것이 있게 된다. 무슨 말인가? 성인은 품지만 일반인은 변별하여 자신의 입장을 서로 드러낸다. 그러므로 변별에는 보지 못하는 것이 있다고 한다. 무릇 큰 도는 지칭되지 않으며, 큰 논변은 말해지지 않으며, 큰 어짊은 어질어 보이지 않으며, 큰 깨끗함은 겸손해 보이지 않으며, 큰 용기는 해치지 않는다. 도는 확연해지면 도답지 않으며, 말은 변별되면 미치지 못하며, 어짊은 일정하면 아우르지 못하며, 깨끗함은 맑으면 신뢰받지 못하며, 용기는 해치면 이뤄지지 않는다. 이 다섯은 둥근데도 모나게 되기 쉽다. 그러므로 알지 못하는 데에서 그칠 줄 아는 것이 지극하다. 말하지 않는 논변과 지칭되지 않는 도를 누가 알 것인가? 알 수 있는 능력이 있다면 이것을 하늘의 곳간이라고 한다. 부어도 차지 않고 퍼내도 마르지 않으며, 그 유래하는 바를 알지 못한다. 이것을 품은 빛이라고 한다.

**이**

주제어는 '천부(天府)와 보광(葆光)'이고, 주제문은 '말로 하지 않는 논변과 지칭되지 않는 도를 안다[知不言之辯, 不道之道]'이다. 언어 분석과 논변이 문제가 있는 까닭은 '옳다고 하기[是]' 때문이다. '시' 때문에 분별이 발생하고, 이로부터 분석과 논변은 한계를 지니게 된다. 그럼에도 우리에게는 언어에 의존하지 않는 논변과 말로 표상할 수 없는 도를 아는 능력이 있다. 그것이 '자연의 곳간[天府]'이다. '천부'에서 '보광'이 작용한다. '보광'은 그 유래는 알 수 없지만 가득 차지 않고 고갈되지 않는 내면의 빛이다.

**유**

두 차원의 성인을 '도[大道]'와 '변설[大辯]'의 의미 및 이들의 관계를 위주로 하여 설명한다. "도는 본래 경계가 없고, 말은 본래 확정된 바가 없는 것이다[道未始有封, 言未始有常]" 그러므로 "대도는 일컬음으로 하지 않으며, 대변은 고정적인 말로 하지 않는다[大道不稱, 大辯不言]" '도에 따르는 말'은 곧 '천뢰에 바탕한 본연의 인뢰'를 의미한다. 이것이 도와 말의 관계이다. 속인들이 따지고 드는 분별과 시비는 사물에 대한 그들의 주관적 편견과 편파에서 말미암은 것이다. 그러나 도를 체득하면 시비의 구별이 사라져 본연의 자유로운 말을 하게 된다. 속인들은 말하기의 '8가지 능력[八德]'이 있다고 하며, 성인은 의(議)하는 데서 멈추어 분변과 논쟁으로 나아가지는 않는다고 말한다. 그러나 장자가 인정하는 '진정한 성인'은 모든 세속적 언어[八德, 論議]를 속으로 품어버린다. 그리하여 '고정적인 말로 하지 않는 논변을 할 줄 알고, 일컬음 없이 도를 행할 줄 아는 것[不言之辯, 不道之道]'을 '천부(天府)' · '보광(葆光)'이라고 한다. 시비 관념에 휘둘리지 않는 것이 도적인 화해의 언어이고, 시비 관념에 의지하는 것은 세속적인 분란의 언어이다. 이 단락의 '道未始有封', '大道不稱', '道昭而不道', '不道之道'는 다음의 내용을 바탕으로 하는 것이다. "古之人, 其知有所至矣. 惡乎至? 有以爲未始有物者, 至矣, 盡矣, 不可以加矣. 其次, 以爲有物矣, 而未始有封也. 其次, 以爲有封焉, 而未始有是非也."(원문9)

정 앞단락의 논의를 종결하는 글이다. 언어의 한계를 묘사한 후, 도에 적합한 언어를 말하고 있다. 언어의 한계, 성인과 일반인의 언어사용의 차이, 도와 어짊이나 용기 등 다섯개의 덕이 언어에 의해 규정되었을 때의 문제, 그리고 언어적 앎과는 다른 비춰주는 인지에 관한 설명 등 모두 다섯 개의 내용으로 구분할 수 있다. 언어는 상반되는 이원항의 상호 의존적 관계로 직조되어 있다. 어떤 언어도 이 점에서 벗어나지 못하므로, 언어에는 시비다툼이 함축되어 있다고 할 수 있다. 그러나 언어가 언제나 시비에 사용되는 것은 아니다. 시비적 언어는 규정하는 언어다. 임금은 임금다워야 한다는 것이 이런 사례에 해당한다.

박 다섯째 단락의 첫 번째 문단이다. 지금까지의 내용을 요약하면서 방향을 돌려 '성인(聖人)'에 초점을 맞추면서 바람직한 성인의 모습에 대한 논의의 단초를 연다. 언어의 본성을 다시 한번 환기시키면서 거기에 뿌리를 둔 개념적 사고가 총체성으로서의 도를 어떻게 은폐시키는지를 유형화시켜 예시한 후, 개념적 사고로부터 벗어나 있는 성인의 삶을 대안으로 제시한다. 특히 마지막 부분에서는 '어짐[仁]'과 '청렴[廉]', '용기[勇]' 등의 덕목들의 바람직한 모습을 이야기함으로써 유·묵의 윤리적 주장들을 비판하는 메시지도 함께 담고 있다.

1     夫道未始有封, 言未始有常, 爲是而有畛也.

이
─

'봉'은 원래 작위를 지닌 사람에게 내려지는 영토를 말한
다. 여기서는 영역의 뜻이다. 도는 '하나[一]'이니 다른 것과
구별되는 자신만의 영역이 있을 수 없다. '없는 곳이 없다'
는 도의 성격[遍在性]은 이로부터 나온다. 언어는 본래 고정
된 것이 아니다. 말해지는 대상에 대해 이렇게도 표상할 수
있고, 저렇게도 표상할 수 있는 것이 언어이다. 언어가 지
는 불고정성은 특히 '하나'인 상태를 표현할 때 두드러진다.
예컨대 노자에서는 이렇게 말한다. "밝은 도는 어두운 듯
하고, 나아가는 도는 물러나는 듯하고, 평평한 도는 울퉁불
퉁한 듯하다."¹⁵⁷ 도를 밝다고 하자마자 도는 어둡다고 하게
되고, 전진성을 말하자마자 후진성이 드러나고, 공평하다
고 하자마자 불공평하게 보인다. 도에 대한 양면적 규정이
가능한 까닭은 '하나'를 언어로 표현하기 때문이다. 두 가지
사실을 확인할 수 있다. 하나는 하나를 언어로 표상하면 상
반된 두 가지 내용이 나타난다는 점이다. 예컨대 '하나'인
도는 밝기도 하고 어둡기도 하다. 언어는 고정된 내용을 지
닐 수 없음을 보여주는 대목이다. 다른 하나는 '하나'의 상
태에 있는 인물이 제기한 '도가 밝다'는 언어 행위, 보다 구
체적으로는 발화(發話)는 거짓일 수 없다. '밝다'에서 그 사

람과 도와 발화 행위는 하나이기 때문이다. 발화란 앞에서 제시된 '일컬음[謂]'을 말한다. 언어의 불고정성으로부터 참된 언어의 성립 가능성을 찾을 수 있다. 발화된 내용이 고정되지 않기 때문에 '하나'를 얼마든지 일컬을 수 있다. '하나'를 언어로 표상할 때 문제가 되는 것은 '하나'를 어느 한쪽으로 '고정하기' 때문이다. 언어 행위에서 '고정하기'를 배제할 수 있다면 언어는 '하나'를 표상해도 아무런 문제가 되지 않는다. 언어의 불고정성 때문에 오히려 '하나'를 다양하게 표상할 수 있고, 바로 이것이 참된 언어이다.

참된 언어가 작동하지 않는 이유는 언어적 표상을 고정하기 때문이다. 장자는 언어가 자체의 본질을 벗어나서 '고정하는' 원인을 '옳다고 하기[是]'에서 찾는다. 자신의 견해가 옳다고 주장하는 사람은 말의 내용이 얼마든지 언제든지 바뀔 수 있음을 인정하지 않는다. 기실 말하는 내용이 바뀐다면 '시'를 견지할 수 없다. '시' 때문에 구분[畛]이 발생한다. '시' 때문에 '하나'는 이것과 저것으로 나뉘고, 저것과 다른 '이것'과, 이것과 다른 '저것'으로 고정된다.

도는 일(一)로서 애초에 구분이나 경계가 없으며, 도에 따르는 말[言]도 본래 확정된 고정불변의 형식이나 의도적 내용이 없는 것이다. 그러나 '이것 또는 옳음[是 즉 표준]'이라는 일면에 집착하여 그것을 추구하고 그렇게 규정하는 데서 허다한 구분과 경계가 있게 된다. 이 문단은 "道惡乎隱而有眞僞? ~ 以是其所非而非其所是."(원문5)를 압축하여

유
一

다르게 표현한 것이다. '위시이유진야(爲是而有畛也)'에서의 '위시'는 '시(是)라는 일면에 집착하고, 그것을 시라고 규정하는 데서'라는 의미라고 할 수 있다. 말의 내용을 특정하여 자기의 주관에 따른 기준을 세우기에 골몰하는 '명위일(明爲一)'과 같은 뜻이다. 어느 하나만을 시(是)라고 확정하여 집착하는 데서 경계[畛]가 구획된다. 여기의 '위시'를 '시를 밝히려 드는 것'이라는 의미로 이해한 주석이 있다. 조이부(趙以夫)는 "시임을 밝히려고 한 연후에 경계가 있게 된다."[158]라고 하였다. 또한 임희일은 "지극한 도와 지극한 말은 본래 피와 차라는 구별이 없는 것인데, 사람들이 각자의 마음에 사적으로 '시(是)'라는 글자를 두는, 즉 옳다고 여기는 판단 기준을 갖는 것에 연유하여 수많은 강계(疆界)를 낳게 된다."[159]라고 하였다. '진(畛)'은 본래 논두렁과 같은 경계를 뜻한다. 『주례(周禮)』「지관사도(地官司徒)」에서 "열 집마다에 도랑이 있고, 도랑 위에 두둑이 있다[十夫有溝, 溝上有畛]"라고 하였다. 이는 '천예(天倪)'에서의 '예', 즉 '자연한 분(分)'의 의미가 아니다.

정

도는 언어로 정의할 수 없는데, 옳음을 추구하기 때문에 경계가 생긴다는 뜻이다. 봉(封)은 영역 혹은 경계라는 뜻이다. 고정된 영역 혹은 경계가 없으므로 언어체계로 구현된 도는 진정한 도가 아니다. 도에 관한 메타 규정 이를테면 '도에는 고정된 형식이나 내용이 없다'와 같은 진술을 제한, 기타의 언어적 정의로는 도 자체를 포착하지 못한다. 유가

의 효나 묵가의 겸애를 도라고 하는 것이 대표적 예다. 상
(常)은 본질 즉, 고정된 의미를 가리킨다. 어떤 상황에서 사
용되는가에 따라 말은 각기 다른 의미를 지닌다. 말에 고정
된 의미를 부여한다는 것은 사회질서의 고정성을 함의한
다. 왕, 신하, 하인, 아버지, 아들과 같은 표현은 사람의 정체
성을 규정하고 이런 규정으로 인해 사회적으로 사람들은
서로를 해치고, 다른 가능성, 소요할 수 있는 자유의 가능성
을 잃게 된다.

박

도는 총체성의 질서이므로 특정한 영역으로 분할되지 않
고, 언어 또한 기표와 기의의 관계가 자의적이기 때문에 그
의미가 고정되어 있지 않음을 말한다. 그런데 역설적으로
도와 언어의 본성이 바로 그러하기 때문에 개념적 사고에
기반을 둔 자의적인 분할이 가능하게 된다는 것이다. 이를
테면, 무주공산(無主空山)이기 때문에 인간이 마음대로 경
계를 나누고 서열을 매기는 일이 일어난다는 뜻이다. '진
(畛)'은 '밭두렁 경계[界畔]'이다.(성현영)

---

2    請言其畛, 有左, 有右, 有倫, 有義, 有分, 有辯, 有競,
    有爭, 此之謂八德.

---

이

옳다고 주장하기[是] 때문에 발생하는 논란거리를 8덕으
로 정리했다. 8덕이란 8가지 작용이다. 팡용(方勇)에 따르
면 '좌우'는 상하존비(上下尊卑)의 차례이고, '윤의'는 친소

(親疏)의 이치, 귀천(貴賤)의 규범을 말한다. 의(義)는 의(儀)이니 의칙(儀則)을 말한다. '분'은 만물을 분석하는 것이고, '변'은 이것과 저것을 분별하는 것을 말한다. '경쟁'은 승부를 다투고 시비를 논변하는 것이다. 장석창에 따르면 '좌·우·윤·의'는 유가에서 말하는 인간관계를 4가지로 나눈 것이고, '분·변·경·쟁'은 묵가를 포함한 변자(辯者)들의 학술을 4가지로 나눈 것이다.

유
—

세속인들이 '시(是)라는 일면에 집착하여 그것을 시라고 규정하고 주장하는 데서 허다한 구별이 있게 되는' 것의 실상을 8가지로 제시한다. 사람들이 사회생활을 하는 데서 취하는 언어의 양상이 점차 세분되어 경쟁으로 격화되는 일련의 추이를 기술한 것이다. 이는 유(有)에서 유(有)로 세분되어가는 언어상의 일련의 경계 행위들인데, 사람들은 이것을 '말하기에서의 8가지 능력[八德]'이라고 한다. 춘추전국 시기의 상현(尙賢) 사회에서는 '사람을 알아보는 능력[知人]'이 '말하기[言, 遊說]'를 위주로 하는 가운데 정치상에서 매우 중요한 과제였다. 『상서』에서부터 "사람을 알아보는 것이 곧 밝음이니, 밝은 자라야 사람을 관직에 안배할 수 있다[知人則哲, 能官人]"(「皐陶謨」)라고 하여, 사람을 알아보는 능력을 중시하였다. 공자도 '앎[知 즉 智]이 무엇입니까'라는 번지(樊遲)의 질문에 대해 '지인(知人)'이라고 대답하였으며(『논어』「안연」), 또한 "말을 알지 못하고서는[不知言] 사람을 알아볼 게 없다."(「요왈」)라고 하였다. 공자의 정명론

(正名論)도 이런 것에 기반한 것이다.

풍우란의 견해에 따르면, "'유좌유우(有左有右)'는 상하와 존비의 서열을 이르는 말이다. 즉『장자』「천하」의 '상하유등(上下有等)'과 같은 뜻이다. 장석창은 '좌는 비(卑) 또는 하(下)를 가리키는 말이고, 우는 존(尊) 또는 상(上)을 가리키는 말'이라고 하였다." 그리고 "'유륜유의(有倫有義)'는 친소의 이(理), 귀천의 의(儀)를 이르는 것이다. 「천하」에 '고지상례(古之喪禮), 귀천유의(貴賤有儀)'라는 구절이 있는데, '의(義)'는 여기의 의(儀)와 통하는 글자로서 의칙(儀則)의 의미이다."(풍우란,『장자찬요』) 그런데 이런 이해는 다음 문단의 '논(論)' · '의(議)'와 긴밀하게 연결되지 못하는 것으로 보인다. 맥락상 여기의 '좌 · 우'와 '윤 · 의'는 언(言)과 직접적으로 관련되고 또한 시(是 즉 표준)로 인정되는 것이어야만 한다. '좌 · 우'와 '윤 · 의'가 근본적으로 무엇에서 기인하는가를 살펴볼 필요가 있다. 왕(천자)이 하는 말에 대한 '좌사기언(左史記言)'과 그의 행위에 대한 '우사기사(右史記事)'라는 것이 있다. "움직이면 좌사가 그것을 기록하고, 말하면 우사가 그것을 기록한다."[160] "좌사는 임금의 말을 기록하고 우사는 임금의 일(거동)을 기록하였으니, 일을 기록한 것이『춘추』이고 말을 기록한 것이『상서』이다."[161] 왕의 말에 대한 기록[記, 書]인『상서』가 '좌'이고, 그의 행동거지에 대한 기록인『춘추』가 '우'의 뜻이라고 볼 수 있다. 다음 문단 가운데의 '육합지내(六合之內 즉 天下)'와 '춘추경세선왕지지(春秋經世先王之志)'가 이에 해당하는 것이리라. '선왕지지'를 '선왕지도(先王之道)'라고도 한다.(「천운」·「산목」) '유륜유의(有倫有義)'가 최선 본에는 "유론유의(有論有議)"로 되어 있는데, 유월은 다음 문단의 "六合之內, 聖人論而不議. 春秋經世先王之志, 聖人議而不辯"을 근거로 하여 이것이 옳다고 보았다.(『경전석문』) 륜(倫)에 관한 말이 곧 '논(論)'인 것으로 보고, 의(義)에 관한 말이 곧 '의(議)'인 것으로 보면, 다음 문단의 내용과 나름 순통하게 된다. 요컨대 "성인은 '육합지내'의 륜(倫)에 대해 논(論)하고, '춘추경세선왕지지'의 의(義)에 대해 의(議)한다."

여기의 '분(分)'은 분석하고 판별[判析]하면서 지엽적인 것으로 빠져드는 천착을 뜻한다. '변(辯 즉 辨)'은 주관적으로 시비를 가르는 것으로서 이른바 '유가·묵가의 비시'와 명가의 명변(名辯)이 극단적인 주장과 변호로 빠져들어 소통하지 못하는 것을 뜻한다. 이들은 일반의 변사(辯士)들 사이에서 편 가르기가 확실해진 상태에 이른 것이다.[162] '분변'의 예시 가운데 하나로써 장자와 대화는 데서 취하는 혜시의 자세를 종합적으로 검토해볼 수 있다. 「소요유」·「덕충부」·「추수」·「서무귀」·「우언」 등에서 보이는 혜시의 자세는 장자의 '언미시유상(言未始有常)'을 전적으로 위배하는 것이다. 이에 대한 더 실질적인 예를 「인간세」에서 찾아볼 수 있다.[163] '경(競)'과 '쟁(爭)'은 변사들이 분·변을 바탕으로 이익과 명성을 다투는 실제의 상황을 뜻한다. 유가와 묵가가 맞붙어 서로의 시와 비를 반대로 한 것[以是其所非而非其所是]이 '쟁'에 해당할 것이다. 분·변하는 자들에 대해 「천도」에서는 '변사로서 일곡지인[辯士, 一曲之人]'이라고 부른다. 교묘하게 꾸민 말[巧言]과 치우친 말[偏辭]에 의한 심려 문제가 어떻게 경·쟁으로 나타나는가에 관해서는 「제물론」의 앞부분에서 이미 설명한 바 있다.[164] 말하기에서 경·쟁이 일어나는 직접적인 원인은 분변에 있다. 그러므로 다음 문단에서부터는 '분변'에 대해 집중적으로 이야기한다.

정
—
언어적 정의에 따를 때 생기는 경계를 예시한 글이다. 진(畛)은 밭두렁이다. 결국 직전의 봉(封)이나 상(常)과 유사한 의미다. 이런 까닭으로 좌, 우 등 두 자씩 짝을 지워서 서술했다. 덕은 넓은 의미로 사용될 때 글을 쓰는 능력이나 달리는 능력 등도 포함한다. 힘이라고 볼 수 있다. 따라서 위의 팔덕은 사람들이 갖춘 능력으로 보아야 한다. 좌우(左右)의 행렬이 문신과 무신의 구분과 같은 것을 의미한다면 그 또한 덕으로 해석할 수 있다.

박
—
인간이 세계를 구분짓는 유형을 일반화시켜 여덟 가지를 말한 것으로 볼 수 있지만, 구체적으로는 당시 제자백가의 담론들이 어떤 사고 구조 위에 서있는지에 대한 비판으로 보는 것이 좀더 실질적이다.

'좌(左)/우(右)'는 대립적 범주를 기준으로 구분짓는 것이다. 이항대립을 통해 의미를 형성하는 것이 인간의 본질적

인 사유구조라고 한 구조주의의 주장을 연상하면 된다. '윤
(倫)/의(義)'는 관계적 범주를 기준으로 구분짓는 것이다.
'윤'은 질서이고, '의'는 그 질서 속에서 수행되어야 하는 마
땅함이다. 윤리적 담론들은 대체로 이 범주에 속한다. '분
(分)/변(辯)'은 차이적 범주를 기준으로 구분짓는 것이다.
차이를 기준으로 사태들을 나누고 이를 위계적으로 변별하
는 것이다. 따라서 여기에는 그렇게 나눈 대상들에 서로 다
른 가치를 부여하는 일이 포함된다. '경(競)/쟁(爭)'은 차별
적 범주를 기준으로 구분짓는 것이다. 앞에서 가치적으로
변별된 대상들을 추구해나가는 것이다. 곽상은 '경'과 '쟁'
을 각각 '나란히 각축함'과 '맞서 논변함'으로 풀었고, 성현
영은 승부를 각축하고 시비를 논변한다고 그 구체적인 의
미를 부연하였다.

 '덕(德)'에 대해 성현영은 도와 연관된 덕의 일반적인 의
미인 '공용(功用, function)'이라고 주석을 달았다. 이에 반해
왓슨(B. Watson)은 장자가 일부러 이 '덕(virture)'이라는 용
어를 사용함으로써 유가와 묵가의 윤리적 범주를 패러디하
고 있다고 본다.

3     六合之外, 聖人存而不論, 六合之内, 聖人論而不議. 春
       秋經世先王之志, 聖人議而不辯.

이     문제 거리에 따라 성인의 응대하는 방식이 다름을 말했다.

'육합'은 천지사방을 말하니, 성인은 인간 세상 바깥의 일에 대해서는 유보하고 논리를 펼치지 않는다. 인간 세상의 일에 대해서는 논리를 가지고 말하지만 세세하게 평가하지 않는다. 자오츄지에 따르면 '春秋經世先王之志'는 '春秋先王經世之志'이다. '춘추'는 역사책이고, 지(志)는 지(誌)이니, '기록하다'이다. 역사책에서 선왕이 세상을 다스린 일에 대해서 기록한 것은 성인이 평가하지만 쟁변하지 않는다.

유
—

논(論)에서 의(議)로, 의에서 분변(分辯)으로 나아가는 것은 점차 세밀화되고 협소해지는 일이다. '육합지내(六合之內)'는 물리적 공간이기보다는 사회·정치적 영역으로서의 세상인 '천하'를 뜻한다. '육합지외(六合之外, 四海之外, 無窮)'는 인간 세상 너머의 형이상·불가지의 세계를 뜻한다. 「응제왕」과 「천운」에서의 '육극(六極)'은 육합지외를 뜻하는 말이다. 장자는 이것들을 공자의 입을 빌어 '방지내(方之內)'와 '방지외(方之外)'로 구분하였다.[165] '육합지외, 성인존이불론(聖人存而不論)'은 그 세계와 일체로 되어 말없이 노니는 경지를 뜻한다.[166] 천하의 일(인륜) 자체에 대해 성인은 논하기는 하지만 평의(評議)하지는 않는다. 역사 서책에 기록된 세상 경영에 관한 선왕(先王)의 뜻(사회적 옳음인 義)에 대해, 성인은 그 대체를 평의하기는 하지만 '옳다/그르다'라고 변설(辯說)하지는 않는다. 여기서 장자는 성인의 '논(論)'과 '의(議)'까지를 인정하는 것처럼 보인다. 그러나 뒤로 이어지는 문맥상 장자는 '육합지내, 성인론이불의' 이하의 것을 모두 지양하는 것으로 읽힌다. 이런 수준은 장자가 이상시하는 '진정한 성인'의 일이 못 된다. 그래서 뒤에서는 '대도불칭(大道不稱)'·'도소이부도(道昭而不道)'·'부도지도(不道之道)'를 말한다.

**정** 장자가 인식과 무관한 실재의 존재를 부정했다고 할 수는 없다. 장자는 인식과 존재의 경계를 허문다. 인식을 벗어난 세계의 존재를 긍정도 부정도 하지 않는다. 육합은 단순히 공간적인 개념에 그치지 않는다. 육합은 체험된 세계 즉, 현상계를 가리킨다. 세계는 경험 속의 세계이므로 구성된 것이다. 구성된 세계를 절대적 기준으로 판단할 수는 없다. 논, 의, 변은 점진적으로 강화되고 있다. 변은 시비판단이다. 논은 단순히 말하는 것이고, 의(義)도 의논 정도의 의미로 볼 수 있을 것이다. 춘추는 『춘추』라는 책일 수도 있고, 고대라는 의미일 수도 있다.

**박** '육합(六合)'은 천(상)·지(하)와 동·서·남·북으로, 이 세계를 가리킨다. 성인은 이 세계 밖의 문제에 대해서는 그대로 두고 언급하지 않고, 이 세계 안에서의 일에 대해서는 언급은 하지만 논의하지 않으며, 역사에 기록된 선왕의 정치에 대해서는 논의는 하지만 시비를 가리지는 않는다.

'존(存)'은 '있는 그대로 두다'는 뜻이다. '논(論)', '의(議)', '변(辯)'은 어원상의 의미와는 관계없이 사태에 대해 '단순히 언급하는 것'에서 '내용에 대해 논하는 것', '시비를 분별하는 것' 정도로 새기는 것이 문맥상 더 적절하다. 영어

권 번역은 'theorize/ debate/ discriminate'(B. Watson), 'sort out/ assess/ argue over alternatives'(A.C. Graham[1]), 'make assessments/ express his own opinion/ debate'(B. Ziporyn) 등으로, 옮긴이에 따라 결은 조금씩 다르지만 '설명'에서 '논쟁'으로 강도가 강해지는 것은 동일하다.

한편, '춘추경세선왕지지(春秋經世先王之志)'에 대해 장석창(蔣錫昌)은 앞에 나온 '대목백위지규혈(大木百圍之窺穴)'의 경우처럼 '춘추선왕경세지지(春秋先王經世之志)'가 도치된 것이라 보았다. 그렇게 되면 "춘추를 비롯한 역대 역사서와 선왕들의 치세 기록"이라는 뜻이 되어 이 구절의 의미가 한층 분명해진다.

---

**4**　故分也者, 有不分也. 辯也者, 有不辯也.

---

이 　'분'은 8덕 가운데 하나인 분석이고, '변'은 분별이다. 8덕은 '시' 때문에 발생한 구분이고, '시'는 '하나'에 대한 언어적 표상을 고정시킨 것이다. 그러므로 고정될 수 없는 '하나'에 대한 언어적 표상을 고정시킴으로써 분석과 분별 작용이 있게 된다. 분석에는 분석하지 못하는 것이 있고, 분별에는 분별하지 못하는 것이 있다.

유 　인간의 언어활동에서 가장 문제시되는 것이 '분(分)'과 '변(辯)'이다. 이것들은 한이 없이 분별하는 앎[知 즉 智巧 · 智謀]으로써 하는 것이기에 끝이 없고 결국에는 갈등을 일으키기 때문이다.[167] 앞에서 소문이 명성을 목적으로 시비호오 의식을 가지고 거문고를 탄주한 것은 음 자체의 세계를 이지러뜨리는 한계를 지닌다고 지적한 것과 같은 이치이다. 핵심은 여기서 말하는 '분'과 '변'이 고정화를 통해 타자들을 배척한다는 점에 있다. 분변하더라도 그것이 그 어느 것도 배척함이 없이 용인한다면 문제시될 게 없다. "만물은 생겨남이 있으나 그 근원을 볼 수 없고, 만물은 죽어 나가지만 그 문을 볼 수 없다. 사람들은 모두 그의 지력으로 아는 것만을 존중하지만, 그의 지력으로는 알지 못하는 것에 바탕을 둔 후에야 알게 되는 것에 관해서는 알지 못한다. 큰 의혹이라고 이르지 않을 수 있으랴! 그만두자! 자기의 지력으로만 따지는 것은 시비(是非)의 앎에서 벗어날 수 없다. 그러면 이에 대해서 한 나의 이 말은 이른 바가 있는 것일까, 정말로 그런 것일까?"[168]

**정** 언어적 접근으로는 도달할 수 없는 지점이 있다는 의미다. 일상의 체험은 언어의 영향을 받아서 구성된다. 구분은 기본적으로 언어에 의해서 생겨난다. 다양한 체험의 배경을 이루는 느낌에서 호오 등의 정서적 편향을 제하면 지향 없는 느낌이 남는다. 이 체험의 근저에 있는 투명한 느낌에는 구분이 없다. 그러므로 구분하지만 구분되지 않는 것이 있고, 변별하지만 변별할 수 없는 것이 있다.

**박** 앞의 소문(昭文)의 음악에 대한 내용을 생각하면 의미가 저절로 드러난다. 어떤 형태의 것이든 선택은 필연적으로 그리고 동시적으로 배제를 수반한다.

5    曰, 何也? 聖人懷之, 衆人辯之以相示也. 故曰辯也者,
     有不見也.

이   '하나'는 '분'과 '변'으로 밝힐 수 없으니 성인은 '하나'를 품
     을 뿐이다. 그러나 사람들은 변별을 통해 드러내려 한다. 그
     러므로 변별에는 보지 못하는 것이 있다고 하였다. '보지 못
     하는 것[不見]'이란 바로 뒤에 이어지는 대도 · 대변 · 대인
     · 대렴 · 대용의 5가지 양상을 말한다.

유   장자가 인정하는 '진정한 성인'은 일반인들이 '분변'하는 것
     은 물론 세속에서 성인이라고 불리는 자의 '논의'까지도 마
     음에 품어 하나인 것으로 한다. 그러한 것들을 모두 풀어내
     고 녹여버려 차별하지 않는다. 「추수」에서 이렇게 말한다.
     "만물을 다 품는데[兼懷], 그 무엇을 골라서 도와주겠는가?
     이것을 편향이 없음[無方]이라 이른다. 만물은 본래 하나로
     가지런한데 무엇이 짧거나 긴 것이라고 하겠는가?"[169] 진정
     한 성인의 '품음[懷]'은 세속인의 '명지(明之)' · '상시(相視)'
     와 반대되는 의미로서, 『장자』에서 사용되는 '보(葆)' · '장
     (藏)' · '온(蘊)' · '도(韜)'와 상통하는 의미이다. 성인의 위대
     한 포용성을 말하는 것이다. '유불견(有不見)'의 '見'을 앞의
     '상시(相示)'와 관련하여 '現(現示)'의 의미로 볼 수 있다.

정   시비하지 않는 성인은 모든 사태에 공명함에 반해 일반인

들은 분별해서 다툰다는 글이다. 저공의 사례와 같다. 저공의 관점 즉, 도의 관점에서 보면 절대적인 옳고 그름은 없다. 그러므로 성인은 모든 사태를 품어준다. 그러나 일반인들은 자신의 관점에 서서 다툰다. 이런 방식으로는 상대의 입장도 보지 못하고, 또 나와 상대를 넘어서는 도의 진리도 보지 못한다.

**박** '회지(懷之)'는 시/비를 나누고 가치 평가를 하지 않는 것이니, 곧 '인시'의 태도이다. '상시(相示)'는 서로 내보임으로써 상대에게 자신의 의견을 받아들일 것을 요구하는 것이다.

---

**6** 夫大道不稱, 大辯不言, 大仁不仁, 大廉不嗛, 大勇不忮.

---

**이** 분석하고 변별하는 자들이 보지 못하는 5가지 위대한 것들 [5大]을 열거했다. '5대'는 이를테면 혈연관계에 있는 것들이니, '하나'의 다른 이름이다. 하나는 지칭할 수도 없고 말로 할 수도 없다. 위대한 것들을 표현하자면 상반되는 양상으로 드러나기 마련이다. 예컨대 '대인'은 어질어 보이지 않고, '대렴'은 날카롭지 않으며, '대용'은 용맹함을 드러내지 않는다. 겸(嗛)은 '모서리'의 뜻이다.

**유** 세속인들이 서로 드러내 보이기 위해 분변하는 것들의 대체가 '도(道)'·'변(辯)'·'인(仁)'·'렴(廉)'·'용(勇)'인데, 이런 것을 넘어서는 '대도(大道)'·'대변(大辯)'·'대인(大仁)'·'대렴(大廉)'·'대용(大勇)'이 진정한 성인의 언행이다. 여기서는 '말하기'가 실질적 내용을 갖는 실천으로 연결되고 있다. 진정한 성인은 '대도'를 깨달아 도의 경지에 관해 일컫지 않고, '대변'을 하여 고정적인 말로 주장하지 않고, '대인'을 행하여 사사로운 인(仁)에 머물지 않고, '대렴'을 실천하여 자신의 청렴이 부족하다고 여겨 과도하게 하지 않고, '대용'을 실행하여 남을 해치는 데에 이르지 않는다. 여기의 다섯 '대(大)'자는 본래의 온전함을 뜻한다. 도는 본래 구분이나 한계가 없으므로 존재하지 않는 곳이 없다. 이런 도를 체득한 자는 그 경지에 대해 일컫지 않고 실질적으로 구현한다[玄德]. 본연의 말은 애초에 고정된 것이 아니므로 도적인 변설은 '시비'·'가불가'와 같은 분변의 말을 하지 않는다. '대인불인(大仁不仁)'은 친친(親親) 즉 사친(私親)에 집중하는 것을 부정하는 말이다.[170] 이것을 "지인무친(至仁無親)"(「천운」)이라고도 한다. '대렴불겸(大廉不嗛)'은 청렴을 과도하게 하여 극단의 겸비(謙卑)인 허식으로 나아가지 않음을 뜻하는데, 이것이 다음과 같은 의미로 확장되기도 한다. "대인(大人)의 행동은 …… (청렴함을 지키고 귀하게 여기지만) 그렇다고 해서 탐욕스럽고 더러운 사람이라고 하여 천하게 여기지도 아니하며, 행동을 세속과 달리하지만 그렇다고 해서 일반 사람과 크게 다름을 자랑하지 아니한다."[171] 이런 의미는 『노자』제58장의 "성인은 청렴하지만 남의 잘못을 들추어 상처를 주지 않는다[廉而不劌]"라는 것과도 상통한다. '대용불기(大勇不忮)'는 "성인이 군사를 움

직이는 것은 한 나라를 멸망시킬지라도 인심을 잃지 않는
다"¹⁷²라는 뜻으로 이해할 수 있다.

**정**

도의 경지에서는 언어적 규정이 적용되지 않는다는 뜻이
다. 대(大)는 언어의 규정성을 벗어난 상태를 이른다. 「소요
유」에 보이는 대붕과 메추라기의 소대지변(小大之辯)과 같
은 맥락이다. 메추라기 같은 일반인들은 끝없이 변별함에
반해, 성인은 사태를 비춰줄 뿐이다.

**박**

'참된 a는 a답지 않다'라고 하는 노자(老子) 식 표현이다. 직
접적으로는 유가와 묵가의 규범적 주장들을 비판하는 것이
다. 'a가 a답다'는 것은 그 자체가 하나의 언어적 규정인 이
상 필연적으로 배제를 수반한다. 이 때문에 그것은 배제된
상황을 포괄하지 못한다. '사랑[愛]'에 대해 유가는 혈연적
친소에 따른 차등적 사랑을, 묵가는 모든 사람을 공평하게
사랑하는 겸애를 주장하는 것이 한 예이다.

　'겸(嗛)'은 '말[口]'로 자신의 겸손을 자랑하지 않는다는
뜻이다. 마기창(馬其昶)은 '엄(陝: 낭떠러지)'과 같다고 보아
겸손한 사람은 스스로 높은 곳에서 고고함을 드러내지 않
는다고 풀었다.(첸구잉) '기(忮)'는 '해치다'로 많이 새기는
데, 이이(李頤)는 '굳셈[健]'이라고 풀었다. 앞뒤 맥락을 고
려하면 이것이 더 낫다.

8 道昭而不道, 言辯而不及. 仁常而不周, 廉清而不信, 勇
忮而不成. 五者园而幾向方矣.

이
—

5가지 위대한 것들이 손상되는 이유를 설명한다. 어느 한
면만 확연해지면 도가 될 수 없고, 말은 논변하면 참된 언어
가 될 수 없다. '하나'는 근본적으로 확연해질 수 없으며, 논
변은 시비를 다투는 것인데 시비를 고정하면 참된 언어가
작동할 수 없다. 타인에 대한 사랑은 고정되면 모두를 사랑
할 수 없고, 청렴함은 투명하기만 한 데 그치면 신뢰받을 수
없고, 남을 해치는 용맹함은 용기가 될 수 없다. 후쿠나가 미
츠지에 따르면 '대도'·'대변'·'대인'·'대렴'·'대용', 이 다
섯 가지는 본래 원융무애(圓融無碍)하다. 하지만 '대도'는 개
념에 의해 손상되고, '대변'은 언론에 의해 손상되고, '대인'
은 고정되는 것에 의해 손상되고, '대렴'은 견개(狷介)함에
의해 손상되고, '대용'은 폭력에 의해 손상된다는 한정화·
부자유화의 경향성을 지니고 있다.[173]

유
—

'도소이부도(道昭而不道), 언변이불급(言辯而不及)'의 의미
와 관련해서는 「지북유」·「칙양」·「천도」 등에서 '도'와
'언'에 관해 설명하는 것을 참고하여 이해할 수 있다. '오자
완이기향방의(五者园而幾向方矣)'에서의 '园(둥글게 깎을 완)'
자를 최선(崔譔)은 '刓(깎을 완)'의 의미로, 종태(鍾泰)는 '劓
(벨 전)'의 의미로 보았다. 이런 글자들의 뜻으로 읽을 때,
'오자'는 앞의 문장 전체를 가리키는 것이다. 즉 "이 다섯 가

지는 더욱 둥글게 깎으려다 도리어 거의 각이 지는 방향으로 나아가는 것이다."라고 번역된다. 그렇지만 사마표(司馬彪)·곽상·성현영은 '园'자를 '圓(둥글 원)'의 의미로 보았다. 이에 따르면 "다섯 가지는 본래 원만한 것임에도 오히려 거의 각이 지는 상태에 가까워지게 된다."라고 번역할 수 있다. 즉 '도(道)', '언(言)', '인(仁)', '염(廉)', '용(勇)'은 사람의 삶에서 본래 원만한[圓] 기능을 하는 것으로 갖추어져 있는 것임에도, 이것들을 더욱 완벽하게 행하겠다고 작위를 일으킴으로써 오히려 변질시킨다는 뜻이다.[174] 이는 세속에서 추숭하는 성인·현인·재지자들이 행하는 것에 대한 비판이다. 언행을 작위적으로 과도하게 하는 데서 일어나는 역리 작용을 경계하는 말로써 순수성을 강조하는 것이다.

정

앞에서 말한 덕도 상황에 공명하지 못하면, 시비로 드러날 수 있다는 뜻이다. 도는 진리, 그러나 언어적 진리가 아닌 공명하는 체험적 진리를 의미한다. 장자는 봄철 강가에서 만나는 작은 꽃과 공명의 장을 이루고, 그런 공명의 장에서 이뤄지는 체험을 도라고 말했다. 이런 도는 장인이 자신의 작업에 몰입해 있을 때 보여지는 물아일체의 체험에서도 확인된다. 어느 순간에도 그 특유의 리듬에 공명할 때, 우리는 도의 체험을 할 수 있다. 그런 리듬을 고정시키려 하면 유가적 질서인 리(理)로 변하고 상황에 고유한 공명은 사라진다. 특정 질서에 따라 고정된 언어로 표현됨으로써, 의미가 명확해진 도는 도답지 않다. 소(昭)는 언어적으로 분명하게 의미화된다는 뜻이다. 말이 변별에 치중하면 그런 진리에 도달할 수 없다. 어짊의 덕은 어느 때나 이뤄질 수 있어야 한다. 그런데 어짊이 유가적 의미에서 고정되면, 그 특유의 역량을 발휘하지 못한다. 이것이 부주(不周)의 의미다. 겸손함도 명확하게 언어로 표현된다면 마찬가지다. 용기가 타인을 해친다면 용기가 되지 못한다. 이런 것들로 도를 추구하는 것은 마치 동그란 것으로 네모난 것을 바라는 것과 같다.

**박**
'a는 a답지 않다'라고 한 앞의 발언들에 대한 이유이다. '원(园)'은 '원(圓)'과 같다. '방(方)'은 사각형이다. '원이기향방(园而幾向方)'은, 이 다섯 가지는 '도추(道樞)'의 경우처럼 원의 중심에서 어떠한 상황에도 대응(포용)해나가는 것이 진정한 모습인데 자꾸 특정한 각(내용)으로 구체화되면 변질되어가는 경향이 있음을 말한다.

---

**9** 故知止其所不知, 至矣. 孰知不言之辯, 不道之道?

**이**
5가지 위대한 것들은 고정되면 손상되기 마련이다. 그런데 인식은 언제나 이쪽에서 저쪽을 파악하는 방식으로 이루어진다. 대상 자체로부터 이루어지지 않는다.[自彼則不見] 인식의 일방향성은 대상을 고정하고, 대상을 온전히 파악할 수 없게 만든다. 바로 이 점 때문에 장자는 앎은 모르는 데서 그치는 것이 최상이라고 하였다. '불언지변'의 '언'은 표상을 고정하고 한정하는 한계를 지닌 언어를 말하고, '부도지도'의 '도'는 소성(小成)에 의해 가려진 '하나'를 가리킨다. '불언지변'은 언어의 한계를 넘어선 참된 언어 행위이고, '부도지도'는 '하나'가 손상되지 않은 '도'를 말한다. 장자는 참된 언어를 구사하면서 '하나'의 경지를 유지할 수 있는 가능성을 묻고 있다.

유
—

"도와 언[論, 議, 分, 辯]에 관해 알음알이로는 포착할 수 없고 행할 수 없는 지점에서 멈출 줄 아는 것이 앎에서의 지극함이다. 누가 고정적인 말로써 하지 않는 변설을 할 줄 알고, 특정한 일컬음으로써 하지 않는 도의 구현을 할 줄 아는가?" 앞문단에서 지적한 세속적 성인 · 현인의 한계를 넘어서는 경지를 제시하고 있다. '지지(知止)'와 '숙지(孰知)'에서의 '知'는 분별지가 아니라 체득에 의한 '할 줄 앎'이라는 뜻이다. 실천을 강조하는 '행불언지교(行不言之敎)'의 의미에 가깝다. 이렇게 할 줄 아는 자는 대지(大知)를 지니고서 대언(大言)을 말한다. "세속에서 배운다고 함은 배울 수 없는 것을 배우려는 것이다. 세속에서 실행한다고 함은 실행할 수 없는 것을 실행하려는 것이다. 세속에서 분변한다고 함은 분변할 수 없는 것을 분변하려는 것이다. 인간의 앎이 알 수 없는 데서 그칠 줄 아는 게 지극함인데, 만약 이에 따르지 않는다면 자연의 균평[天鈞]이 그런 것들을 패퇴시킬 것이다."[175] 이 문단은 앞에서 말한 "道未始有封, 言未始有常",

"大道不稱, 大辯不言 …… 道昭而不道, 言辯而不及"을 일관되게 이은 것으로서, 다음 문단과 더불어 본편 전체의 핵심이자 결론이 되는 것이라고 할 수 있다.

**정** 지(知)는 언어적 앎을 말한다. 언어적 앎의 한계를 말한 글이다. 규정성을 본질적 특성으로 하는 언어적 앎으로는 도라는 진리에 도달하지 못한다는 것을 아는 것이 지극한 것이다.

**박** 지금까지 그것이 어떤 문제가 있는지를 충분히 살펴보았으니, 더 이상 언어와 지식, 담론에 기대어 삶의 문제를 해결하려는 시도를 멈추라는 권고이다. '불언지변(不言之辯)'과 '부도지도(不道之道)'라는 말을 통해 전달하려는 메시지는 이미 앞에서 충분히 이야기되었다.

---

10   若有能知, 此之謂天府. 注焉而不滿, 酌焉而不竭, 而不知其所由來. 此之謂葆光.

---

**이** 참된 언어 행위와 '하나'의 경지를 유지할 수 있는 요소가 '천부'이다. '천부'는 저절로 그러할 수 있는 능력[自然]이 담긴 창고라는 뜻이다. 성현영에 따르면 보(葆)는 폐(蔽)이니 '가리다'이다. '보광'은 우리 내면에 있는 감춰진 빛이다. 그것은 가득 채울 수도 없고 마르지도 않는 무궁무진한 능력이지만, 그 유래는 알 수 없다. 장자는 '천부'와 '보광'의 개념을 통해 대상을 있는 그대로 드러낼 수 있는 능력[明]이

우리 안에 갖춰져 있음을 표현하였다.

**유**

이 문단은 '불언지변(不言之辯)을 행하고, 부도지도(不道之道)'를 구현할 줄 아는 자의 대역량이 어떤 것인지를 말한다. '약유능지(若有能知)'는 앞문단의 '지불언지변(知不言之辯), 부도지도(不道之道)'를 가리킨다. '능지(能知)'는 관념을 넘어서는 실질이 있는 것, 즉 '할 줄 앎'이라는 실천의 뜻을 더욱 강조하는 표현이다. '천부(天府)'란 무진장한 내적 잠재력을 뜻한다. 도를 체득한 사람은 '고정된 말로 하지 않는 변설과 일컬음이 없는 도'를 한정 없이 막힘 없이 그때그때의 상황 · 처지에 알맞게 행할 수 있다. "들이부어도 가득 차지 않고 계속 퍼내어도 고갈되지 않는데, 이것이 유래한 바를 알 수 없다[注焉而不滿, 酌焉而不竭, 而不知其所由來]"란 '천부'가 외적인 어떤 것에 말미암아 그런 무궁무진한 역량을 갖게 된 게 아니라, 그 자체로 본래 그렇다는 뜻이다. 즉 근원인 도의 역량을 지닌 것을 뜻한다. 만물이 도에서 생겨나고 다시 도의 차원으로 돌아가지만, 도가 더 늘어나거나 고갈되지는 않는다.[176] 이러한 도의 대역량을 체현하는 것을 다시 '보광(葆光)'이라고 이르는데, 이는 '골의지요(滑疑之耀)'와 같은 것으로서 '품은 빛'을 뜻한다. '보(葆)'와 '골의(滑疑)'는 현시하지 않음을, 그러나 이들의 '광(光)' · '요(耀)'는 '허실생백(虛室生白)'(「인간세」), '천광(天光)'(「경상초」)과 같은 능동적인 역량을 뜻한다. 상망(象亡)만이 찾아내는 '현주(玄珠)'(「천지」)도 이와 같은 의미를 비유한 것이다. 천예를 존재하는 그대로 관조할 수 있는 것은 내적인 '보광'이자 '골의지요'에 의한 것인데, 이것을 '이명(以明)'이라고도 하였다. '천부'가 성인 · 지인의 본연의 허정(虛靜)한 마음이라면, '보광'은 이들이 신(神)으로써 사물을 응대하는 마음 씀을 가리킨다. 진정한 성인은 '보광' · '골의지요'를 지향하는 까닭에 그 외양이 우박(愚樸)하고 우둔해 보인다. 촛불은 겉으로 주변을 밝혀주나 그 속이 캄캄한 데 반해, 성인은 그 속이 밝으나 겉은 어수룩하다. 성인은 바로 그렇기에 일세가 아닌 만세의 안정에 참여하는 대공(大功 즉 大成)을 이룬다.[177] 성인의 이러한 현덕(玄德)은 '명덕(明德)'이라고 찬양되는 것과 대비된다.

정
— 공명하는 앎의 특성을 말한 글이다. 언어적 진리를 지니고 있는 이는 특정한 상황에서 특정한 방식으로 행동하지 않을 수 없다. 언어적 진리는 한계가 분명한 다른 곳에는 사용할 수 없는 앎이다. 그러나 사태에 공명하는 자세를 견지할 줄 알면, 어떤 상황에서도 적합하게 행위할 수 있다. 이것을 장자는 아무리 물을 대어도 차지 않고 덜어내도 소갈되지 않는다고 표현하고 있다. 끝없이 공명하면서 사태를 비춰주는 성인의 덕은 소갈되지 않는다. 그 유래를 알지도 못한다. 이것은 마치 숨겨져 있는 빛과 같다. 보(葆)는 '가리다'와 '보존하다'는 뜻이 결합된 중의적 의미로 사용된 듯하다.

박
— "부어도 차지 않고 퍼내도, 마르지 않는다[注焉而不滿, 酌焉而不竭]"는 것은 도가에서 '도'로 상징되는 세계의 자족성을

말할 때 자주 쓰는 표현이다. 궁극적으로는 '나뉨[分]'도 '이루어짐[成]'도 없는 것은 이 세계가 이처럼 일종의 에너지 보존의 원리가 작동하는 세계이기 때문이다.

'不知其所由來'는 앞에 나온 "이미 그렇게 하면서도 그런 줄 모르는 것을 일컬어 도라고 한다[已而不知其然, 謂之道]" 와 같은 의미이다. 장자는 인간의 언어와 그에 따른 인식의 한계를 줄곧 강조하는 까닭에 형이상학적인 문제에 불가지론적 입장을 취하는데, 이것도 같은 맥락이다. '보광(葆光)' 은 빛이 밖으로 드러나지 않게 갈무린다는 뜻이다. 앞의 '道昭而不道' 이하의 취지를 간추린 용어이다. '보(葆)'는 '가리다[蔽]'는 뜻이다.(성현영) 최선(崔譔)은 있는 듯 없는 듯["若有若無"] 하기 때문에 '보광'이라 한다고 하였다.(『경전석문』)

## 요(堯)임금이 불편한 까닭

故昔者堯問於舜曰, "我欲伐宗·膾·胥敖, 南面而不釋然. 其故何也?" 舜曰, "夫三子者, 猶存乎蓬艾之間. 若不釋然, 何哉? 昔者十日竝出, 萬物皆照, 而況德之進乎日者乎!"

그러므로 옛날에 요가 순에게 물었다. "나는 종, 회, 서오 부족을 정벌하려 한다. 임금의 자리에 있으면서도 개운치 않으니, 그 까닭은 왜인가?" 순이 말했다. "저 셋은 여전히 쑥대 풀 사이에 있습니다. 개운치 않으시다면 왜이겠습니까? 옛날에 열 개의 태양이 나란히 떠올라 만물을 모두 비췄으니, 하물며 덕이 태양보다 나은 사람에서랴!"

이 주제어는 '덕(德)'이고, 주제문은 '하물며 덕이 태양보다 밝
　 은 사람이겠습니까?[況德之進乎日者乎?]'이다. '덕'은 '천부'
에 '보광'을 간직한 상태를 말한다. 이 단락은 앞단락과 하
나로 묶어서 '천부'에 담긴 '보광'의 위대함을 찬미한 내용
으로 읽는 것이 낫다. 대상과 하나가 될 수 있는 내면의 능
력을 '덕'으로 말한 것은 의미가 깊다. 장자철학이 중국 고
대 주류 철학의 하나임을 확인할 수 있다.

유 요임금과 순의 대화 방식으로 구성된 단락이다. 「소요유」
　 에서 요임금은 마침내 '아득히 그의 천하를 잃는[旬然喪其
天下]' 차원으로 들어섰다. 그런데 이 단락에서의 요임금은
미개한 작은 나라들을 정벌하는 문제를 놓고서 기존과는
달리 석연치 않아 하는 데 머물고 있다. 「소요유」에서의 '나
는 부족한 듯하다[吾自視缺然]'라고 하는 수준 정도이다. 이
는 본편의 앞단락에서 말한 보광(葆光)으로 향하는 전환을
일으킨 것일 수 있지만, 아직 미숙한 상태이다. 그런 요임금
에 대해 순(舜)은 오히려 '덕지진호일자(德之進乎日者)'라는
대립적인 작위의 방향을 권고한다. 밖에서 훤히 밝혀주는
태양보다도 뛰어난 덕이란 결국 더 큰 역리를 초래하고 말
것이다. 순의 자세는 앞단락에서의 '팔덕(八德)'과 '오자완
이기향방(五者園而幾向方)'에 해당한다. 외적인 덕화(德化),
즉 명덕(明德)에 몰두하는 것이 순의 자세이자 방법이다. 맥

락상으로 보아 이는 '보광'과 대립하는 내용임이 분명하다. 이 단락은 앞단락의 결론(사실상 본편 전체의 결론)을 위배하는 원초적 반례를 대화 방식으로 제시함으로써 실질적이고 친근한 이해로 전환하고 있다. 따라서 이는 현실의 구체적인 사례를 통해 전반부의 논의들을 점검해가는 시발점이 된다. 이 단락을 형식상으로는 독립적으로 볼 수도 있지만, 맥락상으로는 앞단락의 끝에 붙여서 이해하는 것이 더 낫다.

이 단락의 내용에 대한 극도로 상반되는 평가들이 있다. 후쿠나가 미츠지(1932~2001)는 이 단락이 요·순 문답에 의탁하여 절대 지혜의 위대함을 찬미한 것이라고 찬탄하였다.(『후쿠나가 미츠지의 장자 내편』) 그러나 이에 좀 앞서 장태염(1869~1936)은 여기의 요·순이 내세우는 덕과 문명 관념에 대해 매우 부정적으로 접근하면서, '문명과 야만'이라는 이분법을 명분과 미명으로 삼아 다른 나라 영토를 강탈하던 서양 근대의 식민지 제국주의를 신랄하게 비판하였다. 그는 이렇게 말한다. "어떤 나라가 다른 나라를 침략하여 겸병(兼幷)하는 경우 '문명과 야만의 논리[文野論]'로 명분을 세우는데, 이는 도올(檮杌)·궁기(窮奇) 같은 흉악한 자들이나 자행하였던 짓이다."(『제물론석』)

이 글을 해석하는 두 개의 다른 관점이 있다. 먼저, 도가의 감화정치를 권하는 것으로 볼 수 있다. 이 경우 봉애지간(蓬艾之間)은 도가적 감화의 혜택을 입지 못한 이들을 나타낸다. 둘째, 유가적 교화정치를 비판하는 것으로 볼 수 있다.

이때 봉애지간은 자연스러운 상태를 이르는 말이 된다. 「소요유」편에서 요는 허유에게 천하를 양위하려는 유가를 대표하는 이로 묘사되었다. 이곳에서도 질문을 하는 이로 유가적 통치를 대표한다. 유가 정치를 비판하면서 도가적 감화를 권장하는 것으로 즉, 앞의 두 가지 관점이 혼재되어 있다고 생각된다.

**박**

다섯째 단락의 두 번째 문단이다. 유가가 존숭하는 요(堯)·순(舜)을 앞문단에서 말한 성인의 자격에 빗대 비판하면서 바람직한 통치자의 모습을 암시하고 있다. 「소요유」에서 대붕의 비상을 소재로 한 이야기가 모두 끝난 뒤 요와 허유(許由)를 등장시켜 바람직한 통치자에 대한 이야기로 논의의 방향을 전환시킨 것과 유사한 맥락이다. '그러므로[故]'라는 접속사로 시작하는 것으로 볼 때 별도의 문단으로 보기보다 앞문단에서 이어지는 내용으로 보는 것이 더 적절하다. 순이 요보다 더 뛰어난 인물로 패러디하는 것도 눈여겨 볼 부분이다.

1 　故昔者堯問於舜曰, 我欲伐宗.膾.胥敖, 南面而不釋然.
其故何也?

이 　'고(故)'자로 시작한다는 점을 놓치지 않는다면 이 단락은
앞단락과 한 묶음임을 짐작할 수 있다. 요임금과 순의 대화
는 '천부'에 담긴 '보광'[德]을 찬미한 우화이다. 후쿠나가
미츠지가 인용한 마서륜(馬敍倫), 손이양(孫詒讓), 홍량길
(洪亮吉), 주역동(朱亦棟)등의 고증에 따르면 종 · 회 · 서오
는 세 나라의 이름으로[178] 「인간세」에는 총(叢) · 지(枝) · 서
오(胥敖)로 되어 있다. 후쿠나가는 장자가 살았던 시대에 전
해지고 있던 전설을 설화화한 것으로 보았다. 종 · 회 · 서
오 세 나라를 정벌하려는 요임금은 마음이 개운하지 않은
이유를 순에게 묻고 있다.

유 　여기의 '고(故)'는 문장을 시작하는 '부(夫)'자의 기능을 하
는 것으로 보인다. 앞단락의 바로 앞 문장만을 이어서 하는
말이 아니라, 앞단락 전체의 의미를 받으면서 그와 대립하
는 내용을 제시하는 새로운 문장의 시작 부분이기 때문이
다. '종회서오(宗膾胥敖)'를 종 · 회 · 서오 또는 종회 · 서 ·
오로 보기도 하는데, 이들은 실재한 나라가 아니라 장자의
우언(寓言)인 것으로 보아도 취지를 파악하는 데 아무런 지
장이 없다. 「인간세」에서의 '총(叢) · 지(枝) · 서오(胥敖)'도

마찬가지다. '불석연(不釋然)'은 의심스러운 것이 풀리지 않아 꺼림칙한 상태를 뜻한다. 이전에는 임금으로서 정벌하는 일을 당연시하고 거침없이 시행하였으나, 이제는 그런 일이 과연 도를 구현하는 것일까 하고 반성하는 자세를 취하는 것이다. 요·순·우의 정벌이나 덕화(德化)와 관련하여 대개의 고서에서는 '환두(驩兜)·삼묘(三苗)·공공(共工)'을 공통으로 언급한다. 『전국책』에서는 소진(蘇秦)의 말로써 "옛날에 신농은 보수씨(補遂氏)를 정벌했고, 황제는 탁록 지역을 쳐서 치우를 사로잡았다. 요는 환두를 쳤고, 순은 삼묘씨를 정벌하였고, 우는 공공씨를 정벌하였다."[179]라고 기술하였다. 이는 『순자』에도 들어 있는데, 순자는 유학자답게 이에 대해 매우 긍정적으로 평가하였다. "어진 사람의 군대는, 머무르고 있는 곳에서는 신처럼 위세가 있고, 지나가는 곳이면 교화를 시켜 마치 철에 맞는 단비가 내리는 것처럼 기뻐하지 않는 이가 없는 것이다."[180]

**정** 석연(釋然)은 얼음이 녹듯이 풀려나가는 모양이다. 석연치 않다는 것은 마음에 맺힌 게 있는 상태다. 마음이 개운치 않은 것은 정벌해야 하는 상황 때문이라고 볼 수도 있고, 임금의 자리에 있는 것 자체가 원인이라고 볼 수도 있다. 두 가지 의미가 모두 들어 있을 수 있다.

**박** 종(宗), 회(膾), 서오(胥敖)는 일반적으로 작은 나라들을 가리키는 것으로 보지만, 임희일은 이에 관한 고사가 경서에 보이지 않는다는 점을 들어 우언(寓言)일 뿐이라고 말한다.

'남면(南面)'은 군주를 상징한다. 용상은 남쪽을 향해 있기
때문에 생긴 은유이다. 반대로 '북면(北面)'은 용상을 향해
서 있다는 뜻에서 신하의 자리를 상징한다.

## 2 舜曰, 夫三子者, 猶存乎蓬艾之間. 若不釋然, 何哉?

이 — 성현영에 따르면 삼자는 세 나라의 군주이다. 왕수민에 따
르면 '부'는 피(彼)와 같고, '존'은 안(安)과 같으며, '봉애지
간'은 쑥풀 사이이니, 비천한 땅이다. 원문은 "저 세 나라의
군주는 여전히 비천한 땅을 편안하게 여깁니다"는 뜻이다.
순은 요임금이 마음이 개운치 않을 이유가 없다고 반문한
것이다.

유 — '삼자자(三子者)'는 세 나라의 군주를 가리킨다. '존호봉애
지간(存乎蓬艾之間)'은 척박한 땅, 즉 요·순을 추숭하는 유
가적 기준에 따르자면 야만의 상태에 있음을 뜻한다. 그런
야만인들을 정벌하여 교화시키는 것이 천자로서의 당연한
일인데, 그에 대해 의문을 품을 이유가 무엇이냐고 순이 반
문한 것이다. "저 세 나라의 군주는 다북쑥 같은 잡초 속에
있는 미개한 작은 나라를 다스리는 자들일 따름입니다. 그
런데도 임금께서는 어찌 그들을 정벌하는 일을 두고 미심
쩍어하시는 것입니까?"「응제왕」에서는 순에 대해 이렇게
평가한다. "순임금[有虞氏]도 상고의 제왕이었던 태씨(泰
氏)에는 미치지 못하였다. 순임금은 오히려 그 마음에 인

(仁)을 품고서, 그에 근거하여 사람들의 마음을 끌어모으려고 하였기 때문이다. 그는 사람들의 마음을 어느 정도 얻었으나 애초에 '인간이냐 아니냐(짐승) 하는 차별'에서 벗어나지는 못하였다. 그러나 태씨는 잠잘 때는 편안하고 안온하며, 깨어 있을 때는 아무런 생각이 없어서 어수룩하였다. 어느 때는 자기를 말이라고 여겼고, 어느 때는 자기를 소라고도 여겼다. 그의 앎은 진정 미덥고, 그의 덕은 심히 참되었으므로, 그는 애당초 '인간이냐 아니냐 하는 차별에 끼어든 적이 없었다'라고 했다."[181] 이로써 볼 때, 순이 '부삼자자, 유존호봉애지간'이라고 말한 것은, 세 나라의 사람들을 짐승 수준으로 멸시한 것이다. 순은 인의의 덕을 기준으로 삼아 인간과 인간이 아닌 짐승에 대한 시비와 귀천을 가리는 데서 벗어나지 못한 자이다. 따라서 순이 권고한 방법은 세 나라를 주저 없이 정벌하여 자기네의 표준에 들어맞게 교화하는 것이다.

정 봉애지간(蓬艾之間)은 자연의 상태다. 긍정적으로도 부정적으로도 이해될 수 있다. 유가의 교화를 비판하는 맥락으로 보면 부정적으로, 도가의 감화를 주장하는 맥락으로 이해하면 긍정적으로 볼 수 있다.

박 '봉애(蓬艾)'는 중의적이다. 세 나라가 규모가 작음을 뜻하기도 하고, 유가적인 문화의 세례를 받지 않은 자연상태에 있음을 의미하기도 한다.

이　　순은 세 나라를 정벌하는 대신에 요임금 자신의 덕(德)에
　　　주목할 것을 권고한다. 열 개의 태양이 동시에 뜬 일[十日竝
　　　出]은 요임금 때의 일로서, 곡식을 태우고 초목을 말려 죽
　　　여 백성들이 먹을 것이 없게 되자 예(羿)를 시켜 활로 쏘아
　　　떨어뜨린 것을 말한다.(『淮南子』「本經訓」) 장자는 순의 입을
　　　빌려 덕을 찬미한다. 요임금의 덕은 10개의 태양보다 만물
　　　을 더 잘 비출 수 있다는 것이다. 만물이 모두 제 모습을 드
　　　러나게 하는 데에는 덕만한 것이 없다. 덕은 앞에서 말한 천
　　　부에 갖춰진 보광, 즉 내면에 간직된 빛이다.

유　　순은 자기 소견에 대한 예시를 든다. "예전에 열 개의 태양
　　　이 동시에 나란히 떠올라 만물을 모두 비추었던 적이 있는
　　　데, 하물며 그 덕이 태양보다 뛰어난 임금이라면 더 말할 나
　　　위가 있겠습니까!" 요임금의 그토록 '밝은 덕'으로 야만의
　　　세 나라를 교화시키지 못할 리가 있겠느냐는 뜻이다. 이는
　　　순의 덕화(德化) 신념을 보여주는 대목이다. 순의 취지에 대
　　　해 임희일은 "그 덕이 태양보다 뛰어남에도 저 세 나라 군
　　　주를 포용할 수 없겠는가? …… 열 개의 태양을 이야기한
　　　것은 곧 '막약이명(莫若以明)'의 비유이다."[182]라고 이해하
　　　였다. 그러나 열 개의 태양이 동시에 떠올라 만물을 다 비
　　　추는 것보다도 더 샅샅이 남김없이 비추어줌[進乎日]이란,
　　　깨알같이 분변하여 소도(昭道)·변언(辯言)하는 일일 것이

다. 이런 방식으로 소위 '야만인'을 교화하려는 든다면, 도리어 그들을 눈멀게 만드는 상해(傷害)를 일으킬 것이다. 순이 내세우는 덕은 유심(有心)으로 하는 것이어서 분란의 발단이 된다. 『상서(尙書)』에서는 요임금을 '세상에 덕을 널리 비춘[光被四表]' 자라고 극찬하였다.[183] 이것은 '안으로 품는[懷]' 현덕(玄德)이 결코 아니다. 앞단락에서 '대인불인(大仁不仁), 인상이부주(仁常而不周)'라고 하였다. 또한 뒤의 단락에서는 인의의 발단, 시비의 갈래, 이해관계를 모두 초월해야 한다고 말한다. 앞에서 '이명(以明)'이 곧 내적인 관조로서, '골의지요(滑疑之耀)'·'성인회지(聖人懷之)'·'천부(天府)'·'보광(葆光)'으로 연결되는 뜻이라고 이해하였다. 이는 밖에서 비추는 태양의 빛과는 정반대의 의미이며, 요임금의 '광피사표(光被四表)'와도 그 차원이 엄연히 다른 것이다. 또한 바로 다음 단락에서 말하는 '지인(至人)'의 특성과도 부합하지 않는다. 장자는 「소요유」에서와 마찬가지로 요·순의 성인됨을 넘어서는 존재인 '지인의 삶'(원문14)과 '진정한 성인의 삶'(원문15)에 관해 말한다. 맥락상 요·순이 그런 지인과 성인에 미치지 못하는 자라는 점은 분명하다. 『장자』내편의 「응제왕」을 위시하여 외편의 「재유」·「천운」·「선성」, 그리고 잡편의 「경상초」·「양왕」 등에서 요·순의 인의 덕화 정치에 대해 일관되게 비판한다. 요임금은 사람들에게 반드시 인의를 실천하고 시비를 분명하게 말하라고 가르침으로써, 오히려 사람들에게 인의로써 묵형을 가하고 시비로써 코를 베어버린 자라고까지 비판된다.[184] 「덕충부」와 「천도」에서만은 순을 좀 두둔하는 듯한 평가를 하는 구절을 찾아볼 수 있을 따름이다.[185] 장태염은 『장자』 가운데의 「마제」·「도척」·「거협」 등이 바로 이 단락의 글에 의거한 것이라고 주장한다.(『제물론석』) 이 역시 요·순을 부정하는 견해로서 요·순의 자세는 결국 걸왕(桀王)과 도척(盜跖)의 효시가 되는 것일 따름이라고 하는 견해이다.

**정**

「양생주」에 진호기의(進乎技矣)라는 표현이 있다. 기술에서 도로 나아간다는 즉, 도가 더 낫다는 의미다. 이곳에서도 마찬가지다. 성인의 덕이 태양보다 낫다는 의미다.

**박**

"옛날에 열 개의 태양이 나란히 떠오른" 일은 명궁 예(羿)와 관련된 고사이다. 이 고사에서는 열 개의 태양을 불길한 징조로 여겨 예가 9개를 쏘아 떨어뜨리는 것으로 되어 있는데, 여기서는 "만물을 모두 비추다[萬物皆照]"에 초점이 맞추어져 있다. 이는 앞서(원문6) "성인은 옳고 그름의 한쪽을 따르지 않고 자연에 비춘다[聖人不由, 而照之於天]"라고 한 말과 같은 맥락이다. 요가 이들 나라를 정벌하려 한다는 것은 한 사람의 성왕의 교화 아래 덕치천하(德治天下)를 추구하는 유가적인 대일통(大一統)적 천하 관념에 대한 비판으로도 읽힌다.

## 절대적 기준을 누가 알겠는가

齧缺問乎王倪曰, "子知物之所同是乎?" 曰, "吾惡乎知之!" "子知
子之所不知邪?" 曰, "吾惡乎知之!" "然則物無知邪?" 曰, "吾惡
乎知之! 雖然嘗試言之. 庸詎知吾所謂知之非不知邪? 庸詎知吾所
謂不知之非知邪? 且吾嘗試問乎女, 民濕寢則腰疾偏死, 鰌然乎哉?
木處則惴慄恂懼, 猨猴然乎哉? 三者孰知正處? 民食芻豢, 麋鹿食
薦, 蝍蛆甘帶, 鴟鴉嗜[186]鼠, 四者孰知正味? 猨猵狙以爲雌, 麋與鹿
交, 鰌與魚游. 毛嬙·麗姬, 人之所美也. 魚見之深入, 鳥見之高飛,
麋鹿見之決驟. 四者孰知天下之正色哉? 自我觀之, 仁義之端, 是
非之塗, 樊然殽亂, 吾惡能知其辯!"

설결이 왕예에게 물었다. "그대는 사물이 모두 똑같이 옳은 것을 아
는가?" 왕예가 말했다. "내가 어떻게 알겠는가?" "그대는 그대가 알
지 못한다는 것을 아는가?" 왕예가 말했다. "내가 어떻게 알겠는가?"

"그렇다면 사물은 알 수 없는가?" 왕예가 말했다. "내가 어떻게 알겠는가? 그렇지만 시험삼아 말해보겠다. 어떻게 내가 이른바 안다고 하는 것이 알지 못하는 것이 아님을 알겠는가? 어떻게 내가 이른바 알지 못한다는 것이 아는 것이 아님을 알겠는가? 내가 시험 삼아 네게 물어보겠다. 사람들은 습한 데서 자면 허릿병이 오고 몸의 한쪽을 쓰지 못한다. 미꾸라지도 그러한가? 나무 위에 거주하면 벌벌 떨면서 두려워하지만 원숭이들도 그러한가? 이 셋 중 누가 바른 거처를 아는가? 사람들은 고기를 먹고 사슴은 풀을 뜯으며 지네는 뱀을 먹고 올빼미는 쥐를 먹는다. 이 넷 중에 무엇이 바른 맛을 아는가? 수컷 원숭이는 암컷 원숭이를 짝으로 삼고 숫사슴은 암사슴과 교미를 하며 미꾸라지와 물고기는 함께 노닌다. 모장과 서시는 사람들이 아름답다고 하는 이들이지만, 물고기는 그들을 보면 깊이 숨고 새는 그들을 보면 높이 날아오르며, 사슴은 그들을 보면 쏜살같이 달아난다. 이 넷 중 무엇이 세상의 바른 아름다움을 아는가? 각자 자신의 관점에서 보므로 인의의 단서와 시비의 길이 뒤섞여 어지럽다. 그러니 내가 어찌 그것을 구분할 수 있겠는가?"

**이**
**一**

주제어는 '아(我)'이고, 주제문은 '자아관지(自我觀之)'이다. 앞에서 제시한 하나[一]를 모두가 옳다고 하는 것[同是]으로 볼 수 없음을 밝히면서 앎을 부정한다. 앎에 대해 세 번이나 부정한 사례로 바른 거처, 바른 맛, 바른 미모를 알 수 없음을 열거한다. 결론적으로 시비 논란이 어지러운 원인은 나로부터 보는 인식 방식[自我觀之]임을 주장한다.

**유**
**一**

본편 전체의 후반부가 시작되는 단락이다. '설결과 왕예의 대화'로 구성되었다. 이어서 '구작자와 장오자의 대화', 그리고 '망량문경' · '호접지몽'이라는 짧은 두 단락이 제시된다. 주로 전반부에서 이야기한 것들에 대해 부연하거나 요지를 재확인하는 내용이다. 이 단락에서부터 앞의 요 · 순의 덕화 정치를 넘어서는 차원의 '지인(至人)'과 '진정한 성인(聖人)'의 실천적 삶에 관해 비교적 길게 논한다. 이 단락과 다음 단락에서는 설결이 '물지소동시(物之所同是)'를 문제시한다. 즉 인간의 삶에서 모두가 공통으로 옳음[是 즉 표준]으로써 삼는 게 무엇인가? 이에 대해 왕예는 우선 '앎'과 '알지 못함'의 문제로 접근하면서 이것을 '상대성' 측면으로 이끌어간다. 그런 후 구체적인 예로써 인간을 여타의 동물들과 견주면서 이들 모두가 인정하는 획일적인 표준이 없다는 점을 확인한다. 즉 인간이 선호하는 거처와 음식과 여색(이성)을 놓고서 볼 때, 여타의 동물들은 이 모든 것에서 각각의 종적(種的) 선호를 다르게 하고 있다. 이는 '다양성'을 보여주는 것이다. 그러나 인간사회에 한정해서 볼 때, 세속인들은 인간 본위에서 인의시비(仁義是非)·이해(利害)에서의 기준을 각기 다르게 하여 갈등하고 있다. 이것은 다양성이 아니라 '상대성'의 문제이다. 이런 데서는 표준이 무엇인지를 변정(辨正)할 수 없다. 왕예(즉 장자)는 앎과 인의시비와 이해를 모두 '상대적'인 것으로 보아 부정한다.

**정** 앞에서 언어의 한계를 말한 후, 이곳에서는 정서적 성향과 신념체계로 이뤄져 있는 성심(成心)의 상대성을 말하고 있다. 크게 질문형식으로 성심의 상대성을 지적하면서 언어적 앎과는 다른 인지유형의 존재를 암시한 후, 구체적 사례를 들어서 정서적 성향 등이 상대적임을 말하는 글의 둘로 구성되어 있다. 성심은 신념체계와 정서적 성향으로 이뤄져 있으며, 성심을 구성하는 정서적 성향은 성심을 견지하는 동력으로 작동하기도 한다. 사람에게는 모두 성심이 있다. 성인도 마찬가지다. 그러나 성인은 그런 성심을 견지하려는 태도 즉, 시비가 없다.

**박** 여섯째 단락의 첫 번째 문단이다. 세상에 절대적인 기준은 없고, 따라서 모든 것은 평등하다는 「제물론」의 주제를 가상 인물 간의 대화 형식으로 풀어나가면서, 유·묵이 주장하는 윤리적 가치의 정당성에 대해 다시 한 번 질문을 던진다.

1    齧缺問乎王倪曰, 子知物之所同是乎? 曰, 吾惡乎知之!

이
—

후쿠나가 미츠지에 따르면 설결은 '깨물어서 으깨다'이니 지적 천착(知的穿鑿)을 뜻하고, 왕예는 '위대한 하나[一]'라는 의미이다.[187] 왕예는 앎에 대해 연속 세 번을 부정한다. 첫 번째는 '하나'에 대한 오해를 바로잡는 데서 출발한다. '동시(同是)'는 사물이 모두 옳다고 여긴다는 말이다. '하나'는 사물에게 동일하게 적용되는 옳음[同是]으로 오해될 소지가 있다. '동시'는 객관적이고 외재적인 옳음이다. 그런 옳음은 알 수 없는 것이다. 「서무귀(徐無鬼)」에서는 '공시(公是)'라는 용어로 표현한다. "천하에는 공시(公是)가 있지 않은데도 각기 자신이 옳다고 하는 것을 옳다고 하면 천하 사람이 모두 요임금일 것이다."[188] 유가, 묵가, 양주, 공손룡 그리고 혜시가 각기 옳다고 하지만 누구나 승인할 수 있는 옳음[公是]은 없다는 뜻이다. '하나'는 주관적인 의식의 상태이다. 장자의 도(道)를 심미적 경지라고 보는 이유도 바로 여기에 있다. 왕예는 설결의 질문에 대해 '모른다'라고 하지 않고 '어찌 알겠는가?'라고 대답한다. 그가 적극적으로 질문을 부정하지 않은 까닭은 앎의 차원에서는 답할 수 없는 문제이기 때문이다. 객관적, 외재적, 일률적 옳음은 알 수 없다. 피시방생설(彼是方生說)을 말하면서 제시한 앎의 일방향성에 해답이 있다. 앎이란 앎의 대상 쪽으로부터는 볼 수 없고, 자기가 아는 것만 알게 된다.[自彼則不見, 自知則知之] '시(是)'는 언제나 자기로부터의 판단일 수밖에 없다. 따라서 나와 너 그리고 사물 모두에게 똑같이 적용되는 옳음이란 알 수 없는 것이다.

유
—
옳음[是]의 문제를 생활세계에서 실질적으로 점검한다. 설결이 "물들이 공통으로 '옳음'으로 인정하는 것이 무엇인지를 아느냐?"고 물은 것에 대해, 왕예는 "내가 어떻게 그것을 알겠는가!"라고 반문한다.「천지」에서는 허유(許由)의 스승은 설결이고, 설결의 스승은 왕예이고, 왕예의 스승은 피의(被衣)라고 한다. 거기에서 허유는 스승인 설결의 사람됨에 관해 평가한다. 설결은 총명하고 예지가 있으며 급수(給數)에 민첩한 재능이 있는 자로서, 오로지 앎으로써 물들을 추구하기만 하므로 자연[天]에 짝할 수 없는 자라고 한다. 즉 설결은 외물의 세계에 집중하면서 명민하게 손익을 따지는 자이다. 이런 점에서 설결은 혜시에 가까운 자이다.[189] 그런 설결이 후에 할아버지 선생인 피의에게 도의 체득에 관해 묻고서 깨달음을 얻었다는 내용이「지북유」에 들어 있다.[190] 설결이 왕예에게 물은 '물들이 공통으로 옳음으로 하는 것'이란 문맥상 '이익과 손해의 단서[利害之端]'이다. 설결이 요구하는 것은, 장자와 맹자 당시뿐 아니라 그 이전의 사람들이 일반적으로 취한 '호리오해(好利惡害)'가 모든 인간의 삶에서 하나의 표준이라고 인정하라는 것이다. 그러나 왕

예는 설결이 목적으로 삼는 '물지소동시'를 인정하지 않는
다. 그 이유는 '자기만을 위하려는 관점[自我觀之]'이 곧 '이
익과 손해의 단서'를 이루고, 여기에서 "인의의 발단과 시
비의 갈래가 복잡하게 얽혀 어수선하고 어지러워져[仁義
之端, 是非之塗, 樊然殽亂]" 사회에 갈등과 상해(傷害) 현상이
만연하게 되었다고 보기 때문이다. 왕예는 설결이 무엇을
추인받으려고 하는지를 이미 꿰뚫어 알고 있지만, 그에 대
해 즉답하지 않는다.

**정**

언어적 앎에 따르는 즉, 시비의 한계를 지적하는 글이다. 이
어서 두 개의 질문이 더 나온다. 모른다는 답으로 연결되므
로, 질문이 심화되고 있다고 보아야 할 것이다. 이곳에서 왕
예는 상대성을 주장한다. 요지는 모두가 공유할 수 있는 절
대적 옳음의 부정이다. 설결은 절대적인 시비의 기준을 물
었다고 보아야 할 것이다. 조삼모사의 이야기에서 장자는
즉각적인 현 상황에서의 갈등 해결을 최우선으로 삼았다.
절대적인 기준으로 사태를 관철한 것이 아니다.

**박**

설결(齧缺)은 왕예(王倪)의 제자이고 허유(許由)의 스승으
로서 요임금 시대의 현인이라고 성현영은 설명하고 있으
나, 모두 가상의 인물로 보는 것이 적절하다. 성현영의 설명
은 "요의 스승은 허유이고, 허유의 스승은 설결이고, 설결
의 스승은 왕예이며, 왕예의 스승은 피의(被衣)이다."[191]라고
한 「천지」 편의 내용에 근거한 것으로 보인다.

　'子知物之所同是乎?'는 방점을 어디에 두느냐에 따라 두

가지로 해석이 가능하다. 첫째는 만물제동(萬物齊同), 즉 만물은 모두 평등하다는 이치를 아느냐는 뜻으로 보는 것이다. '物之所同是'를 '만물이 모두 옳다는 것' 또는 '만물이 모두 이것이라는 것'으로 해석하는 견해이다. "그대는 사물이 모두 똑같이 옳은 것을 아는가?"라고 한 여기서의 번역도 이 입장을 취하였다. 둘째는 만물이 모두 동의하는 '옳음', 즉 만물에 공통적으로 적용되는 절대적 기준에 대해서 아느냐는 뜻으로 보는 것이다. 이 입장을 취하는 해석들은 '物之所同是'를 "공동으로 옳다고 여겨질 수 있는 사물들의 표준'(이강수 · 이권), "만물이 모두 (제각각) 옳은 바가 있다는 것"(이효걸), "모든 존재가 '그것이다'라고 동의하는 무엇[something of which all things agreed 'That′s it']"(그레이엄[1]), "옳음을 고려함에 있어 모든 존재가 동의하는 바의 것[what all things agree in considering right]"(B. Ziporyn) 등으로 옮긴다.

이 두 가지 해석은 사실 전혀 다른 맥락이 아니다. 만물이 평등하다는 것은 모든 것은 고유의 색깔을 지니고 있음을 의미하고, 그렇다면 만물에 무차별적으로 적용되는 공통의 절대적 기준은 존재할 수 없기 때문이다. 하지만 이어지는 내용에서 왕예가 모든 종(種)에 공통적으로 적용되는 '올바름[正]'은 확정할 수 없다는 것을 다양한 예시를 통해 이야기하고 있음을 볼 때 초점은 앞이 아니라 뒤의 해석이 놓여 있다고 보는 것이 합리적이다. 인의(仁義)와 시비(是非)를 판단하는 절대적 기준은 없다고 한 마지막 부분도 이러한 분석에 힘을 보탠다. 「제물론」의 중심 논지가 만물의 평등성보다 자기 주장을 절대시하는 당시 제자백가의 담론을 비판하는 데 일차적으로 놓여 있음을 다시 한번 확인시켜 주는 내용이다.

한편, 곽상 또한 이 구절을 "같다고 해서 반드시 옳은 것이 아니고, 다르다고 해서 유독 틀린 것이 아니므로 다른 사람과 나는 서로 바로 잡을 수 없다. 따라서 그 앎을 쓸 데가 없다."[192]라고 주석을 달아 두 번째 해석처럼 만물을 판단하는 절대적 기준을 부정하는 의미로 풀이한다. 다만, 이 해석을 따를 경우 원문은 '子知物之所同, 是乎?'로 끊어야 하는데, 왕수민이 이 입장을 취한다.(왕수민[1])

설결의 이 같은 질문에 대해 '내가 어떻게 알겠는가'라고 한 왕예의 대답은 '그렇지 않다'는 부정이 아니라 '모른다'는 판단중지이다. 자신의 주장이 하나의 명제로서 정립되는 것을 거부하는 태도로, 지금까지 반복되어 온 개념적 사고의 문제점을 염두에 둔 대답이다.

---

2    子知子之所不知邪? 曰, 吾惡乎知之!

---

이
—    '공동시'를 모른다고 하자 '모른다'는 것은 아느냐는 물음을 부정한다. 앎의 문제에 대한 물음이므로 왕예는 재차 '어찌 알겠느냐!'라고 대답한 것이다.

유
—    설결은 원하는 답을 얻지 못하자, '알지 못함'이라는 게 무

엇인지를 더 따지고 든다. "선생님은 선생님께서 알지 못함
이라고 여기는 게 무엇인지를 아십니까?" 왕예는 그에 대해
역시 "내가 어떻게 그것을 알겠는가!"라고만 응답하여 설결
을 미궁으로 이끌어간다. 설결이 '아느냐[知乎]'라고 물은 것
을 빌미로 삼아 우선 앎의 문제부터 점검하려는 것이다.

**정**   앞의 질문에 전제되어 있는 가정 즉, 언어적 앎으로 타자의
마음을 알 수 있다는 가정을 부정한 글이다. 「추수」편에 나
오는 호량지변(濠梁之辯)에서 혜시는 다른 존재의 내적 체
험을 알 수 없다고 했다. 유사한 맥락에서 볼 수 있다. 모두
가 공유하는 진리를 아는가라는 질문에 대해 알지 못한다
고 했으므로, '그렇다면 타자의 마음을 알지 못한다는 뜻인
가'라고 물었다. 모두가 옳다고 하는 것을 알기 위해서는 타
자의 마음을 알아야 한다는 가정이 전제되어 있어야 하기
때문이다. 상대의 마음을 알지 못한다는 것은 성향의 상대
성에 관한 주장으로 이어진다.

**박**   앞에 것이 대상에 대한 앎을 묻는 것이라면 이것은 인지행
위 대한 내성적(內省的) 앎의 가능성을 묻는 질문이다. 이에
대해서 왕예는 앞과 마찬가지로 가/부의 단정적 대답을 유
보한다.

---

3   然則物無知邪? 曰, 吾惡乎知之!

---

**이**   앎에 대한 마지막 질문은 '사물에 대해 무지한가?'로 읽힌

다. '앎이란 존재하지 않는가?'라는 뜻이니, 결국 앎에 대한 물음이다.

유 설결은 또 스승인 왕예만이 아니라 모든 사람[物]이 앎을 갖지 못하는 것이냐고 캐묻는다. "그렇다면 물들에게는 아무런 앎도 없다는 말씀입니까?" 설결처럼 자기 이익을 인생의 목적으로 삼는 사람은 자기가 원하는 답을 획득하기까지 캐묻기를 포기할 수 없다. 그렇지만 왕예는 더 강력하게 "내가 그런 것에 대해 어찌 알겠는가!"라고 반문한다. 고집스러운 설결을 깨우쳐주기가 그만큼 어렵다는 얘기일 수도 있지만, 이는 '앎의 상대성' 문제를 그만큼 신중히 대하는 자세일 것이다.

정 타자의 마음을 알 수 없다고 했으므로, 재차 '어떤 존재에 대해서도 그러한가?'라고 물었다. 뒤의 설명에서는 인간과 다른 종 사이에 존재하는 상이한 특성을 말하고 있다. 이곳의 물(物)은 다른 존재를 이른다.

박 설결의 세 번째 질문으로, 인간의 인지능력 자체의 가능성을 묻는 질문이다. 왕예는 여전히 대답을 유보한다.

4    雖然嘗試言之. 庸詎知吾所謂知之非不知邪? 庸詎知吾所謂不知之非知邪?

이 앎에 대해 세 번을 부정한 내용을 요약한다. 안다는 것이 모른다는 것이 아님도, 모른다는 것이 안다는 것이 아님도 알 수 없다. 앎에 대한 물음은 앎의 차원에서는 대답할 수 없다는 시각이다. 이유는 앎이 지닌 일방향성에 있다. 이이(李頤)에 따르면 용(庸)은 용(用)이고, 거(詎)는 하(何)이다. 하용(何用)은 하이(何以)이니, '어떻게'이다.

유 ─  왕예는 이제 '앎'과 관련한 중핵적인 문제를 거론한다. '앎'이라는 게 사실은 알지 못함일 수도 있고, '알지 못함'이라는 게 사실은 앎일 수도 있다. 물들에 접하여 사람들이 갖게 되는 앎이라는 것은 아무런 문제나 한계가 없는 것일까? 왕예는 '앎' 자체에 대해 성찰하면서 사실(물들의 실제, 실상)을 있는 그대로 인지하는 게 참된 앎인지, 아니면 자기의 취향[好惡損益]에 맞추어 가공한 인지를 앎이라고 착각하는 것인지를 검토한다.[193] 그런데 물들에 접하면서 자기의 사적 이익을 목적으로 하는 수준에서 '소동시(所同是)'에 대한 앎을 정하려는 것은, 실제가 아닌 자기의 주관에 따른 관념을 맹신하는 것일 뿐이다.

정 ─  언어적 앎을 절대시하는 관점을 비판하고 다른 인지유형의 가능성을 제안하는 글이다. 다른 존재에 관해 알 수 없다는 것은 언어적 인지에 한정된다. 사실 느낌을 통해서 이미 타자의 마음에 공명할 수 있기 때문이다. 그러므로 이 점을 먼저 밝혔다. 즉, 언어적 앎이라고 해도 알지 못하는 것이 될 수도 있고, 언어적 앎의 부재가 사실은 진정한 앎이 될 수도 있다는 뜻이다.

박 ─  세 번의 판단 유보 뒤에 왕예가 하는 대답이다. 내가 안다고 하는 것이 다른 기준에서는 모르는 것일 수 있고, 반대로 모른다고 한 것이 다른 기준을 적용하면 아는 것이 될 수도 있다는 뜻이다. 시/비의 절대적인 기준은 없음을 반복한 것이다.

'비록 그렇지만 시험삼아 한 번 그것을 말해보겠다[雖然嘗試言之]'는 말은 소크라테스의 산파술처럼 상대가 스스로 깨닫도록 유도하는 대화법이다. '용거(庸詎)'는 반문을 나타내는 의문부사이다. '용거(庸渠)', '용거(庸遽)'로도 쓰이며, 끝이 통상 '호(乎)'나 '야(邪)'로 끝난다.

**5** 且吾嘗試問乎女, 民濕寢則腰疾偏死, 鰌然乎哉? 木處則惴慄恂懼, 猨猴然乎哉? 三者孰知正處?

**이** 세 가지 사례를 통해 올바름[正]을 부정한다. 뒤에서 '천하의 바른 미모[天下之正色]'라는 표현을 쓴 것을 보면, 정(正)은 앞에서 말한 '동시'를 뜻한다. 사람과 미꾸라지와 원숭이는 각기 자신에게 맞는 거처가 다르다. 모두에게 바른 거처란 알 수 없는 것이다. 왕수민에 따르면 편(偏)은 반신불수를 말한다.

**유** 왕예는 일반인들의 앎의 상대성을 전제하고서, 설결의 '물지소동시'에 대한 구체적인 반례를 사람·미꾸라지·원숭이를 동원하여 주거상의 상이점을 들어 제시한다. 이는 '물(物)'의 범위를 동물로까지 확장한 것으로서, 생명을 지닌 자들의 '욕구' 중 주(住)에 해당하는 것이다. 결론은, 다양성을 인정한다면 하나의 표준으로 삼을 거처를 확정할 수 없지 않겠느냐는 것이다. 이런 예시를 소위 '범주착오의 오류'라고 비판하는 것은, 장자적 견지에서는 '생명'에 대한 편협한 시각이다. 중요한 것은, 이 예시가 현실의 실재를 대상으로 하는 것이지, 추상적 관념에 의한 것이 아니라는 점이다.

**정**

사람과 다른 생명체 사이에 있는 감각운동체계와 상이한 감각운동체계에서 비롯된 앎과 성향의 차이에 관해 말하고 있다. 각기 다른 몸을 지니고 있으므로, 다른 생리적 속성을 가지고 있고, 그러므로 선호하는 환경도 다르다.

**박**

인간의 앎이 절대적인 기준이 되지 못함을 다른 종(種)들의 사례를 들어 설명하는 첫 번째 대목으로, 거처를 예로 들었다. '편(偏)'은 '편(瘺)'의 가차자로, 반신마비를 가리킨다. 『설문해자』에서는 "'편(瘺)'는 반쯤 마른 것이다[半枯也]"라고 하였다.

묵자가 유가를 비판하면서 모든 사람들에게 적용되는 획일적인 규범이란 존재하지 않는다는 것을 중화(中華)와 다른 문화권의 풍습을 예로 들어 논증하는 데 비하여, 장자는 인간의 범주를 넘어 다른 종들에게까지로 범위를 확산시켜 논증하고 있다. 도가의 자연주의적 성향을 엿볼 수 있는 대목이다.

## 6

民食芻豢, 麋鹿食薦, 蝍蛆甘帶, 鴟鴉嗜¹⁹⁴鼠, 四者孰知
正味?

**이** 사람, 고라니와 사슴, 지네, 그리고 부엉이와 까마귀는 먹는
　 것이 각기 다르다. 모두에게 바른 맛이란 알 수 없는 것임을
　 말했다.

**유** 왕예는 설결의 '물지소동시'에 대한 두 번째 반례로써 사람
　 · 고라니와 사슴 · 지네 · 올빼미와 까마귀들의 음식(맛)의
　 다름을 들어 제시한다. 이는 식욕, 즉 개체보존의 '욕구'에
　 해당한다. 이런 측면에서도 하나의 표준으로 삼을 맛을 확
　 정할 수 없다는 이야기이다.

**정** 앞과 같다. 다만, 앞에서는 거주환경을 이곳에서는 식성을
　 말하고 있다.

**박** 음식을 예로 들었다. 사마표는 소와 양은 '추(芻)'이고, 개와
　 돼지는 '환(豢)'인데, 먹이에 따라 이름을 생긴 것이라고 하
　 였다. 풀을 먹이로 하는 가축이 '추'이고, 사람이 먹는 음식
　 을 먹이로 하는 가축이 '환'이라는 뜻이다. '천(薦)'은 '좋은
　 풀[美草]'(司馬彪) 또는 '단 풀[甘草]'(崔譔)이다. '대(帶)'는 사
　 마표가 "작은 뱀으로 지네류가 이것의 눈을 즐겨먹는다."라
　 고 하였다.(이상『경전석문』)

## 7

猨猵狙以爲雌, 麋與鹿交, 鰌與魚游. 毛嬙·麗姬, 人之
所美也. 魚見之深入, 鳥見之高飛, 麋鹿見之決驟. 四者
孰知天下之正色哉?

**이** 사마표에 따르면 원편(猨猵)은 갈장(獦牂)이라고도 하는 개
와 같은 머리를 가진 원숭이로서 암컷 원숭이와 교미하기
를 좋아하고, 모장은 월나라 임금의 첩이며 여희는 진헌공
이 총애하던 부인이다. 사람과 물고기와 새와 사슴은 좋아
하는 미모가 각기 다르다. 모두가 좋다고 하는 바른 미모란
알 수 없는 것이다. 류(類)가 다르면 바름[正]도 다르다. 바
름이 각기 다르다면 '동시'를 말할 수 없다. 결취(決驟)는 필
사적으로 내달리는 것을 말한다.

**유** 왕예는 '물지소동시'에 대한 세 번째 반례로써 성적 대상 또
는 미추 판단의 차이성(다양성)을 제시한다. 이는 성욕, 즉
종족보존의 '욕구'에 해당한다. 이런 측면에서도 하나의 표
준으로 삼을 이성을 확정할 수 없다는 이야기다. 세 가지 예
시의 공통점은 생명을 지닌 존재들의 '욕구 충족'의 문제인
데, 인간이 지니는 '욕망'은 이런 것과 구별되는 점이 있다.

**정
박** 앞의 거주, 음식에 이어 성적 성향의 차이에 관해 말하고 있다.
짝짓기 대상을 예로 들었다. '모장(毛嬙)'은 춘추시대 월(越)
나라의 미인이다. '여희(麗姬)'는 춘추시대 진(晉)나라 헌공
(獻公)의 애첩으로 역시 미인의 대명사이다. '모장·서시(西
施)'로 연용되는 경우는 많아도 '모장·여희'로 연용되는 예

는 별로 없음을 들어 여희는 '서시'로 되어야 한다는 주장도 있다.(첸구잉).

8    自我觀之, 仁義之端, 是非之塗, 樊然殽亂, 吾惡能知其辯!

**이**
—
왕수민에 따르면 번연(樊然)은 어지러운 모습이다. 효란(殽亂)은 '뒤섞이다'이다. '번연효란'은 인의의 말단과 시비의 주장들이 어지러이 뒤섞임을 말한다. 장자는 여기서 앎에 대한 부정과 시비 논란의 원인이 '자아관지(自我觀之)'임을 밝힌다. '자아관지'는 단순히 '내가 보기에'라고 읽을 수 없다. 이제까지 제시된 앎에 대한 장자의 논지에 비추어 보면, '아(我)'는 자아로서 상아(喪我)의 '아'이다. 자는 '~로부터'이다. 시비 논쟁은 결국 성심을 따라 형성된 자아로 말미암아 벌어진 일이다. 자아가 형성되면 그에 따라 대상이 성립한다. 사물과 내가 상대[物我相對]하는 인식에서 앎은 나로부터 대상으로 한 방향으로만 작동한다. 그 결과 상대가 옳다고 하는 것을 그르다고 하고 상대가 그르다고 하는 것을 옳다고 하게 된다. 혼란의 장본은 '자아관지'이다.

**유**
—
앞에서 왕예는 표면상 사람과 동물들을 비교하면서 '거처'·'맛'·'아름다움(이성)'의 측면에서는 공통의 표준을 확정할 객관적 기준이 없다고 하였다. 즉 물들은 각기 다르게 살아가며 그들 나름의 적합성을 따르는 까닭에, 어떤 것이 더 좋고 더 나쁜지를 결정하고 규정할 공통의 기준은 없다는 것이다. 각자의 특성에 적합한 것을 얻는 '다양성'이 곧 상대성인 것은 아니다. 왕예는 세 가지 예시에서의 다양성을 이제 인간사회에서의 분란 문제로 전이시켜 한정적으로 논하면서, 설결의 질문에 담긴 핵심에 대해 정식으로 답한다.

'자아관지(自我觀之)'는 세속인들이 취하는 자기 본위의 주관적 관점을 뜻한다. 왕예가 보기에, 세속인들의 호리오해는 근본적으로 '인간 본위'의 관점을 바탕으로 하는 것이며, 이것이 인의의 발단을 이루고 시비라는 갈래 길을 형성하여 사회가 복잡하게 뒤얽혀 어수선하고 어지러워졌다. 이런 속에서 사람들은 분변하기에 여념이 없다. '거처'·'맛'·'아름다움(이성)'에 관한 것이 인간에게서도 일차적으로는 욕구 문제에 해당하지만, 인간은 이것들을 '욕망'의 문제로 전이시킨다. 자기의 이익 증대[益生]를 목적으로 하는 욕망은 한없이 세분화하는 방향으로 치닫는데, 이것의 추동력은 '상대성'이다. 장자가 보기에 '인의의 발단과 시비라는 갈래 길들'은 명성과 이익 문제로 귀결된다. 장자는 이런 내용을 압축하여 '명성[名]을 다투고 이익[實]을 탐함'이라고 보았다.[195] 변화하는 물들의 세계에서 손해와 이익은 끊임없이 뒤바뀌는 하나이다. 이런 것에는 시작도 없고 끝도 없으므로 표준을 세울 수 없다. 중요한 것은 '욕망'이 다양성에 머물지 않고 끝없는 '상대화'로 치닫는 맹목성을 지닌다는 점이다. '욕망이라는 이름의 전차에는 종착역이 없다.' 비교 우위를 점하려는 데는 끝도 없고 보편성도 없다. 일반인들의 '앎'과 더불어 인의와 시비라는 관념은 욕망의 메커니즘에 종속되고 지배받는 것일 따름이다. 여기서는 다양성이 아니라 '상대성' 때문에 '물지소동시'를 인정할 수 없다는 결론이 난다. 끝이 없는 상대성이 맞물고 돌아가는 세계에서는 보편적인 표준을 변정할 수 없다. 「추수」에서 '이도관지(以道觀之), 이물관지(以物觀之), 이속관지(以俗觀之), 이차관지(以差觀之), 이공관지(以功觀之), 이취관지(以趣觀之)'를 말한다. 이 중 '이도관지' 외의 것들은 '자아관지(自我觀之)'에 해당한다.

정
—
언어적 시비로 인해 발생하는 어지러운 논쟁을 묘사한 글이다. 자아관지(自我觀之)의 아(我)는 사회문화적 편향이 내재되어 있는 언어의 본질성을 따르는 언어적 자아다. 즉, 임금은 임금다워야 한다고 할 때, 임금답다는 군(君)의 규정성을 핵으로 형성된 자아다. 언어적 자아의 관점에서 보면 시비의 길이 어수선하지 않을 수 없다.

박
—
마찬가지로 윤리적 규범과 시/비의 판단에도 절대적인 표준이 없음을 말한다. 직접적으로 유·묵을 비롯한 제자백가의 관련 담론들을 겨냥한 것이다. 앞에서 앎의 절대적인 기준이 없음을 강조한 것이 무엇을 말하려 한 것인지를 보여준다.

지인(至人)은 이로움과 해로움에서 자유롭다

齧缺曰, "子不知利害, 則至人固不知利害乎?" 王倪曰, "至人神矣!
大澤焚而不能熱, 河漢沍而不能寒, 疾雷破山飄風振海而不能驚.
若然者, 乘雲氣, 騎日月, 而遊乎四海之外. 死生無變於己, 而況利
害之端乎?"

### · 번역 ·

설결이 말했다. "선생님께서 이로움과 해로움을 알지 못하신다면,
지인은 본래 이로움과 해로움을 알지 못합니까?" 왕예가 말했다.
"지인은 신묘하다! 수풀이 우거진 큰 못이 타들어가도 뜨겁게 하지
못하고, 황하와 한수가 얼어도 춥게 할 수 없으며, 사나운 우레가 산
을 깨트리고 거센 바람이 바다를 뒤흔들어도 놀라게 할 수 없다. 이
와 같은 이는 구름을 타고 해와 달을 몰아 사해의 밖에서 노닌다. 죽
음과 삶조차 자신을 변화시키지 못하거늘, 하물며 이로움과 해로움
이라는 말단에서랴!"

**이**

왕예가 앞에서 바름[正]에 대해 부정한 것을 받아서 설결이 지인(至人)도 이해를 모르느냐고 묻자, 왕예는 지인이 외부에서 닥치는 사태에 영향받지 않는다고 말한다. 불타 죽고 얼어 죽고 놀라 죽을 일조차 지인에게는 영향을 주지 못하니, 이로움과 해로움 따위는 말할 것이 없다는 것이다.

**유**

'설결과 왕예의 대화'로 구성된 이야기를 소단락으로 나눈 것이다. 설결 물음의 핵심과 그에 대한 왕예의 답변이 들어 있다. 설결은 끝으로 "선생님께서 이해관계를 모르신다면, 지인(至人)도 본래 이해관계를 모르는 것입니까?"라고 묻는다. 여기에서 설결이 고수하는 '모든 인간이 공통으로 하는 표준'은 '이해관계'라는 점이 분명해진다. 이에 대해 왕예는 '지인은 신령한 존재이기에 죽고 사는 것조차도 그를 변화시키지 못하는데, 하물며 이해의 끄트머리야 말해 무엇하겠는가!'라고 한다. 왕예가 말하는 '지인'은 '이해·인의시비·생사' 관념에서 비롯하는 인간 본위의 온갖 차별(상대성)을 초월하는 자이다. 관건은 '물들'이 변화하는 존재이므로 하나의 양태에 집착하여 그것만을 고수하는 것은 물들에 대한 제대로인 앎이 아니라는 점을 자각하는 데 있다. 총체적이며 전면적인 통찰을 하는 '지인'의 차원에서는 삶의 문제가 상대적이지 않다. 이런 점에서 장자는 상대주의자가 아니다. 이해를 따지면서 자기 이익만을 추구하는 것이 사람들의 마음을 불태우고 얼어붙게 만드는 극단적인 차별상을 낳는다. 그러나 지인은 그런 것을 초월한 존재이기에 어떠한 상해도 입지 않는다. '사생일여(死生一如)'의 관점을 가져야 분변과 쟁론을 멈출 수 있게 된다. 장자의 이런 관점은 '다양성과 하나로 연결되는 절대성(통일성)'으로 나아간다.

**정** 앞에서부터 이어지는 글이다. 언어의 한계에 이어 성심의 상대성을 말한 후, 성인의 경지를 묘사하고 있다. 성인의 경지는 단순히 성심을 밀고 나가려는 태도가 없는 측면에 그치지 않는다. 성심을 밀고 나가는 태도가 없는 까닭은 언어가 아닌 다른 소통방식을 가지고 있기 때문이다. 성인은 우리의 체험이 언어에 의해 구성되어진다는 것을 알고 있으므로, 구성된 체험의 세계에 매이지 않고 끝없이 공명하는 방식을 제안한다. 이 글에서 묘사하는 지인의 신비로운 경지는 바로 이 점, 일상인과 달리 지어낸 체험에 매이지 않는 모습이다.

**박** 여섯째 단락의 두 번째 문단이다. 앞의 문단을 이어받아 도를 체득한 사람의 특성을 정면으로 묘사하고 있다. 「소요유」의 묘사된 신인(神人)의 특성과 유사한 내용이다. 별도의 문단이기보다 앞에서 이어지는 문단으로 봐야 한다.

### 1 齧缺曰, 子不知利害, 則至人固不知利害乎?

**이** 설결은 거처와 환경과 미색의 바른 기준이 없다는 왕예의
   말을 이해를 모른다는 것으로 바꿔서 해석한다. 그래서 '선
   생님이 이해를 모른다면 지인도 이해를 모릅니까?'라고 물
   은 것이다. 왕예의 논점은 앎의 기준이 없음[不知]이지, 이
   해가 아니다. 설결이 말한 이해는 습한 곳은 사람에게는 해
   롭고 미꾸라지에게는 이로우며, 나무 위는 사람에게는 해
   롭지만 원숭이에게는 이로움을 말한다. '지인'은 지극한 사
   람이란 뜻으로 장자가 이상적으로 여기는 인간이다.

**유** 설결은 왕예가 이익과 손해의 구분에 관해 모른다고 여기
   고서, 그렇다면 지인(至人)도 본래 이익과 손해의 구분을 알
   지 못하는 사람이냐고 묻는다. 설결은 세속인은 물론 스승
   인 왕예의 수준도 넘어서 '지인(至人)'까지 거론하면서 이익
   과 손해의 구분에 대해 추궁한다. 어떤 측면에서라도 자기
   의 관점이 옳다는 것을 추인받으려는 것이다. 즉 이익과 손
   해를 따지는 것이야말로 현실적 인간 삶의 자세이자 그 표
   준이라는 점을 고수한다. 설결의 관점에서는 인의 · 시비 ·
   호오라는 것이 인간 현실의 실제이고, 이들은 모두 이해관
   계에서 더 정확히는 이익 추구에서 연유하는 것이다. 한마
   디로 설결은 자기 이익에만 치중하여 '이익과 손해'를 소통

시킬 수 없는 자이다.

**정** 사람이 이해를 떠날 수 있는 지, 그것이 지인의 경지인지를 묻는 글이다. 이해는 시비, 호오와 통한다. 장자는 시비를 주로 말하지만, 이해와 호오는 시비의 결과가 아니다. 모두 하나의 범주로 묶을 수 있다. 굳이 말하자면 시비에는 자신의 신념체계와 정서적 성향 및 호오로 표현되는 정서적 추동력 혹은 반발감이 포함된다. 결국 시비의 태도를 벗어날 수 있는지, 더 나아가서 처음부터 호오 등 성심을 구성하는 요소가 없을 수 있는지 묻고 있다. 지인은 진인(眞人)과 통한다. 도가의 이상적 존재다.

**박** 사람은 앎을 통해 이로운 것을 취하고 해로운 것을 피하며 살아가는 존재인데 앎 자체가 없다면 어떻게 살 수 있느냐는 취지의 물음이다. 곽상은 설결이 아직 왕예가 말하는 '알지 못한다[不知]'라는 말의 뜻을 깨닫지 못해서 묻는 것이라 하였다.

2    王倪曰, 至人神矣! 大澤焚而不能熱, 河漢沍而不能寒, 疾雷破山飄風振海而不能驚.

**이** 지인의 신묘한 경지를 형용하였다. 외부의 사태는 지인의 내면에 아무런 영향을 주지 않는다. 그는 외부에서 닥치는 사태에 있는 그대로 수용한다. 「덕충부」에서는 지인의 경지를 다음과 같이 묘사한다. "죽고 사는 것과 존립하느냐

망하느냐 하는 것과, 앞길이 막히느냐 뜻이 이루어지느냐와, 가난하게 사느냐 부유하게 되느냐와, 현명하게 되느냐 모자라게 되느냐 하는 것과, 비난 받느냐 명예롭게 되느냐와, 주리고 배고프며 춥고 더운 것은 일의 변화이며 명(命)의 운행이다. 밤낮으로 눈앞에서 서로 갈마들어도 앎은 그 시작을 엿보지 못한다. 그러므로 마음 속의 조화를 어지럽히기에 충분하지 못하며, 영부(靈府) 속으로 들여서는 안 된다."196 '명'은 사람이 어찌할 수 없는 힘을 말하며, '영부'는 허령한 마음이다.

유 ｜ 왕예는, 지인(至人)은 외물의 어떠한 변화에도 휘둘리지 않는다는 점을 말하고 있다. '지인'이란 각자의 욕망에 기초하는 상대적인 앎, 그리고 이에 근거하는 이익과 손해의 관계, 더욱이 바로 이런 것들을 바탕으로 삼는 인의시비로는 알 수 없는 초월적 경지에 이른 사람이다. 왕예는 외물의 어떠한 변화에도 영향을 받지 않는 지인의 경지를 말함으로써 설결이 제기한 '물들이 공통으로 하는 표준'을 정하려고 드는 것의 허구성에 대해 비판적으로 설명하였다. 이는 상대성을 넘어서는 차원인 어떤 '절대성'을 암시한다.

정 ｜ 일반인과는 다른 지인의 체험을 묘사한 글이다. 지인은 체험의 구성성을 정확히 꿰뚫어 보는 존재다. 배고픔과 배부름도 우리의 체험이라는 점에서는 같다. 구성될 수 있는 것이다. 외적 환경이 독립적으로 존재하고, 있는 그대로 체험에 반영되는 것이 아니다. 실재론과는 두 가지 차이가 있다.

먼저, 나는 세상에 참여함으로써 세계를 구성해낸다. 즉, 나와 세계는 떨어져 있지 않다. 나는 세계의 부분이다. 둘째, 인지와 존재가 나뉘지 않는다. 나의 체험은 곧 내가 구성해내는 세계다. 어떤 이는 이별 속에서 극심한 우울감을 느끼지만 다른 이는 그렇지 않을 수 있다. 고통과 행복을 받아들이는 입장에 차이가 있고, 이런 차이는 자신의 체험에 영향을 미친다. 체험이 다시 자아를 구성한다.

박

지인은 신묘함을 갖추고 있어 어떠한 외물에도 상해를 입지 않는 존재라는 뜻이다. '疾雷破山飄風振海而不能驚'에 대해 왕숙민은 『회남자(淮南子)』「정신훈(精神訓)」에 있는 비슷한 구절[197]을 감안할 때 '疾雷破山而不能傷, 飄風振海而不能驚'이 되어야 한다고 하였다. "사나운 우레가 산을 깨트려도 해를 입힐 수 없고, 거센 바람이 바다를 뒤흔들어도 놀라게 할 수 없다."는 뜻이다.

지인과 같은 이상적인 인격자가 지니는 이 같은 특성에 대한 해석은 장자 후학들 사이에서 두 가지로 입장이 갈린다. 하나는 이것을 비유적 표현으로 보는 것이고, 다른 하나는 그런 일이 가능한 것은 순수한 기를 간직하고 있기 때문이라고 보는 해석이다. 이에 대해서는 「소요유」의 견오(肩吾)와 연숙(連叔)의 대화 부분에서 이미 언급하였다.

**3** 若然者, 乘雲氣, 騎日月, 而遊乎四海之外. 死生無變於
己, 而況利害之端乎?

**이**
자신에게 닥치는 사태에서 편안해하는 것은 지인이 '하나'
의 경지에 이르렀기 때문이다. 만물과 '하나'가 된 경지를
'구름을 타고 해와 달을 몰아서 세상 밖에서 노닌다'고 표현
하였다. 「소요유」에서도 신인(神人)의 경지를 묘사하는 가
운데 동일한 표현이 나온다. 앞에서 말한 불타 죽고, 얼어
죽고, 놀라 죽는 일을 '사생(死生)'으로 받았다. 죽고 사는 것
은 인생에서 이해의 최대치이다. 지인에게도 당연히 죽을
일이 생긴다. 관건은 죽고 사는 일에 영향을 받느냐는 것이
다. 왕예는 죽고 사는 일에도 영향받지 않는 지인에게 이해
따위가 문제가 되겠느냐고 반문한다.

**유**
왕예는 이어서 말한다. "이런 사람은 구름을 타고 해와 달
을 부리면서 세상의 밖에서 노닌다. 삶과 죽음조차도 이런
사람에게는 아무런 변화를 끼치지 못하는데, 하물며 이해
의 끄트머리야 말해서 무엇하겠는가!" 지인은 자연환경의
혹독한 열악성에서도 상해를 입지 않으며, 인간 세상 밖으
로 나가 노니는 자이다. 외물에 휘둘리지 않을 뿐만 아니라
외물에 올라타고서 세상 밖에서 노닌다는 것은, 초월적 관
점에서 천하의 삶을 관조하는 능력을 지녔다는 의미이다.
그런 까닭에 사생일여(死生一如)를 말할 수 있는 것이며, 그
리하여 사생 속에서 일어나는 이익과 손해를 하나로 소통

시킬 수 있다. '자아관지'의 폐해를 해소하려면 우주적 생명 관인 '사생무변어기(死生無變於己)' 차원으로 들어서야 한다. '사생무변어기'와 '이해관계' 문제는 「소요유」·「전자방」 등에서도 거론된다.[198] 선진(先秦) 시기에 생사 문제를 철학적으로 가장 많이 다룬 철학자가 장자라는 것은 주지의 사실이다. 『장자』 내편 가운데의 「제물론」·「양생주」·「대종사」 등과 외·잡편 가운데의 「추수」·「지락」·「전자방」·「지북유」·「경상초」 등에서 20여 차례에 걸쳐 생사에 관해 논한다.

　현실에서 권력자들은 자국의 이익을 위해 물리적 전쟁을 일삼고 있으며, 이들에 야합하는 사상가들은 관념적인 말과 앎에 의한 분변(피차, 인의시비, 선악, 미추, 귀천, 우열 등)에 몰두하면서 사적 명성을 얻기에 여념이 없다. 권력자·사상가뿐 아니라 일반인들까지 공통으로 명실(名實), 즉 명예와 이익 다툼을 벌이는 세상이다. 이런 이익과 인의시비 관념에 의한 온갖 분란을 해소하는 것은 '사생일여'라는 높은 차원의 통일적 관점을 갖는 데에 있다. 장자는 인간 본위, 더욱이 자기 관점으로만 사물을 대하는 것에 반대하고, '도적 관점으로 사물을 관조'할 것을 말한다. '인시(因是)'해야 한다는 것이다. 본편의 취지가 '각자에게는 각자의 진리가 있음'을 주장하는 것이라고 이해하고 평가한다면, 이는 본편뿐 아니라 『장자』 내편의 핵심을 완전히 뒤바꿔버리는 결과를 낳을 것이다. 장자의 견해는, 명리만을 추구하고 규범의 틀을 공고히 하는 것은 본연의 삶이 아니라는 것이다. 그런 세계는 상대성의 굴레 속에서 자유를 누리는 듯한 착각을 일으킬 따름이다. 그런 허구적 상대성의 유혹(미혹, 우매, 몽매)에서 벗어나야 진정한 자유를 누릴 수 있다.

**정** 「대종사」에서는 자여(自與)와 자래(自來)는 병이 걸렸으나, 생사를 끝 없는 변화의 과정으로 받아들임으로써, 어떤 불안도 느끼지 않았다고 말한다. 지인에게는 생사가 무관하다는 의미의 '사생무변어기(死生無變於己)'도 같은 취지다. 공명하는 원형적 체험의 단계에 이르면 고정된 속성을 지니는 자아는 존재하지 않고, 그런 자아가 존재하지 않으므로 생과 사의 구분도 사라진다. 물론 이런 자아도 말을 하지만 그의 말은 행위와 구분되지 않고, 상황에 있는 그대로 따르는 것이다.

**박** 지인의 일상적 삶에 대한 묘사이다. "저 천지의 바름을 타고 육기의 변화를 부려 끝없는 곳에서 노닌다[夫乘天地之正, 而御六氣之辯, 以遊無窮]"라고 한 「소요유」의 표현과 일맥상통한다. 지인의 삶은 죽음과 삶에 대해서도 이미 초월하였으므로 이로움과 해로움에 대한 생각은 전혀 끼어들 틈이 없다는 말이다. '인시'의 궁극적인 차원이 사생(死生) 문제로부터도 초월하는 절대 자유의 경지임을 암시한다. 「대종사(大宗師)」편의 남백자규(南伯子葵)와 여우(女偶)의 대화에 나오는 득도(得道)의 마지막 단계가 '죽음과 삶으로부터 자유로워진 상태[不死不生]'라고 하는 것과 맥이 닿아 있다.

## 성인의 우둔함

瞿鵲子問乎長梧子曰, "吾聞諸夫子, 聖人不從事於務, 不就利, 不
違害, 不喜求, 不緣道. 無謂有謂, 有謂無謂, 而遊乎塵垢之外. 夫子
以爲孟浪之言, 而我以爲妙道之行也. 吾子以爲奚若?" 長梧子曰,
"是黃帝之所聽熒也, 而丘也何足以知之! 且女亦太早計, 見卵而求
時夜, 見彈而求鴞炙. 予嘗爲女妄言之, 女以妄聽之. 奚旁日月, 挾
宇宙? 爲其脗合, 置其滑涽, 以隸相尊. 衆人役役, 聖人愚芚, 參萬
歲而一成純. 萬物盡然, 而以是相蘊."

### · 번역 ·

구작자가 장오자에게 물었다. "저는 공자에게 이런 말을 들었습니
다. 성인은 세속의 일에 종사하지 않으며, 이익을 좇지 않고 해로움
을 피하지 않으며, 구하는 것을 좋아하지 않고 도에 연연하지 않으
니, 아무 말도 하지 않되 말을 함이 있고 말을 함이 있되 아무 말도
하지 않은 채 세속 밖에서 노닌다고 합니다. 공자는 이것을 맹랑한

말이라고 여겼으나, 저는 오묘한 도를 행하는 것이라고 생각합니다. 선생님께서는 어떻게 보십니까?" 장오자가 말했다. "이것은 황제(黃帝)조차 들으면 헷갈릴 일인데, 공자가 어떻게 그것을 제대로 알겠는가? 또한 너도 너무 앞서갔다. 달걀을 보고 닭을 바라고 탄환을 보고 새구이를 찾는 셈이다. 내가 시험 삼아 너를 위해 내키는 대로 말할 테니, 너도 그런가 하고 들어보거라. 어찌 해와 달을 옆에 두고 우주와 함께 하지 않는가? 그것과 하나가 되어 분별없는 상태에 머물면서 귀함과 천함을 하나로 여겨라. 사람들은 바삐 이익을 좇지만, 성인은 우둔하여 만세의 변화와 함께하며 한결같이 순수함을 이룬다. 만물은 모두 그러하니 이로써 서로 품는다."

**이**

주제어는 '성인(聖人)'이고, 주제문은 '오랜 세월에 걸친 사물의 변화에 동참하면서도 한결같이 순수함을 성취함[參萬歲而一成純]'이다. 신묘한 경지에 이른 지인(至人)에 대한 묘사가 불러올 수 있는 오해를 불식시키는 단락이다. 성인을 세상 밖에서 노니는 인물로 치부하는 시각에 대해, 성인은 세상 속에서 신인(神人)의 능력을 발휘하는 존재임을 밝힌다.

**유**

구작자와 장오자의 대화로 구성된 단락이다. 앞단락에서 말한 이해(利害)를 초월하는 지인(至人)의 삶을 이어 '진정한 성인(聖人)'의 삶에 관해 이야기한다. 이익과 손해의 갈등 문제를 넘어서는 경지에 관해 더 구체적으로 설명한다. 구작자의 입을 통해 소개되는 '성인'이라는 자는 사변적 관념을 넘어서지 못하고 있으며 일신의 안정을 위해 피세적 삶을 사는 것에 불과하다. 중인(衆人)이 목전의 세상일에 골몰하여 사적 이익만을 추구하는 것도, 진정한 성인의 큰 성취와는 대비적이다. '진정한 성인'은 우주적인 장구한 삶에 참여하면서 모든 물적 존재가 순수함을 가지고 서로를 품는 평등성을 유지하도록 하는 자이다.

**정**

앞의 단락에 이어 성인의 경지를 묘사한 글이다. 언어적 앎을 통해 세상과 교류하는 이들이 볼 때는 성인의 삶이 특이하게 보일 수 있다. 언어의 규정성을 따르지 않으므로 성인은 임금과 노예의 귀천을 다르게 보지 않는다. 규정적 언어

로 인해 공고해지는 자아의 경계가 흐려지므로, 성인은 이
익도 좇지 않는다.

**박**

일곱째 단락의 첫 번째 문단이다. 앞에서 말한 지인의 특성
을 바라보는 두 극단을 배제하고 그 경지를 다시 부연하는
내용이다. 두 극단은 공자(孔子)로 상징되는 합리주의와 구
작자(瞿鵲子)로 대표되는 신비주의적 관점이다.

**1**    瞿鵲子問乎長梧子曰, 吾聞諸夫子, 聖人不從事於務, 不
就利, 不違害, 不喜求, 不緣道.

**이**    구작자와 장오자의 대화를 통해 성인의 경지를 말한다. 이
효걸에 따르면 구작자는 의심해서 주변을 살피고 까치처럼
똑똑한 체하는 사람이라는 뜻이고, 장오자는 우두커니 서
서 봉황이 깃들기를 기다리는 큰 오동나무 같은 사람이다.
부자(夫子)는 공자를 가리킨다. 구작자가 공자에게 들었다
는 성인에 대한 묘사에 주목할 만한 것이 있다. 부정적인 언
사를 통해 성인의 모습을 그리고 있다는 점이다. 성인은 힘
써 일하지 않고, 이로움을 추구하지 않고 해로움을 거스르
지 않으며, 남이 자기를 찾는 것을 즐거워하지 않고 원리원
칙에 얽매이지도 않는다. 성인을 불(不)자로 표현함으로써
소극적 묘사에 그치고 있다. 이 점은 장오자가 구작자의 오
해를 지적하는 이유가 된다.

**유**    일반인들은 세속의 일에 적극적으로 종사하면서 이익을 좇
고 손해를 피하며, 쓸모 있기를 희구하고 따라야만 하는 특
정한 방법이 있다고 믿는다. 이는 상대성을 전제한 속에서
보편성을 찾고자 하는 것이니, 허구 속에서 진실을 구하려
는 것이다. 그러나 구작자가 소개하는 성인은 일단 세속인
의 가치와 삶의 자세를 초월하는 자인 것처럼 보인다. "성

인은 세속인이 골몰하며 애써 추구하는 일에는 종사하지 않아서, 이익을 좇지 않고 손해를 피하지 않으며, 쓸모 있기(명성)를 희구하지 않고 현능(賢能)이 되기 위한 정해진 방도를 따르지도 않는다." 이는 언뜻 요·순의 수준을 넘어서는 장자적 성인을 제시하는 내용인 것으로 이해된다. '구작자(瞿鵲子)'와 '부자(夫子)' 그리고 뒤에서 나오는 '구(丘)'에 대해 유월(俞樾)은 이렇게 설명하였다. "구작자는 필경 공자의 70명 제자에 속하는 후인이다. 따라서 '부자(夫子)에게서 들었다'라고 한 것은 공자에게서 들었다는 말이 된다. 뒤의 글에서 장오자(長梧子)는 '이것은 황제가 들어도 어리둥절해 할 것이거늘 구(丘)가 어찌 제대로 알겠는가'라고 말하는데, 구(丘)는 곧 공자의 이름이다."[199] 일단 유월의 설을 따를 수 있으나, 여기의 구작자와 공자는 다 장자가 공자와 그의 어떤 제자를 연출시켜서 하는 말이다. 따라서 장오자 역시 연출된 인물일 것이다. 그런데 성인이라고 불리는 자가 취하는 자세에 대해 공자가 '황당한 말'이라고 평가하는 것을 볼 때, 이는 공자 자신의 말이 아니라 공자가 다른 어떤 사람의 말을 전한 것으로 설정된 것이다. 중요한 것은 장오자가 이 말의 내용을 진정한 성인의 경지로는 인정하지 않는다는 점이다. 장오자는 이어서 '진정한 성인'의 경지가 어떤 것인지를 이야기한다. '불연도(不緣道)'에서의 '道'는 뒤의 '묘도지행(妙道之行)'에서의 '行'과 같은 의미로서 현능한 인간이 되기 위한 세속의 특정한 '방도', 즉 방술(方

術)을 뜻한다. 맥락상 '불취리(不就利), 불위해(不違害)'는 이해[實]의 문제이고, '불희구(不喜求), 불연도(不緣道)'는 인의 · 시비 · 재지(才智)와 관련한 명성[名]의 문제이다.

**정**

종사어무(從事於務)의 무(務)는 단순히 세속적인 일 모두를 칭하는 말이 아니다. 모든 세속적인 일에 종사하지 않을 수는 없다. 단순히 생을 유지하기 위한 목적을 벗어나는 일에 종사하지 않는다는 의미다. 그런 일에 종사해도 세속적인 욕망과 결합되어서는 안 된다. 성인도 사람이다. 당연히 해로움을 피한다. 해로움을 피한다는 것은 이익되는 쪽을 선택한다는 뜻이기도 하다. 다만, 성인은 자신의 성향과 신념체계를 견지하려는 태도가 없다. 이런 이유로 이익을 억지로 추구하지 않고, 해로움을 억지로 피하지도 않는다. 해로움을 겪을 때도 후회나 탄식이 없고, 이익을 얻었을 때도 이로 인한 기쁨이 없다. 그러므로 다른 이가 볼 때는 이익 그리고 해로움과 무관해 보인다. 그러나 의도적으로 추구하려 하지 않을 뿐이다. 불취리(不就利)와 불위해(不違害)는 짝을 이룬다. 따라서 불희구(不喜求)와 불연도(不緣道)도 하나의 쌍으로 보아야 한다. 성인은 사태에 유연하게 대처할 뿐이다. 하나의 태도와 관점 그리고 철학을 견지하지 않는다. 따라서 특정한 도에 얽매이지 않는다. 또 하나의 해결책을 얻었다고 해서 기뻐하지도 않는다. 이것이 불희구(不喜求)의 뜻이다.

**박**

구작자(瞿鵲子)에 대해 유월(兪樾)은 공자에게 들었다고 하

는 것으로 보아 공자의 칠십 제자의 후인일 것이라 추정한
다. 장오자(長梧子)에 대해서는 이이(李頤)는 큰 오동나무
아래에 거처하였기 때문에 붙은 이름이라 하였고, 간문제
(簡文齊)는 장오(長梧)라는 지역을 지키는 관리[封人]라고
하였다.(『경전석문』) 둘 모두 가공의 인물일 가능성이 더 크
다. '부자(夫子)'는 공자를 가리킨다. 선진시대 전적에서 '부
자'는 공자를 가리키는 고유명사가 아니라 선생님을 높여
부르는 일반 호칭이다. 「소요유」에서 요가 허유를 '부자'라
고 부르고, 장자가 혜시를 '부자'라고 부르는 것이 그 예이
다. 따라서 선진시대 전적에서 '부자'가 가리키는 대상은 문
맥에서 파악해야 한다.

　　차오츄지는 '불연도(不緣道)'는 '도를 폐하지 않는다'라고
풀이한다. 앞의 '희구(喜求)'와 대구를 이루고 있는 점과 중
국 한(漢)나라의 양웅(揚雄)이 지은 『방언(方言)·13』에 '연
(緣)'을 '폐(廢)'라고 풀이하고 있다는 점 등을 고려할 때,
「대종사」의 "불이심연도(不以心捐道: 마음으로 도를 훼손하
지 않는다)"의 '연(捐)'과 같은 뜻으로 보아야 한다는 것이 그
근거이다.

| 2 | 無謂有謂, 有謂無謂, 而遊乎塵垢之外. |
|---|---|

이
—
　　'無謂有謂, 有謂無謂'는 「寓言」에 따르면 무언(無言)을 말하
는 방식, 즉 치언(巵言)이다. "무언을 말하니, 종신토록 말해

도 말한 적이 없으며, 종신토록 말하지 않아도 말하지 않은 적이 없다."²⁰⁰ 성인은 상황에 따라 그때그때 맞는 말을 하니, 성인의 말은 일시적인 표상 작용만 할 뿐 의미를 고정시키지 않는다. 그러므로 말한 것이 없어 보이지만 말한 것이고, 말을 해도 말로 붙들어 매는 것이 없다. 공자가 전하는 성인에 대한 묘사는 세속 밖에서 노닌다[遊乎塵垢之外]에 방점이 있다. 공자의 말에 따르면 성인은 방외지인(方外之人)이다.

유

구작자가 추종하고자 하는 성인은, '세속인이 자기네가 애써 추구하는 것을 기준으로 삼아 무용(손해와 무명)이라 이르는 게 사실은 유용(이익과 유명)이라 이르며, 유용이라 이르는 게 사실은 무용이라 이르면서', 티끌 세상의 밖에서 노닌다. '무위유위(無謂有謂), 유위무위(有謂無謂)'란 성인이라는 자가 세속의 중인이 애써 추구하는 것에 대해 취하는 언어적 자세일 뿐 아니라, 그 내용까지 담지하여 취하는 태도이다. 세속인의 성취에 대해 특별한 가치를 두지 않고 유야무야(有耶無耶) 식으로 대하는 자세를 뜻한다. '유호진구지외(遊乎塵垢之外)'는 앞에서 살펴본 '사해지외(四海之外)'에는 미치지 못하는 수준의 삶이다. 이는 자기가 세속을 티끌같다고 차별화하고서 스스로 떠나 홀로 자적하는 삶이다. 우주에서의 노닒이 아니라 여전히 세상 내에서 사람들을 피해 사는 것이니, 은자(隱者)와 다를 바가 없다. '심산유곡에 숨어 사는 선비, 세상을 비난하는 사람[山谷之士, 非世之人]'

이거나 '강과 바닷가에 은둔하는 선비, 세상을 피해 사는 사
람[江海之士, 避世之人]'²⁰¹, '육침자(陸沈者)'²⁰² 정도이다. 사회
적 삶이 아닌 자기 고립이라는 점에 큰 한계가 있다.

**정**

성인의 말은 고집, 견지, 주장을 담고 있지 않으므로 세속
의 말과 다름을 말한 것이다. 무엇인가를 말할 때 사람들은
그 말에 자신의 지향을 담는다. 자신의 성향과 신념에 맞게
말한다. 성인은 다르다. 무엇인가를 이야기하지만, 그것을
주장하려는 태도가 없다. 사람들은 성인의 의도 없음 때문
에, 자신의 견해를 피력하지 않았다고 생각한다. 그러나 무
엇인가를 말하기는 한 것이다. 그런 말은 사태를 왜곡시키
지 않는 힘이 있다. 사태를 순연하게 풀려나가게 하는 힘도
있다. 그러므로 주장하지는 않았으되 무엇인가를 말하기는
했다. 뒤의 진구(塵垢)는 세속이다. 우리는 같은 세계를 살
아가는가? 우리의 경험을 떠나서는 그 세계를 알 수 없으므
로, 그리고 세계가 외따로 있다고 해도 경험을 벗어나서는
세계에 도달할 수 있는 방법이 없으므로, 우리는 우리의 경
험을 체험할 뿐이다. 성향을 주장하고 시비를 다투는 사람
들은 자신의 태도로 인해 언어로 직조된 즉, 개념화된 구성
된 세계를 체험한다. 세속적인 사람들의 체험이 바로 세속
이다. 성인은 그런 체험을 하지 않으므로, 세속을 벗어나 있
다고 말하는 것이다.

**박**

'무위유위(無謂有謂), 유위무위(有謂無謂)'는 장자의 표현법
가운데 하나인 치언(卮言)의 언어구사 방식을 가리킨다. 의

미를 고집하지 않는 말을 구사한다는 의미이다. 「우언」편에서 "치언이 날마다 나오니, …… 그러므로 '말을 하면서도 말이 없으면(의미에 고착된 말을 하지 않으면) 종신토록 말해도 말한 적이 없고, 종신토록 말하지 않아도 말하지 않은 적이 없다'라고 하였다."[203]라고 한 것과 같다.

3    夫子以爲孟浪之言, 而我以爲妙道之行. 吾子以爲奚若?

이
―
공자는 성인을 세상 밖의 일을 추구하는 인물로 보기 때문에 허무맹랑한 말이라고 판정했다. 반면에 구작자는 성인이 오묘한 도를 실행하는 인물로 보고 스승인 장오자에게 동의를 구한다. 해약(奚若)은 여하(如何)와 같다. '여하'는 '어떻게'이다.

유
―
공자는 피세적인 성인의 행태에 관한 것이 '맹랑한 말'이라고 폄훼하는 데 반해, 구작자는 그런 성인의 길을 따르는 것이야말로 '오묘한 도를 실행하는 방도'라고 극찬한다. '맹랑(孟浪)'은 끝이 없는 허튼소리, 즉 '황당무계(荒唐無稽)한 말'(석덕청)을 뜻한다. 「소요유」에서 견오(肩吾)가 접여(接興)에게 들은 말에 대해, "그 이야기는 거창하기만 하고 상식적인 사리에 들어맞는 것이라곤 없으며, 뻗어나가기만 하고 돌아올 줄은 모르는 것이었다. 나는 그 말을 들으면서 놀랍고 두려워졌는데, 마치 황하나 한수처럼 끝없이 흘러가기만 하는 것을 보는 것 같은 생각이 들었다. 너무나 큰 차이가 있어서 세상물정과는 거리가 먼 것이었다"²⁰⁴라고 평가한 것과 유사한 취지라고 할 수 있다.

**정** 자신을 주장하지 않는 성인의 다양한 특성에 대한 생각을 묻는 글이다. 부자(夫子)는 공자로서 언어적 앎을 추구하는 이를 대표한다. 사람들은 자신이 구성해낸 세속적 체험 속에서 살아가면서도, 사실 그것이 언어에 의해 구성되었음을 알지 못한다. 그러므로 성인에 관한 말을 들으면 맹랑하다고 생각한다. 그러나 성인이 살아내는 삶의 양상에는 묘한 도리가 있다.

**박** 맹랑한 말이라 여기는 태도와 오묘한 도를 행하는 것이라고 보는 생각이 지인(至人)의 삶을 바라보는 양 극단의 편견이다.

---

4　長梧子曰, 是黃帝之所聽熒也, 而丘也何足以知之! 且女亦太早計, 見卵而求時夜, 見彈而求鴞炙.

---

**이** 차오츄지에 따르면 청형(聽熒)은 '듣고서 혼란을 느끼다'이다. 성인에 대한 말은 황제조차도 긴가민가 하는데 어떻게 공자가 제대로 알겠느냐는 뜻이다. 장오자는 성인을 '방외'의 일을 추구하는 인물로 규정한 공자를 비판하고, 또 공자가 성인을 묘사한 말을 도의 실행이라고 인정한 구작자의 잘못을 지적한다. 조계(早計)는 섣부른 판단이라는 뜻이다.

**유** 장오자는 구작자의 가치판단에 대해 두 가지로 비평한다.

그런 이야기는 황제가 들어도 어리둥절해질 만한 것이므로, 공자의 수준으로는 그 뜻을 제대로 알 수 없다.『주역』「계사전 하」에서 묘사되는 유가적 황제(皇帝)[205], 그리고 공자는 모두 세속의 일에 적극적인 관심을 두고서 사람들을 위해주는 일에 골몰한 자들이다. 그런 자들이 듣기에, 인간으로서 세속을 떠나 자신만의 유유자적한 삶을 추구한다는 이야기는 허튼소리가 아닐 수 없다. 이보다 문제시되는 것은, 그 말을 '오묘한 도를 실행하는 방도'라고 여기고서 달려드는 구작자의 자세이다. 이런 자세를 '지나친 속단[太早計]'이라고 평가하는 이유는, 저런 수준의 말에 따르기만 해서는 도를 체득하고 구현할 수 없다고 보기 때문이다. 도에 관한 말만 듣고서 자기가 곧바로 그런 존재가 될 수 있으리라고 여기는 것은 착각이다.「우언」에서는 안성자유의 입을 통해 오랜 기간에 걸쳐 여러 단계의 수양을 해야만 '대도의 오묘한 경지[大妙]'를 이루게 된다고 한다.[206] 여기서 장자는 장오자의 입을 빌어 유사[似之而非] 성인의 한계를 지적하고 있다. 여기의 '황제(黃帝)'는『장자집석』에 '皇帝'로 되어 있다. '앎[知]'과 관련하여 '황제'를 거명한 예가 있다.「지북유」에서의 황제(黃帝)는, 타인들이 '도'와 관련하여 취하는 자세에 대해 등급을 매기고, 그 자신이 도에 관해 자세히 말하는 존재로서 '지언(知言)' 수준에 있는 자로 평가된다. 그러나「대종사」에서의 황제는 앎을 잊는[亡其知] 차원으로 들어섬으로써 도를 터득한 존재[黃帝得之, 以登雲天]로 묘사된다.

정 앞에서 말한 성인의 특성에 관한 묘사는 언어적 앎으로는
이해하기 어려운데, 성인의 언행에 보이는 특성이 드러나
는 배경을 정확히 알지 못한 채 묘한 도리라고 하는 것도 과
하다는 뜻이다. 청형(聽熒)은 '듣고 어리둥절해하다'는 뜻이
다. 구작자는 위 말을 듣고 세속에서의 성인의 삶을 이상적
으로 생각했다. 이에 대해 장오자는 그것은 성인의 양상을
세속적 시선으로 감탄한 것에 불과하다고 말한다.

박 '청형(聽熒)'은 의혹이 들어 확연히 이해하지 못하는 모습이
다.(성현영) '구(丘)'는 공자의 이름이다. '여(女)'는 2인칭 대
명사 '여(汝)'와 같으며, 구작자를 가리킨다. '조계(早計)'는
생각이 너무 앞질러 간다는 뜻이다.

5　予嘗爲女妄言之, 女以妄聽之. 奚旁日月, 挾宇宙? 爲其
　　脗合, 置其滑涽, 以隸相尊.

이 '망언지(妄言之)'와 '망청지(妄聽之)'는 『장자』특유의 표현
이다. 망(妄)은 '근거없다'는 뜻이다. 내 멋대로 말할 테니까
네 맘대로 들어보라는 것이다. 성인과 마찬가지로 말의 일
시적 쓰임을 강조한 어투이다. 왕수민에 따르면 방일월(旁
日月)은 변화를 따르는 것이고, 협우주(挾宇宙)는 만물을 품
어주는 것을 비유한다. 위기문합(爲其脗合)은 분별을 버리
는 것이고, 치기골혼(置其滑涽)은 분란을 제거하는 것이며,

이예상존(以隸相尊)은 귀천을 의식하지 않는 것이다. '하나'의 경지에는 분별과 분란과 귀천이 없다는 말이다.

유
一

여기부터는 '진정한 성인'의 경지와 삶에 관한 내용이다. '방일월(旁日月), 협우주(挾宇宙)'에 대해, 곽상은 "죽음과 삶을 낮과 밤으로 여기는 것이 '방일월'의 비유이며, 만물을 일체로 여기는 것이 '협우주'의 비유이다"[207]라고 풀이하였다. 그러나 이는 『장자』에서의 '우주(宇宙)'의 의미를 천지 또는 만물의 범위로 턱없이 축소해버리는 것이다. '방일월'은 육합지내를 포용하는 것을 의미하고, '협우주'는 육합지내뿐 아니라 육합지외까지 포함하는 말이다. 즉 육합지내와 육합지외를 아우르는 관점을 가져야 한다는 것이다. 직전 단락의 끝에서 말한 '사해지외'도 이와 같은 뜻이다. 『장자』에서 '우주'는 총 4회 등장하는데, 「경상초」에서는 '우(宇)'와 '주(宙)' 각각에 대해 설명한다. "실재하면서도 고정된 처소가 없는 것이 '우'의 뜻이고, 늘 지속하여 길면서도 시종의 끝이 없는 것이 '주'의 뜻이다."[208] 『장자』에서 제시된 '우주'는 시간과 공간의 무궁성·무한성을 의미한다. 즉 '우주'는 천지·천하를 훨씬 넘어서는 것으로서 무시무종의 광대무변이다.

'위기문합(爲其脗合)'의 '문합'에 대해, 상수(向秀)는 '문합(吻合)'으로서 "윗입술과 아랫입술이 서로 합치하는 것과 같음[若兩脣之相合]"(『경전석문』)이라고 하였으며, 성현영은 '분별이 없는 모양[無分別之貌]'이라고 하였다. 그렇지만 의미상 이는 '방일월, 협우주'하는 차원에서 만물과 혼연히 하나로 합치함을 뜻한다. 이런 점에 근거하여 '만물일부(萬物一府)'(「천지」), '만물일제(萬物一齊)'(「추수」), '만물일야(萬物一也)'(「지북유」)라고 말하는 것이리라. '치기골혼(置其滑涽)'에서의 '치'는 맡겨둔다[任]는 뜻이고, '골'은 혼란[亂]의 뜻이며, '혼'은 어둡다[闇]는 뜻이다.(성현영) 세상의 일들이 잡란하고 어둑한 상태인 그대로 놓아둔다는 의미이다. 자의로써 억지로 질서 지우려 하지 않음이다. 이는 "화성지상대(化聲之相待), 약기불상대(若其不相待)"(원문19)와 통하는 뜻이다. '이예상존(以隷相尊)'이란 존비·귀천을 하나인 것으로 봄을 뜻하는 말이라고 한다. 성현영은 "귀천을 하나로 하는 것[一於貴賤]"이라고 풀이하였다. 그러나 성현영이 "예는 하인·종의 부류이니, 모두 천한 자를 지칭하는 글자[隷皁僕之類也, 蓋賤稱]"라고 한 것에는 동의하지 않는다. '예(隷)'를 '서로 대등하게 마주 대함'이라는 뜻으로 보아, 애초에 존비귀천 관념이 없이 대등하게 마주 대하는 평등성으로 서로를 존중함이라고 이해할 수 있다. 세속인들은 누가 귀하고 누가 천한가, 누가 윗사람이고 누가 아랫사람인가를 굳이 따진다. 그러나 장자의 관점에서 볼 때, 자연한 상태의 인간사회에는 본래 귀천·존비·상하 등의 위계가 없다. 모든 사람은 본래 자연한 존재로서 아무런 차등이 없으며, 그들이 하는 일도 본래 평등(균평)한 것이다. 요컨대 '진정한 성인'은 우주적 관점으로 무차별의 평등성을 구현하는 자이다.

**정**

해(奚)는 앞에 붙일 수도 뒤에 붙일 수도 있다. 번역문에서는 뒤에 붙였다. '女以妄聽之奚, 旁日月'처럼 앞으로 붙이는 것이 자연스러워 보인다. 골혼(滑涽)은 혼돈과 같은 의미다. 분별하고 따지는 시비가 부재한 상태다. 사회적 지위는 장자의 시비를 대표하는 개념이다. 노예로서 서로 높인다고 함으로써, 사회적 지위를 실재화시키는 태도를 비판했다.

**박**

망언지(妄言之)와 망청지(妄聽之)는 '시험 삼아 말해보겠다[嘗試言之]'처럼 자신이 말이 고착된 의미로 받아들여질 것을 우려하는 경계의 표현이다. '해(奚)'는 의문사로서 '어떠냐?'이다. 이것을 끊어 읽는 방식은 세 가지가 있다. 지금처럼 읽는 것이 하나이고, 다른 하나는 '여이망청지(女以妄聽之), 해(奚)?'로 끊어서 "너도 그런가 하고 들어보거라. 어떻냐?"라고 해석하는 것이다. 마지막 하나는 앞에 나오는 '오자이위해약(吾子以爲奚若)'에서처럼 '해약(奚若)'의 단축어로 보고 '여이망청지해약(女以妄聽之奚若)'의 의미로 읽어 "너도 그런가 하고 들어보는 게 어떻냐?"라고 해석하는 방식이다. 어떤 방식을 취하든 의미상으로는 큰 차이가 없다.

'위기문합(爲其脗合)'은 '그것(해·달, 우주)과 입술이 맞닿은 듯한 상태가 되다'는 뜻이다. '골혼(滑涽)'은 의미상 시/비를 뒤섞은 채로 두고 따져묻지 않는 것이다.(宣穎)

**6**

眾人役役, 聖人愚芚, 參萬歲而一成純. 萬物盡然, 而以
是相蘊.

**이**

성인의 경지를 적극적으로 묘사한다. 성인은 바쁘게 뛰어
다니는 보통 사람들과는 다르다. 그는 자신을 드러내지 않
으니[無名], 우둔한 듯 보인다. 하지만 오랜 세월에 걸친 사
물의 변화에 동참하면서도 한결같이 순수함을 성취한다.
「각의(刻意)」에서는 "'소(素)'는 섞이는 것이 없음이고, '수
(粹)'는 신(神)을 이지러뜨리지 않음이다. '순'과 '소'를 체현
할 수 있는 이를 참된 사람[眞人]이라고 한다"²⁰⁹고 설명한
다. 성인이 성취하는 순수함이란 신묘란 능력을 잃어버리
지 않는 것이다. 성인은 만물이 각기 본연의 상태를 다 이루
고 서로를 감싸주게 하는 존재이다. 장오자가 말하는 핵심
은 '參萬歲而一成純'에 있다. 성인은 현실을 떠나지 않고 현
실 속에서 신인(神人)의 능력을 유지한다. 그는 단지 세상
밖의 일을 추구하는 것이 아니라, 세상 안에서 자연의 능력
을 발휘하는 존재이다. 장오자가 공자를 비판하고 구작자
의 오해를 바로잡는 이유도 여기에 있다.

**유**

"중인은 항상 노심초사하면서 목전의 이익과 명성에 관한
일에만 몰두하지만, 진정한 성인은 우둔하여 만년의 생활
에 참여하면서 오롯이 순수함[純 즉 眞]을 이룬다. 그러한
성인의 세상에서 만물은 모두 제 수명을 다 누리면서 그 순
수함으로써 서로를 품는다." 중인이 '역역(役役)'하는 삶을

살아가는 구체적인 행태가 「천운」에서는 '천지륙민(天之戮民)'으로서 쉬지 못하는 자들의 모습으로 묘사된다. 여기의 '우둔(愚芚)'은 말 그대로의 어리석음이 아니라 '어리석어 보이는 듯한' 모양을 뜻한다. 이에 대해 성현영은 '무지한 모양[無知之貌]'이라고 하였다. '순(純)'의 뜻을 「각의」에서의 '순(純)'·'순소(純素)'·'순수(純粹)'·'순수이부잡(純粹而不雜)', 「마제」에서의 '순박(純樸)', 「천하」에서의 "천지지순(天地之純), 고인지대체(古人之大體)"를 참고하여 이해할 수 있다. '이시상온(以是相蘊)'은 앞의 '이예상존(以隸相尊)'을 이어 사람들이 서로 상해하지 않고 조화하는 실제를 뜻한다. 「응제왕」에서의 열자의 삶이 이에 부합하는 내용일 것이다. "자기 아내를 위해 손수 음식을 만들고, 가축인 돼지 먹이기를 사람 먹이는 일처럼 하였다. 매사에 친근한 것과만 더불어 하는 짓을 없애버리고, 부화한 것을 깎아내고 쪼아버려 소박으로 복귀해[復朴], 아무런 감정이 없이 의연히 홀로 서게(無待의 도적 경지) 되었다. 그리하여 어지러이 만물과 한 덩이로 뒤섞여, 종신토록 한결같이 이렇게 살았다."[210]

'참만세이일성순(參萬歲而一成純)'하는 진정한 성인은 구 작자가 추종하고자 하는 '유호진구지외'의 유사 성인과는 어떻게 다른가? 우주적 관점을 가지고서 현실의 삶에 참여할 뿐 아니라, 모든 존재를 평등한 관계로 대하고 화해(和諧)하는 삶을 살아가는 게 진정한 성인상이다. '무위유위,

유위무위'하는 것은 사변에 의한 수준일 따름이지만, '치기
골혼(置其滑涽), 이예상존(以隸相尊)'하는 것은 수양에 의한
실천의 차원이다. 이들 간의 결정적 차이점은 '세속을 피하
기만 하는가, 아니면 세속에 참여하는가'에 있다. 앞의 이
야기에서는 성인이 단지 홀로 티끌 세상을 벗어나지만, 뒤
의 이야기에서는 성인이 일세가 아니라 만세의 세속 생활
에 참여하여 오롯이 '순수함'을 이룬다고 한다. 장오자(즉
장자)가 말하는 '진정한 성인의 삶'은 초월적이기에 오히려
근본적인 현실 참여이다. 그리고 명민한 자들은 최대한 짧
은 기간에 혁혁한 성과[仁惠, 仁恩]를 이루려 안달하지만, 우
둔한 성인은 만세토록[長久] 조용한 안정을 이룬다. 『장자』
에 따르면, 공자는 짧은 기간에서 작은 성취를 추구함으로
써 오히려 만세의 큰 성취를 그르치는 사람이다. 「외물」에
서 노래자는 공자에게 이렇게 말한다. "그대는 일세의 상해
를 견디지 못해 인의를 일삼음으로써 만세의 우환을 경시
하고 있다."[211] 닫힌 세계에서는 항상 자기보다 더 작다고 생
각하는 것들과 견주면서 경쟁하기 마련이다. 그러나 무궁
· 무한으로 펼쳐져 방도 없고, 창문도 없고, 담도 없고, 성
문도 없는 세계로 흘러가는 자는 나아가는 만큼 더 많은 것
을 포용하고 자유로워진다. 우주로 나아가는 것은 단순한
시공간적 초월이 아니라 속세인 현실을 조화의 상태로 품
는 것[懷 · 蘊]이다. 이런 성인은 "만물을 빚어내고도 의롭다
고 여기지 않고, 은택이 만세에 미쳐도 인은(仁恩)으로 여기

지 않는"²¹² 도의 현덕(玄德) 특성을 구현하는 자이다. 현실에서 이익(유용)을 말할지라도 그것이 단기간의 소수 사람을 위한 것인지, 아니면 장구한 세월 속에서의 모든 사람을 위한 것인지를 통찰해야 한다. 장자는 단기간에 소수의 사람만을 위해주려는 데서 더 큰 사회적 혼란을 일으키는 것을 지양해야 한다고 본다. 장자가 인정하는 성인은 만세토록 모든 사람의 안정된 삶을 유지할 수 있는 '장구성'의 정치를 하는 자이다. 편파적이며 일시적이지 않고 장구한[无已] 인(仁)이어야 한다.²¹³

**정**

역역(役役)은 이익을 위해 애쓰는 모양이다. 성인은 이익을 애써 추구하지 않으므로 사람들이 볼 때는 우둔해 보인다. 그러나 공명을 통해 온전한 순수함을 이룬다.

**박**

'역역(役役)'은 시/비와 이/해를 따지느라 바쁜 모습이다. 둘째 단락(원문2)에 나오는 '대비한한(大知閑閑), 소지한한(小知閒閒), 대언염염(大言炎炎), 소언첨첨(小言詹詹)'하는 삶이 이에 해당한다. '참(參)'은 '참여하다, 함께하다'이다. '온(蘊)'에 대해 첸구잉은 "순수하고 혼돈·질박함[精純渾樸] 속에서 서로 포개져 깃듦"이라고 하였다.

## 여희(麗姬)의 후회

予惡乎知說生之非惑邪? 予惡乎知惡死之非弱喪而不知歸者邪!
麗之姬, 艾封人之子也. 晉國之始得之也, 涕泣沾襟. 及其至於王所,
與王同筐牀, 食芻豢, 而後悔其泣也. 予惡乎知夫死者不悔其始之蘄
生乎?

**· 번역 ·**

내가 어찌 삶을 좋아하는 것이 미혹이 아님을 알겠는가? 내가 어찌
죽음을 싫어하는 것이 어려서 고향을 잃어버린 이가 돌아갈 곳을 알
지 못하는 것이 아님을 알겠는가? 여희는 애 땅의 국경을 지키는 이
의 자식이다. 진나라가 처음 그녀를 데려갔을 때는 눈물이 옷섶을
적셨다. 그러나 왕의 거처에 이르러 왕과 함께 큰 침대를 쓰고 고기
를 먹게 된 후에는 눈물을 흘린 일을 후회했다. 내가 어찌 죽은 이가
애초에 살기를 바란 것을 후회하지 않으리라는 것을 알겠는가?

**이**

주제어는 '삶을 좋아함과 죽음을 싫어함[說生·惡死]'이고, 주제문은 '어찌 삶을 좋아하는 것이 미혹이 아님을 알겠는 가? 어찌 죽음을 싫어하는 것이 어려서 고향을 잃어버린 이 가 돌아갈 곳을 알지 못하는 것이 아님을 알겠는가?[惡乎知 說生之非惑邪? 惡乎知惡死之非弱喪而不知歸者邪?]'이다. 삶과 죽음의 사태에 좋아하고 싫어하는 감정을 부가하는 것은 잘못된 태도이다. 삶을 좋아하고 죽음을 싫어하는 것은 분 별 의식의 최대치이다. '열생오사'의 태도를 비판함으로써 분별에서 벗어날 것을 말했다.

**유**

'구작자와 장오자의 대화'에서 장오자가 말을 이어가는 것 을 소단락으로 나눈 것이다. 어떻게 해야 대성인(大聖人)으 로 될 대각(大覺)을 할 수 있을까? 노심초사로 목전의 이익 과 명성에만 몰두하는 노고로운 삶, 즉 '꿈속의 꿈'에서 깨 어나야 한다. 삶과 죽음까지도 하나인 것으로 관조할 수 있 어야 한다. 삶만을 좋아하는 것은 미혹이고, 죽음을 극구 싫 어하는 것은 귀향할 줄 모르는 것과 마찬가지다. 일반 사람 들, 아니 생명을 지닌 모든 존재가 가장 크고 명확하게 편 가르기를 시도하는 것은 호생오사(好生惡死)로 나타난다. 본편에서의 가장 큰 범위의 인간사 주제는 바로 이 생사에 대한 관점의 문제이다.

**정**

다시 성심 즉, 정서적 성향과 신념체계의 상대성에 대해 언급한 글이다. 생사라는 가장 중요한 문제에 대한 판단마저 상대적이라고 함으로써, 언어적 규정에 따르는 태도 전체를 비판하고 있다.

**박**

일곱째 단락의 두 번째 문단이다. 성심에 구속되어 있는 사람들의 일상적인 앎과 믿음이 얼마나 왜곡되어 있는지를 죽음과 삶의 문제를 예로 들어 설명하고 있다.

**1**  予惡乎知說生之非惑邪! 予惡乎知惡死之非弱喪而不知歸
　　者邪!

**이**　열(說)은 열(悅)이니, '좋아하다'이다. 곽상에 따르면 약상
　　(弱喪)은 어려서부터 고향의 거처를 잃어버린 것을 말한다.
　　'약상'한 사람은 타향살이에 안주하면서 고향으로 돌아갈
　　줄 모른다. 삶을 좋아하는 것은 미혹된 상태이고, 죽음을 싫
　　어하는 것은 귀의할 곳을 모르는 것이다. 삶과 죽음 자체는
　　문제가 아니다. 장자는 삶과 죽음이라는 사태에 호오(好惡)
　　의 감정을 싣는 태도를 다룬다. 삶을 좋아하고 죽음을 싫어
　　하는 것[說生惡死]이 문제임을 드러낸 것이다.
　　　「양생주」에서 노자의 죽음에 대해 진일(秦失)이란 인물이
　　이렇게 말한다. "때맞게 오게 된 것은 선생께서 살아 있을
　　때요, 때맞게 떠나간 것은 선생께서 자연에 따른 것이다. 살
　　아 있을 때 편안해하고 자연에 따르는 것으로 처신하면 슬
　　픔과 즐거움이 안으로 들어오지 못한다."²¹⁴ 노자에게 삶은
　　때맞춰 찾아온 사태이고 죽음은 때맞춰 떠나간 일이다. 삶
　　과 죽음이란 사건은, 그것을 편안하게 여기고 받아들이면
　　된다. 삶과 죽음에 슬픔과 즐거움 같은 감정을 부가할 이유
　　가 없다. 그런데도 사람들은 삶을 좋아하고 죽음을 싫어한
　　다. 사람은 누구나 죽는다. 죽음은 삶과 마찬가지로 우리에

게 닥치는 사태일 뿐이다. 삶과 죽음에 좋아하고 싫어하는 감정을 덧붙이는 것은 '하나[道]'를 무너뜨리고 '애착[愛]'을 이루는 짓이다. 삶과 죽음은 인생에서 마주하는 가장 큰 사건이니, '열생오사'는 분별 의식이 극단적으로 표출된 모습이다. 장자는 '열생오사'의 태도를 소재로 삼아서 분별에서 벗어나라고 말한 것이다.

유
삶만을 기뻐하고 죽음을 싫어하는 것은 한쪽에 치우친 미혹이다. 시비 · 호오 · 귀천 등의 분별과 차별은 이런 미혹에서 비롯된 것이다. 장자는 가장 큰 범위의 인간사 주제가 생사에 대한 관점이라는 점을 지적한다. 전국시대의 삶에서 인간의 죽음과 장례 문제를 놓고서 실리적으로 가장 치열하게 대립한 학파는 유가와 묵가이다. '절용(節用)'을 주장하는 묵자로서는 공자를 추종하는 자들의 후장구상(厚葬久喪)을 절대 용납할 수 없었다. 『장자』 외 · 잡편에서도 이에 대해 비판하는 것을 찾아볼 수 있지만, 묵자는 특히 '절장(節葬)'과 '비명(非命)'이라는 투철한 신념으로 유가에 대항하였다. 장자가 '사생무변어기'를 말하는 것도, 당시의 이같은 사활을 건 논쟁을 심각하게 전제한 것이리라. '약상(弱喪)'에 대해, 곽상은 "지금 있는 곳에 안주하여 고향으로 돌아갈 줄 모름"[215]이라고 이해하였다.

정
선호로 드러나는 성심이 상대적임을 가리키는 말이다. 삶과 죽음 중에 어떤 것이 더 낳을까? 우리는 아무것도 알 수 없다. 살아서 죽어 본 사람은 없다. 선호의 상대성에 관한 논의를 생사의 문제에까지 연결하고 있다. 선호와 관점이 상대적이라는 생각을 철저히 밀고 나가면, 가치의 편향이 모두 무너진다. 그러나 장자는 회의주의자 혹은 상대주의자가 아니다. 장자에게 상대주의는 방편적이다. 특정한 신념과 정서적 편향을 핵으로 하는 자아 감각을 철저히 무너뜨리고 공명으로 나아가도록 하는 방편에 불과하다.

**박** 죽음에 대한 분명한 앎은 불가능한데도 사람들이 죽음은 나쁜 것이라는 고정관념을 갖는 것을 꼬집은 것이다. "어떻게 내가 이른바 안다고 하는 것이 알지 못하는 것이 아님을 알겠는가? 어떻게 내가 이른바 알지 못한다는 것이 아는 것이 아님을 알겠는가?"와 같은 논리이다.

---

**2** 麗之姬, 艾封人之子也. 晉國之始得之也, 涕泣沾襟. 及其至於王所, 與王同筐牀, 食芻豢, 而後悔其泣也.

---

**이** 성현영에 따르면 여희(麗姬)는 진헌공(晉獻公)이 여융(麗戎)을 정벌할 때 얻은 미녀이다. 진헌공에게 공물로 바쳐진 때와 왕궁에서 호사를 누릴 때, 여희의 감정이 180도 바뀌었다는 고사이다. 여희는 처음에는 몹시 슬퍼했지만 나중에는 눈물을 흘렸던 일을 후회하였다.

**유** '체읍첨금(涕泣沾襟)'을 '읍체첨금(泣涕沾襟)'(「응제왕」)으로도 쓴다. 몹시 슬퍼 봇물이 터져 흐르는 것 같은 눈물을 옷소매로 훔쳐서 옷소매가 적셔질 지경이라는 뜻이다. 이 이야기의 취지는 일화 속의 사건을 정당화하는 데 있지 않다. 삶의 상황이 절체절명으로 달라짐에 따라 감정도 격하게 변하고, 그에 대처하는 자세도 역전될 수 있다. 특정한 시간, 공간, 상황, 처지에 매인 속에서 갖는 편견과 가치의 편향적 집착에서 벗어나야 한다.

**정** 안정이 자아감각을 강화함에 반해, 변화는 자아감각을 흔들고 흔들린 자아감각은 불안으로 나타난다. 눈물을 흘리는 것은 불안감이 공감의 방식으로 드러난 것이다. 그러나 환경의 변화에 적응하면 자아감각은 안정을 찾는다. 여희의 사례는 '환경의 변화 → 불안으로 인한 슬픔 → 환경에의 적응 → 자아감각의 안정'을 보여준다. 장자는 이 과정을 통해 먼저, 성향의 상대성을 말하고 이어서 자아가 고정되어 있지 않으며 구성되는 것임을 말하고 있다.

**박** 성심에 사로잡혀 있는 상태와 그것을 벗어난 상태에 상태에 대한 비유이다. '여지희(麗之姬)'는 '여희(麗姬)'이다. 앞에 한 번 나왔다.

---

### 3 予惡乎知夫死者不悔其始之蘄生乎!

**이** 기(蘄)는 구(求)이니, '바라다'이다. 여희의 일화처럼 죽은 자들이 삶을 추구했던 일을 후회하지 않는다고 장담할 수 없다. 자기에게 닥친 사태에 좋아하고 싫어하는 감정을 부가하는 것은 쓸데없는 짓이다. 분별 의식을 버리고 지금 벌어진 사건, 현재의 경험에 충실할 것을 암시하는 대목이다.

앞문단의 사례를 통해 생사에 대한 편집적 관점도 역전시킬 수 있어야 한다는 이야기이다. 이미 죽은 사람들도 그들이 살아 있을 적에 그토록 삶에만 애착하였던 일을 지금은 후회하고 있을 수도 있다. 죽음에 임하는 자세와 관련해서는 「대종사」·「열어구」에서의 예시를 참고할 수 있고, 죽음의 세계와 관련해서는 「지락」의 이야기를 살펴볼 수 있다. 「대종사」에서는 생사의 까닭과 변화[化]의 인과성을 따지고 있는 자신들(공구와 안회)에 대해 스스로 "나와 너만이 아직도 꿈에서 깨어나지 못한 자가 아닐까!"[216]라고 한다. 하지만 이런 이야기들에는 일말의 의문이 남는다. 죽음 또는 죽음의 세계를 삶과 동등한 하나의 것으로 인정해야 한다는 것에 대한 근거가 합당한가 하는 점이다. 이것은 단지 유비추리에 불과한 것일까? 장자의 체험 세계로 들어가지 않고서는 알 수 없는 경지일까? 장자가 제시하는 해법은 관념적인 분석과 추론 및 유추의 방식이 아니라, 자기성찰과 수양에 의해 체득하는 것이다. 본 편 전반부의 글 가운데에 그 방법이 시사되어 있다. "古之人, 其知有所至矣. 惡乎至? ① 有以爲未始有物者, 至矣, 盡矣, 不可以加矣. ② 其次, 以爲有物矣, 而未始有封也. ③ 其次, 以爲有封焉, 而未始有是非也. ④ 是非之彰也, 道之所以虧也. 道之所以虧, 愛之所以成."(원문9) ④로부터 ①의 차원으로 거슬러 들어가는 것이

다. 「대종사」에서의 남백자규와 여우의 문답은 이런 방법
을 더 구체적으로 설명해준다.

**정** 「지락」편에 장자와 해골의 대화가 나온다. 장자가 해골에
게 사명에게 얘기해서 다시 삶을 돌려줄까 하니, 해골은 죽
음의 편안함과 삶의 고단함을 말하면서 사양한다.[217] 물론
지어낸 이야기에 불과하다. 그러나 삶을 선호하고 죽음을
싫어하는 것은 자아감 때문이여, 자아감의 토대가 나에 의
해 구성된 것에 불과함을 깨닫는다면 삶을 선호하는 것의
한계를 인식할 수 있을 것이다.

**박** 여희의 예를 통해 구작자에게 성심의 고정관념으로부터 벗
어날 것을 권하는 내용이다.

## 큰 깨침이 있어야 큰 꿈에서 깨어난다

夢飲酒者, 旦而哭泣, 夢哭泣者, 旦而田獵. 方其夢也, 不知其夢也. 夢之中又占其夢焉, 覺而後知其夢也. 且有大覺而後知此其大夢也. 而愚者自以爲覺, 竊竊然知之. 君乎, 牧乎, 固哉! 丘也與女, 皆夢也. 予謂女夢, 亦夢也. 是其言也, 其名爲弔詭. 萬世之後而一遇大聖, 知其解者, 是旦暮遇之也.

· 번역 ·

꿈에 술을 마신 이가 아침에는 곡을 하면서 울고, 꿈에 곡을 하면서 운 이가 아침에는 사냥에 나선다. 꿈을 꾸고 있을 때는 그것이 꿈인 줄 알지 못하고 꿈속에서 또 꿈을 점치기도 한다. 깨어난 후에야 그 것이 꿈이었음을 안다. 또한 큰 깨달음이 있은 후에야 이것이 한바 탕 꿈이었음을 안다. 그런데도 어리석은 이는 자신이 깨달아 꼼꼼하 게 안다고 생각한다. 임금이네 하인이네 하지만 고루하도다! 공자와 너는 모두 꿈을 꾸고 있는 것이다. 내가 너에게 꿈을 꾸고 있다고 하는 것도 또한 꿈이다. 이런 말을 터무니없는 이야기라고 한다. 만대 후에 큰 성인을 한 번 만나 그 뜻을 알게 된다면, 이는 아침저녁으로 만나는 것과 같다.

**이**

주제어는 '큰 깨침[大覺]'이고, 주제문은 '큰 깨침이 있은 뒤에야 이것이 그의 큰 꿈임을 안다[有大覺而後知此其大夢也]'이다. 꿈은 깨어난 뒤에야 꿈인 줄 알게 되니, 큰 깨침이 있은 뒤에야 그것이 그의 큰 꿈임을 알게 된다. '대각'은 물아상대(物我相對)의 의식 구조에서 벗어난 상태이다.

**유**

구작자와 장오자의 대화에서 장오자가 말을 이어가는 것을 소단락으로 나눈 것이다. 무엇이 사실 또는 실상이고, 무엇이 허구 또는 허상인가? 편견과 착각에 찬 삶의 역설이 어떠한지를 꿈속과 현실의 대립적인 일을 통해 쉽게 이해할 수 있다. 현실과 꿈, 그리고 꿈과 꿈속의 꿈 간의 관계를 떠올려보자. 그런 후 역방향으로 현실과 초현실, 그리고 초현실과 초현실 너머의 초초현실 세계 간의 관계를 그려보자. 현실에 대한 성찰과 관조가 거듭되어야 인간세계, 나아가 우주의 총체성을 깨달을 수 있다. 장자는 이런 확장적 관조법을 통해 생과 사의 평등성, 즉 '사생일조(死生一條)'라는 통일(通一)로 접근하도록 한다. 이것을 이루면 현실에서의 온갖 차별 문제(시비, 성훼, 미악, 대소, 다소, 수요, 이해, 존비귀천)도 따라서 해소된다. 그렇지만 실제로 이런 관점의 고도화를 이뤄내고 실천하는 것은 매우 어려운 일이다.

**정**

현실이 꿈처럼 지어진 것임을 말하는 글이다. 신경학의 측면에서 보자면 꿈과 현실의 차이는 크지 않다. 꿈을 꾸면서

두려워하고 즐거워하면, 각성시에 두려워하고 즐거워할 때
발화하는 것과 같은 신경패턴이 나타난다. 장자는 이 점을
들어 현실이 고정된 실재로 존재한다는 생각과 우리가 현
실을 있는 그대로 인식한다는 해석을 비판한다. 세계와 인
식주체는 상호의존적이고 우리는 세계의 부분이다. 세계와
의 역동적 관계 속에서 자아와 세계가 모두 새롭게 형성된
다. 체험과 자아 그리고 세계를 떼어서 생각할 수 없다.

**박**

일곱째 단락의 세 번째 문단으로, 단락의 메시지를 마무리
하는 부분이다. 꿈을 꾸는 상태와 깨어 있는 상태의 비유를
통하여 성심에 갇혀 있는 상태와 벗어난 상태를 은유하고
있다.

해설

1 夢飲酒者, 旦而哭泣, 夢哭泣者, 旦而田獵. 方其夢也,
不知其夢也. 夢之中又占其夢焉, 覺而後知其夢也.

**이**
꿈은 깨어난 뒤에야 비로소 꿈인 줄 알게 된다. 꿈은 그토록
생생해서 현실과 구분되지 않음을 말한다.

**유**
『장자』에서 '몽(夢)'자는 총 29회 사용되었고, '대몽(大夢)'
이 1회 사용되었다. 「제물론」·「인간세」·「대종사」·「천
운」·「지락」·「전자방」·「외물」·「열어구」에서 꿈 이야기
가 등장하는데, 이들 중 본편에서의 의미가 압권이라고 할
수 있다. 여기의 '몽(夢)'은 곧 몽(蒙)의 의미로서 미혹(迷惑)
이며 편견에 찬 상태를 뜻한다. 이익[利]과 명성[名]을 위해
분별과 차별을 세분화하면서 오로지 비교 우위를 점하려
드는 일은, 꿈속의 꿈으로 빠져드는 것과 마찬가지이다. 현
실의 실질적인 삶을 살아가려면 깨어 있어야 한다. 미혹이
라는 이름의 꿈은 '깨야'할 것이지 더 꾸어야 할 것이 아니
다. 첸구잉은 이에 대해 다음과 같은 취지로 이해하였다. 사
람들은 서로 자기만이 옳다고 주장하고, 자기가 알고 있다
고 생각하는 것을 과시하려 든다. 오직 깨달은 사람만이 속
인들의 그런 논쟁이 잠꼬대라는 것을 안다. 장자는 꿈의 비
유를 통해 속인들이 애매모호한 생각 속에서 시비를 가르
고 있는 것은 꿈속에서 다시 꿈을 꾸는 것과 다를 바가 없다

고 비유하고 있다.

**정** 현실이 꿈처럼 구성된 것임을 주장하기 위해 꿈과 현실의 간극을 흔들어 놓는 글이다. 장자에게 꿈은 자아감을 중심으로 하는 현실의 구성성을 깨닫게 하는 장치다. 꿈에서는 꿈 속의 자아가 등장하고, 현실에서와 마찬가지로 희로애락의 감정을 느낀다. 사람들은 그런 감정을 참이라고 생각하지만, 꿈에서 깬 후에야 그것이 꿈임을 안다. 현실의 체험도 마찬가지다. 현실의 체험이 구성된 것임을 앎으로써 꿈에서 깨어난다고 할 수 있다.

**박** 꿈 속에 있을 때는 그것이 꿈인지 모르듯이, 성심에 갇혀 있을 때 또한 갇혀 있음을 모른다. 이를 깨뜨리기 위해서는 '깨어남[覺]'이라는 과정이 필수적이다. 성심에 갇혀 사는 삶은 하나의 매트릭스일 수 있으며, 그렇다면 이것을 벗어나는 방법은 그 안에서는 불가능하고 그 밖으로 나와야 한다는 점을 말한다.

---

**2** 且有大覺而後知此其大夢也.

---

**이** 꿈은 깨어난 뒤에야 꿈인 줄 알게 된다. 마찬가지로 큰 꿈은 큰 깨침이 있은 뒤에야 꿈인 줄 알게 된다. 큰 깨침과 큰 꿈이 무엇인지는 다음의 글에 담겨 있다.

**유** '큰 깨어남[大覺]'이란 도적 깨달음을 뜻한다. "참사람[眞人]으로 된 연후에야 참된 앎[眞知]이 있다."[218]가 이런 의미를 농축한 표현이다.『장자』전체가 깨달은 세계이기보다는 참사람으로 되는 과정의 방법을 제시하는 글인 듯하다. 수많은 이야기에서의 공통점은 '점진적인 단계의 과정'을 둔다는 점이다. 생명의 특성을 중시하기 때문일 것이다.

**정** 차(此)는 현실이다. 각(覺)이 꿈에서 깨어나는 것이라면 대각(大覺)은 현실도 꿈과 마찬가지로 구성되어진 것임을 깨닫는다는 뜻이다.

**박** '대몽(大夢)'과 '대각(大覺)'은 각각 성심의 강고함과 그로부터 벗어나는 것의 어려움에 대한 은유이다. '차(此)'는 성심에 구속되어 있는 삶이다.

---

**3** 而愚者自以爲覺, 竊竊然知之. 君乎, 牧乎, 固哉!

---

**이** 장오자가 공자를 평가한 말이다. 사마표에 따르면 절절(竊竊)은 찰찰(察察)과 같다. '절절연'은 세밀하게 따지는 모습이다. 고(固)는 '고루하다'이다. 공자는 스스로를 깨쳤다고 생각하고 세밀하게 따지면서 안다고 여긴다. 그는 귀천을 구별하는 고루한 사람이다. 장석창에 따르면 군(君)은 군상(君上)으로 귀한 사람의 호칭이고, 목(牧)은 소나 말을 치는 사람[牧圉]으로 천한 사람의 호칭이다. 공자는 앞에서 구작자에게 성인에 대한 묘사가 허무맹랑한 말이라고 했던 그 사람이다.

**유** 우매한 자들은 자기가 깨어 있을 뿐 아니라 깨달았다고 착각하고서 세밀하게 따지면서 사리(事理)가 무엇인지를 깐 깐히 분별한다. 이것이 '소지(小知)'자의 자세이다. 그런 속 에서 누구는 임금이고 다른 누구는 마부라고 귀천을 가르 는 짓은 참으로 옹졸한 일이다. 여기의 '우자(愚者)'는 말 그 대로의 우매한 사람을 뜻한다. 진정한 성인의 '우둔(愚芚)' 과는 반대되는 의미이다. '竊竊(절절)'은 찰찰(察察)의 의미 이다. 『노자』에서 '혼혼(昏昏)'·'민민(悶悶)'과 대비되는 '소 소(昭昭)'·'찰찰(察察)'²¹⁹의 의미가 이와 연결될 것으로 보 인다.

**정** 언어에 의해 구성된 세계를 실재하며 자신이 잘 안다고 믿 는 일반인들의 행태를 비판한 글이다. 고(固)는 고루하다 즉, 꽉 막혔다는 뜻이다. 절절연(竊竊然)의 의미는 불분명하 다. 곽경번은 '세밀하게 살피다'는 뜻으로 풀었다. 절(竊)의 의미를 고려할 때 '속으로' 정도로 해석할 수도 있다. 두 의 미를 합쳐서 '속으로 상세히 따지다'는 정도로 해석하는 것 이 적절해 보인다. 어리석은 이는 깨닫지 못한 이다. 깨닫지 못한 이는 현실이 구성되어지는 것임을 알지 못하고 자신 이 깨달았다고 생각하며 언어를 통해 현실을 이해하려 하 고, 사회적 직분을 본질로 받아들인다. 그것을 장자는 꽉 막 혔다고 평가하고 있다.

**박** '군호(君乎)', '목호(牧乎)'는 정명론(正名論)에서 볼 수 있듯 이, 이름[名] 즉 언어로 짜여진 사회적 위계 구조를 가리킨 다. 유학의 예(禮)가 대표적이다.

4    丘也與女, 皆夢也. 予謂女夢, 亦夢也. 是其言也, 其名
爲弔詭.

이
—

공자도 구작자도 그리고 장오자가 구작자에게 말해주는 것
도 모두 꿈이다. 왜 그런가? 장오자가 사례로 들고 있는 세
가지 꿈을 꼼꼼하게 들여다볼 필요가 있다. 세 가지 꿈에는
공통점이 있다. 공자는 먼저 자신의 앎을 확신하는 인물이
다. 그런데 그의 앎이란 피차가 상대하는 구조 속에서 얻어
지는 것이다. 또한 임금과 가축 치는 사람을 구별한다. 귀천
·상하가 상대하는 구조로 세상을 읽는다. 구작자는 성인
이 세속의 밖에서 노닌다는 말을 듣고는 오묘한 도를 실행
하는 것으로 평가했다. 구작자의 평가에는 방외(方外)와 방
내(方內)를 구분하는 의식이 전제되어 있다. 구작자도 내외
가 상대하는 구조에서 벗어나지 못한 것이다. 장오자가 구
작자에게 꿈이라고 말하는 상황도 또한 상대 구조에서 벌
어지는 일이다. 말을 해주는 장오자와 듣는 구작자가 상대
하는 것이다. 요컨대 세 가지 꿈은 상대하는 구조에서 이루
어진다는 공통점을 지닌다. 장오자는 이른바 물아상대(物
我相對)의 세계에서 벌어지는 것 일체를 꿈이라고 하였다.
상대의 구조가 소멸하지 않는 한 벗어날 수 없는 세계이기
때문에 큰 꿈[大夢]이다. 큰 깨침[大覺]은 '물아상대'의 의식
구조가 깨진 상태이다. 적궤(弔詭)는 지극히 괴이한 것이나
황당무계한 것을 뜻한다.

유
　—

앞에서 장오자가 '망언(妄言)'이라고 한 것이 '적궤(弔詭)'로 이어진다. '적(弔)'은 지(至)의 의미이니, '적궤'란 지극히 괴이함을 뜻한다. 초횡(焦竑)은 '적궤'를 '지극히 이상한 것[至異]'이라고 풀었다. 꿈꾸고 있는 상대방을 비판하고 깨우쳐 주려 하는 자신의 말 역시 '또 하나의 꿈'이라고 말하는 것은, 말장난을 넘어서 상대방을 몹시 기만하는 언사인 것으로 간주될 수도 있다. 상식적으로 대할 때, 그것은 모순적이며 허튼소리이다. 그런데도 장오자의 말이 의미를 지니려면, 그 이면에 어떤 역설적인 '내용'을 담아야 한다. 이것이 곧 '고정된 말로써 하지 않는 논변[不言之辯]'이다. 도와 관련한 문(文)에 대한 '실(實)'을 강조하는 말이다.[220] 보고 듣는 것과 사려하는 것을 넘어서는 내적 수양의 과정을 밟아야만 깨달음을 얻을 수 있다는 메시지가 들어 있다. 「응제왕」에서의 열자의 깨달음 이야기, 「천도」의 윤편고사, 「칙양」과 「우언」의 '행년육십이육십화(行年六十而六十化)' 등을 참고할 수 있겠다.

정
　—

현실이 구성된 것임을 거듭 강조한 말이다. 적궤(弔詭)는 기이한 말이다.

박
　—

"내가 너에게 꿈을 꾸고 있다고 하는 것도 또한 꿈이다."라고 하는 장오자의 말은 자신의 말이 어떤 모양으로든 고정된 의미로 받아들여지는 것을 거부하는 장자적인 문제의식이 담긴 표현이다. '적궤(弔詭)'는 앞에서 나온 '회궤(恢恑)', '휼괴(憰怪)'와 같은 뜻으로도 본다.(첸구잉)

**5** 萬世之後而一遇大聖, 知其解者, 是旦暮遇之也.

**이** '물아상대'의 의식에서 벗어날 줄 아는 사람이라야 위대한
성인[大聖]이다. 그런 인물은 만세가 지난 뒤에 만나도 하루
안에 만나는 것과 같다. '대성'은 그만큼 도달하기 어려운
경지라는 말이다.

**유** 만세 후에라도 대성인(大聖人)을 한번 만나 이런 것에 대한
의혹을 풀어낼 줄 안다면, 그것은 하루 만에 대성인을 만난
것과 같은 일이다. 도적 관점을 얻는 깨달음은 매우 어려운
일이다. 어째서 그렇다고 보는가? 인간이 갖는 성심, 즉 편
견과 착각에 의한 독단의 늪이 그만큼 깊고 복잡하기 때문
이다. '만세지후(萬世之後)'는 그냥 긴 시간을 뜻하는 말이
아니다. '단모우지(旦暮遇之)'도 단지 상대적으로 짧은 시간
을 뜻하는 말이 아니다. 자기반성과 성찰이 없는 한 미혹에
서 영원히 헤어나지 못한다. 반대로 자기 성찰의 방향으로
전환한다면, 바로 그 순간부터가 스스로 '적궤'의 이치를 깨
달아가는 것이다. 몽중우몽(夢中又夢)에서 각지우각(覺之又
覺)으로의 전환은, 『노자』 제48장의 '위학일익(爲學日益)'에
서 '위도일손(爲道日損)'으로의 전환과도 같은 의미라고 할
수 있다.

**정** 현실의 구성성을 이해하는 사람을 만나기 어렵다는 의미
다. 지기해자(知其解者)는 앞의 대성(大聖)을 수식하는 후치
수식구다. 만세(萬世)는 길고 단모(旦暮)는 짧다. 만세의 긴

세월 뒤에 그 사람을 만나도, 아침저녁 사이에 만난 것처럼 짧다고 할 수 있으니, 그 의미를 정확히 아는 사람을 만나기 어렵다는 뜻이다.

**박** 지금까지 말한 이치를 깨닫는 사람을 만년 뒤에 한 번 만나더라도 그것은 아침저녁으로 만나는 것과 마찬가지라는 뜻이다. 이것을 깨닫는 것이 그만큼 어려운 일이라는 점을 말한다.

## 옳고 그름을 결정할 수 있는가

旣使我與若辯矣, 若勝我, 我不若勝, 若果是也, 我果非也邪? 我勝
若, 若不吾勝, 我果是也, 而果非也邪? 其或是也, 其或非也邪? 其
俱是也, 其俱非也邪? 我與若不能相知也, 則人固受黮闇, 吾誰使正
之? 使同乎若者正之? 旣與若同矣, 惡能正之! 使同乎我者正之?
旣同乎我矣, 惡能正之! 使異乎我與若者正之? 旣異乎我與若矣,
惡能正之! 使同乎我與若者正之? 旣同乎我與若矣, 惡能正之! 然
則我與若與人俱不能相知也, 而待彼也邪?

· 번역 ·

가령 내가 너와 논변할 때 네가 나를 이기고 내가 너를 이기지 못한
다면, 과연 네가 옳고 과연 내가 그른 것이겠는가? 내가 너를 이기고
네가 나를 이기지 못한다면, 과연 내가 옳고 과연 네가 그른 것이겠
는가? 아니면 누군가는 옳고 누군가는 그른 것인가? 모두 옳고 모두
그른 것인가? 나와 너 둘 다 서로를 알지 못한다면 사람은 본래 몽

매한 존재이니 내가 누구에게 그것을 바로잡으라고 하겠는가? 너와 같은 의견을 갖고 있는 이에게 바로잡으라고 할까? 이미 너와 의견이 같은데 어떻게 바로잡을 수 있겠는가? 나와 의견이 같은 이에게 바로잡으라고 할까? 이미 나와 의견이 같은데 어떻게 바로잡을 수 있겠는가? 나와 너하고 의견이 다른 이로 하여금 바로잡으라고 할까? 이미 나와 너하고는 의견이 다른데 어떻게 바로잡을 수 있겠는가? 나와 너하고 의견이 같은 이로 하여금 바로잡으라고 할까? 이미 나와 너하고 의견이 같은데 어떻게 바로잡을 수 있겠는가? 그렇다면 나와 너 그리고 다른 이들은 모두 서로 알지 못하는데 또 다른 누군가를 기다려야 할까?

---

## 요지

**이**

주제어는 '논변[辯]'이고, 주제문은 '어떻게 바로 잡을 수 있 겠는가[惡能正之]'이다. 논변으로 시비를 가리려고 하지만, 논변의 승패가 시비를 결정하는 것은 아니다. 제3자도 논변 의 시비를 결정할 수 없다. 결국 논변으로 시비를 가릴 수 없다.

**유**

구작자와 장오자의 대화에서 장오자가 계속 말을 이어가는 소단락이다. 앞단락에서 말한 성심에 의한 편견과 착각 및 집착의 문제가 분변 및 이에 대한 변정(辨正)의 문제로 집중 되고 있다. 장자가 보기에, 전국시대의 지적·사회적 갈등 을 낳고 이어간 주요인은 유가·묵가·명가 등이 논쟁을 일 으킨 데에 있다. 그들이 애써 한 일은 사회의 현실을 꿈속으 로 밀어 넣는 역리를 낳고 있다. 저들처럼 눈먼 욕망의 잠꼬 대 같은 분변과 논쟁을 하는 것에 대해 진정 어느 편이 옳 고/그른지를 변정할 방법은 없다. 누구나 자기의 속셈을 감 추고서 어떻게든 상대를 이기려고만 들기 때문이다. 분변에 목숨을 거는 자들이 보기에 '적궤'일 것으로만 치부되는 것 이 오히려 진실이라는 점을 분변의 한계를 예시하는 것을 통해 보여준다. 다음 단락에서 이에 대한 대안을 제시한다.

**정**

언어를 사용한 논변으로는 시비를 결정할 수 없음을 말한 글이다.

**박**

여덟째 단락의 첫 번째 문단이다. 장오자와 구작자의 대화에 계속 이어지는 문단으로 여기기도 하지만 내용상 별도의 단락으로 보는 것이 더 순조롭다. 논변은 그것의 본성상 승부가 결코 가려질 수 없음을 말하는 내용이다. '저것[彼]'은 저것대로 독자적인 시/비 기준을 지니고, '이것[是]'은 이것대로 독자적인 시/비 기준을 지니므로 논쟁에서 옳고 그름을 가린다는 것은 원천적으로 불가능하기 때문이다. 장자의 이런 생각은 "일컫는 것을 논변하는데 승부를 가릴 수 없다고 하는 것은 반드시 타당하지 않다. 이유는 논변의 본성에 있다."[221]라고 한 후기 묵가의 주장과 정확히 대치를 이룬다.

1
> 旣使我與若辯矣, 若勝我, 我不若勝, 若果是也, 我果非
> 也邪? 我勝若, 若不吾勝, 我果是也, 而果非也邪? 其或
> 是也, 其或非也邪? 其俱是也, 其俱非也邪?

**이** 시비를 가리려고 논변을 구사한다. 그러나 논변에서 상대
를 이겼다고 해서 옳은 것이 아니며, 상대에게 졌다고 해
서 그른 것도 아니다. 시비를 판정할 수 없다. 그렇다고 해
서 둘 다 옳거나 둘 다 그르다고 할 수도 없다. 결국 논변으
로는 시비를 가릴 수 없다. 약(若)과 이(而) 모두 2인칭 대명
사이다. 왕수민에 따르면 기(其)는 억(抑)과 같다. '억'은 '혹
은', '그렇지 않으면'이다.

**유** 여기의 '변(辯)'자를 '논변'으로 번역하였지만, 장자가 앞에
서 제시한 '분변(分辯)' 또는 쌍방이 대립하는 논쟁(論爭)의
의미로 보는 게 더 나을 듯하다. 세상의 변사(辯士)들은 승
패의 결과에 승복(承服)하는가? 겉으로는 그럴지 몰라도 그
들의 마음에서는 결코 그럴 수가 없다. 서로 심복(心腹)하
지 않고 말싸움을 계속 키워가는 이유는 무엇인가? 각자의
성심에 따른 의도와 목적을 고수하기 때문이다. 장자는 이
런 점을 전제하고서 분변 논쟁의 한계가 무엇인지를 경우
의 수들을 열거하면서 장황할 정도로 검토한다. 장자가 문
제시하는 것은 천뢰에 즉한 본연의 말[大言]이 아니라 속물

적인 말싸움[小言, 榮華]이다. 서로 논쟁하는 데서 핵심이 되는 것들 가운데의 하나가 「우언」에서 제시된다. 장자는 혜시에게 이렇게 말한다. "내는 소리가 규율에 합당하고 펴는 언론이 법도에 들어맞을지라도, 이익과 의로움[利義]을 눈앞에 늘어놓고서 그에 대해 호오와 시비를 따지는 일은 단지 다른 사람의 입을 설복시키는 데서 그칠 뿐이다. 사람들이 진심으로 따라 감히 거스르려는 뜻을 세우지 못하도록 하는 것이라야 세상의 정리(定理)를 정하는 것이다."[222]

**정** 논변의 상황을 옳고 그름을 기준으로 크게 둘로 나눠서 말하고 있다. 하나는 한쪽이 옳을 경우이고, 다른 하나는 모두가 옳거나 틀릴 경우다. 논변의 모든 상황을 가정함으로써 논변이 옳고 그름을 판단하기에 적절하지 않은 방법임을 말하고 있다.

**박** '기사(旣使)'는 가정을 나타내는 말이다.

2 我與若不能相知也, 則人固受黮闇, 吾誰使正之? 使同乎若者正之? 旣與若同矣, 惡能正之! 使同乎我者正之? 旣同乎我矣, 惡能正之! 使異乎我與若者正之? 旣異乎我與若矣, 惡能正之! 使同乎我與若者正之? 旣同乎我與若矣, 惡能正之!

**이** 이이에 따르면 탐암(黮闇)은 밝지 않은 모습이다. 팡용에 따르면 인(人)은 나와 너 이외의 다른 사람을 가리킨다. 논변

당사자들도 누가 옳고 누가 그른지를 모른다면 다른 사람도 틀림없이 모를 것이라는 말이다. 제3자를 통해 시비를 판정할 수도 없다. 그가 어느 한쪽과 입장이 같다면 바르게 판정하는 것이 아니고, 양쪽 모두와 다르거나 같은 입장이라도 바르게 판정하는 것이 아니기 때문이다.

유
—

'인고수담암(人固受黮闇)'을 "사람은 본래 몽매한 존재이니"라고 번역하였는데, 이는 모든 사람이 본래 몽매한 존재라는 뜻으로 이해될 가능성을 담고 있다. 문맥상 '인(人)'을 제한적으로 보아, 다음 문단의 "아여약여인구불능상지(我與若與人俱不能相知)"에서의 '人'과 같은 것으로 이해하는 것이 낫겠다. '담암(黮闇)'은 일단 어두운 모양, 즉 미혹(迷惑)하게 만드는 것을 뜻한다. 나와 너도 미혹 속에 있기에 둘 간의 시비를 변정하지 못하고 있는 것인데, 이런 일을 다른 사람들[人]에게 그대로 맡기면 그들은 더욱 미궁(迷宮)으로 빠져들게 된다. 두 사람 간의 논쟁에 대한 시비 변정을 위탁받는 제3자는 더욱 그 시비를 변정할 수 없다. 왜 그런가? 두 사람의 분변 논쟁은 자기 이익[利·義·名 등]에 관한 것일 수밖에 없는데, 그들이 무엇보다도 자기네의 굳은 속셈을 드러내지 않기 때문이다. 그래서 둘은 서로의 내심을 알지 못해 다투는 것이니, 이런 사정을 제3자가 그대로 떠안으면 그는 더욱 논쟁의 이유와 요체(목적)를 알지 못한 채 물리적인 언성만을 듣게 된다. "말소리만을 내뱉고 그 요체를 드러내지 않는 것을 일러 암(闇)이라고 한다."[223] 여기의

'암'은 그냥 명(冥)이거나 몽매(蒙昧)함을 뜻하는 게 아니다. 이런 의미를 본편 내에서 찾아볼 수 있다. 둘째 단락에서 소지·소언의 사람들이 날마다 마음으로 다툼질하는 심리를 '대범함[縵]'·'음험함[窖]'·'은밀함[密]'이라고 하였다. 즉 자기가 얻으려는 것을 기필코 갖기 위한 집착심으로서 '속셈[心算]을 칠흑처럼 감춘' 어두운 심리들이다. 바로 이런 의도적인 심리가 전제된 것이다. 이 문단에서 총 9회 사용된 '정지(正之)'를 '상호 대립하는 분변을 변정(辨正)함'이라는 의미로 볼 수 있다. 여기의 '정(正)'을 '바로잡다'라고만 보면 두 사람의 논쟁 자체가 틀린 것이므로, 그 논쟁의 언어적 행위를 바로잡아준다는 의미가 될 수도 있다. 이 단락 전체에서 장자가 의도하는 것이 분변 논쟁을 지양해야 한다는 점이기는 하지만, 이 문단에서는 이런 의미까지 말하는 게 아니다. 이 문단의 의미를 대략 의역하는 방식으로 정리해보자. '서로 다른 속셈을 감추고 있는 나와 자네는 대립 관계에 있는 것이니, 나는 자네와 더불어 서로 변정할 수 없다. 그래서 만약 이런 대립에 대한 변정을 그대로 제3자에게 맡긴다면, 그 제3자로서는 더욱 미혹된[黮闇] 일을 떠맡게 되는 것이다. 그러니 제3자로서는 그 시비를 더욱 변정할 수 없다. 그렇다면 우리는 또 다른 누구에게 시비에 대한 변정을 부탁해야 할까!'

**정** 논변의 당사자가 결정할 수 없어서 제3자의 의견을 들어도, 논변을 결정할 수 없다는 뜻이다. 담암(黮闇)은 논변의 쟁점이 되는 문제를 가리키는 듯하다.

**박**
'담암(黮闇)'은 '명확하지 않은 모습[不明貌]'이다.(성현영)

---

**3**   **然則我與若與人俱不能相知也, 而待彼也邪?**

**이**
결국 논변의 당사자든 제3자든 시비를 판정할 수 없다. 요컨대 논변으로는 시비를 가를 수 없다. 마지막 문장에서는 시비를 논변으로 판정할 수 없다면 다른 해법이 없는지를 묻는다. '而待彼也邪?'는 "'그러니 저것'에 의지할까나?"라는 말이다. 피(彼)가 가리키는 내용에 대해서는 설이 분분하다. 임희일(林希逸)은 이어지는 글에 나오는 '천예(天倪)'라고 보았고, 장석창은 '화성(化聲)'으로 보았다. 이들의 관점에 따르면 이 문단은 다음 문단과 묶어서 읽어야 한다.

**유**
분변에 기초한 논쟁을 벌이는 데서는 두 주체뿐 아니라 제3자들 모두가 서로를 알 수 없다는 결론이 난다. 그런데도 시비를 변정해줄 또 다른 제4, 제5의 사람을 계속해서 찾아 결정하려고 들 수는 없다. 일단 분변에 관여하는 사람들은 누구든 미혹됨만을 받을 것이니, 제3자들까지 끼어들게 하는 것은 그들을 꿈속의 꿈으로 밀어 넣는 일이다. 논쟁에 관여하거나 말려들지 않는 방향으로 관점을 전환하는 것이 해소의 방법이라는 점이 암시된다. 논쟁을 넘어서려면 마음이 허정(虛靜)해야 한다. 다음과 같은 것이 좋은 예일 것이다. "자사·자여·자리·자래라는 네 사람이 서로 더불어 말하길, '누가 무(無)를 머리로 삼고 삶을 척추로 삼으며 죽음을 꽁무니로 삼을 수 있는가? 누가 죽음과 삶, 존속과 망실이 모두 한 몸이라는 것을 아는가? 이렇게 할 줄 알고 이런 것을 아는 사람이 있다면, 우리는 그와 더불어 벗이 되리라.'라고 했다. 그리고는 네 사람이 서로 쳐다보면서 빙그레 웃고 마음에 거슬리는 게 전혀 없자, 드디어 서로 더불어 벗이 되었다.'[224]

**정**

피(彼)는 또 다른 3자다. 3자도 논변을 결정할 수 없다면 또 다른 3자에게 의거해야 하는가라고 물음으로써, 논변으로 옳고 그름을 판단할 수 없음을 최종적으로 결론맺고 있다.

**박**

나와 너가 아닌 제3자[彼]도 나름의 시/비 기준을 가지고 있기 때문에 옳고 그름을 판정하는 것은 불가능하다는 것을 말한다. 패러다임(paradigm) 간에는 공약수가 없다는 쿤(T. Kuhn)의 말과 같은 주장이다.

## 경계 없는 경계로 나아가라

何謂和之以天倪? 曰, 是不是, 然不然. 是若果是也, 則是之異乎不
是也, 亦無辯. 然若果然也, 則然之異乎不然也, 亦無辯. 化聲之相
待, 若其不相待. 和之以天倪, 因之以曼衍, 所以窮年也. 忘年忘義,
振於無竟, 故寓諸無竟.

**·번역·**

자연의 경계로 조화를 이룬다는 것은 무슨 말인가? 옳지 않다고 하
는 것을 옳다 하고, 그렇지 않다고 하는 것을 그렇다고 하는 것이다.
옳다는 것이 정말로 옳은 것이라면 옳다는 것이 옳지 않다는 것과
다름은 논변할 것도 없다. 그렇다는 것이 정말로 그렇다는 것이라면
그렇다는 것이 그렇지 않다고 하는 것과 다름은 논변할 것도 없다.
변화하는 소리들이 서로 마주 서는 것은 서로 마주 서지 않는 것과
같다. 자연의 경계로 조화를 이루며 무궁한 변화에 따라 맡기는 것
이 수명을 온전히 다하는 방법이다. 생사를 잊고 옳음의 기준을 잊

으면 다함이 없음에서 소요할지니, 그러므로 다함이 없는 경지에 맡긴다.

**이** 앞에서는 논변이 시비 문제를 해결할 수 없음을 밝혔고, 여기서는 시비 논란에 대응하는 해법을 제시한다. 주제어는 '천예(天倪)·만연(曼衍)'이고, 주제문은 '자연의 경계로 조화하고, 밑도 끝도 없는 말에 맡긴다[和之以天倪, 因之以曼衍]'이다. '천예'로 조화한다는 것은 '옳지 않다고 하는 것을 옳다고 하고, 그렇지 않다고 하는 것을 그렇다고 하는 것[是不是, 然不然]'이다. '천예'로 조화하고 '만연'에 맡기는 것이 천수(天壽)를 누리는 길이다. 이것은 분별 의식 일체를 버리고 무(無)의 세계에서 소요하는 경지이다.

**유** 구작자와 장오자의 대화에서 장오자가 하는 마지막 이야기를 소단락으로 나눈 것이다. 장오자가 자문자답하는 방식으로 되어 있다. 외물에 대한 분변적 논쟁의 문제를 최종적으로 다시 정리하고, 그것을 해소할 다른 차원의 본안을 제시한다. 물들의 무궁한 변화 그 자체를 관조하여 물들의 자연한 경계로써 화해(和諧)해야 한다는 점을 강조한다. 즉 분변적 논쟁을 '물들의 자연한 경계로써 화해'하는 방향으로 전환하는 것이다. 이것이 곧 인간으로서의 제 수명을 제대로 누리는 방법의 기초가 된다.

**정** 앞의 언어로는 시비를 결정할 수 없음을 말한 글에 이어, 시비를 단순히 수단으로 사용함으로써 사태를 해결할 수 있음을 말하고 있다. 조삼모사 이야기의 맥락과 같다.

**박** 여덟째 단락의 두 번째 문단이다. 논쟁에서 승부를 가린다
는 것은 논변의 속성상 원천적으로 불가능하다는 앞문단의
메시지를 이어받아 '성인은 옳음과 그름으로 조화를 이루
고, 자연의 균형에서 쉰다.[聖人和之以是非, 而休乎天鈞]'라고
한 '양행(兩行)'의 이치를 다시 한 번 강조한다.

**1** 何謂和之以天倪? 曰, 是不是, 然不然. 是若果是也, 則
是之異乎不是也, 亦無辯. 然若果然也, 則然之異乎不然
也, 亦無辯.

**이** 왕수민에 따르면 이 단락은 다음 단락 뒤에 와야 한다. 이에
따르면 '化聲之相待, 若其不相待, 和之以天倪, 因之以曼衍, 所
以窮年也'로 문단이 시작된다. 본 해설도 이 순서에 따른다.
　'是不是, 然不然'에 대해서는 해석이 분분하다. 하지만 이
여섯 글자가 '천예'에 대한 설명이 아니라 '천예로 조화한
다는 것이란 무슨 말인가?'라는 물음에 대한 답변이라는 점
은 분명하다. 그렇다면 동빈구문(술어+목적어)으로 보아야
할 것이다. '천예로 조화함'이란 "옳지 않다고 하는 것[不是]
을 옳다[是]고 하고, 그렇지 않다고 하는 것[不然]을 그렇다
[然]고 하는 것"이다. 옳다고 하는 나의 판단에 대해 상대가
옳지 않다고 하는 것을 받아들이고, 그렇다고 하는 나의 평
가에 대해 상대가 그렇지 않다고 하는 것을 인정하는 태도
이다. 이것을 치언(巵言)이라고 한다.

"치언은 날마다 나오니, 자연의 경계로 조화하고, 밑도 끝도 없이 펼쳐지는 말에 맡김으로써 천수를 누린다. 말을 하지 않으면 제일(齊一)하겠지만, '제일'과 말은 '제일'하지 않고, 말과 '제일'도 '제일'하지 않는다. 그러므로 무언(無言)을 말한다고 한다. '무언'을 말하면 종신토록 말을 해도 말한 적이 없고, 종신토록 말하지 않아도 말하지 않은 적이 없는 것이다."[225] 장자는 언어에 대한 통찰과 사유가 남다르다. 그가 보기에 언어는 분리를 전제로 작동한다. 말에서는 말과, 말하는 대상이 구분된다. 언어가 특히 문제가 되는 상황은 '하나'에 대해 말할 때이다. '하나'는 말로 표현하지 않으면 '하나'의 상태 그대로이다. 그러나 '하나'를 말하면 '하나'는 깨진다. 또한 말을 '하나'로 만들려고 해도 '하나'는 성립하지 않는다. 말은 언제나 구분 속에서 작동하기 때문이다. 그러므로 '무언'의 말이 필요하다. '무언'의 말이 바로 '치언'이다. '무언'이란 아무 말도 하지 않는 것이 아니다. '무언'은 상황에 따라 그때그때 달라지는 말, 따라서 말하는 내용이 고정되지 않은 말이다.

'치언'은 '하나'의 경지에서 '하나'를 유지하는 방법으로 장자가 발명한 해법이다. 이것이 곧 양행(兩行)이자 '자연의 경계로 조화하는 것'이고, 그 구체적인 내용이 바로 '옳지 않다고 하는 것을 옳다고 하고, 그렇지 않다고 하는 것을 그렇다'고 말하는 방식이다. '조삼모사'의 우화로 말하자면 '아침에 세 개, 저녁에 네 개'라는 저공(狙公)의 제안에 대해 원숭이들이 화를 낸 것은 저공의 생각이 '옳지 않다고 한 것 [不是]'이고, 저공이 '아침에 네 개, 저녁에 세 개'라고 수정 제안한 것은 원숭이들이 기뻐하였으니, 원숭이들의 생각을 옳다고 한 것[是]이다. '시불시, 연불연'은 '양행'의 구체적인 내용이다. 이것이 시비로 조화하면서도 자연의 균형[天鈞]에서 평안을 누리는 방법이다.

'是若果是也' 이후의 내용은, 다른 방법도 아니고 하필이면 '시'와 '연'을 써서 조화하는 이유를 설명한 것이다. 만약 '시'가 정말로 '시'라면 굳이 '시'와 '불시'가 다름을 논변할 일이 없다. '시'는 고정되지 않기 때문에 얼마든지 '시'를 가지고 시비가 논란이 되는 상황을 조절할 수 있다. '연'의 경우도 마찬가지이다.

유
一

'화지이천예(和之以天倪)'가 관건이라는 점을 강조하기 위해 장오자가 자문자답하는 방식을 취한다. 이 문단을 의역해보자. "무엇을 일러 '물들의 자연한 경계 그 자체로써 화해함'이라고 하는가? 말하자면 이런 것이다. '변화하는 물들의 자연한 경계에서는 한때의 옳음이라는 게 옳지 않음(또 다른 옳음들)인 것으로 바뀌며, 한때의 그러함이라는 게 그러하지 않음(또 다른 그러함들)인 것으로 바뀌는 게 실상이다. 즉 옳음이 곧 옳지 않음이며, 그러함이 곧 그러하지 않음이다. 만약 이러한 속에서의 옳음이 실상의 진실한 옳음이라면, 옳음이라는 게 옳지 않음이라는 것과 다르다는 점에 대해 분변할 이유는 없다. 만약 이러한 속에서의 그러함이 실상의 진실한 그러함이라면, 그러함이라는 게 그러하지 않음이라는 것과 다르다는 점에 대해 분변할 이유는 없다." 원문의 '시불시(是不是), 연불연(然不然)'을 "옳지 않다고 하는 것을 옳다 하고, 그렇지 않다고 하는 것을 그렇다고 하는 것이다."라고 번역하였다. 이 표현을 주어진 그대로 이해할 경우, 이는 명가의 등석·공손룡의 주장과 똑같은 것으로 여겨질 수 있다. 장자가 말하는 '천예'로서의 '시비'·'연불연'은 등석·공손룡이 말하는 것과는 아주 다른 의미이다. 원문8의 14문단에서는 "聖人和之以是非, 而休乎天鈞, 是之謂兩行."이라고 하였다. 그 '화지이시비'가 여기의 이 문단과 다음 문단에서의 '화지이천예'와 동일한 의미라고 한다면, '화지이가불가(和之以可不可)'나 '화지이연불연(和之以然不然)'이라는 말도 성립할 것이다.

　'도가 용모를 주고 자연이 형체를 주는 것[道與之貌, 天與之形]'에 의해 존재하게 되는 개체로서의 물들은 기본적으로 차이성(다양성)을 갖는다. 그 차이성이 곧 '천예'이다. 그런데 그것들은 실체적 모형으로 고정된 것이 아니라, 끊임없이 변화한다. 이것이 '물지화(物之化, 즉 命物之化)'이다. 물들 본연의 경계들이 변화하면서 취하는 갖가지의 모든 양태는 그 자체로 '옳음[是]'이고 '그러함[然]'인 것이다. 따라서 '역인시(亦因是)'의 시(是)로 나아가야 한다. 자연한 경계들이 끊임없이 변화하고 있는 속에서의 '옳음'이나 '그러함'이란 그 자체로 옳음이고 그러함인 것이니, 그런 것들에 대해 '시/비'나 '연/불연'으로 분변할 이유는 전혀 없다. 형체를 지닌 물들은 한계를 지니지만, 도적 관점으로 관조할 때 그것들은 '한계 아닌 한계[不際之際]'이다.[226] 시비를 초월하는 이러한 '천예'의 의미가 곧 저절로 조화(화해)를 이루고 평형을 이룬다는 의미의 '천균'으로 연결된다. 「추수」에서 이렇게 말한다. "어떻게 호말로써 지극히 미세한 것의 끝을 정하기에 족함을 알 수 있겠는가! 또 어떻게 천지로써 지극히 큰 것의 경역을 매듭짓기에 족함을 알 수 있겠는가!"[227]

**정** 상황에 따라 결정되도록 하면 시비를 고집할 필요가 없다는 뜻이다. 천예(天倪)는 인위적이지 않은 자연스러운 경계로, 사실 경계가 없는 셈이다. 조삼모사 이야기에서 화지이시비(和之以是非)라고 한 말과 통한다. 이 때의 시비는 상황에 따르는 시비일 뿐, 무엇인가를 견지하고 주장하는 시비가 아니다.

**박** '천예(天倪)'는 '천균(天鈞)'이고, '천균(天均)'이다. 앞에서 이미 설명하였다. "옳지 않다고 하는 것을 옳다 하고, 그렇지 않다고 하는 것을 그렇다고 하는 것[是不是, 然不然]"이라는 말은 앞에서(원문5) 유묵의 시/비 논쟁이 "상대가 그르다고 하는 것을 옳다고 하고 상대가 옳다고 하는 것을 그르다고 한다."라고 것과 호응한다. '옳다는 것이 정말로 옳은 것이라면'과 '그렇다는 것이 정말로 그렇다는 것이라면'은 시/비 주장이 조금의 의심의 여지도 없이 '명석판명(明晳判

明, clear and distinct)하다면'이라는 뜻이다.

2  化聲之相待, 若其不相待, 和之以天倪, 因之以曼衍, 所
   以窮年也.

이  곽상에 따르면 화성(化聲)은 시비를 따지는 논변이다. 진계
─  유(陳繼儒)에 따르면 대(待)는 적(敵)이니 언어로 서로 대적
   하는 것을 말한다. 시비 논변은 서로 적대한다. 그러면서도
   논변으로 해결되는 것은 아무것도 없다. 만약 시비 논변이
   서로 대립하지 않으려면 천예(天倪)로 조화하고 만연(曼衍)
   에 맡긴다. 이것이 주어진 수명[天壽]을 누리는 길이다. '천
   예'는 자연의 경계이다. 옳음[是]과 그러함[然]은 각기 그렇
   게 불리고 통용되는 이유가 있어서 옳다고 하고 그러하다
   고 하는 것이다. 장자는 화용론(話用論)의 맥락에서 옳음과
   그러함을 말한다. '만연'은 장석창에 따르면 이리저리 흩어
   져서 머리도 없고 꼬리도 없는 말이다. 밑도 끝도 없는 것처
   럼 보이는 말이라는 뜻이다. 그것은 사물에 따르고 변화에
   맡기니 일정한 원칙에 구속되지 않는다. '만연'은 곧 조삼
   모사(朝三暮四)의 우화에서 제기한 양행(兩行)의 언어이고,
   「우언(寓言)」에서 설명한 치언(巵言)이다. 장자는 시비를 논
   란하는 상황의 해결책을 제시하고 있다. '자연의 경계로 조
   화함'과 '치언에 맡김'은 같은 말이다. 전자는 '시'와 '연'이
   라는 표현에 초점을 맞춘 것이고, 후자는 상황에 따라 천변

만화하는 말의 양상에 중점을 둔 것이다. 상세한 설명은 바로 다음 단락에 나온다.

유 — 이 문단은 바로 앞의 문단과 더불어「제물론」전체의 결론인 "聖人和之以是非, 而休乎天鈞, 是之謂兩行."(원문8의 14문단)을 부연한 것이다. "외물에 대해 옳음과 옳지 않음, 그러함과 그러하지 않음을 따져대는 분변들이 서로 의지하여 대립하고 있지만, 이것들도 실상의 차원에서 보면 서로 의지하지 않음과 같은 것이다. 물들의 자연한 경계들 그 자체로써 화해하고, 물들의 무궁한 변화의 흐름에 따르는 것이 제 수명을 다 누리는 방법이다." 곽상은 '화성(化聲)'을 시비의 분변으로 보았다[是非之辯爲化聲]. 임희일은 "화성은 언어로써 서로를 변화시켜 굴복하게 만드는 것[化聲, 以言語相化服]"이라고 하였다. '화해[和]'는 '도통위일'의 관점에서 가능한 것이다. 즉 '통함[通]'을 바탕으로 한다. '인지이만연(因之以曼衍)'은 천예에 바탕한 천균을 따르는 것을 뜻한다. 이는 "樞始得其環中, 以應無窮."(원문6)과 같은 뜻이다. 이렇게 하는 것이 제 수명을 제대로 누리는 '궁년(窮年)'이요 '진년(盡年)'의 방법이다. 이것을 달리 표현한 구절이 "一受其成形, 不忘以待盡"(원문3), "吾一受其成形, 而不化以待盡"(「전자방」)이다.

정 — 자신을 주장하지 않기 때문에 소리는 서로 구분되지만 조화를 이룬다는 뜻의 글이다. 앞의 소씨의 연주는 고정됨과 어지러짐이 있고, 연주하지 않음에는 고정됨과 어지러움이

없다는 글과 통한다.[228]「소요유」편에서는 열자가 여전히 의
거하는 바가 있다고 했다.[229] 대(待)의 의미가 유사하다. 의
거하는 듯하지만 의거하지 않는다는 뜻이다.

박  '화성(化聲)'은, 말이란 기표와 기의의 속성상 시시각각으로
의미가 바뀌어가는 것임을 가리킨다. '상대(相待)'는 '마주
서다'가 아니라 '서로 기다리다'로 보는 것이 더 낫다. 말의
의미는 다른 말의 의미와의 차이에서 발생한다는 것을 가
리킨다. 기표(가리키는 것)와 기의(가리켜지는 것)의 관계는
자의적이므로 기표의 의미는 기의에서 오는 것이 아니라
다른 기표와의 차이에서 온다는 구조주의 언어학을 참고하
면 된다.

  그런데 a의 의미가 b와의 차이에서 발생하는 것이라면 a
의 의미는 b의 의미가 확정되어야 비로소 확정된다. 하지만
같은 논리로 b 또한 c와의 차이에서 발생하므로 c의 의미
가 확정되기를 기다려야 한다. 마찬가지로 c는 또 d를 기다
려야 한다. 이 기다림은 당연히 끝없이 순연될 수밖에 없다.
바로 구조의 해체(déconstruction)를 말한 데리다(J. Derrida)
의 차연(差延, différance)의 논리이다.[230] '약기불상대(若其不
相待)'는 이것을 말한다. 따라서 '화성지상대(化聲之相待),
약기불상대(若其不相待)'는 "의미가 계속 변화하는 말들이
의미가 확정되기 위해 서로를 기다리는 것은 끝이 없는 순
연이므로 서로 기다리지 않는 것이 마찬가지이다."라는 의
미로 새겨야 한다.

'소이궁년야(所以窮年也)'는 장자철학의 궁극적인 목표가 자연적 수명을 온전히 마치는 것임을 말해준다. 「양생주(養生主)」와 「대종사(大宗師)」 첫머리에 같은 취지의 말이 반복된다.[231] 하지만 '사람사는 세상[人間世]'에서 살아가는 것을 포기하지 않는 한 이 일은 간단치 않다. 단순한 개인 차원의 수양만으로 해결될 수 없는 문제이기 때문이다. 이것이 장자의 수양론이 사회철학적 독해를 기다리는 이유이다.

| 3 | 忘年忘義, 振於無竟, 故寓諸無竟. |
|---|---|

이 — 장석창에 따르면 '망년'은 생사를 잊는다는 말이고, '망의'는 사회의 도덕적인 기준을 잊는다는 뜻이다. '망년망의'는 안팎의 분별 의식을 모두 버리는 것이다. 임희일에 따르면 진(振)은 소요를 뜻한다. 분별 의식을 버리고 어떤 것도 없는 경지에서 소요하면 무(無)의 경지에 깃들게 된다. 최선본에서는 경(竟)을 경(境)으로 썼다.

유 — "나이의 많고 적음이나 삶과 죽음의 차별을 잊고, 옳고 그름이나 그러하고 그러하지 않음의 표준을 세우는 분별심을 잊으면, 한정·한계가 없는 세계로 뻗어가면서 노닐 수 있다. 이런 까닭에 한계가 없는 세계, 즉 무궁에 그대로 맡겨 두어야 한다." 옳고 그름의 기준을 자기의 성심에 두는 것을 넘어서서 변화의 세계에 그대로 따라야만 한다. 삶과 죽음을 분별하고, 다시 그런 속에서 옳고 그름을 분변하는 것은 스스로 한계를 설정하여 부자유하게 되는 길이다. 물들의 자연한 경계가 무한히 변화해가는 그대로에 따르면 한정도 없고 한계도 없는 자유로운 흐름에 동참하게 된다. 이것은 곧 온전한 삶이란 사변적 분변에 의해 이루어지는 것이 아니라, 현상의 실상을 근원 차원에서 관조하면서 장애 없이 응대하는 실천으로써 이루어지는 것이라는 점을 말해준다. 이 문단을 바로 앞의 문단과 하나로 합쳐서 볼 때, 첫 부분의 '화성지상대(化聲之相待)'와 끝의 '진어무경(振於無竟)'이 대비되는 것으로 읽힌다. '성(聲)'자는 말할 것도 없지만, 종(終)·궁(窮)·극(極)의 뜻을 지닌 '竟(끝낼 경)' 자 역시 본래는 악기 연주를 마치는 '종료(終了)'를 뜻하는 글자였다. '화성지상대'가 세속적 인뢰를 뜻하는 것으로 연결된다면, '진어무경'은 천뢰를 스스로 취한 본연의 인뢰에 연결되는 것이다.

**정** 시비의 태도를 버림으로써 경계에 구애되지 않고 자유로울 수 있다는 취지의 글이다. 맹자는 고자와 의(義)가 선천적으로 내재한 본성임을 다툴 때, 나이를 예로 들었다. 즉, 나이가 많음은 밖에 있지만 그런 이를 공경하는 마음은 내부에 있다는 식의 논증을 폈다.[232] 이곳의 년(年)과 의(義)는 서로 통한다. 시비를 대표하는 개념 혹은 사례다. 무경(無竟)은 무경(無境)과 같다.

**박** '망년망의(忘年忘義)'는 개체적으로는 죽음을, 사회적으로 규범의 구속으로부터 벗어남을 뜻한다. '우저무경(寓諸無

竟)'은 '명(明)'의 실질적인 내용인 '불용이우저용(不用而寓諸庸)'의 '우저용(寓諸庸)'과 통한다. '다함이 없는 경지[無境]'은 현세를 초월한 신선 세계가 아니라 '망년망의'의 태도로 일상성 속에 깃드는 것이다.

## 그림자의 그림자가 그림자에게 묻다

罔兩問景曰, "曩子行, 今子止, 曩子坐, 今子起, 何其無特操與?" 景
曰, "吾有待而然者邪? 吾所待又有待而然者邪? 吾待蛇蚹蜩翼邪?
惡識所以然! 惡識所以不然!"

· 번역 ·

그림자의 그림자가 그림자에게 물었다. "조금 전에 그대는 걷더니
지금 그대는 멈췄고, 조금 전에 그대는 앉아 있더니 지금 그대는 일
어섰다. 어찌 그토록 지조가 없는가?" 그림자가 말했다. "내가 의지
하는 것이 있어서 그런가? 내가 의지하는 것 또한 의지하는 것이 있
어서 그런가? 나는 뱀의 비늘과 매미의 날개에 의지하는 것일까? 어
떻게 그런 까닭을 알겠는가? 어떻게 그렇지 않은 까닭을 알겠는가?"

이    주제어는 '소이(所以)'이고, 주제문은 '어떻게 그런 까닭을
알겠는가! 어떻게 그렇지 않은 까닭을 알겠는가![惡識所以
然! 惡識所以不然!]'이다. 「제물론」의 결론에 해당하는 두 우
화 가운데 첫 번째 이야기이다. 그림자의 그림자 이야기는
두 가지 메시지를 담고 있다. 하나는 사물 현상의 이유를 알
수 없다는 주장이다. 이는 앞에서 제기된 천뢰(天籟) 관념과
서로 호응한다. 다른 하나는 제물(齊物)의 사유는 사물의 근
거를 추적하는 사유가 아니라는 암시이다. 이는 뒤이어 나
오는 물화(物化) 개념을 제시하기 위한 사전 작업이다.

유    이 단락에서는 '그림자와 그림자의 그림자 간의 대화'라는
우언을 통해 물들 간에 상호 의지함이 없음[不相待 즉 無待]
을 시사한다. 물리적·기계적인 인과성에 대한 탐구라기
보다는, 인간관계에서의 고하·부귀·빈천 같은 주종 관계
가 없음을 강조하는 것이다. 사물의 변화는 무엇엔가 의지
하여 이루어지는가, 아니면 사물 스스로 그렇게 하는 것인
가? 물들의 변화 작용에 맡겨둘 뿐, 어째서 그러고 있는 것
인지 그 까닭을 알려고 하지 않는다. 장자에 따르면, 사생종
시(死生終始)의 외적인 원인과 결과는 본래 없기 때문이다.
달리 말해 그것이 '무궁하게 순환왕복 활동'을 하는 것이기
때문이다. 외적 측면에서의 특정한 인과관계, 즉 외인(外因)
에 의한 주종 관계 설정을 부정하는 것이 핵심이다. 외물에

대한 분변적 논쟁은 그림자의 그림자처럼 잘못된 인과관계를 형성하려는 데서 비롯된다. 현상의 외물들 사이에 본래 있지도 않은 허구적인 인과성을 부착하여 명령하고 조종하고 부리려고 들 것이 아니라, 물들에 본래 내재한 정(精)·기(氣)·신(神)·허(虛) 차원으로 들어가는 내시(內視)를 통해 도리어 외물들과 화해할 수 있어야 한다. 여기의 '그림자[景]'가 장자라면, '그림자의 그림자[罔兩]'는 혜시(나아가 유가·묵가)이다. 혜시가 장자에게 따져 묻고 책망하는 내용이다. 혜시가 '화성지상대(化聲之相待)'의 외물적 입장이라면, 장자는 '약기불상대(若其不相待)'의 도적 관점이다. 그리고 다음 단락의 '호접지몽'은 장주(연꽃)와 혜시(호랑나비)의 관계를 바탕으로 한 것이다. 이렇게 볼 때, 이 두 단락은 「소요유」 말미의 두 단락에서 대화자가 장자와 혜시로 되어 있는 것과 같은 구성이다.

**정**

「제물론」의 제일 앞에서 제기한 다양한 현상적 의식의 근원에 관한 질문과 통한다. 앞에서 장자는 심리적 현상의 근원을 자아로 설정한 뒤, 자아는 궁극적 근원이 아님을 지적하고, 참된 주재자로서 근원의식을 찾는다. 그리고 그런 근원의식은 존재함에 틀림없지만 형체가 없다고 말했다. 이곳에서도 같은 식으로 말하고 있다. 그림자의 그림자는 다양한 심리적 현상을 그림자는 자아를 말한다. 다양한 심리적 현상이 자아에게 너는 왜 그리도 지조가 없냐고 타박하자, 자아가 자신도 무엇인가 또 의거하는 바가 있음을 말한다. 그 뒤의 내용은 사람의 인지로는 알 수 없는 경지다. 그러므로 존재의 유무에 관한 질문을 열어놓고 글을 맺었다.

**박**

여덟째 단락의 세 번째 문단이다. 제1원인을 찾기 위해 인과론적으로 소급해가는 개념적 사고는 결코 그 목적을 이룰 수 없음을 환기시킨다. 인과의 계열은 선형적이 아니라 인드라망처럼 중층적임을 강조하는 불교의 연기론과 맥락을 같이 한다.

1  周兩問景曰, "曩子行, 今子止, 曩子坐, 今子起, 何其無特操與?"

**이**

'망량'은 그림자 주변에 생기는 흐릿한 그림자이다. '영'은 영(影)과 통한다. '낭'은 '이전에'를 뜻한다. '특'은 지(持)로 쓴 판본도 있다. '조'는 지조(持操)이니, 절조를 뜻한다. 그림자의 그림자가 그림자에게 던진 물음은 그림자가 고정되지 않음을 문제 삼은 것이다. 그림자의 불고정성은 그림자의 모습이 순간적임을 함축한다.

**유**

'낭(曩)'은 아주 짧은 직전을 뜻하는 글자인데, 여기서는 '매우 변덕스러움'을 강조하는 기능을 한다. '특조(特操)'는 표준으로 확정된 것, 즉 규범화 · 규격화된 것이 있음을 전제한 속에서의 지조 · 절조를 지킴, 일관됨, 고정됨, 항상성을 뜻한다. 장자에게서는 이것이 인간사회의 질서와 안정이 아니라 필연적 속박[累, 繫縛]과 포획 그리고 질곡의 문제로 연결된다. 다음 문단의 '유대(有待)'가 바로 이런 의미이다. 장자가 그림자와 그림자의 그림자를 캐스팅한 이유는 무엇일까? 그림자는 다른 어떤 것에 필연적으로 의지해야만 존재할 수 있다는 게 일반상식이다. 그러나 이 비유적 우화의 취지를 이해하려면, 『장자』 내에서의 그림자[景 즉 影]의 상징성을 이해의 근거로 삼아야 한다. 「우언」 · 「어부」 · 「천지」·「열어구」·「천하」 등의 글귀를 참고할 수 있다. 특히 본편과 밀접한 관계에 있는 「우언」에는 이 단락의 취지와 유사한 글이 들어 있다. 『장자』에서의 '그림자'는 허구의 가상세계이다. 따라서 그림자의 그림자는 허구의 허구이다. '꿈'도 이러한 것이다.

**정**

우리가 체험하는 심리적 현상이 자신이 의지적으로 지어내는 듯하지만 사실 습관화된 성향과 신념체계 등에 의해 만들어진다는 점을 말하는 글로 읽힌다. 이런 독법에 따르면 그림자의 그림자는 다양한 심리적 현상을 그림자는 자아를 말한다고 할 수 있다.

**박**

'망량(罔兩)'은 원그림자 바깥쪽의 희미한 2차 그림자를 가리킨다. 곽상과 성현영은 "그림자 밖의 희미한 그늘[景外之微陰]"이라고 하였다. '경(景)'은 '영(影, 그림자)'의 옛글자이다.

---

**2**  景曰, "吾有待而然者邪? 吾所待又有待而然者邪? 吾待蛇蚹蜩翼邪? 惡識所以然! 惡識所以不然!"

---

**이**

대(待)는 이유 또는 근거의 뜻이다. 뱀 비늘과 매미 날개는 고정된 모습을 지닌 것을 뜻한다. 그림자의 말에 따르면 근거를 찾아가는 방식은 고정된 것을 밝히는 사유이다. 이것은 '사실'을 밝히는 관점에서 사물을 사유하는 방식이다. 사실이란 사물 현상을 대상화하고 고정시킴으로써 기억할 수 있고 기록할 수 있고 전달할 수 있는 것이다. 그러나 장자는 근거 찾기, 즉 사실의 관점에서는 그 이유를 찾을 수 없다고 말하고 있다.

「추수」에는 장자철학이 사실에 대한 분석과는 다른 사유임은 보여주는 글이 실려 있다. 바로 장자와 혜시가 나눈 대화, 즉 호량지변(濠梁之辯)의 기록이 그것이다. 그 내용을 간략하게 정리하자면 다음과 같다. 장자가 호강에서 피라미가 한가롭게 헤엄치는 것을 보고 이것이 물고기의 즐거움이라고 말하자, 혜시는 장자가 물고기가 아니니 물고기의 즐거움을 알지 못한다고 반박한다. 이에 대해 장자는 나는 호강 가에서 물고기의 즐거움을 알았다고 재반박한다. '호량지변'에서 '물고기의 즐거움'에 대한 두 사람의 입장은 같지 않다. 혜시는 장자가 '물고기의 즐거움'에 대해 알 수 없다고 주장하지만, 장자는 자기가 '물고기의 즐거움을 알았다'는 것을 주장한다. 펑펑(彭鋒)은 '호량지변'에 대한 그의 탁월한 논문에서 사실 개념과 사건 개념을 구분한다. 그에 따르면 '물고기의 즐거움'은 하나의 사실이며, '물고기의 즐거움을 안다'는 것은 하나의 사건이다.[233] 펑펑의 해석에 따르면 우리의 경험에서 진정으로 드러나는 것[呈現]은 '물고기의 즐거움을 안다'는 사건이며, '물고기의 즐거움'은 오직 장자가 호강에서 물고기의 즐거움을 알았다는 이 사건 안에서만 진실하다. '호량지변'에서 장자철학이 사건에 기반하는 사유임을 읽어낸 펑펑의 통찰력은 우리가 망량 이야기와 나비 꿈 이야기를 온전히 이해하는 데 시사하는 바가 크다.

사물 현상의 이유를 알 수 없다는 결론은 두 가지를 함축한다. 하나는 앞에서 제기한 천뢰 개념을 소환하고 있다. 천뢰란 곧 자연을 뜻한다. 사물 너머에서 사물의 근거를 찾을 수 없으니, 사물 현상은 저절로 그러하다는 것이다. 이처럼 그림자의 그림자 이야기는 천뢰 관념과 서로 호응한다. 다른 하나는 근거 찾기로부터 사물을 근원을 알 수 없다는 점이 사실 분석과는 다른 방식의 사유를 예비한다는 것이다. 그림자의 그림자 이야기는 다음에 나오는 나비 꿈 이야기를 하기 위한 사전 작업이다. 물화(物化)는 사실을 다루는 맥락에서 제기된 관념이 아님을 암시한다. 그림자의 그림자 이야기가 근거 찾기를 통해 사실 분석을 하는 사유에 대한 반론이라면, 나비 꿈 이야기는 사건에 기반한 사유를 제시한 것이자 장자철학의 근본을 드러내는 주장이다.

그림자가 '뱀이나 매미의 형체에 의존하는 것일까'라고 하지 않고, '뱀의 배 비늘이나 매미의 날개에 의지하는 것일까'라고 추측하는 것은 '빠른 움직임'에 따르는 '변덕스러운 변화'의 인과성 유무를 말하기 위함이다. 그래서 형체[本體]가 있다는 점을 전제한 속에서 걸어가고, 멈추고, 앉고, 일어서는 것을 문제 삼는다. 이는 오로지 외적 측면에서의 인과성 유무를 거론한 것이다. 즉 이 문단의 핵심은 물들 간의 주종 관계 성립 여부의 문제에 있다. 하지만 장자는 아직 단정하지 않는다. "물들 간에 주종 관계가 성립하는 까닭을 식별할 수 있는가, 물들 간에 주종 관계가 성립하지 않는다는 것을 식별할 수 있는가?"라고 반문할 따름이다. 그러나 단순 반문이 아니다. 전제된 문제가 있다. 외적 인과관계가 성립하는 것처럼 보이는 게 있을지라도 그것은 우연이고 간접적일 따름이며, 우연도 필연도 넘어서는 내적 요인과 작용이 중요하다는 점이다. 내적인 신(神)·일(一)은 불화(不化)하는 것이면서 동시에 외적인 물지화(物之化)의 주체이다. 남곽자기가 자신을 그렇게 보이도록 한 것이나, 「응제왕」에서 호자(壺子)가 그의 외상(外相)을 다변시킨 것도 그들의 내인(內因)에 말미암은 것이다. 이렇게 자기 변화의 원인이 외재하지 않고 내재한다고 보는 것은, 기성의 인간관계인 주재·지배·종속·복종 등을 풀어내는 것이다. '현해(縣解)'의 방법이 이런 것이다.

　그림자는 실재가 아니다. 그림자의 그림자는 더구나 실재일 수 없다. 이는 실재와 관련하여 허구적인 어떤 것을 관념으로 상정하고서, 더 나아가 그 허구에 대한 허구를 다시 만들어내어 그것들 간의 인과적 상관성을 따지는 것이 세속인의 분변 논쟁이 지닌 허구성이라는 점을 재차 확인시켜준다. 그러면 장자의 이 이야기도 허구에 해당하는 것일까? 이것은 허구적으로 조작된 인과성, 즉 유대(有待)를 허물고 무대(無待)의 방향으로 나아가는 것인 까닭에 실재는 아니지만 적어도 실재의 실제를 지향하는 것이다. '무대'란 외부에 의지하지 않음을 뜻한다. 본연의 물들은 각자 외물에 의지하지 않고 내인인 도 즉 천뢰만을 따른다. 이것은 관념이나 논리적 추론을 통해 객관적으로 확인할 수 있는 게 아니다.

허구적 인과관계, 즉 지배와 종속의 틀 속에서 가진 자는 남을 지배하고 부리는 것을 정당화한다. 갖지 못한 자는 남 탓을 하고 남에게서 불행의 원인을 찾아 원망한다. 모두가 그런 원인을 확보할 수 없을 때, 권모술수를 넘어 마녀사냥 같은 일이 자행된다. 그림자의 그림자, 꿈속의 꿈이 견고해진다. 그러나 거울은 외물들을 자기와 인과관계에 있는 것으로 대하지 않는다. 따라서 의존과 속박, 지배와 복종이 없다. 그림자와 꿈을 걷어내는 것이 거울의 관조이다. 이 단락의 핵심이 잘못 구성한 인과관계의 역리가 일으키는 갈등적인 인간 삶의 문제를 성찰하는 데 있다고 이해한다면, 이어지는 단락의 이야기도 이와 모종의 연관성을 갖는 내용이 될 것이다. 그림자는 '꿈'이 되고, 그림자의 그림자는 '꿈속의 꿈'으로 연결될 것이다. "성인은 필연인 것조차 필연으로 의식하지 않고 행위하는 까닭에 마음에 감정의 다툼이 없다. 범속한 사람은 필연이 아닌 것들도 필연으로 여겨 행위 하는 까닭에 마음속에 감정의 다툼이 많다. 그런 감정의 다툼을 그대로 따르기에 추구하는 게 따로 있게 된다. 마음속의 감정 다툼, 그것을 그대로 믿기만 하면 패망에 이른다."[234]

정
—
「제물론」 앞에 나오는 현상적 의식의 근원에 관한 질문과 통하는 글이다. 희로애락 등의 심리적 현상이 발생하는 근원에는 자아가 있는 듯하지만, 더 파고들면 근원의식이라고 할 수 있는 기의 떨림이 있다. 책상이나 홍길동 같은 다양한 현상적 의식의 내용 즉, 지향을 제거하면 정서적 색채가 남는다. 이런 습관화된 색채마저 지워내면 거울처럼 순수하게 비춰주는 느낌이 남는다. 앞에서 장자는 그것은 분명히 있지만 형체가 없다고 했다. 이곳에서도 같은 식으로 말하고 있다.

**박**

"내가 의지하는 것 또한 의지하는 것이 있어서 그런가?"는 그렇게 제1원인을 찾아가려는 인과론적 시도는 무한소급에 빠질 수밖에 없음을 말한다. "만약 그 의지하는 바를 따져나가고 그 말미암는 바를 찾아나간다면 따지고 찾는 일이 끝이 없어서 마침내는 무대(無待)에 이르게 될 것이니, 독화(獨化)의 이치가 밝혀진다."[235]라고 한 곽상의 주석이 이 점을 말해준다. '사부조익(蛇蚹蜩翼)'은 뱀은 배 아래 있는 비늘에 의지하여 기어가고, 매미는 날개에 의지해 날아다닌다는 뜻이다.(첸구잉) 전혀 인과 관계에 있지 않은 사례를 거론함으로써 인과는 예측 가능한 선형적 구조로 이루어지지 않음을 암시한다.

## · 원문 21 ·

### 나비 꿈 이야기

昔者莊周夢爲胡蝶. 栩栩然胡蝶也, 自喩適志與, 不知周也. 俄然覺, 則蘧蘧然周也. 不知周之夢爲胡蝶, 胡蝶之夢爲周與? 周與胡蝶, 則 必有分矣. 此之謂物化.

### · 번역 ·

전에 장주가 꿈에 나비가 되었다. 팔랑거리는 나비는 유유자적하며 장주인 줄 알지 못했다. 문득 꿈에서 깨어 보니 분명히 장주였다. 알 수 없구나! 장주가 꿈에 나비가 된 것인지, 나비가 꿈에 장주가 된 것인지. 장주와 나비 사이에는 반드시 구분이 있을 것이다. 이것을 물화라고 한다.

**이**

유명한 나비 꿈 이야기이다. 주제어는 '물화(物化)'이고, 주제문은 '장주와 나비 사이에는 틀림없이 구분이 있으니, 이것을 물화라고 한다[周與胡蝶, 則必有分矣. 此之謂物化]'이다. 이야기의 내용은 크게 두 부분으로 나뉜다. 전반부는 장주가 꾼 나비 꿈에 대한 서술이고, 후반부는 나비 꿈을 꾼 일에 대한 평가이다. 꿈에 나비가 되었을 때는 장주라는 의식이 없었고, 깨어나서야 자신이 장주임을 인식한다. 이로부터 꿈과 현실을 구분할 수 없지만, 장주와 나비는 분명히 구분되는 것이 '물화'라고 결론 내린다. '물화'는 자기의식이 대상과 하나가 되는 경지로서, 상아(喪我)의 결과이다. '물화'는 인시(因是), 이명(以明), 양행(兩行), 화지이시비(和之以是非) 등 「제물론」에서 제시되는 주요 개념과 명제들을 가능케 하는 관건 개념이다.

**유**

'호접지몽'은 '오상아'라는 화두를 열어젖힐 스마트키 같은 것일까? '오상아'의 상태에서 남곽자기가 발성한 천뢰송(天籟頌)인 것일까? 사실 이것이 물아일체(物我一體)의 경지에 이른 것을 은유한 이야기로 읽히는 게 일반적이다. 그러나 여기의 '물화(物化)'를 어떻게 이해하느냐에 따라 이야기의 취지가 정반대로 뒤바뀐다. '물화'의 의미에 포인트를 두고서 여기의 꿈을 이해할 때, 그것은 몽환적 허망함이다. 이는 사변의 극치에 이른 상태가 곧 물아일체의 체험인 듯한 착각을 일으킨다는 점을 보여주려는 것이다. 이 단락의 취지는 장자가 전하고자 하는 '오상아'와 '도통위일'의 경지가 어떻게 해서 분열되는가를 최종적으로 재확인하는 데에 있다. '장주인가, 호랑나비인가?' 이런 의문을 일으키는 것을 시발로 하여 '장주와 호랑나비'라는 분별에 이르면, 이미 외물에 구속되는 방향으로 접어든 것이다. 그렇게 되어 일시적인 외적 형체에만 집착함으로써 자기조차 고정적 사물로서 대상화된다. 이렇게 분열의 세계로 밀려나는 자들을, 「응제왕」의 말미에서 '혼돈의 죽음'이 기다리고 있다.[236]

**정**

제물론을 매조지하는 글이다. 크게 세 부분으로 나뉜다. 먼저, 꿈의 은유를 통해 현실의 체험이 꿈과 마찬가지로 구성되었음을 말한다. 둘째, 꿈속의 나비와 장자 사이에는 반드시 차이가 있다고 함으로써, 현실의 체험이 구성에 불과하다는 깨달음이 현실의 체험은 환영에 불과하다는 생각으로 미끄러지는 것을 막는다. 셋째, 사물의 연속적 창발[creation of things]을 말함으로써, 현실의 체험이 구성물임을 깨달은 이가 보는 세계상을 묘사한다.

**박**

마지막 아홉째 단락이다. 맨 앞에 나온 '상아(喪我)'의 일화와 호응을 이루며 「제물론」의 핵심 주제인 만물의 평등성을 체화한 삶의 모습을 제시한다. 유·묵으로 대표되는 인간세상의 모든 주장과 담론은 절대적 토대를 지니고 있지 못한다는 것을 깨닫고, 그로부터 말미암은 자신의 성심을 해

체할 때 우리는 개방된 존재로서 비로소 타자[物]와 하나가
되는 완전한 소통의 삶을 살 수 있다는 메시지를 담고 있다.

**1**　昔者莊周夢爲胡蝶. 栩栩然胡蝶也, 自喩適志與, 不知周也.

**이**　'후후연'(『경전석문』에 인용된 서막(徐邈)의 설에 따라 '후'로 읽
　　는다)은 성현영에 따르면 한껏 기뻐하는 모습이다. 팔랑팔
　　랑 날갯짓을 하는 모습으로 신이 난 나비를 묘사한 말이다.
　　이이(李頤)에 따르면 유(喩)는 '유쾌하다'이다. 차오츄지에
　　따르면 여(與)는 여(歟)와 통하니, 어조사이다. 자유적지여
　　(自喩適志與)는 '후후연'의 상태를 부연해서 설명한 구절이
　　다. 팔랑거리며 날 때 나비는 스스로가 유쾌하고 만족스러
　　워했다는 말이다. 바로 다음에 이어지는 글과 비교하자면,
　　'후후연'과 '부지주'라는 표현에 주목할 필요가 있다. '후후
　　연'은 나비가 되어 한껏 신난 순간을 가리키고, '부지주'는
　　그 순간에 나비에게는 장주라는 의식이 전혀 없었음을 의
　　미한다. 요컨대 나비였을 때에는 장주는 없었다. 장주가 없
　　었다는 표현은 자신이 장자라는 의식이 없었음을 뜻한다.
　　장주라는 실재가 있고 없음에 대해 말한 것이 아니다. 우리
　　가 놓치지 말아야 할 것은 장자가 '지(知)'라는 글자를 사용
　　한다는 점이다. 이는 나비 꿈 이야기가 서술되는 지평이 의
　　식 또는 인식임을 함축한다. 기실 장자는 처음부터 끝까지
　　의식 또는 인식의 지평에서 나비 꿈을 말하고 있다.

**유**　'몽(夢)'은 죽음의 세계와도 하나가 되는 사생일여(死生一

如)의 경지적 세계를 비유한 것일까? 아니면 허튼 꿈이거나 허망한 그림자 같은 것일까? 그리고 '호접(胡蝶)'과 '자유적지(自喩適志)'의 상징성은 무엇인가? 호접(胡蝶)은 '호접(蝴蝶)'으로서 호랑나비를 뜻한다. '허허연(栩栩然)'은 유연히 살아 움직이는 모습, 팔랑거리며 가볍게 계속 날아다니는 모양을 형용한 의태어이다. '자유적지(自喩適志)'는 스스로 유쾌하고 자기 뜻에 꼭 들어맞음을 뜻한다. 일단 희로의 감정으로써 안으로 자신을 상해함이 없음을 뜻한다고 이해한다면, 이는 곧 「양생주」·「인간세」·「덕충부」에서 말하는 '애락불능입(哀樂不能入)'의 상태이다. "자연한 변화의 추이를 편안히 여겨서 그 변화하고 있음조차 잊어 마침내 고요한 자연과 일체로 되는 경지에 들어선 것이다[安排而去化, 乃入於寥天一]"(「대종사」) 그리하여 자기가 장주임을 의식하지 못한다. 더 나아가 이것을 사생일여의 경지인 것으로 본다면, 죽음의 세계로 변화해간 것[物化]을 의미하는 게 될 수도 있다. 언뜻 이 문단은 본편의 서두에서 말한 남곽자기가 천뢰를 듣고 있는 '오상아' 차원의 경지를 말하는 것으로 여겨질 수 있을 듯하다. 이렇게 볼 경우, '부지주야(不知周也)'는 상아(喪我)·망아(忘我)·망기(忘己) 등과 같은 경지의 의미가 될 것이다.

정 장자가 꿈에 나비가 되어 자신이 본래 장자임을 알지 못했다는 뜻이다.

박 '허허(栩栩)'는 최선(崔譔)의 판본에 '편편(翩翩)'으로 되어

있다.(『경전석문』) 가쁘하게 난다는 뜻으로 풀면 된다. '여
(與)'는 감탄의 맛을 나타내는 어조사 '여(歟)'와 같다. '주
(周)'는 장자의 이름이다.

2  俄然覺, 則蘧蘧然周也. 不知周之夢爲胡蝶, 胡蝶之夢爲
   周與!

이  '거거연'은 화들짝 놀라는 모습이다. '주야(周也)'라는 표현
    은 앞에서 나온 '부지주야(不知周也)'와 대응한다. 한껏 신난
    나비였는데 깨어나 보니 놀랍게도 장주였다는 말이다. 화
    들짝 놀랐다는 표현은 꿈에서 깬 장주에게는 나비라는 의
    식이 없음을 의미한다. 앞의 내용과 합쳐 보면 나비일 때는
    장주가 없고, 장자일 때는 나비가 없다. 말하자면 나비에게
    는 자신이 장주라는 인식이 없고, 장주에게는 자신이 나비
    라는 인식이 없다는 것이다. '거거연주야(蘧蘧然周也)'까지
    가 나비 꿈 이야기의 전반부이다. '부지주지몽위호접(不知
    周之夢爲胡蝶)' 이후부터는 이야기의 후반부에 해당한다. 나
    비 꿈 이야기의 전반부는 장자가 꿈을 꾼 일에 대한 서술이
    고, 후반부는 나비 꿈에 대한 장자 자신의 평가이다.
      장자가 나비 꿈에 대해 사유한 결론은 장주가 나비가 된
    꿈을 꾼 것인지, 나비가 장주가 된 꿈을 꾼 것인지 모르겠다
    는 것이다. 장주와 나비 가운데 어느 쪽이 꿈이고 어느 쪽이
    현실인지 판정할 수 없다는 뜻이다. 어느 쪽이 실재인지를

말할 수 없는 것이다. 꿈과 현실을 구분할 수 없는 이유를 장자의 경험에서 찾을 수 있다. 꿈을 꿀 때는 장주를 의식할 수 없었고[不知周也], 깨어나서는 장주만을 의식할 뿐이었다.[周也] 나비일 때는 장주는 없었고, 장주일 때는 나비가 없었다. 장주와 나비를 동시에 의식하는 일은 없다면 장주가 나비가 된 꿈을 꾼 것인지, 나비가 장주가 된 꿈을 꾼 것인지를 구분할 수 없게 된다.

유 — 앞구절을 달리 번역할 수 있다. "문득 꿈에서 깨어나 살펴보니, 우두커니 곧추앉아 있는 장주였다." '거거연(蘧蘧然)'에 대해 성현영은 "깜짝 놀라 움직이는 모습[驚動之貌]"이라고 하였다. 그러나 '거(蘧)'는 蕖(연꽃 거)·荷(연 하)와 뜻이 통하는 글자이기도 하다.[237] '부거(芙蕖)'·'부용(芙蓉)'은 연꽃의 별칭이다. '거거연'은 호랑나비와 대비되는 연꽃으로써 꿈에서 깨어난 장주의 모습을 형용한 의태어이다. '허허연'이라는 동적 상태의 호랑나비에 대응하는 '거거연'이라는 정적이며 곧추선 상태의 연꽃 모습을 의미한다. 장주는 안석에 기대어 잠들었다가 깨어난 듯하다. 안성자유가 남곽자기의 모습을 인지한 것과 유사한 모습이라고 할 수 있다. 연꽃이 주변의 다른 풀들보다 우뚝하니 서 있는 모습을 차용한 것이다. 현실의 호랑나비가 연꽃에 앉아 서로 일체화되는 상태가 장주의 꿈을 통해 '장주(연꽃)-호랑나비(혜시)'로 일체화된 것이다.

그런데 꿈에서 깨어난 장주는 이렇게 따져본다. ① "장주가 꿈속에서 호랑나비로 되었던 것인지, 호랑나비가 꿈속에서 장주로 되어 있는 것인지를 알지 못하겠다." 이는 일단 장주에 의지하여[待, 因] 호랑나비가 있게 되거나, 호랑나비에 의지하여 장주가 있게 되는 게 아니라는 말일 수 있다. 인과성을 부정하는 것으로서 '의연히 홀로 서기[塊然獨]'(「응제왕」)와 같은 것을 말하고자 함일 것이다. 그러나 '그렇게 하고 있으면서도 그런 줄을 모르는 것'이 도의 경지인데, 이런 의문을 일으키고 그에 대한 답을 찾으려고 사유하는 것은 이미 의식화의 단계로 접어든 것이다. 물들은 모두 자연한 변화 속에서 서로 갈마들고 있을 따름이라는 점을 알아야 한다[知代]. 그런데도 서로 분리하고[分] 또한 서로 맞물고 서로를 붙좇게 만드는[待, 從, 連累] 것은 사적 이익과 명성 추구에서 기인하는 점유와 지배의 야욕이다. "상대적인 시비 관념을 초월한 절대의 시(是)에 따를 따름이다. 이미 절대의 시에 따르고 있으면서도, 그것을 의식하지 못하는 상태를 도의 경지라고 이른다."(원문8) 이로써 보면, 의식적으로 '장주인가, 나비인가'라고 의문을 제기하는 데서부터 도적 경지는 분열되기 시작한다. 그리하여 "是非之彰也, 道之所以虧也."(원문9)의 상태가 된다. ①은 아마도 깨어난 장주 속에 들어 있는 호랑나비(혜시)의 목소리일 것이다. 이 구절이 상아(喪我)라는 상향 통일과 성심(成心 즉 成我)이라는 하향 분열의 경계점이다. 이 구절을 중심으로 하여 '호접지몽' 전체를 이해하는 데서 「대종사」의 관련 내

용을 신중하게 참고할 필요가 있다.[238]

**정** 꿈의 비유를 통해 현실의 실체적 존재성을 회의하고, 체험
의 구성성을 깨닫게 되는 과정을 묘사한 글이다.

**박** '거거(蘧蘧)'는 '놀라는 모습[驚動之貌]'이다.(성현영) '문득,
불현듯' 정도의 의미이다.

## 3　周與胡蝶, 則必有分矣. 此之謂物化.

**이** 나비 꿈 이야기에서 잊지 말아야 할 것은 꿈과 현실을 구분
할 수 없다고 해서 장주와 나비를 구분할 수 없다고 말할 수
없다는 점이다. 깨어나서 자신을 장주로 인식하는 것과 꿈
꿀 때 자신을 나비로 인식하는 것은 분명히 구분된다. 예컨
대 나비가 공중을 날면서 기분이 좋은 데 비해, 장주는 탁자
에 기대어 자유로운 비상을 고민한다고 하자. 이 경우에 나
비라는 자기 인식과 장주의 자기 인식은 전혀 다르다. 그렇
기 때문에 장주와 나비 사이에는 틀림없이 구분이 있다고
말한 것이다.

　이것[此]이 가리키는 내용에 대해서는 크게 두 가지 독법
이 있다. 하나는 바로 앞의 명제[周與胡蝶, 則必有分矣]만을
가리킨다고 보는 경우이다. 장주와 나비가 구분되는 것이
물화, 즉 사물의 변화라고 읽는 입장이다. 이에 따르면 물화
는 장자가 부정적으로 보는 상태이다. 장자가 만물제동(萬
物齊同)을 주장한다는 점에 비추어 보면 이러한 물화 개념

은 제물 관념과는 대척점에 있게 된다. 이 독법에는 두 가지 문제가 있다. 하나는 부정적인 물화 개념은 제물론 머리에서 제시한 '상아(喪我)' 관념과 충돌한다는 점이고, 다른 하나는 물화 개념이 나비 꿈 이야기에 대해 바로 앞에서 말한 꿈과 현실을 구분할 수 없다는 평가와 내적 관련을 갖지 못한다는 점이다. 제물론의 결론에 해당하는 마지막 문장을 제물과 상충되는 사물 사이의 구분으로 말한다는 것은 몹시 어색하다. 또한 나비 꿈 이야기를 통해 꿈과 현실의 구분을 판정할 수 없다고 정리해 놓고 아무런 맥락 없이 장주와 나비 사이는 분명히 구분되는 것이 사물의 변화라는 내용을 덧붙이고 있다.

'이것'이 장주와 나비의 구분이 있음만을 가리킨다고 보는 시각은 나비 꿈 이야기가 서술되는 지평을 간과한 것이다. 나비 꿈 이야기는 철저하게 장주에게 일어난 사건을 중심으로 구성되어 있다. '이것'은 구분되는 것으로 바뀌는 것, 즉 장주라는 자아의식이 나비라는 자아의식으로 바뀌는 것을 말하고 있다. '이것'이 '장주와 나비 사이에 구분이 있음'만을 가리킨다면 장주와 나비가 다르다는 것으로부터 어떻게 사물의 변화로를 말할 수 있겠는가? '구분[分]'으로부터 사물의 변화를 말할 근거가 없다. 또한 '이것'이 '장주와 나비 사이에 구분이 있음'만을 가리킨다면 굳이 나비 꿈 이야기를 서술할 필요가 없다. 물화 개념의 제시가 앞의 내용과 분리되는 것이다. 따라서 '이것'은 '장주와 나비 사이에는 반드시 구분이 있음'만을 가리킨다고 볼 수 없다.

　다른 독법은 '이것'이 앞의 두 명제[不知周之夢爲胡蝶, 胡蝶
之夢爲周與! 周與胡蝶, 則必有分矣]를 가리킨다고 보는 경우
이다. 꿈과 현실을 구분할 수는 없지만 장주와 나비는 분명
하게 구분되는 것이 물화라고 읽는 입장이다. 장주는 나비
가 아니고 나비는 장주가 아니지만, 장주가 나비로 되고 나
비가 상주로 되는 것이 불화라는 말이다. 물화는 사물로 변
화하는 것[化於物]을 의미하며, 사물은 실재하는 물건이 아
니라 의식의 대상이다. 이효걸에 따르면 사물은 우리 마음
속의 사건일 뿐이다. 따라서 사물 자체와 사물에 대한 의식
은 분리될 수 없다. 외부 사물은 마음의 사건, 즉 사물에 대
한 의식일 수 밖에 없다.[239] 물화는 다른 것으로 바뀔 수 있
음을 뜻하는 개념이다. 자기 아닌 것으로 변화한다는 것은
그것과 하나가 되는 상태이다.

　나비 꿈 이야기는 대상으로 변화함으로써 하나를 이루
는[爲一] 상태에 대한 은유이다. 물화 개념을 통해서라야
만 「제물론」에서 제시된 '하나가 된다(爲一)'는 표현을 온전
히 이해할 수 있다. 가는 풀줄기와 큰 기둥, 못난 여인과 아
름다운 서시, 온갖 기이한 것들은 그것들을 하나로 묶는 제
3의 지점을 통해서 하나가 되는 것이 아니다. 장자의 말에
따르면 사물은 '그렇다고 하거나 가하다고 한' 데서 그러하
고 가하다.[然於然, 可乎可] 사물의 그러함[然]과 가함[可]은
사물로 변화함으로써만 확보할 수 있다. 대소, 미추, 그리고

온갖 차이들이 하나가 된다는 것은 가는 풀줄기와 하나가 되고 큰 기둥과 하나가 되며, 못난 여인과 하나가 되고 서시와 하나가 된다는 것을 말한다. 개개의 사물과 하나가 될 때 그 사물의 그러함과 가함에 대해 말할 수 있게 되는 것이다. 천지는 나와 동시에 생기지만 만물은 나와 더불어 하나가 된다[天地與我並生, 而萬物與我爲一]는 것도 내가 만물 전체가 나와 하나가 된다는 말이 아니라, 내가 사물들 하나하나와 각각 하나가 된다는 뜻이다.

덕청(德淸)은 물화를 만물이 변화하여 하나가 되어 나와 남, 시와 비의 구별이 없어진 것이라고 본다.[240] 그러나 원문에서는 장자 자신이 '틀림없이 구분이 있다(必有分)'고 말했으니, 장주와 나비 사이의 구분을 무시해서는 안 된다. 장주와 나비는 서로 다름에도 불구하고 장주가 나비로 되는 것이 물화이다. 물화는 하나[一]의 관점에서 장주와 나비의 구분이 소멸함을 말하는 것이 아니다. 장자는 제일(齊一)에서 물화를 말하지 않고, 물화로부터 '제일'을 말하고 있다. 물화란 하나가 되는 방식[爲一]에 대해 말한 것이다. 나카지마 다카히로(中島隆博)가 장자의 만물제동(萬物齊同)은 물화를 바탕으로 삼아 이해해야 한다고 본 이유도 바로 이 점에 있다.[241] 장주와 나비, 둘 다 사라져서 하나가 되는 것이 아니다. 장주가 사라지면, 그리고 그래야 온전히 나비가 된다. 이것이 장자 말하는 하나[一]이다. 물화는 자아의식이 소멸하여 대상 자체로 바뀜이니, 앞에서 말한 오상아(吾喪

我)의 결과이다.

'상아'의 문제는 「소요유」에서 다루지 않은 무기(无己)의 문제를 받아서 제기된 것이었다. 「제물론」에서는 이 문제를 '물화'로 결론지었다. 결국 자아가 제물론의 핵심적인 문제이다. 장자가 자아, 즉 자기의식으로부터 보는 것[自我觀之]을 화두로 삼고, 자아를 구성하는 마음[成心]을 중요하게 다룬 이유도 여기에 있다. 물화를 통해 '일'을 확보[爲一]함으로써 상대방이 옳다고 하는 것에 맡길 수 있고[因是], 남과 나 사이에서 오가는 옳고 그름의 갖는 한계를 분명하게 인식[以明]할 수 있게 된다. 물화는 '자아관지(自我觀之)'로부터 벗어나는 관건이다. 위광서(魏光緖)에 따르면 나비는 보금자리를 짓지 않고 굶주리고 목마름 걱정이 없이 훨훨 팔랑거리며 천지 사이에서 자유롭게 노닌다.[242] 나비는 자유를 상징한다. 장자는 물화 개념으로 우리가 대상과 하나가 되는 데서 자유로울 수 있음을 주장하였다. 「소요유」에서 제시했던 정신의 절대적인 자유는 물화의 경지에서 획득된다.

왜 물화를 경지라고 말하는가? 기실 물화는 우리의 일상에서 늘 벌어지는 현상이다. 우리가 '물화의 일상성'을 감지하기 어려운 까닭은 자기의식에 매몰되어 있기 때문이다. '오상아'라는 명제와 합해서 말하자면 '아'는 자기의식에 갇혀서 '물화'하기 어려운 상태이다. 반면에 '오'는 자기의식의 기저에 있는 흐름이다. 끊임없이 물결치는 흐름에는 안

팜이 없다. '물화'는 나[吾]에게 늘 벌어지는 사건이며, '물화'하는 '나'는, 객관도 그에 상대하는 주관도 없이 흔들리는 파동일 따름이다.

의역하기로 한다. "앞문단에서와 같은 의문에서 나아가 그에 대한 답을 찾으려고 주관적으로 '장주'가 주체이니 '호랑나비'가 주체이니 하면서 인과 · 주종을 따지고 변정하려 든다면, 반드시 분변이 있게 된다. 이렇게 되는 것을 '물화'라고 이른다." 원문의 '즉(則)'자 뒤에 '미(未)'나 '불(不)'과 같은 부정사가 있으면, 즉 원문이 '周與胡蝶, 則未[不]必有分矣.'로 되어 있다면 여기의 '물화(物化)'는 앞의 내용과 잘 호응할 수 있고, 이 단락 전체도 긍정적인 의미를 지닌 것으로 일관되게 이해될 수 있을 것이다. 그러나 '必有分'으로만 되어 있는 까닭에 '물화'뿐 아니라 이 단락 전체의 내용도 부정적 의미인 것으로 이해하지 않을 수 없다. '필유분'은 바로 다음의 '물화'를 규정하는 내용이다. 그런데 장자에 따르면, 천예(天倪, 分無常)로서 존재하는 물들은 고정된 것이 아니라 끊임없이 변화하며 총체적으로는 사생일여의 무궁한 활동을 한다. 장주와 호랑나비가 이런 자연한 물들이라면, 그들에 대해 '필유분'이라고 단정하고서 다시 그것을 '물화'라고 규정하는 것은 어불성설이다. 그런데도 '周與胡蝶, 則必有分矣.'가 어떤 의미를 지닌 문장이 되려면, 그 앞의 모든 문장도 부정적인 의미를 지닌 것이거나 적어도 바로 앞의 문장에서 뭔가 역전적인 의미가 제시되었어야 한다. 그에 따라 '물화'도 부정적인 의미가 되어야만 한다. 이런 맥락에서 여기의 '물화'의 의미를 살펴볼 때, 이는 물의 일시적인 형체에 집착하는 성심의 고착화를 뜻하는 것일 수밖에 없다. 만물이 저절로 그렇게 변화하는 양태를 뜻하는 말일 수 없다. 여기의 '물화'는『장자』에서의 '화(化)'·'만물지화(萬物之化)'·'물지화(物之化)'·'여물화(與物化)'나, '명물지화(命物之化)'·'순물자연(順物自然)'·'승물(乘物)'·'체서(體逝)' 등의 의미가 아니다. 이들과는 확연히 배치되는 의미이다. 이 문단에서의 '물화'를 제외하면,『장자』전체에서 '물화'는 '기사야물화(其死也物化)'라는 용례로 외편에서만 2회 사용되었다. 이들은 동일하게 죽음으로의 자연한 변화를 뜻한다.[243] 그러나 이 문단에서 문제시되는 '물화'는 본편 둘째 단락의 내용, 그리고 셋째 단락의 "기형화(其形化), 기심여지연(其心與之然), 가불위대애호(可不謂大哀乎)?"와 같은 형화(形化)·내화(內化 즉 心化)의 방향으로 향하는 것을 뜻한다. 즉 소지·소언·성심으로 나아가는 것으로서 외적인 것에만 집착하는 것이다. 그리하여 '외물에 구속되는 자[囿於物者]'인 지사(知士)·변사(辯士)·찰사(察士)로 전락하는 것을 가리키게 된다.[244]「응제왕」에서의 '명시(名尸)·모부(謀府)·사임(事任)·지주(知主)'가 되는 것이다. 더 구체적으로는「천하」에서 혜시를 평하는 글에 들어 있는 '물의 세계로만 치달아간' 혜시의 행태이다.[245] '필유분'은 천예(天倪)를 뜻하는 말이 아니다. 오히려 천예로 존재하는 만물이 저절로 천균(天鈞)을 이루는 작용을 저해하는 작위적 관념의 분변을 뜻한다. 이에 따른 물화는 천예를 넘어서 작위적으로 분리해가는 것이기에 '도 차원에서는 싫어함[所惡乎分者, 其分也以備]'이다.[246] 이런 '필유분'을 역전시키는 것이 '약분(約分)'이다. "시와 비가 분리될 수 없음을 알고, 미세함과 거대함이 구분될 수 없음을 알아야 한다. 듣건대 '도를 터득한 사람은 명성이 세상에 들리지 않고, 지극한 덕을 지닌 사람은 덕을 내세우지 않고, 대인은 자기라는 것이 없다'라고 하는데, 이것이 시와 비라거나 미세함과 거대함이라는 구분을 덜어낸 것의 지극함이다."[247] "외물에 이끌려 옮겨가지 않아야 한다[不與物遷]"(「덕충부」) "이익에 이끌려 마음이 옮겨가지 않아야 한다[不與利遷]"(「천도」) 한마디로 "해심석신(解心釋神)"(「재유」)이 요구된다.

'호접지몽'의 취지를 다음과 같이 폭넓게 정리할 수 있다. 장자는 '오상아'라는 절절함을 화두로 내걸면서 「제물론」이라는 글을 시작하였다. 그런 그에게 꿈속에서의 지극히 일시적인 쾌적감을 누려보는 게 과연 무슨 의미일까? 여기의 꿈은 공상이고 환상이며, 무엇보다도 사변에 의한 허구적 관념의 유희 체계를 뜻하는 비유이다. 호접지몽은 '오상아'에 대한 '사지이비(似之而非)'로서 사실상 오상아의 경지를 깨뜨리는 일이 어디에서 시작되는가에 대해 재점검을 하는 글이다. 장주가 호랑나비로 되었다는 것은, 다름 아닌 그 스스로 혜시가 되어서 놀아 보았다는 말이다. 장자는 「제물론」 중의 앞의 글들에서 이미 혜시와의 일체화를 시도해보았다. '방생의 설', '금일적월이석지', '천지일지, 만물일마', '유여불류, 상여위류', '천지여아병생, 이만물여아위일' 등등이 그런 자발적 경험의 자취들이다. 장자는 자기를 완전히 던져 혜시와의 일체화를 언어 논리로써 모색하였으나, 혜시는 분변(分辯)하는 재주로 허명의 자적감에 도취해 제멋대로 날아다니기만 한다. 그러면서 나와 너는 서로를 알 수 없는 존재라고 야유한다. 장자는 아직 혜시와 대통(大通)하지 못한 것이다. 이런 비통한 체험을 한 후에 장자가 내놓은 메시지는, 수양을 통한 존재적 일체화가 아니라면 진실재의 세계가 아닌 가상이요 허구라는 것이다. 사려로 추상화하여 관념의 세계를 건립한 것만으로 '오상아'와 '대각'의 경지에 이른 듯 잠시 착각에 빠져든들, 현실을 대하는 데서는 곧바로 더욱 치밀하고 치열하며 치졸한 분변에 몰두하게 된다. 왜일까? 애초에 익생(益生), 즉 더 큰 자기 이익(소성)과 명성(영화)을 획득하려는 몽환적인 목적을 놓아버리지 않았기 때문이다. 그러니 만세가 지나도 대성인을 제대로 만나볼 수가 없다. 자기가 진실로 그렇게(지인·신인·성인·진인·천인) 되지 못한다는 게 문제의 핵심이다.

장자의 '오상아'와 '대각'이 허구의 세계가 아니려면, 이것을 설명하는 말과 글이 비록 치언(卮言) 방식으로 행해진 것일지라도, 관념에 불과한 게 아니라는 점을 투철히 보여

주어야 한다. 그것은 진실한 자기 성찰의 성찰이고, 자아 해체의 해체이다. 장자는 '제물론' 자체에 대한 성찰과 해체를 '호접지몽'으로써 수행하고 있다. 도(道)가 자연한 자기 운행 활동을 막힘 없이 만연히 하여 면면히 흐르고 구르고 돌아가는 세계는 꿈속의 꿈으로, 그림자의 그림자로, 관념의 재생산과 재구축으로 빠져드는 게 아니다. 「추수」의 끝 단락에서 장주는 다시 혜시와 더불어 꿈이 아닌 깨어 있는 현실의 현장으로 나선다. 장주는 호수(濠水)의 돌다리 위에서 노닐며 수면으로 나와 유영하는 피라미를 관조한다. 인간 장주가 물고기와 생명의 즐거움[樂]이라는 차원에서 소통한다. 그러나 인간 혜시는 여전히 그런 장주와 소통하지 못하고 '필상여이(必相與異)'(「지락」)를 주장한다. 장주가 우매한가, 혜시가 영리한가? 장주의 "이게 물고기의 즐거움이로다[鯈魚出遊從容, 是魚之樂也]!"는 천뢰를 스스로 취한 자연한 말이다. 그런 말에 대해 혜시처럼 인식론적 분석으로 접근하여 따지고 드는 게 세속적 인뢰이다. 물아일체와 관련하여 혜시는 사변의 꿈속으로 파고들고 있음에 반해, 장주는 현실의 유동적 상황에 그대로 참여하는 도술을 구현한다. 장자의 이러한 실천은 자기 내적인 존재적 관점으로의 전환이 없고서는 불가능한 일이다. 그러면 도적인 인간사회의 현실은 어떤 것일까? 장자는 이렇게 말한다. "밤낮으로 틈이 없이 교체하는 만물과 막히는 게 없도록 하여 항상 만물과 더불어 따사로운 봄날처럼 되는 것, 이게 외물에 응접하면서도 마음에서 제때를 낳음[生時]이다."[248] 그러나 오늘날 혜시의 후예들은 인간의 뇌에다 컴퓨터 칩을 심는 방식의 물화를 창안하였노라고 자부한다. 장자의 전생자(轉生者)들이 취할 응대의 방식은 무엇일까?

**정**

짧은 글이지만 두 부분으로 나눠야 한다. 먼저, 현실의 체험과 꿈의 차이를 말함으로써 구성성에 관한 주장이 현실의 체험이 환영에 불과하다는 오해로 미끄러지는 것을 막는다. 둘째, 현실의 체험이 구성된 것임을 깨달은 이의 눈에 비치는 세계상을 만물의 끝없는 창발로 묘사한다.

**박**

'장주와 나비 사이에는 반드시 구분이 있을 것이다.[周與胡蝶, 則必有分矣.]'는 이 나비 꿈 우화를 이해하는 데 관건이 되는 문장이다. 앞 부분의 내용은 '장주'와 '나비'의 명확한 구분을 부정하고 있는데 반하여 이 문장은 거꾸로 이 둘 사이의 명확한 구분을 긍정하고 있는 것을 어떻게 볼 것인가가 핵심이다. 기존의 일부 번역이나 해설은 이 같은 문제 때문에 이 부분이 앞의 내용과 배치되지 않도록 적절히 의역 또는 부연하거나 심지어는 문단 순서 자체를 아예 재배치하는 방식으로 해결하고자 하였다.[249] 그러나 이 문장은 장자철학, 그 중에서도 「제물론」의 근본 취지가 어디에 있는지를 정확하게 보여주는 키센텐스이다.

장자철학은 초월의 철학이되 그 초월은 어디까지나 현실 회귀를 위한 방편이지 그 자체가 목적은 아니다. 장자 후학들은 장자철학의 이와 같은 특징을 두고 "홀로 천지의 정신과 교감하되 만물을 홀시하지 않았고, 옳고 그름을 따지고 가리지 않음으로써 세속과 함께 하였다"[250]고 평하였다. 이 로부터 장자철학의 다음 차원의 문제의식이 등장한다. '나' 와 함께 현실을 구성하는 '타자'와 어떻게 부딪치지 않고 소통하면 살 수 있는가 하는 문제이다. 현실 속의 삶은 필연적으로 타자와 연계되어 전개된다. 그러므로 어디에도 매이지 않는 소요의 삶을 살기 위해서는 최종적으로 이 '타자'라는 난관을 넘어서야 한다. 장자철학의 용어로 말한다면 이는 곧 '성심'과 '성심'의 충돌이다. 현실 속에서 살아간다는 것은 끊임없이 '나의 성심'이 '타자의 성심'과 부딪치는 과정이다. 이것을 극복하는 방법은 무엇일까? 그것은 자아를 비워냄으로써 타자의 '성심'과 부딪치는 주체인 나의 '성심' 을 해체시켜 버리는 것이다. 이것이 문제를 해결하는 유일한 방법이다. 왜냐하면 우리는 근본적으로 타자의 '성심'을 해체시킬 수는 없기 때문이다.

이 같은 딜레마적 상황은 「제물론」의 중심 화두 가운데 하나인 '성심의 해체'에 대해 근본적인 성찰을 요구한다. 그것은 '성심은 과연 해체될 수 있는가' 하는 문제이다. '성심' 은 사람들마다 지니고 있는 자기중심적 세상보기의 방식이다. 우리는 이것을 통해 자기만의 세계를 구성하고, 인식하고, 판단한다. 그러므로 성심이 없는 삶은 애초부터 불가능하다. 성인(聖人)도 '명(明)'이라는 특정한 세상보기의 방식이 있다. 성심의 해체는 이렇듯 애초부터 불가능한 과제이다. 그러면 어떻게 해야 할까? 그것은 성심의 작동 방식을 바꾸는 것이다. 어떻게? 자기중심성에서 타자중심성으로.

앞서 나온 '인시(因是)'와 '양행(兩行)'은 그렇게 타자중심으로 전환된 성심이 작동하는 방식이다. 그런데 성심이 타자중심적으로 전환되려면 먼저 그것의 강고한 자기중심적 성격을 비워내야 한다. 다시 말해, 타자가 있는 그대의 모습으로 자기 속으로 들어올 수 있는 공간을 마련해야 하는 것이다. 이것이 바로 장자철학의 대표적인 수양론인 '심재(心齋)'가 다른 곳이 아니라 '사람들 사는 세상 속에서 살아가기'가 주제인 「인간세」에 등장하는 맥락이다.

이 같은 사실은 나비 꿈 우화를 타자와의 조우가 필연적인 삶의 실존적 상황 속에서 자유를 확보하는 방법에 대한 은유로 읽을 것을 요구한다. 인간은 존재론적 차원에서든 사회적 차원에서든 서로 '구분'되는 존재이다. 이것은 어떤 조건에서도 부정할 수 없는 삶의 실존적 조건이다. 따라서 소요로서의 삶은 이 '구분' 위에서 성취되어야 하고, 또 될 수밖에 없다. 나비 꿈 우화는 이 문제, 즉 구분을 인정하되 어떻게 고착적인 성심의 벽을 넘어설 수 있는가에 대한 장자의 대답이다. 이 시각에서 이 우화의 의미를 독해하면 다음과 같다.

'장주'는 '나비'가 아니고 '나비'는 '장주'가 아니다. 그러나 '자기 비움'이 이루어진 상태에서라면 '장주'는 닫힌 존재가 아니라 열린 존재가 되고, 그 결과 '나비'와의 사이에는 아무런 벽이 없다. '장주'가 '나비'가 되고 '나비'가 '장주'가 되는 상황이 이루어지는 것이다. 더 정확히는 나의 성심이 해체될 때, 좀더 정확히는 나의 성심이 고착된 형식이 아니라 타자를 향한 열린 형식으로 전환될 때 '나비'라는 사건이 내 안에서 출현한다. 어떤 문제에 대해 '마음'을 완전히 비웠을 때 전혀 예기(豫期)되지 않은 사건이 한순간 혹 하고 그 빈 자리로 들어오는, 드물지만 그렇다고 낯설지만은 않은 일상의 경험들이 바로 좋은 사례이다. 장자에게서 깨달음은 이렇듯 능동이 아니라 수동적인 성격을 띤다. 이것은 장자가 추구하는 '완전한 자유'란 모든 것을 쟁취하는 것이 아니라, 나를 비워냄으로써 모든 것이 걸림돌 없이 내게로 들어오게 하는 것임을 말한다. 그렇게 될 때 나의 삶은 지금까지와 다른 새로운 삶으로 변용(소통)된다. 장주가 나비가 되고, 나비가 장주가 '되는' 것이다. 이와 관련하여 나카지마는 '물화'란 '장주'가 '장주'로서, '나비'가 '나비'로서 각각 구별된 세계 속에서 자기 충족적으로 존재하는 가운데 그 고유성[性]이 변화하여 다른 존재가 됨으로써 궁극에는 그 삶이 몸담았던 세계 자체까지 변용되는 사태라고 설명한다.[251]

'물화'의 의미를 좌우하는 핵심어인 '이것[此]'은 이 맥락에서 보면 앞의 역설적 상황, 즉 '분명 구분되는 사이임에도 불구하고 서로를 향한 변용/소통이 이루어지는 사태'를 가리킨다. 이렇게 되면 '물화'는 결국 '사물들 간의 상호 되기'라는 의미로 최종 해석된다. 이 점에서 '물화'의 정확한 의

미는 글자 그대로 완전한 '타자[物] 되기[化]'라고 할 수 있다.[252]

　물론 장자철학에서 '물화'를 꼭 이 시각에서만 읽어야 하는 것은 아니다. 그것은 장자철학 특유의 기화론(氣化論)적 세계관의 관점에서 독해될 수도 있다.[253] 장주와 나비는 똑같이 기(氣) 운동의 결과물이다. 그 점에서 장주와 나비를 이루는 기는, 마치 자여(子輿)의 왼팔이 닭으로 변화하고 오른팔이 탄환으로 변화하듯,[254] 상호 유행(流行)되는 관계에 있다. 이렇게 변화를 반복하는 기화 작용을 통해 하나의 존재가 다른 존재로 변화하는 것, 이것도 '물화'이다.

　그러므로 이 우화에서 '물화'는 최종적으로 두 가지 의미연관을 갖는다고 할 수 있다. '삶의 변용'으로서의 과정과 '존재의 변화'로서의 과정이다. 이것을 장자철학의 또 하나의 주제인 '만물제동(萬物齊同)'과 연결시켜 부연한다면, 전자는 '물화'이므로 '제동'이고, 후자는 '제동'이므로 '물화'이다. 이 둘 가운데 「제물론」의 문제의식을 고려할 때 '나비 꿈'의 '물화'는 전자의 경우로 읽는 것이 여러모로 합리적이다. '나비 꿈'은 죽어서 다른 존재로 기화하는 것이 아니라 살아 있으면서 타자의 삶으로 간극없이 변용(소통)되는 것, 그리고 그것은 성심을 해체시킬 때 비로소 가능하다는 것을 암시하는 우화인 것이다.

　자, 그러면 '나'를 어떻게 비워낼 것인가? '나'를 비워내는 작업은 언어와 담론의 속성을 간파하여 '성심'으로부터 벗어나는 지적(知的) 해탈의 과정만으로는 완성되지 않는다. '나'는 인지적 주체이기 이전에 '몸'이라는 감성의 체계이기 때문이다. 따라서 '나'를 비워내는 일은 '머리'뿐 아니라 '몸'도 비워져야 비로소 완성된다. 다음에 이어지는 「양생주」편의 주제이다.

# 주

1  『說文解字』에서 "荅, 小尗也."라고 한 것에 대해, 段玉裁는 "禮注有麻荅. 廣雅云, 小豆
   荅也. 段借荅爲酬荅."이라고 注하였다.『廣雅(博雅)』, "大豆, 菽也. 小豆, 荅也."

2  『莊子』「天地」, "忘己之人, 是之謂入於天."

3  신경과 의사인 제임스 오스틴(James Austin)은 명상체험과 뇌과학을 연결해서 연구
   하는 대표적인 학자다. 그는 명상 중 잠에 들어가는 첫 단계에 해당하는 입면체험이
   나타나고, 좌선 수행 중에 눈을 뜨고 있는 것이 입면체험과 관련되어 있다고 말한다.
   James Austin, *Zen and the Brain* (MIT Press, 1998), 383.

4  『史記』「仲尼弟子列傳」, "言偃, 吳人, 字子游. 少孔子四十五歲. 子游旣已受業, 爲武城
   宰. 孔子過, 聞弦歌之聲. 孔子莞爾而笑曰: '割雞焉用牛刀?' 子游曰: '昔者偃聞諸夫子
   曰, 君子學道則愛人, 小人學道則易使.' 孔子曰: '二三子, 偃之言是也. 前言戱之耳.' 孔
   子以爲子游習於文學."

5  『莊子』「養生主」, "方今之時, 臣以神遇, 而不以目視, 官知止而神欲行."
   『莊子』「天道」, "極物之眞, 能守其本, 故外天地, 遺萬物, 而神未嘗有所困也."

6  成玄英,『莊子疏』, "耦, 匹也, (爲)〔謂〕身與神爲匹, 物與我〔爲〕耦也. 子綦憑几坐忘, 凝
   神遐想, 仰天而歎, 妙悟自然, 離形去智, 荅焉隳體, 身心俱遣, 物我(無)〔兼〕忘, 故若喪
   其匹耦也['耦'는 匹의 뜻이니, 身은 神과 匹이 되고 物은 我와 耦가 됨을 이르는 말이
   다. 남곽자기가 안석에 기대 좌망하고 神을 고요히 하여 생각을 멀리하며, 하늘을 쳐
   다보면서 한숨을 내쉬는데, 오묘하게 깨달아 스스로 그러한 모습으로 있으면서 형체
   를 떠나고 智를 제거하니, 해체되고 풀어져 身과 心을 모두 버리고 物과 我를 함께 잊
   은 것이다. 그러므로 마치 그 匹ㆍ耦를 잃은 것과 같다.]" 그렇다면 配와 耦를 버리고
   잊는 주체는 무엇인가? 즉 '喪其匹耦'한 후에 남는 주체는 무엇인가? 그것은 神일 것
   이다. 그런데 '身與神爲匹, 物與我〔爲〕耦', '凝神遐想', '身心俱遣, 物我兼忘'에서의 神

과 心의 의미가 애매하다. 뒤의 '身心俱遣'에 맞추어서 보자면, 앞의 '身與神爲匹'에서
의 '神'을 '心'으로 바꾸어 놓아야 할 것이다.

7  錢穆, 『莊子纂箋』(臺北: 臺北東大臺圖書有限公司, 1985), 8쪽, "吾喪我, 與篇末物化
   相應. 蓋不見有物, 物化而合爲一我. 不見有我, 我喪而同乎萬物." 陳鼓應, 『莊子今註
   今譯』(臺北: 中華書局, 1983), 35쪽, "'吾'指眞我. 由'喪我'而達到忘我, 臻於萬物一體
   的境界. 與篇末的'物化'一節相對應."

8  이 부분에 대한 상세한 논의는 박원재, 「도가의 이상적 인간상에 대한 연구―'자아의 완
   성'을 중심으로」(고려대학교 대학원 박사학위논문, 1996), 105~113쪽을 참조하라.

9  郭沫若은 殷周시대의 청동기 銘文에 쓰인 일인칭 대명사의 용례에 대해서 언급하는
   과정에서 주격이나 소유격이나 목적격 가운데 어떤 일부에만 제한적으로 쓰였던 '余'
   나 '朕'과는 달리 '我'는 이 모두에 고르게 쓰이고 있음을 지적하고, 이러한 용례는 東
   周 시대 이전의 통례였다고 말한다. 『十批判書』(郭沫若著作編輯出版委員會, 『郭沫若
   全集』 歷史編 第2卷, 출판지 미상, 1982), 24~25쪽. 王力도 이런 용례의 전형으로
   바로 '吾喪我'를 예로 들면서, 이것을 '我喪吾'나 '吾喪吾'로 바꿀 수 없다고 지적한다.
   『古漢語通論』(香港: 中外出版社, 1976), 54쪽.

10 趙德은 『四書箋義』에서 "'吾'는 자신의 시점에서 말할 때 쓰이고 '我'는 다른 사람의
   시점에 따라 말할 때 쓰인다[就己而言則曰吾, 因人而言則曰我.]"라고 이 둘을 구분
   한다. 이는 『四書』에 쓰이고 있는 '我'의 용례를 분석해 얻은 결과이긴 하지만 「齊物
   論」의 경우에도 그대로 적용된다고 할 수 있다. 陳鼓應, 『莊子今注今譯』(1990년 초
   판본), 35쪽 참조.(2008년도 중간본에는 이 내용이 빠져 있음.) 하지만 이러한 구분
   은 『莊子』의 나머지 편, 특히 외잡편에서는 거의 지켜지지 않는다.

11 郭象, 『莊子注』, "籟, 簫也. 夫簫管參差, 宮商異律, 故有短長高下萬殊之聲." 成玄英,
   『莊子疏』, "十六管, 象鳳翅, 舜作也."

12 『論衡』「感虛」: 夫風者, 氣也.

13 郭象, 『莊子注』, "大塊者, 無物也. 夫噫氣者, 豈有物哉?" 成玄英, 『莊子疏』, "大塊者,
   造物之名, 亦自然之稱也."

14 兪樾, 『莊子平議(諸子平議)』, "大塊者, 地也. 塊乃凷之或體. 說文土部: 凷, 墣也. 蓋
   卽 『中庸』所謂一撮土之多者, 積而至於廣大, 則成地矣, 故以地爲大塊也. 司馬云大朴

之貌, 郭注曰大塊者無物也, 並失其義. 此本說地籟, 然則大塊者, 非地而何?" 俞樾의 이 같은 주장은 은유에서 보조관념을 그대로 원관념으로 치환하는 잘못을 범하고 있다. 『설문해자』와 『중용』을 인용하여 자신의 주장을 정당화하는 모습에서 이를 확인할 수 있다. 字源의 측면에서 '壞'가 '땅'과 관련되어 있는 것은 맞지만 그것이 이 문맥에서 무엇을 은유하는가 하는 것은 다른 문제이다.

15  의식은 결국 앎이고 체험이며 인지이기도 하다. 주관적 혹은 현상적이라는 수식어는 불필요하다. 모든 체험은 현상적이며 주관적이다. 인지적 체첨, 체험적 의식과 같은 말도 중복적 표현이다. 의식은 모두 체험된 것이지 않을 수 없다.

16  「人間世」, "唯道集虛. 虛者, 心齋也. … 未始有回也, 可謂虛乎?"

17  「人間世」, "徇耳目內通而外於心知."

18  『장자』에서 '만물'에 대한 설명은 다음과 같다. 「則陽」, "이제 사물의 수를 세는 것이 만에 그치는 것이 아님에도 정해서 만이라고 하는 것은 수 가운데 많은 것으로 불러서 그렇게 읽는 것이다.[今計物之數, 不止於萬. 而期曰萬物者, 以數之多者, 號而讀之也.]" 「秋水」, "사물을 부르는 수는 만인데, 사람도 그중 하나이다.[號物之數謂之萬, 人處一焉.]"

19  王叔岷, 『莊子校釋』, "世說新語文學篇注引'吹萬不同'上有'天籟者'三者, 文意較明."

20  『莊子』 「應帝王」, "老聃曰: '明王之治, 功蓋天下而似不自己, 化貸萬物而民弗恃; 有莫擧名, 使物自喜; 立乎不測, 而遊於無有者也.'" 여기의 '自己'는 자기[己]에게 말미암음[自]이라는 뜻이다.

21  郭象, 『莊子注』, "物各自生而無所出焉, 此天道也." "物皆自得之耳. 誰主怒之使然哉! 此重明天籟也."

22  『莊子』 「徐無鬼」, "嗟乎! 我悲人之自喪者, 吾又悲夫悲人者, 吾又悲夫悲人之悲者, 其後而日遠矣."

23  『莊子』 「大宗師」, "有眞人而後有眞知." 「秋水」, "北海若曰: '否. 夫物, 量無窮, 時無止, 分無常, 終始無故. 是故大知觀於遠近, 故小而不寡, 大而不多, 知量無窮; 證曏今故, 故遙而不悶, 掇而不跂, 知時無止; 察乎盈虛, 故得而不喜, 失而不憂, 知分之無常也; 明乎坦塗, 故生而不說, 死而不禍, 知終始之不可故也." 「知北遊」, "彷徨乎馮閎, 大知入焉而不知其所窮." 「知北遊」, "被衣大說, 行歌而去之, 曰: '形若槁骸, 心若死灰, 眞其實知, 不以故自持. 媒媒晦晦, 無心而不可與謀.'"

24  『說文解字』, "閑, 闌也[문에 가로질러 출입을 차단하는 나무 걸개이다]"

25  『說文解字』, "閒, 隙也."

26  『莊子』「知北遊」, "人生天地之間, 若白駒之過郤也, 忽然而已."

27  『莊子』「秋水」, "子乃規規然而求之以察, 索之以辯, 是直用管窺天, 用錐指地也, 不亦
    小乎!"

28  『莊子』「山木」, "且君子之交淡若水, 小人之交甘若醴; 君子淡以親, 小人甘以絶."

29  『莊子』「刻意」, "恬惔寂漠虛無無爲", "不與物交, 惔之至也; 無所於逆, 粹之至也.
    …… 惔而無爲."

30  『莊子』「人間世」, "德蕩乎名, 知出乎爭. 名也者, 相軋也; 知者也, 爭之器也. 二者凶
    器, 非所以盡行也."「外物」, "德溢乎名, 名溢乎暴, 謀稽乎誸, 知出乎爭."

31  成玄英, 『莊子疏』, "夫詮理大言, 猶猛火炎燎原野, 清蕩無遺." 원문에는 '猶'가 '由'로
    되어 있는데, 『장자집석』의 교감에 따랐다.

32  『莊子』「大宗師」, "古之眞人, 其寢不夢, 其覺無憂."『莊子』「刻意」, "去知與故, 循天
    之理. 故曰無天災, 無物累, 無人非, 無鬼責. 不思慮, 不豫謀. 光矣而不燿, 信矣而不
    期, 其寢不夢, 其覺無憂. 其生若浮, 其死若休. 其神純粹, 其鬼不罷."

33  『莊子』「外物」, "目徹爲明, 耳徹爲聰, 鼻徹爲顫, 口徹爲甘, 心徹爲知, 知徹爲德. ……
    胞有重閬, 心有天遊. 室無空虛, 則婦姑勃豀; 心無天遊, 則六鑿相攘."

34  『莊子』「田子方」, "夫哀莫大於心死, 而人死亦次之."

35  『莊子』「胠篋」, "將爲胠篋‧探囊‧發匱之盜而爲守備, 則必攝緘‧縢, 固扃‧鐍, 此
    世俗之所謂知也."

36  남회근, 송찬문 번역, 『장자강의 내편 상』(마하연, 2016), 196쪽.

37  『莊子』「德充符」, "哀公曰: '何謂才全?' 仲尼曰: '死生, 存亡, 窮達, 貧富, 賢與不肖,
    毀譽, 飢渴, 寒暑, 是事之變, 命之行也; 日夜相代乎前, 而知不能規乎其始者也. 故不
    足以滑和, 不可入於靈府. 使之和預, 通而不失於兌. 使日夜無郤而與物爲春, 是接而
    生時於心者也. 是之謂才全.'"

38  郭象, 『莊子注』, "彼, 自然也. 自然生我, 我自然生. 故自然者, 卽我之自然, 豈遠之哉!"

39  선진시기의 여타 전적들에 비해 『장자』에서 뚜렷하게 보이는 특성 중 하나는 '眞'자

를 유별나게 많이 사용하고 전반적으로 긍정한다는 점이다. 『장자』에서 '眞'자는 독립적으로 44회 사용되었고, '眞宰'(1회)·'眞君'(1회)·'眞人'(17회)·'眞知'(1회)라는 단어로도 사용되었다. '眞宰'와 '眞君'에서의 '眞'은 본원, 본래, 실재의 의미를 지닌 것이라고 할 수 있다.

40  이와 관련하여 『장자』의 다른 편들 내용을 참고할 수 있다. "物而不物, 故能物物"(「在宥」), "物物而不物於物"(「山木」), "有先天地生者物邪? 物物者非物. 物出不得先物也, 猶其有物也. 猶其有物也, 無已." "聖人處物而不傷物. 不傷物者, 物亦不能傷也. 唯無所傷者, 爲能與人相將迎."(「知北遊」)

41  郭象, 『莊子注』, "萬物萬情, 取舍不同, 若有眞宰使之然也. 起索眞宰之朕迹, 而亦終不得, 則明物皆自然, 無使物然也."

42  王雱, 『南華眞經新傳』, "眞宰者, 至道之妙, 宰制造化者也. 以其自然, 故曰眞; 以其造制, 故曰宰."(崔大華, 『莊子歧解』에서 재인용)

43  장자의 '道'와 '眞宰'에 대한 상반되는 해석사에 관해서는 다음의 글을 참고할 수 있다. 안병주, 「나의 고전 『맹자』와 『장자』」(동양철학연구회, 『동양철학연구』제79집, 2014), 26~29쪽.

44  『管子』「心術上」, "心之在體, 君之位也, 九竅之有職, 官之分也."

45  『黃帝內經』「邪客」, "心者, 五藏六府之大主也, 精神之所舍也." 한의학에서 다루는 신체 기관들 사이의 관계에 대해서는 정우진의 논문 「초기 한의학의 신체관: 구성과 정을 중심으로」(한국도교문화학회, 도교문화연구 43집, 2015.11)에 잘 정리되어 있다.

46  『莊子』「列禦寇」, "以不平平, 其平也不平."

47  王夫之, 『莊子解』, "天自定也, 化自行也, 氣自動也, 知與不知無益損焉. 而於其中求是不所司, 則愚甚矣."

48  『關尹子』「六: 匕」, "枯龜無我, 能見大知; 磁石無我, 能見大力; 鐘鼓無我, 能見大音; 舟車無我, 能見遠行. 故我一身, 雖有智有力, 有行有音, 未嘗有我."

49  『莊子』「外物」, "莊周家貧, 故往貸粟於監河侯. 監河侯曰: '諾. 我將得邑金, 將貸子三百金, 可乎?' 莊周忿然作色曰, '周昨來, 有中道而呼者. 周顧視車轍中, 有鮒魚焉. 周問之曰, 鮒魚來! 子何爲者邪? 對曰. 我, 東海之波臣也. 君豈有斗升之水而活我哉?

周曰, '諾. 我且南遊吳越之土, 激西江之水而迎子, 可乎? 鮒魚忿然作色曰: '吾失我常

與, 我無所處. 吾得斗升之水然活耳, 君乃言此, 曾不如早索我於枯魚之肆!'"

50  일반적으로 많이 거론되는 '14 無記'는 다음과 같다. ① 우주는 시간적으로 영원하
    다, ② 영원하지 않다, ③ 영원하기도 하고 영원하지 않기도 하다, ④ 영원한 것도 아
    니고 영원하지 않은 것도 아니다. ⑤ 우주는 공간적으로 유한하다, ⑥ 무한하다, ⑦
    유한하기도 하고 무한하기도 하다, ⑧ 유한한 것도 아니고 무한한 것도 아니다. ⑨
    자아와 육체는 동일하다, ⑩ 동일하지 않다. ⑪ 깨달은 자인 如來는 육체가 죽은 후
    에도 존재한나, ⑫ 육체가 죽은 후에는 존재하지 않는다, ⑬ 육체가 죽은 후에는 존
    재하기도 하고 존재하지 않기도 한다, ⑭ 육체가 죽은 후에는 존재하는 것도 아니고
    존재하지 않는 것도 아니다.

51  『莊子』「田子方」, "夫哀莫大於心死, 而人死亦次之. …… 吾一受其成形, 而不化以待
    盡, 效物而動, 日夜無隙, 而不知其所終. …… 雖忘乎故吾, 吾有不忘者存."

52  『莊子』「田子方」, "吾一受其成形, 而不化以待盡, 效物而動, 日夜無隙, 而不知其所
    終; 薰然其成形, 知命不能規乎其前, 丘以是日徂."「知北遊」, "仲尼曰: "古之人, 外化
    而內不化; 今之人, 內化而外不化. 與物化者, 一不化者也. 安化安不化, 安與之相靡,
    必與之莫多."「則陽」, "冉相氏得其環中以隨成, 與物無終無始, 無幾無時日. 與物化
    者, 一不化者也, 闔嘗舍之!"

53  『莊子』「至樂」: 雜乎芒芴之間, 變而有氣, 氣變而有形, 形變而有生.

54  『莊子』「則陽」, "莫爲盜! 莫爲殺人! 榮辱立, 然後睹所病; 貨財聚, 然後睹所爭. 今立人
    之所病, 聚人之所爭, 窮困人之身, 使無休時, 欲無至此, 得乎!"

55  『莊子』「至樂」, "人之生也, 與憂俱生, …… 久憂不死, 何苦也."

56  『莊子』「繕性」, "喪己於物, 失性於俗者, 謂之倒置之民."

57  『莊子』「天地」, "知其愚者, 非大愚也; 知其惑者, 非大惑也. 大惑者, 終身不解; 大愚
    者, 終身不靈."

58  『莊子』「駢拇」, "夫小惑者易方, 大惑者易性."

59  方勇, 『莊子纂要』壹, "以自己的成見作爲判別是非的標準."

60  『莊子』「庚桑楚」, "是以生爲本, 以知爲師, 因以乘是非."

61  『莊子』「人間世」, "我內直而外曲, 成而上比. … 大多政法而不諜 … 夫胡可以及化! 猶

師心者也."

62 『莊子』「秋水」, "蓋師是而無非, 師治而無亂乎? 是未明天地之理, 萬物之情者也. 是猶師天而無地, 師陰而無陽, 其不可行明矣. 然且語而不舍, 非愚則誣也."

63 『莊子』「齊物論」: 日夜相代乎前, 而莫知其所萌.

64 『莊子』「齊物論」: 非彼無我, 非我無所取.

65 郭象, 『莊子注』, "夫心之足以制一身之用者, 謂之成心. 人自師其成心, 則人各自有師矣. 人各自有師, 故付之而自當."

66 「人間世」, "回之未始得使, 實有回也., 得使之也, 未始有回也., 可謂虛乎?"

67 『莊子』「徐無鬼」, "莊子送葬, 過惠子之墓, 顧謂從者曰, '郢人堊慢其鼻端若蠅翼, 使匠石斲之. 匠石運斤成風, 聽而斲之, 盡堊而鼻不傷, 郢人立不失容. 宋元君聞之, 召匠石曰, 嘗試爲寡人爲之. 匠石曰, 臣則嘗能斲之. 雖然, 臣之質死久矣. 自夫子之死也, 吾無以爲質矣, 吾無與言之矣.'"

68 『論語』「子路」, "子路曰, '衛君待子而爲政, 子將奚先?' 子曰, '必也正名乎!' 子路曰, '有是哉, 子之迂也! 奚其正?' 子曰, '野哉, 由也! 君子於其所不知, 蓋闕如也. 名不正則言不順, 言不順則事不成, 事不成則禮樂不興, 禮樂不興則刑罰不中, 刑罰不中則民無所措手足.'"

69 成玄英, 『莊子疏』, "鳥子欲出卵中而鳴, 謂之鷇音也."

70 「제물론」에서 언급하는 '道'에는 대체로 다음과 같은 특성이 들어 있는 것으로 보인다. "道與之貌, 天與之形."(「德充符」) "形非道不生, 生非德不明."(「天地」) "夫道, 於大不終, 於小不遺, 故萬物備."(「天道」) "道者, 萬物之所由也, 庶物失之者死, 得之者生, 爲事逆則敗, 順之則成."(「漁父」) "行於萬物者, 道也."(「天地」) "道不可壅."(「天運」) "道不欲壅."(「外物」) 도는 무형(無形)·무명(無名)으로서 천지 만물이 존재하게 되는 근원이면서 동시에 천지 만물에 내재한다. 그래서 「지북유」에서는 도의 내재성(즉 편재성; '無所不在'·'無乎逃物')을 설명한 후, "至道若是, 大言亦然"이라고 하여 '지도'와 '대언'을 연결한다. 이런 설명은 "道通爲一."(「齊物論」)이라는 말의 뜻을 이해하는 데에도 도움을 준다.

71 『莊子』「人間世」, "夫言者, 風波也; 行者, 實喪也. 夫風波易以動, 實喪易以危. 故忿設無由, 巧言偏辭. 獸死不擇音, 氣息茀然, 於是竝生心厲."

72 『莊子』「駢拇」, "自三代以下者, 天下莫不以物易其性矣. 小人則以身殉利, 士則以身殉名, 大夫則以身殉家, 聖人則以身殉天下. 故此數子者, 事業不同, 名聲異號, 其於傷性以身爲殉, 一也."

73 『莊子』「天下」, "以謬悠之說, 荒唐之言, 無端崖之辭. 時恣縱而不儻, 不以觭見之也."

74 『莊子』「應帝王」, "至人之用心若鏡."「天道」, "水靜猶明, 而況精神! 聖人之心靜乎, 天地之鑑也, 萬物之鏡也."

75 『莊子』「達生」, "凡有貌象聲色者, 皆物也, 物與物何以相遠? 夫奚足以至乎先? 是形色而已. 則物之造乎不形而止乎無所化, 夫得是而窮之者, 物焉得而止焉! 彼將處乎不淫之度, 而藏乎無端之紀, 遊乎萬物之所終始, 壹其性, 養其氣, 合其德, 以通乎物之所造. 夫若是者, 其天守全, 其神無郤, 物奚自入焉!"

76 『莊子』「天下」, "日方中方睨, 物方生方死."

77 『說文解字』「方部」, "方, 倂船也. 象兩舟省總頭形."

78 여기의 '天'은 '入於寥天一'이나 '入於天'의 경지를 뜻하는 것이라고 할 수 있다. "造適不及笑, 獻笑不及排, 安排而去化, 乃入於寥天一."(「大宗師」) "有治在人, 忘乎物, 忘乎天, 其名爲忘己. 忘己之人, 是之謂入於天."(「天地」)

79 이에 대해 문지윤은, 혜시는 기준의 양립가능성(즉 절대적 기준의 성립불가능성)을 입증함으로써 기준의 동일성을 해체하지만, 이것은 결국 만물 간의 '차이'가 유지되도록 한다는 점에서 '대화'를 불가능하게 만든다고 말한다. 문지윤, 「장자의 담론공동체 구성방식」(연세대학교 대학원 석사학위논문, 1999), 95쪽.

80 郭象, 『莊子注』, "因天下之是非, 而自無是非也."

81 王先謙, 『莊子集解』, "是, 此也. 因此是非無窮, 故不由之."

82 『管子』「心術上」, "因也者, 捨己而以物爲法."

83 송정애, 앞의 글, 427쪽.

84 『莊子』「田子方」, "生有所乎萌, 死有所乎歸, 始終相反乎無端而莫知乎其所窮. 非是也, 且孰爲之宗."

85 『莊子』「至樂」, "萬物皆出於機, 皆入於機."

86 『莊子』「寓言」, "萬物皆種也, 以不同形相禪, 始卒若環, 莫得其倫."

87 『莊子』「秋水」, "公孫龍問於魏牟曰: '龍少學先生之道, 長而明仁義之行, 合同異, 離堅

白, 然不然, 可不可, 困百家之知, 窮衆口之辯, 吾自以爲至達已. 今吾聞莊子之言, 汒
焉異之.'"

88 『莊子』「齊物論」, "天地與我並生, 而萬物與我爲一."「天地」, "天地雖大, 其化均也;
萬物雖多, 其治一也."「達生」, "雖天地之大, 萬物之多."「知北遊」, "天地有大美而不
言, …… 萬物有成理而不說. 聖人者, 原天地之美而達萬物之理."「則陽」, "今計物之
數, 不止於萬, 而期曰萬物者, 以數之多者號而讀之也. 是故天地者, 形之大者也.「大
宗師」, "天無私覆, 地無私載, 天地豈私貧爲我哉."「天地」, "萬物一府."「秋水」, "萬物
一齊, 孰短孰長."

89 『莊子』「德充符」, "自其異者視之, 肝膽楚越也; 自其同者視之, 萬物皆一也."

90 "可乎可, 不可乎不可. 道行之而成, 物謂之而然. 惡乎然? 然於然. 惡乎不然? 不然於
不然, 物固有所然, 物固有所可. 無物不然, 無物不可."는 원문5의 "道惡乎隱而有眞
僞? 言惡乎隱而有是非? 道惡乎往而不存? 言惡乎存而不可? 道隱於小成, 言隱於榮
華."를 전제하고 있는 내용이다.

91 "可乎可, 不可乎不可. … 惡乎然? 然於然. 惡乎不然? 不然於不然."은 공손룡의 "然
不然, 可不可"를 겨냥하고 그에 대한 새로운 관점을 제시하기 위해 장자가 종합적으
로 표현한 것이라고 볼 수 있다. 공손룡보다 앞선 시기에 활동한 등석(鄧析)도 이와
관련이 있을 것이다.('兩可之說') 등석에 관한 단편적인 자료로 다음과 같은 것이 있
다. "不卹是非然不然之情, 以相薦撙, 以相恥怍, 君子不若惠施鄧析."(『荀子』「儒效」)
"子産治鄭, 鄧析務難之, 與民之有獄者約, 大獄一衣, 小獄襦袴. 民之獻衣襦袴而學訟
者, 不可勝數. 以非爲是, 以是爲非, 是非無度, 而可與不可日變. 所欲勝因勝, 所欲罪
因罪. 鄭國大亂, 民口讙譁. 子産患之, 於是殺鄧析而戮之, 民心乃服, 是非乃定, 法律
乃行. 今世之人, 多欲治其國, 而莫之誅鄧析之類, 此所以欲治而愈亂也."(『呂氏春秋』
「審應覽 · 離謂」)

92 吳怡, 『新譯莊子內篇解義』(臺北: 三民書局, 2008), 94쪽. 『장자』에서 道의 생산성
과 내재성을 제시하는 구절로써 대략 다음과 같은 것을 살펴볼 수 있다. "夫道, 有情
有信, 無爲無形; 可傳而不可受, 可得而不可見; 自本自根, 未有天地, 自古以固存; 神
鬼神帝, 生天生地; 在太極之先而不爲高, 在六極之下而不爲深; 先天地生而不爲久,
長於上古而不爲老. 狶韋氏得之, 以挈天地; …… 傳說得之, 以相武丁, 奄有天下, 乘

東維, 騎箕尾, 而比於列星."(「大宗師」)"道與之貌, 天與之形."(「德充符」)"行於萬物
者道也."(「天地」)"道 …… 無所不在."(「知北遊」)"物物者, 與物無際, 而物有際者, 所
謂物際者也. 不際之際, 際之不際者也. 謂盈虛衰殺, 彼爲盈虛非盈虛, 彼爲衰殺非衰
殺, 彼爲本末非本末, 彼爲積散非積散也."(「知北遊」)"夫道, 於大不終, 於小不遺, 故
萬物備."(「天道」), "且道者, 萬物之所由也, 庶物失之者死, 得之者生, 爲事逆則敗, 順
之則成."(「漁父」)

93 『莊子』「天運」, "苟得其道, 無自而不可; 失焉者, 無自而可."

94 蔣錫昌, 『莊子哲學』, 成都古籍書店, 1988, 134쪽.

95 『莊子』「人間世」, "其拱把而上者, 求狙猴之杙者斬之; 三圍四圍, 求高名之麗者斬之;
七圍八圍, 貴人富商之家求樿傍者斬之."

96 A.C. 그레이엄, 나성 옮김, 『도의 논쟁자들』, 323~324쪽.

97 강신주, 『장자의 철학』, 238~242쪽.

98 『經典釋文』, "'故爲'于僞反, 下爲是皆同."

99 Kuang-ming Wu, *The Butterfly as Companion*, p.161.

100 『莊子』「庚桑楚」, "道通. 其分也, 其成也毀也. 所惡乎分者, 其分也以備; 所以惡乎備
者, 其有以備. 故出而不反, 見其鬼; 出而得, 是謂得死. 滅而有實, 鬼之一也. 以有形
者象無形者而定矣. 出無本, 入無竅. 有實而無乎處, 有長而無乎本剽, 有所出而無竅
者有實. 有實而無乎處者, 宇也. 有長而無本剽者, 宙也. 有乎生, 有乎死, 有乎出, 有
乎入, 入出而無見其形, 是謂天門. 天門者, 無有也, 萬物出乎無有. 有不能以有爲有,
必出乎無有, 而無有一無有. 聖人藏乎是."

101 『孟子』「盡心上」: 是爲馮婦也. 晉人有馮婦者, 善搏虎, 卒爲善士. 則之野, 有衆逐虎.
虎負嵎, 莫之敢攖. 望見馮婦, 趨而迎之. 馮婦攘臂下車. 衆皆悅之, 其爲士者笑之.

102 「소요유」에서 이미 "若夫乘天地之正, 而御六氣之辯, 以遊無窮者, 彼且惡乎待哉!",
"乘雲氣, 御飛龍, 而遊乎四海之外."라고 하였다. 그리고 「제물론」의 뒤의 글에서는
이렇게 말한다. "旁日月, 挾宇宙, 爲其脗合, 置其滑涽, 以隸相尊. 衆人役役, 聖人愚
芚, 參萬歲而一成純. 萬物盡然, 而以是相蘊."

103 『莊子』「齊物論」: 終身役役而不見其成功, 苶然疲役而不知其所歸, 可不哀邪! 人謂
之不死, 奚益!

104 『莊子』「齊物論」: 爲是不用而寓諸庸, 此之謂以明.

105 후쿠나가 미츠지 저/정우봉 · 박상영 역, 『후쿠나가 미츠지의 장자 내편』, 89-90쪽.

106 『莊子』「刻意」, "若夫不刻意而高, 無仁義而修, 無功名而治, 無江海而閒, 不導引而
壽, 無不忘也, 無不有也, 澹然無極而衆美從之, 此天地之道, 聖人之德也."

107 郭象, 『莊子注』, "幾, 盡也. 至理盡於自得也."

108 『莊子』「則陽」, "聖人達綢繆, 周盡一體矣, 而不知其然, 性也."

109 『莊子』「天地」, "純白不備, 則神生不定; 神生不定者, 道之所不載也."

110 『莊子』「刻意」, "聖人休, 休焉則平易矣, 平易則恬惔矣. 平易恬惔, 則憂患不能入, 邪
氣不能襲, 故其德全而神不虧."

111 『莊子』「德充符」, "莊子曰: '道與之貌, 天與之形, 無以好惡內傷其身. 今子外乎子之
神, 勞乎子之精, 倚樹而吟, 據槁梧而瞑. 天選子之形, 子以堅白鳴!'"「刻意」, "精用而
不已則勞, 勞則竭."

112 『莊子』「秋水」, "以道觀之, 何貴何賤, 是謂反衍; 無拘而志, 與道大蹇. 何少何多, 是
謂謝施; 無一而行, 與道參差."

113 『莊子』「知北遊」, "君子之人, 若儒墨者師, 故以是非相整也, 而況今之人乎!"

114 『列子』「黃帝」, "宋有狙公者, 愛狙; 養之成群. 能解狙之意, 狙亦得公之心. 損其家
口, 充狙之欲. 俄而匱焉, 將限其食. 恐衆狙之不馴於己也, 先誑之曰: '與若茅, 朝三
而暮四, 足乎?' 衆狙皆起而怒. 俄而曰: '與若茅, 朝四而暮三, 足乎?' 衆狙皆伏而喜.
物之以能鄙相籠, 皆猶此也. 聖人以智籠群愚, 亦猶狙公之以智籠衆狙也; 名實不虧,
使其喜怒哉!"(蕭登福, 『列子古注今譯』)

115 成玄英, 『莊子疏』, "自然均平之理也. 夫達道聖人, 虛懷不執, 故能和是於無是, 同非
於無非, 所以息智乎均平之鄉, 休心乎自然之境也."

116 『莊子』「秋水」, "夫物, 量無窮, 時無止, 分無常, 終始無故. 是故大知觀於遠近, 故小
而不寡, 大而不多, 知量無窮; 證曏今故, 故遙而不悶, 掇而不跂, 知時無止; 察乎盈
虛, 故得而不喜, 失而不憂, 知分之無常也; 明乎坦塗, 故生而不說, 死而不禍, 知終
始之不可故也. 計人之所知, 不若其所不知; 其生之時, 不若未生之時. 以其至小, 求
窮其至大之域, 是故迷亂而不能自得也. 由此觀之, 又何以知毫末之足以定至細之倪!
又何以知天地之足以窮至大之域!"

117 『論語』「季氏」, "丘也聞, 有國有家者, 不患寡而患不均, 不患貧而患不安. 蓋均無貧, 和無寡, 安無傾."

118 陳正炎 · 林其錟, 이성규 옮김, 『중국의 유토피아 사상』(지식산업사, 1993), 60-64쪽 참조.

119 『老子』 제77장, "天之道, 其猶張弓與! 高者抑之, 下者擧之; 有餘者損之, 不足者補之. 天之道, 損有餘而補不足. 人之道, 則不然, 損不足以奉有餘. 孰能有餘以奉天下? 唯有道者. 是以聖人爲而不恃, 功成而不處, 其不欲見賢." 제79장, "和大怨, 必有餘怨, 安可以爲善? 是以聖人執左契, 而不責於人. 故有德司契, 無德司徹. 天道無親, 常與善人."

120 "萬物皆種也, 以不同形相禪, 始卒若環, 莫得其倫, 是謂天均. 天均者天倪也."

121 成玄英, 『莊子疏』, "不離是非而得無是非, 故謂之兩行."

122 王先謙, 『莊子集解』, "物與我各得其所, 是兩行也."

123 니체, 김정현 옮김, 『선악의 저편 · 도덕의 계보』(책세상, 2005), 483쪽.

124 문지윤, 「장자의 담론공동체 구성방식」(연세대학교 대학원 석사학위논문, 1999), 95쪽., 67~69쪽. 관점주의에 대해 문지윤은 "내가 대상의 정면을 바라볼 때, 내가 볼 수 없는 뒷면을 바라보는 '타자'를 상정해 두는 것이 관점주의"이다."라고 간단 명료하게 정의한다. 문지윤의 이 논문은 『장자』를 사회철학적으로 독해하는 데 독창적인 시사를 주는 수작이다.

125 집석본에는 '所之成'로 되어 있다. '所以成'으로 고친다.

126 『莊子』「庚桑楚」, "古之人, 其知有所至矣. 惡乎至? 有以爲未始有物者, 至矣, 盡矣, 弗可以加矣."

127 『莊子』「繕性」, "古之人, 在混芒之中, 與一世而得澹漠焉."

128 『莊子』「天地」, "其動止也, 其死生也, 其廢起也, 此又非其所以也."

129 道通爲一. 其分也, 成也. 其成也, 毁也. 凡物無成與毁, 復通爲一.

130 『莊子集釋』76쪽, "故欲成而虧之者, 昭文之鼓琴也; 不成而無虧者, 昭文之不鼓琴也."

131 郭象, 『莊子注』, "夫聲不可勝擧也. 故吹管操絃, 雖有繁手, 遺聲多矣. 而執籥鳴弦者, 欲以彰聲也, 彰聲而聲遺, 不彰聲而聲全. 故欲成而虧之者, 昭文之鼓琴也, 不成而無虧者, 昭文之不鼓琴也."

132 成玄英, 『莊子疏』, "昭文善能鼓琴, 師曠妙知音律, 惠施好談名理."

133 『莊子』「駢拇」, "多於聰者, 亂五聲, 淫六律, 金石 · 絲竹, 黃鐘 · 大呂之聲非乎? 而師曠是已. ⋯⋯ 駢於辯者, 纍瓦結繩竄句, 遊心於堅白同異之間, 而敝跬譽無用之言非乎? 而楊 · 墨是已. 故此皆多駢旁枝之道, 非天下之至正也."

134 『莊子』「天地」, "夫子問於老聃曰: '有人治道若相放, 可不可, 然不然. 辯者有言曰, 離堅白若縣宇. 若是則可謂聖人乎?' 老聃曰: '是胥易技係, 勞形怵心者也.'"

135 『莊子』「德充符」, "今子外乎子之神, 勞乎子之精, 倚樹而吟, 據槁梧而瞑."

136 『莊子』「德充符」, "今子外乎子之神, 勞乎子之精, 倚樹而吟, 據槁梧而瞑. 天選子之形, 子以堅白鳴!"

137 『莊子』「列禦寇」, "明者唯爲之使, 神者徵之. 夫明之不勝神也久矣, 而愚者恃其所見入於人, 其功外也, 不亦悲乎!"

138 成玄英, 『莊子疏』, "副, 副二也. 墨, 翰墨也. 翰墨, 文字也."

139 「秋水」편에는 공손룡이 스스로에 대해 同異論와 堅白論 모두에 조예가 깊다고 말하는 내용도 있다. "公孫龍問於魏牟曰, '龍少學先王之道, 長而明仁義之行, 合同異, 離堅白, 然不然, 可不可, 困百家之知, 窮衆口之辯. 吾自以爲至達已.'"

140 『莊子』「齊物論」: 未成乎心而有是非, 是今日適越而昔至也.

141 『莊子』「齊物論」: 爲是不用而寓諸庸.

142 『莊子』「天下」, "大同而與小同異, 此之謂小同異; 萬物畢同畢異, 此之謂大同異. ⋯⋯ 氾愛萬物, 天地一體也." 박원재는 혜시의 '역물십사(歷物十事)' 중 다섯 번째를 유개념의 관점에서 이해하고, 이것을 열 번째 명제와 연결하면서 혜시는 만물의 상대성을 논증하는 작업을 통해 '모두 같음'의 관점을 강조하였다고 본다. 박원재, 「혜시(惠施) 사상의 논리적 구조와 그 한계」(중국철학회, 『중국철학』 제7집, 2000), 53~81쪽.

143 『莊子』「則陽」, "無窮無止, 言之無也, 與物同理; 或使莫爲, 言之本也, 與物終始. 道不可有, 有不可無. 道之爲名, 所假而行. 或使莫爲, 在物一曲, 夫胡爲於大方? 言而足, 則終日言而盡道; 言而不足, 則終日言而盡物. 道物之極, 言黙不足以載; 非言非黙, 議有所極."

144 '名辯'은 일차적으로 '개념에 대한 학설[名學]'과 '논변에 대한 학설[辯學]'을 통칭
한다. '명변사조'란 이 명학과 변학을 바탕으로 개념의 정당성 문제와 거기에서 비
롯된 논리적인 기법 및 그런 기법들이 적용된 철학적 쟁점들에 대한 제자백가의 관
심이 결합된 중국 先秦 시대의 철학사조를 일컫는다.

145 「經下」73, "以言爲盡誖, 誖. 說在其言." 이 명제의 의미를 풀이한 「經說下」의 내용
은 이렇게 되어 있다. "'말은 모두 틀렸다'라고 하는 것은 옳지 않다. '말은 모두 틀
렸다'라고 하는 그 사람의 말이 옳다면 이것은 틀린 것이 아니므로 결과적으로 틀
리지 않은 말도 존재하게 된다. 반대로 그 사람의 말이 옳지 않다면 그 타당성에 근
거할 때 '말은 모두 틀렸다'라고 하는 말 또한 참이 아니다[以誖, 不可也. 之人之言
可, 是不誖, 則是有可也. 之人之言不可, 以當, 必不審.]" 『墨經』의 항목 번호는 염
정삼이 주해한 『묵경』(한길사, 2012)을 따랐다. 염정삼은 '孫詒讓의 『墨子閒詁』를
근거로 한다.

146 그레이엄은 후기 묵가 저작인 『묵경』 가운데 적어도 예닐곱 개의 명제는 『장자』에
서 발견되는 주장들을 타킷으로 한 논변이라고 분석한다. 앵거스 그레이엄(A.C.
Graham), 나성 옮김, 『도의 논쟁자들』, 332~339쪽 참조.

147 집합론의 역설 가운데 하나로, R을 자기 자신의 원소가 되지 않는 집합들의 집합이
라 할 때, R은 자기 자신에 속하지도 속하지 않게도 되는 것을 말한다. 이것이 역설
인 이유는 R이 자기 자신에 속하면 R의 정의에 따라 R은 자기 자신에 속하지 않고,
R이 자기 자신에 속하지 않으면 R의 정의에 따라 R은 자기 자신에 속하게 되기 때
문이다.

148 이와 유사한 표현으로 '상시언지(嘗試言之)'·'상시론지(嘗試論之)'·'청상천지
(請嘗薦之)'·'청상시언지(請嘗試言之)' 등이 사용되고 있으며, 극적으로는 "予嘗
爲女妄言之, 女以妄聽之"(「제물론」)라는 표현도 한다. 이들의 실제 내용은 모두 치
언(卮言)에 해당한다.

149 『莊子』「天下」, "至大无外, 謂之大一; 至小无內, 謂之小一."

150 『莊子』「秋水」, "以差觀之.因其所大而大之,則萬物莫不大.,因其所小而小之.,則萬物
莫不小.,知天地之爲稊米也,知毫末之爲丘山也,則差數覩矣."

151 『莊子集釋』, "若以性足爲大, 則天下之足未有過於秋豪也; 若性足者非大, 則雖大山

亦可稱小矣."

152  『莊子』「秋水」, "是故大知 …… 明乎坦塗, 故生而不說, 死而不禍, 知終始之不可故
也. 計人之所知, 不若其所不知; 其生之時, 不若未生之時; 以其至小求窮其至大之
域, 是故迷亂而不能自得也. 由此觀之, 又何以知毫末之足以定至細之倪! 又何以知
天地之足以窮至大之域!"

153  『莊子』「大宗師」, "夫道, …… 自本自根, 未有天地, 自古以固存, 神鬼神帝, 生天生
地. 在太極之先而不爲高, 在六極之下而不爲深, 先天地生而不爲久, 長於上古而不
爲老."

154  『莊子』「天下」, "氾愛萬物, 天地一體也."

155  『莊子』「天下」, "至大無外, 謂之大一; 至小無內, 謂之小一."

156  곽경번의『莊子集釋』에는 成으로 되어 있다.『莊子闕誤』에서 인용한 江南 古藏本
에는 周로 되어 있다. 이를 따른다.

157  『老子』, 41장, "明道若昧, 進道若退, 夷道若纇."

158  趙以夫,『莊子義海纂微』, "爲欲明其是, 然後有封畛."(崔大華,『莊子歧解』에서 인
용)

159  林希逸, 周啓成 校注,『莊子鬳齋口義校注』, "至道至言, 本無彼此, 因人心之私有箇
是字, 故生出許多疆界. 畛, 疆界也."

160  『禮記』「玉藻」, "動則左史書之, 言則右史書之."

161  『漢書』「藝文志」, "左史記言, 右史記事, 事爲『春秋』, 言爲『尚書』."

162  다음과 같은 말이 이러한 것을 가리키는 것이라고 할 수 있다. "求之以察, 索之以
辯."(「秋水」) "知士無思慮之變則不樂, 辯士無談說之序則不樂, 察士無淩誶之事則
不樂, 皆囿於物者也."(「徐無鬼」)

163  『莊子』「人間世」, "夫言者, 風波也; 行者, 實喪也. 夫風波易以動, 實喪易以危. 故忿
設無由, 巧言偏辭. 獸死不擇音, 氣息茀然, 於是並生心厲."

164  『莊子』「齊物論」, "其寐也魂交, 其覺也形開, 與接爲構, 日以心鬪. 縵者, 窖者, 密者.
小恐惴惴, 大恐縵縵. 其發若機括, 其司是非之謂也; 其留如詛盟, 其守勝之謂也; 其
殺如秋冬, 以言其日消也; 其溺之所爲之, 不可使復之也; 其厭也如緘, 以言其老洫
也; 近死之心, 莫使復陽也."

165 『莊子』「大宗師」, "孔子曰: '彼遊方之外者也, 而丘游方之內者也.'" 다음과 같은 구
절도 육합지외를 가리키는 것이라고 할 수 있다. '知遊心於無窮', '遊心於物之初',
'乘物以遊心', '上與造物者遊', '遊乎天地之一氣', '遊乎萬物之所終始', '遊於物之所
不得遯.'

166 『莊子』「逍遙遊」, "邈姑射之山, 有神人居焉, 肌膚若冰雪, 綽約若處子; 不食五穀,
吸風飲露; 乘雲氣, 御飛龍, 而遊乎四海之外. 其神凝, 使物不疵癘而年穀熟." 「逍遙
遊」, 若夫乘天地之正, 而御六氣之辯, 以遊無窮者, 彼且惡乎待哉! 故曰, 至人無己,
神人無功, 聖人無名.「齊物論」, "若然者, 乘雲氣, 騎日月, 而遊乎四海之內."「齊物
論」, "旁日月, 挾宇宙, 爲其脗合, 置其滑涽, 以隷相尊."「知北遊」, "若是者, 外不觀
乎宇宙, 內不知乎大初, 是以不過乎崑崙, 不遊乎太虛.

167 『莊子』「養生主」, "吾生也有涯, 而知也無涯. 以有涯隨無涯, 殆已; 已而爲知者, 殆
而已矣."「人間世」, "名也者, 相軋也; 知也者, 爭之器也. 二者凶器, 非所以盡行也."
「外物」, "德溢乎名, 名溢乎暴, 謀稽乎諔, 知出乎爭, 柴生乎守, 官事果乎衆宜."

168 『莊子』「則陽」, "蘧伯玉行年六十而六十化, 未嘗不始於是之而卒詘之以非也, 未知
今之所謂是之非五十九年非也. 萬物有乎生而莫見其根, 有乎出而莫見其門. 人皆尊
其知之所知, 而莫知恃其知之所不知而後知, 可不謂大疑乎! 已乎已乎! 且無所逃. 此
所謂然與, 然乎?"

169 『莊子』「秋水」, "兼懷萬物, 其孰承翼? 是謂無方. 萬物一齊, 孰短孰長?"

170 『老子』에서의 "天地不仁, 以萬物爲芻狗; 聖人不仁, 以百姓爲芻狗"(제5장), "上仁
爲之而無以爲"(제38장), '天道無親, 常與善人.'(제79장)을 참고할 수 있다. 『莊子』
에서는 "有親, 非仁也", "利澤施於萬物, 不爲愛人", "澤及萬世而不爲仁"(「大宗師」),
"於事無與親"(「應帝王」), "至仁無親"(「天運」)이라 한다. 이들은 '不仁之仁'을 말하
는 것이라고 할 수 있다.

171 『莊子』「秋水」, "大人之行, …… 不賤貪汚; 行殊乎俗, 不多辟異."(안병주의 번역을
참조)

172 『莊子』「大宗師」, "聖人之用兵也, 亡國而不失人心."

173 후쿠나가 미쯔지, 『장자 내편』, 120쪽.

174 「庚桑楚」의 다음과 같은 구절이 이에 대한 적절한 설명일 수 있다. "所惡乎分者, 其

分也以備; 所以惡乎備者, 其有以備. 故出而不反, 見其鬼; 出而得, 是謂得死. 滅而
有實, 鬼之一也."

175 『莊子』「庚桑楚」, "學者, 學其所不能學也; 行者, 行其所不能行也; 辯者, 辯其所不
能辯也. 知止乎其所不能知, 至矣; 若有不卽是者, 天鈞敗之."

176 이와 유사한 내용으로서 다음과 같은 것들이 있다. 若夫益之而不加益, 損之而不加
損者, 聖人之所保也."(「知北遊」), "夫大壑之爲物也, 注焉而不滿, 酌焉而不竭, 吾將
遊焉."(「天地」)

177 『莊子』「齊物論」, "聖人愚芚, 參萬歲而一成純."「天地」, "若愚若昏, 是謂玄德."

178 후쿠나가 미츠지, 『장자내편』, 124쪽.

179 『戰國策』秦策一, "昔者神農伐補遂, 黃帝伐涿鹿而擒蚩尤, 堯伐驩兜, 舜伐三苗, 禹
伐共工."

180 『荀子』「議兵」, "故仁人[者]之兵, 所存者神, 所過者化, 若時雨之降, 莫不說喜. 是以
堯伐驩兜, 舜伐有苗, 禹伐共工, 湯伐有夏, 文王伐崇, 武王伐紂, 此四帝兩王, 皆以
仁義之兵行於天下也. 故近者親其善, 遠方慕其德, 兵不血刃, 遠邇來服, 德盛於此,
施及四極. 詩曰: 淑人君子, 其儀不忒, 正是四國, 此之謂也."

181 『莊子』「應帝王」, "有虞氏不及泰氏. 有虞氏, 其猶藏仁以要人, 亦得人矣, 而未始出
於非人. 泰氏, 其臥徐徐, 其覺于于, 一以己爲馬, 一以己爲牛, 其知情信, 其德甚眞,
而未始入於非人."

182 林希逸, 周啓成 校注, 『莊子鬳齋口義校注』(北京: 中華書局, 1997), 37쪽, "日於萬
物無所不照, 況我之德猶勝於日, 而不能容此三子者乎? …… 十日之說, 卽莫若以明
之喩也."

183 『尙書』「虞書·堯典」, "允恭克讓, 光被四表, 格于上下. 克明俊德, 以親九族, 九族旣
睦, 平章百姓, 百姓昭明, 協和萬邦, 黎民於變時雍."

184 『莊子』「大宗師」, "意而子曰: 堯謂我: '汝必躬服仁義, 而明言是非.' 許由曰: '而奚爲
來軹? 夫堯既已黥汝以仁義, 而劓汝以是非矣.'"

185 『莊子』「德充符」, "受命於天, 唯舜獨也正, 幸能正生, 以正衆生."

186 곽경번의 『장자집석』에는 耆로 되어 있다. 嗜로 고친다.

187 후쿠나가 미츠지, 『장자 내편』, 126쪽.

188 「徐無鬼」, "天下非有公是也, 而各是其所是, 天下皆堯也."

189 『莊子』「天地」, "堯之師曰許由, 許由之師曰齧缺, 齧缺之師曰王倪, 王倪之師曰被衣. 堯問於許由曰: '齧缺可以配天乎? 吾藉王倪而要之.' 許由曰: '殆哉伋乎天下! 齧缺之爲人也, 聰明叡知, 給數以敏, 其性過人, 而又乃以人受天. 彼審乎禁過, 而不知過之所由生. 與之配天乎? 彼且乘人而無天, 方且本身而異形, 方且尊知而火馳, 方且爲緒使, 方且爲物絯, 方且四顧而物應, 方且應衆宜, 方且與物化而未始有恒. 夫何足以配天乎?'"

190 『莊子』「知北遊」, "齧缺問道乎被衣, 被衣曰: '若正汝形, 一汝視, 天和將至; 攝汝知, 一汝度, 神將來舍. 德將爲汝美, 道將爲汝居, 汝瞳焉如新生之犢而無求其故!' 言未卒, 齧缺睡寐. 被衣大說, 行歌而去之, 曰: '形若槁骸, 心若死灰, 眞其實知, 不以故自持. 媒媒晦晦, 無心而不可與謀. 彼何人哉!'"

191 『莊子』「天地」, "堯之師曰許由, 許由之師曰齧缺, 齧缺之師曰王倪, 王倪之師曰被衣."

192 郭象, 『莊子注』, "所同未必是, 所異不獨非, 故彼我莫能相正. 故無所用其知."

193 『莊子』「大宗師」, "夫知有所待而後當, 其所待者特未定也. 庸詎知吾所謂天之非人乎? 所謂人之非天乎? 且有眞人而後有眞知." 「庚桑楚」, "知者, 接也; 知者, 謨也; 知者之所不知, 猶睨也."

194 곽경번의 『莊子集釋』에는 耆로 되어 있다. 嗜로 고친다.

195 『莊子』「人間世」, "是皆求名實者也. 而獨不聞之乎? 名實者, 聖人之所不能勝也, 而況若乎!"

196 「德充符」, "死生存亡, 窮達貧富, 賢與不肖毀譽, 飢渴寒暑, 是事之變, 命之行也; 日夜相代乎前, 而知不能規乎其始者也. 故不足以滑和, 不可入於靈府."

197 『淮南子』「精神訓」, "大澤焚而不能熱, 河漢涸而不能寒也, 大雷毁山而不能驚也, 大風晦日而不能傷也."

198 『莊子』「逍遙遊」, "至人神矣! 大澤焚而不能熱, 河漢沍而不能寒, 疾雷破山(而不能傷, 飄)風振海而不能驚. 若然者, 乘雲氣, 騎日月, 而遊乎四海之外. 死生無變於己, 而況利害之端乎!" 「田子方」, "仲尼聞之曰: 古之眞人, 知者不得說, 美人不得濫, 盜人不得劫, 伏戲·黃帝不得友. 死生亦大矣, 而無變乎己, 況爵祿乎! 若然者, 其神經乎大山而無介, 入乎淵泉而不濡, 處卑細而不憊, 充滿天地, 既以與人, 己愈有." "夫天下也者, 萬物之所一也. 得其所一而同焉, 則四肢百體將爲塵垢, 而死生終始將爲晝夜而莫之能滑, 而況得喪禍福之所介乎!"

199 方勇, 『莊子纂要』, "瞿鵲子必七十子之後人, 所稱'聞之夫子', 爲聞之孔子也. 下文長梧子曰: '是黃帝之所聽熒也, 而丘也何足以知之!' 丘卽是孔子名."

200 「寓言」, "言無言, 終身言, 未嘗言; 終身不言, 未嘗不言."

201 『莊子』「刻意」, "刻意尚行, 離世異俗, 高論怨誹, 爲亢而已矣; 此山谷之士, 非世之人, 枯槁赴淵者之所好也. …… 就藪澤, 處閒曠, 釣魚閒處, 無爲而已矣; 此江海之士, 避世之人, 閒暇者之所好也."

202 『莊子』「則陽」, "仲尼曰: '是聖人僕也. 是自埋於民, 自藏於畔. 其聲銷, 其志無窮, 其口雖言, 其心未嘗言, 方且與世違而心不屑與之俱. 是陸沈者也, 是其市南宜僚邪?'"

203 『莊子』「寓言」, "卮言日出, …… 故曰言無言. 言無言, 終身言, 未嘗言, 終身不言, 未嘗不言."

204 『莊子』「逍遙遊」, "大而無當, 往而不反. 吾驚怖其言, 猶河漢而無極也, 大有逕庭, 不近人情焉."

205 『周易』「繫辭傳下」, "神農氏沒, 黃帝堯舜氏作, 通其變, 使民不倦, 神而化之, 使民宜之. 易窮則變, 變則通, 通則久. 是以自天祐之, 吉無不利. 黃帝堯舜垂衣裳而天下治, 蓋取諸乾坤."

206 『莊子』「寓言」, "顔成子游謂東郭子綦, 曰: "自吾聞子之言, 一年而野, 二年而從, 三年而通, 四年而物, 五年而來, 六年而鬼入, 七年而天成, 八年而不知死不知生, 九年而大妙.""

207 郭象, 『莊子注』, "以死生爲晝夜, 旁日月之喩也; 以萬物爲一體, 挾宇宙之譬也."

208 『莊子』「庚桑楚」, "有實而無乎處者, 宇也; 有長而無本剽者, 宙也."

209 「刻意」, "素也者, 謂其無所與雜也; 純也者, 謂其不虧其神也. 能體純素, 謂之眞人."

210 『莊子』「應帝王」, "然後列子自以爲未始學而歸, 三年不出. 爲其妻爨, 食豕如食人. 於事无與親, 彫琢復朴, 塊然獨以其形立. 紛而封哉(戎), 一以是終."

211 『莊子』「外物」, "不忍一世之傷而驁萬歲之患."

212 『莊子』「大宗師」, "吾師乎! 吾師乎! 虀萬物而不爲義, 澤及萬世而不爲仁."

213 『莊子』「天地」, "不拘一世之利以爲己私分, 不以王天下爲己處顯. 顯則明, 萬物一府, 死生同狀." 「知北遊」, "有先天地生者物邪? 物物者非物. 物出不得先物也, 猶其有物也. 猶其有物也, 无已. 聖人之愛人也終无已者, 亦乃取於是者也."

214 「養生主」, "適來, 夫子時也; 適去, 夫子順也. 安時而處順, 哀樂不能入也."

215 郭象, 『莊子注』, "夫弱喪者, 逐安於所在而不知歸於故鄕也."

216 『莊子』「大宗師」, "孟孫氏不知所以生, 不知所以死, 不知就先, 不知就後, 若化爲物, 以待其所不知之化已乎! 且方將化, 惡知不化哉? 方將不化, 惡知已化哉? 吾特與汝其夢未始覺者邪!"

217 『莊子』「至樂」: 曰吾使司命復生子形, 爲子骨肉肌膚, 反子父母妻子閭里知識, 子欲之乎? 髑髏深矉蹙頞曰, 吾安能棄南面王樂而復爲人間之勞乎.

218 『莊子』「大宗師」, "有眞人而後有眞知."

219 『老子』제20장, "俗人昭昭, 我獨昏昏; 俗人察察, 我獨悶悶." 제58장, "其政悶悶, 其民醇醇; 其政察察, 其民缺缺."

220 『莊子』「應帝王」, "吾與汝既其文, 未既其實, 而固得道與? 衆雌而無雄, 而又奚卵焉!"

221 『墨經』「經下」37, "謂辯無勝, 必不當, 說在辯." 「經說下」에서는 '이유는 논변[辯]의 본성에 있다'에 있는 말을 다음과 같은 취지로 설명한다. 일컬음이 있으면 그것에 의해 지시되는 바가 있을 것인즉 지시되는 것이 일컬음의 내용과 같으면 옳은 것이고 다르면 그른 것이다. 논변이란 이처럼 일컬어서 옳은 경우가 있고 일컬어서 그른 경우가 있는 것이니, 타당한 쪽이 이긴다.["辯也者, 或謂之是, 或謂之非. 當者勝也."]

222 『莊子』「寓言」, "鳴而當律, 言而當法, 利義陳乎前, 而好惡是非直服人之口而已矣. 使人乃以心服而不敢蘁立, 定天下之定."

223 『鄧析子』「無厚」, "言出而不督, 謂之闇."

224 『莊子』「大宗師」, "子祀子輿子犁子来四人相與語曰: '孰能以無爲首, 以生爲脊, 以死爲尻, 孰知死生存亡之一體者, 吾與之友矣.' 四人相視而笑, 莫逆於心, 逐相與爲友."

225 「寓言」, "巵言日出, 和以天倪, 因以曼衍, 所以窮年. 不言則齊, 齊與言不齊, 言與齊不齊也, 故曰[言]無言. 言無言, 終身言, 未嘗言; 終身不言, 未嘗不言."

226 『莊子』「知北遊」, "物物者與物無際, 而物有際者, 所謂物際者也; 不際之際, 際之不際者也. 謂盈虛衰殺, 彼爲盈虛非盈虛, 彼爲衰殺非衰殺, 彼爲本末非本末, 彼爲積散非積散也."

227 『莊子』「秋水」, "又何以知毫末之足以定至細之倪! 又何以知天地之足以窮至大之域!" "細大之不可爲倪?", "惡至而倪貴賤? 惡至而倪小大?"

228 『莊子』「齊物論」: 有成與虧, 故昭氏之鼓琴也. 無成與虧, 故昭氏之不鼓琴也.

229 『莊子』「逍遙遊」: 此雖免乎行, 猶有所待者也.

230 '차연'(différance)은 공간적인 차이와 시간적인 연기를 함께 나타내기 위하여 '차이'를 뜻하는 프랑스어 'différence'의 가운데 철자 'e'를 'a'로 바꾼 데리다의 신조어이다. 의식에 직접적으로 주어지는 '현전성'을 '진리'의 유일한 기준으로 추구해온 서구의 형이상학 전통을 비판하기 위해 데리다가 만든 용어이다. 우리의 통념과 달리 '현전성'으로서의 '진리'는 그 의미가 끊임없이 연기되고 유보되어 결코 확정될 수 없음을 말하기 위해서이다.

231 「養生主」, "吾生也有涯, 而知也無涯. 以有涯隨無涯, 殆已, 已而爲知者, 殆而已矣. 爲善無近名, 爲惡無近刑. 緣督以爲經, 可以保身, 可以全生, 可以養親, 可以盡年."「大宗師」, "知天之所爲, 知人之所爲者, 至矣. 知天之所爲者, 天而生也, 知人之所爲者, 以其知之所知, 以養其知之所不知, 終其天年而不中道夭者, 是知之盛也."

232 『孟子』「告子上」: 所敬在此, 所長在彼, 果在外, 非由內也.

233 彭鋒, 「莊子와 惠施의 濠梁의 논변에서 본 철학의 근본」, 東亞文化 제41집, 2003., 126~129쪽.

234 『莊子』「列禦寇」, "聖人以必不必, 故無兵; 衆人以不必必之, 故多兵. 順於兵, 故行有求. 兵, 恃之則亡."

235 郭象, 『莊子注』, "若責其所待而尋其所由, 則尋責無極, 卒至於無待, 而獨化之理明矣."

236 이 단락의 전반부인 "昔者莊周夢爲胡蝶, 栩栩然胡蝶也, 自喩適志與, 不知周也."는 "南海之帝爲儵, 北海之帝爲忽, 中央之帝爲渾沌. 儵與忽時相與遇於渾沌之地, 渾沌待之甚善."에 해당한다. 나머지의 후반부는 "儵與忽謀報渾沌之德, 曰: '人皆有七

竅, 以視聽食息, 此獨無有, 嘗試鑿之.'日鑿一竅, 七日而渾沌死."에 해당한다. 호접
지몽에서의 '物化'는 「응제왕」에서의 '혼돈의 죽음[日鑿一竅, 七日而渾沌死]'으로
연결되는 것이다.

237 『文選』張衡「西京賦」의 "蔰藕拔, 蠯蛤剥"에 대한 薛綜注에서 "蔰, 芙蕖"라고 하였
다.(『漢語大詞典』) 또한 『爾雅』「釋草」에서 "荷, 芙蕖"라고 하였다.

238 『莊子』「大宗師」, "且也相與吾之耳矣, 庸詎知吾所謂吾之乎? 且汝夢爲鳥而厲乎天,
夢爲魚而沒於淵. 不識今之言者, 其覺者乎, 其夢者乎? 造適不及笑, 獻笑不及排, 安
排而去化, 乃入於寥天一."

239 이효걸, 『이효걸의 장자강의』, 274쪽.

240 德清, "物化者, 萬物化而爲一也, 萬物混化而爲一, 則了无人我是非之辯."

241 나카지마 다카히로 지음, 조영렬 옮김, 『장자, 닭이 되어 때를 알려라』, 56쪽.

242 魏光緒, 남화진경의해찬미, 장자찬요, 365쪽 재인용.

243 『莊子』「天道」, "故曰: 知天樂者, 其生也天行, 其死也物化; 靜而與陰同德, 動而與
陽同波."

『莊子』「刻意」, "故曰: 聖人之生也天行, 其死也物化; 靜而與陰同德, 動而與陽同波."

244 『莊子』「徐無鬼」, "知士無思慮之變則不樂, 辯士無談說之序則不樂, 察士無凌誶之
事則不樂, 皆囿於物者也. …… 此皆順比於歲, 不易於物者也. 馳其形性, 潛之萬物,
終身不反, 悲夫!"

245 『莊子』「天下」, "惠施不能以此自寧, 散於萬物而不厭, 卒以善辯爲名. 惜乎! 惠施之
才, 駘蕩而不得, 逐萬物而不反, 是窮響以聲, 形與影競走也. 悲夫!"

246 『莊子』「庚桑楚」, "道通. 其分也成也, 其成也毁也. 所惡乎分者, 其分也以備; 所以惡
乎備者, 其有以備. 故出而不反, 見其鬼; 出而得, 是謂得死. 滅而有實, 鬼之一也. 以
有形者象無形者而定矣."

247 『莊子』「秋水」, "知是非之不可爲分, 細大之不可爲倪. 聞曰: '道人不聞, 至德不得,
大人無己.' 約分之至也."

248 『莊子』「德充符」, "使日夜無郤而與物爲春, 是接而生時於心者也."

249 이에 대한 상세한 논의는 박원재, 「『장자』'나비 꿈[胡蝶夢]' 우화의 의미에 대한 비
판적 검토—'물화(物化)'에 대한 근래의 논의들을 중심으로」(한국공자학회, 『공자

학』34집, 2018)를 참조하라.

250 『莊子』「天下」, "獨與天地精神往來而不敖倪於萬物, 不譴是非, 以與世俗處."

251 나카지마 다카히로(中島隆博), 조영렬 옮김, 『장자, 닭이 되어 때를 알려라』, 203~204쪽.

252 「齊物論」에 대한 장자 후학들의 충실한 해설로 평가받는 「秋水」편 마지막에 나오는 장자와 혜시의 대화는 또다른 버전의 '나비 꿈' 우화로서 이 단락을 이해하는 데 도움을 준다. 당신이 물고기가 아닌데 어떻게 물고기가 즐겁게 헤엄친다는 것을 알수 있느냐는 혜시의 문제제기에 대한 장자 대답의 요지는 그것은 논리적으로 증명될 수 있는 성격의 것이 아니라, 자신의 성심이 타자중심적으로 변용되자 물고기의 삶이 자신의 삶 속에서 발생했다는 의미이다. 이에 대해서는 다음 자료들을 참조하라. 나카지마 다카히로(中島隆博), 조영렬 옮김, 『장자, 닭이 되어 때를 알려라』, 215~234쪽. 박원재, 「존재의 변화 혹은 삶의 변용─노장철학의 문맥에서 본 장자 실천론의 특징」(한국중국학회, 『中國學報』79집, 2017).

253 장자철학의 여러 측면을 氣化論의 관점에서 전면적으로 해석한 책으로는 鄭世根, 『莊子氣化論』(臺灣學生書局, 1993)이 있다.

254 『莊子』「大宗師」, "浸假而化予之左臂而爲鷄, 予因以求時也, 浸假而化予之右臂以爲彈, 予因以求鴞炙."

# 참고문헌

본문에 인용된 『장자』 관련 참고문헌 서목이다.(단, 논문류와 『장자』와 직접적으로 관련되지 않은 서목은 해당 주석에서 서지사항을 표기하였음.) 배열은 검색의 편의를 위해 '나라-시대-저자' 순으로 구분하였다. 저자의 경우 동양인명은 가나다, 서양인명은 알파벳 순이고, 중국인명은 〈일러두기〉의 예에 따라 신해혁명(1911) 이후 출생한 사람만 중국어 발음으로 표기하였다.

## 중국

### | 위진(魏晉) · 남북조(南北朝) |

곽상(郭象), 『장자주(莊子注)』
· 서진(西晉) 시대 곽상(약 252~312)이 지은 주해서. 『경전석문(經典釋文)』 「서록(敍錄)」의 『장자』 주석서 목록에 '『곽상주』 33권 33편'으로 되어 있다. 『장자』의 편제를 오늘날처럼 33편으로 처음 확정한 주석서로 알려져 있다. 같은 시대 활동한 상수(向秀)의 주석을 표절했다는 설도 있다.

사마표(司馬彪), 『장자주(莊子注)』
· 서진(西晉) 시대 사마표(?~306)가 지은 주해서. 『경전석문(經典釋文)』 「서록(敍錄)」의 『장자』 주석서 목록에 '『사마표주』 21권 52편'으로 되어 있다. 『경전석문』에 일부가 전한다.

이이(李頤), 『장자집해(莊子集解)』
· 서진(西晉) 시대 이이(?~?)가 지은 주해서. 『경전석문(經典釋文)』 「서록(敍錄)」의 『장자』 주석서 목록에 '『이이집해(李頤集解)』 30권 30편'으로 되어 있다. 『경전석문』에 일부가 전한다.

최선(崔譔), 『장자주(莊子注)』

· 서진(西晉) 시대 최선(?~?)이 지은 주해서. 『경전석문(經典釋文)』「서록(敍錄)」
의 『장자』 주석서 목록에 '『최선주』 10권 27편'으로 되어 있다. 『경전석문』에 일부
가 전한다.

간문제(簡文帝), 『장자의(莊子義)』

· 남북조 시대 남량(南梁)의 2대 황제 간문제(503~551)가 지은 주해서. 『양서(梁
書)』「간문제기(簡文帝紀)」에 '소강(蕭綱) 『장자의』 20권'이라 되어 있다. 소강
은 간문제의 이름이다. 동진(東晉)의 제8대 황제인 간문제 사마욱(司馬昱: 320~
372)과는 다른 사람이다.

## | 수(隋) · 당(唐) |

성현영(成玄英), 『장자주소(莊子注疏)』

· 당(唐)나라 때 도사(道士) 성현영(608~669)의 저서. 중현학(重玄學)의 관점에서
『장자』와 곽상의 『장자주(莊子注)』를 풀이하였다.

육덕명(陸德明), 『경전석문(經典釋文)』

· 당나라 때의 음운학자이자 훈고학자인 육덕명(약 550~630)이 지은 책. 14종의
경전에 등장하는 글자의 음과 뜻에 관한 역대의 주해와 글자의 동이(同異)에 관
한 자료를 수집하여 엮었다. 전 30권 가운데 제26~28권이 『장자』를 다룬 「장자음
의(莊子音義)」이다. 육덕명의 이름은 원랑(元郞)이고, 덕명(德明)은 자이다.

## | 송(宋) · 원(元) |

왕방(王雱), 『남화진경신전(南華眞經新傳)』

· 남송 때 학자인 왕방(1044~1076)이 지은 주해서. 곽상의 주석을 따르면서도 간
결한 표현으로 의미를 간추리는 방식으로 주해하였다. 왕방은 남송의 개혁가 왕

안석(王安石: 1021~1086)의 아들이다.

임희일(林希逸), 『장자권재구의(莊子鬳齋口義)』

· 남송(南代) 때 학자 임희일(1193~1271)이 지은 주해서. 유학에 토대를 두면서도
도가와 불가의 이론도 수렴하는 회통적 관점에서 『장자』를 주해한 것이 특징이
다. 우리나라 조선시대에 많이 읽혔다. '구의(口義)'란 당대의 구어체, 즉 백화(白
話)로 의미를 풀이했다는 뜻이다.

## | 명(明) · 청(靑) |

감산(憨山), 『장자내편주(莊子內篇注)』

· 명나라 때 승려 감산(1546~1623)의 저서. 불교적 관점에서 『장자』 내편을 주석
하였다. 감산의 법명은 덕청(德淸)이다.

곽경번(郭慶藩), 『장자집석(莊子集釋)』

· 청나라 말기의 학자 곽경번(1844~1896)의 저서. 『장자』 곽상주와 성현영소, 『경
전석문(經典釋文)』의 「장자음의(莊子音義)」 전문을 수록하고, 청대 학자들의 연
구성과를 집성하였다.

선영(宣穎), 『남화경해(南華經解)』

· 명말청초(明末淸初) 시대의 학자인 선영(宣穎)의 저서. 유학을 중심으로 하되 유
학과 도가는 일치한다는 관점에 주해를 달았다. 선영은 인적 사항은 분명치 않으
나, 70세 이후에 이 책을 저술한 것으로 알려져 있다.

왕부지(王夫之), 『장자해(莊子解)』

· 명말청초의 대학자 왕부지(1619~1692)의 저서. 장자의 문제의식을 통해 장자를
해석하는 '이장해장(以莊解莊)'의 관점에서 주해하였다. '신응(神凝)'을 장자철학
의 핵심으로 삼은 것이 특징이다.

왕선겸(王先謙), 『장자집해(莊子集解)』

· 청(淸)나라 때 학자 왕선겸(1842~1917)의 저서. 일생을 『장자』 연구에 바친 왕

선겸의 역작으로, 앞선 주석가들의 성과를 집약하면서 자신의 새로운 해석을 제
시하였다.

유월(俞樾),『제자평의(諸子平議)』

· 청나라 말기의 학자 유월(1821~1907) 저서.『장자』를 비롯하여 선진(先秦) · 한
대(漢代)의 제자서 15종에 대한 주해가 실려 있다. 제자학에 대한 훈고학적 해석
의 결정판이라는 평을 받는다.

육서성(陸西星),『남화진경부묵(南華眞經副墨)』

· 명나라 때 도사 육서성(?~?)의 저서. 편차는 곽상의 판본을 따랐으며, 초횡의『장
자익』에 많이 인용되어 있다. 육서성은 육장경(陸長庚)으로도 많이 알려져 있는
데, '장경'은 그의 자(字)이다. '부묵(副墨)'은『장자』「대종사」에 나오는 용어로,
문자(책)이라는 뜻이다.

임운명(林雲銘),『장자인(莊子因)』

· 청나라 초기의 학자 임운명(1628~1697)의 저서. 책 제목에 쓰인 '인(因)'은『장
자』의 취지를 천지와 만물과 자연을 '따름[因]'에 있다고 본 데에서 취하였다.

초횡(焦竑),『장자익(莊子翼)』

· 명나라 때 학자 초횡(1540~1620)의 저서. 곽상(郭象), 여혜경(呂惠卿), 저백수
(褚伯秀), 나면도(羅勉道), 육서성(陸西星) 5인의 주석을 위주로 하여, 역대 주석
들을 수록하였다.


# | 근 · 현대 |

고형(高亨),『장자금전(莊子今箋)』

· 중국 선진시대의 학술과 문자학 및 훈고학 연구의 대가인 고형(1900~1986)의 저
서.『장자』33편의 주요 구절을 선별하여 고증하였다.

난화이진(南懷瑾),『장자남화(莊子喃嘩)』

· 대만의 한학자 난화이진(1918~2012)이『장자』내편 7편에 대해 통속적인 언어

로 깊이 있게 강의한 내용을 담은 책. 난화이진은 '중국전통문화의 전파자'라고 불릴 정도로 중국 전통문화의 각 방면에 조예가 깊었던 학자이다.

　*『장자강의 내편』이라는 제목(송찬문 옮김)으로 2021년 마하연에서 상·하 두 권으로 번역서가 간행되었다.

리우샤오간(劉笑敢),『장자철학급기연변(莊子哲學及其演變)』

· 장자철학에 대한 체계적인 분석 그리고 외·잡편의 사상 성분에 대한 명확한 분류로 유명한 리우샤오간의 저서. 그의 박사학위논문을 토대로 한 것이다.

　*『장자철학』이라는 제목(최진석 옮김)으로 1990년 소나무에서 번역서가 간행되었다.

마서륜(馬敘倫),『장자의증(莊子義證)』

· 청말·근대 시기 학자 마서륜(1885~1970)의 저서.『장자』에 대한 문자 교감과 불교적 해석이 특징이다.

엄령봉(嚴靈峰),『도가사자신편(道家四子新編)』

· 무구비재(無求備齋) 주인 엄령봉(1904~1999)이 노자·양자·열자·장자의 저서들에 대한 장구신편(章句新編)을 합간한 저술. 이 가운데 「열자장구신편(列子章句新編)」이 들어 있다. 1977년 대만의 상무인서관(商務印書館)에서 간행되었다.

왕수민(王叔岷)[1],『장자교전(莊子校詮)』

· 대만의 역사언어학자 왕수민(1914~2008)의 저서. 속고일총서(續古逸叢書)의 영인 송간본(宋刊本)을 저본으로 삼아 역대『장자』주석들을 비판적으로 집성하고 그 오류를 바로잡았다.

왕수민(王叔岷)[2],『장자교석(莊子校釋)』

· 대만의 역사언어학자 왕수민(1914~2008)의 저서.『장자』의 주요 구절 1,569개에 대해 다양한 전거를 인용하여 고증하였다.

우이(吳怡),『신역장자내편해의(新譯莊子內篇解義)』

· 대만의 문화대학 철학계 주임과 찰학연구소 소장을 역임한 우이(1939~　)의 저서. 장자는 회의론자나 숙명론자가 아니라, 진아(眞我)를 발현하고 만물의 실재를 체인함으로써 세상을 아름답게 바꿔갈 것을 권고한 철학자라고 평가한다.

유무(劉武), 『장자집해내편보정(莊子集解內篇補正)』

· 근대 학자 유무(1883~1957)의 저서. 『장자』 내편에 대한 왕선겸(王先謙)의 『장자집해(莊子集解)』의 내용을 보완·정정하였다. 북경 중화서국(中華書局)에서 발간한 신편제자집성(신편제자집성) 제1집에 『장자집해』와 합본되어 있다.

유문전(劉文典), 『장자보정(莊子補正)』

· 근대 학자 유문전(1889~1958)의 『장자』 주해서. 곽상주와 성현영소, 『경전석문』의 주석을 전재하는 한편, 원문의 의미가 불분명한 부분이나 오탈자 등에 대해 고증하였다. 자(字)가 숙아(叔雅)인 까닭에 1971년 대만에서 나온 신문풍출판공사(新文風出版公司) 간행본은 저자가 유숙아(劉叔雅)로 표기되어 있다.

저우치청(周啓成), 『장자권재구의교주(莊子鬳齋口義校注)』

· 송대(宋代) 임희일(林希逸, 1193~1271)의 『장자권재구의(莊子鬳齋口義)』에 대해 현대의 저우치청(1958~  )이 교주(校注)한 저술. 1997년 베이징(北京)의 중화서국(中華書局)에서 간행되었다.

장석창(蔣錫昌), 『장자철학(莊子哲學)』

· 노장철학 연구자 장석창(1897~?)의 저서. 크게 두 부분으로 구성되어 있는데, 전반부는 장자철학에 대한 개괄이고 후반부는 교석이다. 교석에서는 「소요유」, 「제물론」, 「천하」만을 다루었다.

장태염(章太炎), 『제물론석(齊物論釋)』

· 근대 학자 장태염(1869~1936)의 『장자』 「제물론」 주해서. 본명은 장학성(章學成)인데 장병린(章炳麟)으로 개명하였으며, '태염(太炎)'은 자호(自號)이다. 장태염은 『장자』의 핵심이 「소요유」와 「제물론」에 있으며, 각각의 키워드가 '자유'와 '평등'이라고 보았다. 청대 고증학과 불교 유식학을 바탕으로 「제물론」을 주해하는 가운데, 「제물론」의 주지가 내성외왕의 도리를 설파하는 데 있다고 주장하였다. 초본(1912)과 정본(1919)이 있는데, 1986년 상하이(上海) 상해인민출판사(上海人民出版社)에서 『장태염전집(章太炎全集)』(제6권)으로 간행되었다.

*『제물론석(齊物論釋)』이라는 제목(김영진 역주)으로 2023년 세창출판사에서

역주서가 간행되었다.

전목(錢穆), 『장자찬전(莊子纂箋)』

· 현대 신유학자인 전목(1895~1990)의 저서. 곽상(郭象)부터 현대 왕수민(王叔
岷)까지의 『장자』 주석을 선별해서 실었다.

종태(鐘泰), 『장자발미(莊子發微)』

· 현대 학자 종태(1888~1979)의 저서. 장자사상의 자연주의적 경향을 드러내면
서, 회통적 관점에서 내 · 외 · 잡편을 주해하였다.

차오츄지(曹礎基), 『장자천주(莊子淺注)』

· 화둥(華東)사범대학 교수 차오츄지(1937~   )의 저서. 마르크스주의에 입각하여
유물론과 계급투쟁론의 관점에서 장자사상을 해석하였으며, 간결한 주석이 돋보
인다.

첸구잉(陳鼓應), 『장자금주금역(莊子今注今譯)』

· 대만의 노장철학 연구자 첸구잉(1935~   )의 『장자』 주해서. 1974년 대만상무인
서관(臺灣商務印書館)에서 초판이 나온 이후 최신 장자연구 성과를 반영한 수차
례 개정판이 나왔다.

추이다화(崔大華), 『장자기해(莊子岐解)』

· 장학(莊學) 연구자 추이다화(1938~2013)의 저서. 『장자』의 자구와 사상에 대한
역대 주석가들의 해석을 종합하여 비교하였다.

팡용(方勇) · 루용핀(陸永品), 『장자전평(莊子詮評)』

· 루용핀(1936~   )이 골격과 체제를 짜고 팡용(1956~   )이 초안을 작성한 주해서.
『장자』에 대한 최근 연구와 새로운 해석을 담고 있다. 1998년 중국 파촉서사(巴蜀
書社)에서 초판이 3권으로 간행되었으며, 2007년 개정판이 2책으로 출판되었다.

팡용(方勇), 『장자찬요(莊子纂要)』

· 화둥(華東)사범대학 교수 팡용(1956~   )의 저서. 『장자』 각 편에 대한 역대 주석가
들의 해석을 먼저 싣고 이어 본문에 대한 자신의 주석과 교감을 진행하였으며, 말
미에는 역대 문헌자료 중 『장자』와 관련된 서(序) · 발(跋)과 시문을 집성하였다.

## 한국

### | 조선(朝鮮) |

『현토구해남화진경(懸吐口解南華眞經)』
· 중국 남송(南宋)의 임희일(林希逸, 1193~1271)의 『장자』 주석에 우리말 현토를
  붙인 작품.

### | 근 · 현대 |

강신주, 『장자의 철학』
· 저자의 연세대학교 박사학위 논문을 바탕으로 장자철학 연구서. '타자와의 소통'
  이라는 관점에서 장자철학의 근본 메시지를 해석하였다. 2004년 태학사에서 초
  판이 간행되었다.

김학목 옮김, 『장자 곽상주 해제』
· 『장자』 내편 원문과 곽상주를 우리말로 옮긴 책. 학고방에서 2020년 초판이 간행
  되었다.

안동림 역주, 『장자』
· 청주대 영문학과 교수를 역임한 고전번역가 안동림의 『장자』 번역서. 1973년 현
  암사에서 '신역(新譯) 장자'라는 제목으로 내편이 처음 출간되었고 이어 1978
  년 외 · 잡편이 출간되었다. 국내의 초창기 장자연구에 지대한 역할을 한 책이다.
  1993년 '장자'라는 제목의 통합본으로 재출간되었다.

안병주 외, 『역주 장자』
· 성균관대 명예교수 안병주와 제자 전호근, 김형석이 공저한 『장자』 주해서. 전4
  권으로 구성되어 있다. 전통문화연구회에서 2001년과 2004년, 2005년, 2006년에
  차례대로 간행되었다.

이강수 · 이권 옮김, 『장자』

· 한국의 도가철학연구 2세대를 대표하는 연세대 이강수 교수와 제자 이권 박사가
  공역한 『장자』 번역서. 내 · 외 · 잡편 3권으로 구성되어 있으며, 도서출판 길에서
  2005년(내편)과 2019년(외편, 잡편)에 각각 간행되었다.

이효걸, 『이효걸의 장자강의』

· 안동대 교수를 역임한 이효걸의 『장자』 「내편」 주해서. 2013년 홍익출판사에서
  초판이 간행되었다.

정세근, 『장자기화론(莊子氣化論)』

· 저자의 대만대학교 박사학위논문을 단행본으로 간행한 책. 기화(氣化) 개념을 중
  심으로 장자철학의 구조를 분석하였다. 1993년 대만학생서국(臺灣學生書局)에
  서 간행되었다.


# 일본

나카지마 다카히로(中島隆博), 『莊子 鷄となって時を告げよ』,

· 도쿄대학대학원 총합문화연구과에 재직 중이며 중국철학과 비교철학을 전공한 학
  자이다. 책은 크게 두 부분으로 구성되어 있다. 1부에서는 동서양의 장자 독해방식
  을 소개하고, 2부에서는 물화(物化) 개념을 중심으로 장자의 만물제동(萬物齊同)
  을 해석하였다. 2009년 이와나미서점(岩波書店)에서 초판이 간행되었다. *『장자,
  닭이 되어 때를 알려라』(조영열 옮김)라는 제목으로 2010년 글항아리에서 번역서
  가 간행되었다.

후쿠나가 미츠지(福永光司), 『莊子: 內篇』

· 일본 토오쿄오대학 · 칸사이대학 등의 교수를 역임한 일본 학계 도교 연구의 선구
  자 후쿠나가 미츠지(1918~2001)의 『장자』 내편 해설서. *『후쿠나가 미츠지의 장
  자 내편』(정우봉 · 박상영 옮김)이라는 제목으로 2020년 문진에서 번역서가 간행

되었다.

## 서양

A.C. Graham[1], *CHUANG-TZŬ: The Inner Chapter*

· 영국 태생의 중국고전 학자 그레이엄(A.C. Graham)의 저서. 장자사상의 특징에
대한 개괄과 내편 완역 그리고 장학(莊學)에 대한 자신의 분류기준에 따른 외 ·
잡편 선역(選譯) 등으로 이루어져 있다. 1981년 George Allen & Unwin(London)
에서 초판이 출판되었다. *『장자: 사유의 보폭을 넓히는 새로운 장자 읽기』(김경
희 옮김)라는 제목으로 2014년 이학사에서 번역서가 간행되었다.

A.C. Graham[2], *Disputers of the Tao: Philosophical Argument in Ancient China*

· 영국 태생의 중국고전 학자 그레이엄(A.C. Graham)의 저서. 중국 선진철학사를
학파들의 사고방법에 초점을 맞추어 분석하였다. 1989년 Open Court(La Salle,
Illinois)에서 초판이 출판되었다. *『도의 논쟁자들: 중국 고대의 철학논쟁』(나성
옮김)이라는 제목으로 2001년 새물결에서 번역서가 간행되었다.

Burton D. Watson, *The Complete Works of Zhuangzi*

· 영미권의 대표적인 한학(漢學) 번역가인 미국 학자 왓슨(Burton D. Watson)의
『장자』 번역서. Columbia University Press(New York)에서 1968년 초판이 출판되
었다.

B. Ziporyn, *ZHUANGZI: The Complete Writings*

· 중국철학 · 종교 및 비교철학 연구자인 미국 시카고대학 교수 지포린(B. Ziporyn)
의 『장자』 번역서. 2020년 Hackett Publishing Company(Indianapolis)에서 초판
이 출판되었다.

Kuang-ming Wu(吳光明), *The Butterfly as Companion: meditations on the first three
chapters of the Chuang Tzu*

· 예일대에서 신학과 철학을 전공하고 위스콘신 주립 대학(오쉬코쉬) 철학과 교수
를 역임한 대만 출신 중국철학 연구자 우광밍(1933~ )의 저서. 『장자』 내편 가운
데 「소요유」와 「제물론」, 「양생주」 세 편을 50여 명에 이르는 중국, 일본, 서양 주
석가들의 비평적 해설을 곁들여 주해하였다. 1990년 State University of New York
Press(Albany, N.Y.)에서 초판이 출판되었다.

Robert E. Allinson, *Chuang-tzu for spiritual transformation : an analysis of the inner
chapters*

· 홍콩중원대학(香港中文大學) 교수를 역임한 로버트 앨린슨의 저서. '자기 변
화(self-transformation)'라는 시각에서 장자철학을 해석하였다. 1989년 State
University of New York Press(Albany)에서 초판이 출판되었다. *『장자 영혼의 변
화를 위한 철학』(김경희 옮김)이라는 제목으로 2004년 그린비에서 번역서가 간
행되었다.

# 찾아보기

## 장자중독 — 제물론

1판 1쇄 찍음 2024년 11월 20일
1판 1쇄 펴냄 2024년 11월 29일

**지은이** 이 권, 유병래, 정우진, 박원재

**주간** 김현숙 | **편집** 김주희, 이나연
**디자인** 이현정, 전미혜
**마케팅** 백국현(제작), 문윤기 | **관리** 오유나

**펴낸곳** 궁리출판 | **펴낸이** 이갑수

**등록** 1999년 3월 29일 제300-2004-162호
**주소** 10881 경기도 파주시 회동길 325-12
**전화** 031-955-9818 | **팩스** 031-955-9848
**홈페이지** www.kungree.com
**전자우편** kungree@kungree.com
**페이스북** /kungreepress | **트위터** @kungreepress
**인스타그램** /kungree_press

ⓒ 이 권, 유병래, 정우진, 박원재, 2024.

ISBN 978-89-5820-901-0    93150